Barbara Krause

Der blaue Vogel auf meiner Hand

HERDER spektrum

Band 4922

Das Buch
„Ich habe keinen Ebenbürtigen gefunden. Denn der, der mich verstehen würde, wie ich mich verstehe, müßte ein Starker sein. Einer, der mich nicht braucht! ... Ich bin der Einsamkeit verlobt." Das schreibt Marianne von Werefkin, die dreißig Jahre lang in einem spannungsreichen Verhältnis mit Jawlensky zusammengelebt hat – bewundertes Vorbild, Geliebte, Muse und großzügige Mäzenin. Der Roman erzählt aus der Sicht der fast Siebzigjährigen, die verarmt, aber von vielen verehrt, in Ascona am Lago Maggiore lebt und dort schließlich zu Frieden und Harmonie findet. Ein ungewöhnliches Leben wird erzählt: die Kindheit der Baronesse im Umfeld des russischen Zarenhofs, die Jahre, in denen sie Malerin wird und nach neuen Wegen in der Kunst sucht, die luxuriösen Jahre in München, wo sich in ihrem Schwabinger Salon alles einfindet, was Rang und Namen hat – nicht nur die „Blauen Reiter": Klee, Kandinsky, Münter, Marc u. a. Dann der Erste Weltkrieg und das Exil in der Schweiz, der Verlust der Zarenpension, die schmerzhafte Suche nach dem, was wirklich bleibt – und stets im Mittelpunkt: die komplizierte Liebesbeziehung zu dem *Künstler* Alexej von Jawlensky, an dessen Genialität sie fest glaubt und für den sie alles zu geben bereit ist. Sogar ihre eigene Malerei gibt sie für zehn Jahre auf. Mit dem *Mann* Jawlensky und der Mutter seines Sohnes, die zugleich ihr Mündel und ihre Magd ist, lebt sie über Jahrzehnte in einer schwierigen Dreiecksbeziehung. Barbara Krause erzählt die Geschichte einer außergewöhnlichen Frau zwischen Selbstaufgabe und Selbstfindung: eine einfühlsame und spannende Geschichte von den Höhen und Tiefen zweier Künstlerexistenzen, von der Unbedingtheit der Kunst, der Sehnsucht nach Mitmenschlichkeit und ihrer Erfüllung. Von der Kunstgeschichtsschreibung bisher weitgehend ignoriert, tritt Marianne von Werefkin in diesem Buch endgültig aus dem Schatten Jawlenskys hervor.

Die Autorin
Barbara Krause, geb. 1939, lebt als freie Schriftstellerin in Berlin. Sie hat zahlreiche Romane geschrieben. Frauenbiographien bei Herder/Spektrum u. a.: Camille Claudel – Ein Leben in Stein, Bd. 4111; Diego ist der Name der Liebe. Frida Kahlo – Leidenschaften einer großen Malerin, Bd. 4270; Gefesselte Rebellin – Brigitte Reimann, Bd. 4445; Das Glück ist eine Insel. Irische Reise, Bd. 4524.

Barbara Krause

Der blaue Vogel auf meiner Hand

Marianne Werefkin und
Alexej Jawlensky

Romanbiographie

Herder
Freiburg · Basel · Wien

Gedruckt auf umweltfreundlichem,
chlorfrei gebleichtem Papier

Originalveröffentlichung

2. Auflage

Alle Rechte vorbehalten – Printed in Germany
© Verlag Herder Freiburg im Breisgau 1998
Satz: Fotosetzerei G. Scheydecker, Freiburg im Breisgau
Herstellung: Freiburger Graphische Betriebe 2000
Umschlaggestaltung und Konzeption:
R·M·E München/Roland Eschlbeck, Liana Tuchel
Umschlagmotiv:
Gabriele Münter: Jawlensky und Werefkin, 1909 (Ausschnitt)
© VG Bild-Kunst, Bonn 2000
ISBN 3-451-04922-8

Ascona hat mich gelehrt,
nichts Menschliches zu verachten,
das große Glück des Schaffens
und die Armseligkeit der Existenz
gleich gut zu lieben
und sie als Schatz
in der Seele zu tragen.

Marianne Werefkin

1.

Der heftige Wind kommt aus Norden. Die Sonne, von Schleiern verdeckt, wärmt an diesem Märztag nicht. Die Frau denkt, es riecht noch immer nach Winter. Sie hat Äste gesammelt, die der Schnee trocken gehalten hat. Sie werden sich mühelos brechen lassen. Jeden zweiten Tag geht sie in den Wald, Feuerholz zu sammeln. Seit der letzten Nierenentzündung weiß sie, daß der Schlafraum zur Nacht geheizt werden muß.

Die Berge stehen dunkelblau. Strenge Wächter des Ewigen. Am umgestürzten Baum will die Frau ausruhen und das Bündel ablegen. Die Schulter schmerzt, verspannt vom Tragen.

Wo das Tannengrün eine Art Höhle bildet, sieht die Frau das Kind sitzen, ein Mädchen. Es gibt sich reglos wie ein Tier, das hofft, nicht entdeckt zu werden. Der Frau rutschen die Äste aus den klammen Fingern. Vor den Füßen des Mädchens liegt eine Astgabel. Die Frau legt sie zu dem Gesammelten und setzt sich neben die Kleine, die fünf Jahre sein wird. Das dunkle Mäntelchen trägt am Ärmel einen karierten Flicken. Ihr Gesicht ist tränenverschmiert. Sie hat große Augen. Unter der Wollmütze ist das braune Haar zerzaust, und die Schwänzchen der Zöpfe stehen drollig ab.

Die Kleine tut so, als hätte sie die Frau nicht bemerkt. Sie scharrt intensiv mit der Stiefelspitze im Sand.

Der Frau tut der Rücken weh. Sie sitzt sehr gerade und aufrecht.

Zeit vergeht.

Nach einer Weile sagt das Kind kaum hörbar und trotzig: Ich gehe nicht nach Hause!

Die Frau nimmt es zur Kenntnis. Ihr tut die kindliche Entschlossenheit wohl. Ein kleines Gefühl von Verbundenheit entsteht und verschafft für den Moment Genugtuung.

Sie sagt: Das verstehe ich.

Die Kleine schaut verwundert zur Seite. Es ist nur ein kurzer Blick. Sie bricht einen Tannenzweig ab und benutzt ihn als Handfeger.

Ich mag den Vater nicht leiden.

Die Stimme bebt vor angetanem Unrecht. Die Frau will den Kummer nicht verharmlosen. Eher eine Brücke bauen. So sagt sie:

Morgen wirst du ihn wieder leiden können.

Nie werde ich ihn leiden können. Er hat meine Katze aus dem Fenster geworfen. Ich habe Verachtung für ihn.

Wo mag das Kind ein solches Wort aufgeschnappt haben? In unerreichbarer Tiefe liegt die Erinnerung, daß Vater und Güte Synonyme waren. Doch befreiend für die Frau ist, auf Verachtung zu stoßen, die auch in ihrem Innern ruht, zu keinem Verzeihen bereit.

Die Katze..., auch Alexej hat um die Katze geweint, als sie von einem Tag auf den anderen Wohnung und Land verlassen mußten. Da litt er und bezichtigte sich des Verrats an der Schnurrenden.

Ich mag auch jemand nicht leiden, sagt die Frau.

Es tut gut, es laut zu sagen. Wenigstens vor dem Kind.

Die Kleine mustert die Frau länger. Dann kramt sie in ihrer Manteltasche und reicht ihr etwas. Die Frau holt ihre linke Hand aus dem wärmenden Ärmel ihrer Jacke. Etwas Weißes rollt von der Kinderhand.

Was ist das? Eine Perle?

Mein Zahn. Mein zweiter. Schau mal.

Die Kleine öffnet ihren Mund. Unten fehlen tatsächlich zwei Zähne, und die neuen zeigen sich winzig gezackt. Die Frau durchströmt ein seltsam ziehendes Gefühl.

Danke, sagt sie, das wird mir Glück bringen.

Das Mädchen scheint zufrieden.

Seit die Frau neben ihr sitzt, ist die Last ihrer Traurigkeit nicht mehr so drückend. Beide sitzen schweigsam. Das Kind beginnt, die Frau zu mustern. Verstohlen. Ist sie nun alt oder nicht? Auf alle Fälle ist ihr Haar nicht weiß. Ganz braun. Und sie sitzt so gerade, als ob nichts sie gebeugt hätte. Und sie ist dünn. Überhaupt – sie sieht nicht aus wie die anderen älteren Frauen, die das Kind kennt. Sie sieht aus wie eine verkleidete Königin, die nur so tut, als ob sie im Wald Holz suche.

Meine Oma ist gestorben, sagt das Mädchen.

Die Frau nickt, als wüßte sie es.
Kennst du mich?
Nein. Aber ich wußte, daß ich dich treffen werde und du traurig bist. Und es geht dir besser, wenn wir miteinander reden.

Das Kind denkt angestrengt nach. Es hört sich schön an, was die Frau gesagt hat. Sehr schön.

Du hast Holz gesammelt! Warum?
Weil ich es kalt zu Hause habe.
Ich hab' Durst, sagt das Kind.
Du willst mit mir kommen?
Die Kleine nickt stumm und heftig.
Aber dann gehst du wieder nach Hause! Ich werde dir einen Tee kochen.

Tee mag ich nicht. Ich möchte warme Milch und darüber geriebene Schokolade.

Die Kleine sieht nicht so aus, als ob jeden Tag Milch mit geriebener Schokolade auf ihrem Tisch stände.

'Ich habe keine Milch und keine Schokolade, sagt die Frau.
Macht nichts. Du kannst mir auch einen Löffel Marmelade mit Wasser verrühren. Dann ist es etwas süß.

Das Mädchen springt auf. Die Frau hat Mühe, sich vom Baumstamm zu erheben. Die Kleine reicht ihr die Hand, um sie hochzuziehen.

Ich bin stark. Ich helfe dir tragen.
Die Frau sucht nach einem langen Ast.
Den kannst du hinter dir herziehen!
Die übrigen Äste nimmt sie als Bündel unter den Arm. Die Kleine greift nach ihrer freien Hand. Die Frau mag solche Vertrautheit nicht. Die Hand ist klein und warm. Sie gehen. Die Frau muß nachdenken, wann sie jemand bei der Hand genommen habe... Sie kann sich nicht erinnern.

Wie heißt du, fragt die Frau.
Sofia. Und du?
Die Frau bleibt dem Kind eine Antwort schuldig.
Sie dünkt dem Kind groß und stolz und sehr fremd. Auch die Hand der Frau ist groß. Am Mittelfinger trägt die Frau einen

Ring. Aus Gold. Mit einem ovalen türkisen Stein. Mit solchem Ring geht man nicht in den Wald Holz suchen.

Hast du dich verkleidet, fragt das Mädchen.

Wie kommst du darauf?

Du siehst so komisch aus.

Die Frau lacht. Ihr Lachen ist jung und ansteckend. So lacht das Kind auch.

Plötzlich schmiegt die Kleine für den Bruchteil einer Sekunde ihr Gesicht an die Hand der Frau. Die Frau will sagen: Laß das!

Steine kollern unter ihren Füßen.

Ich halte dich fest, sagt das Mädchen.

Die ersten Häuser zeigen sich. Der kürzeste Weg zur Piazza ist die Treppe. Das Kind schreitet mit großer Selbstverständlichkeit an der Hand der Fremden einher. Es möchte von den anderen Kindern und den Nachbarn gesehen werden.

Du sprichst so ulkig, sagt die Kleine nach einer Weile.

Da redet die Frau in einer Sprache, die Sofia noch nie gehört hat, ein bißchen rollend, ein bißchen zärtlich, ein bißchen zischend, ein bißchen traurig.

Aus welchem Land kommst du?

Aus dem Land Nirgendwo.

Die Kleine denkt offensichtlich nach.

Erzählst du mir das Märchen? Warst du eine Prinzessin?

... Ja.

Die Kleine lacht auf.

Jetzt gehen sie am See entlang. Er ist so grau wie der Himmel. Vom Wind zerpflügt. Die Platanen stehen nackt und winterkahl. Am Ende der Piazza bleibt die Frau stehen.

Hier wohnst du? fragt das Kind. In seiner Stimme liegt Verwunderung. Die Häuser, die an der Piazza stehen, sind feine Häuser.

Die Frau muß die Kleine loslassen, als sie auf den Hof gehen. Der Durchgang ist schmal. Auf dem Hof steht der Hauklotz. Die Frau greift nach einem Beil und zerkleinert ein paar der Äste, die das Kind in den verbogenen Drahtkorb einsammelt. Sie gehen durch die Hintertür in das Haus und kommen in ein großzügiges Vestibül, das dem Kind sehr dunkel und vornehm erscheint. Sie gehen eine Treppe hinauf. Die Frau öffnet eine Tür. Der Flur ist winzig. Von ihm gehen drei Türen ab. Platz für eine Garderobe ist nicht. An der einen Tür sind Haken angebracht. Die Frau legt ihren Umhang ab. Das Kind streichelt ihn verstohlen. Er faßt sich weich an wie Samt oder wie dünnes Fell. Er riecht gut.

Wann mußt du zu Hause sein?

Gar nicht.

Das Kind entledigt sich unaufgefordert seines Mantels und zerrt sich seine Mütze vom Kopf und reicht sie der Frau zum Aufhängen.

Du wolltest etwas trinken! Setz dich auf den Sessel und warte.

Die Frau macht kein Licht. Die Dämmerung des späten Nachmittags läßt die Ecken des Zimmers im Dunkeln. Das Fenster geht auf den See. Boote tanzen auf dem Wasser. Bei dem Sturm ist kein Fischer draußen.

Der Sessel steht am Fenster. Dort hinauf setzt sich das Mädchen. Wie auf einen Thron. Es fühlt sich königlich und weiß nicht warum. Es liegt an dem Zimmer. Dem Kind dünkt es geheimnisvoll. Vollgestopft mit Schätzen.

Das Zimmer hat viele Augen, denkt es, und sein Blick wandert über die Bilder.

Die Frau kommt mit einem Glas herein. Sie rührt mit einem silbernen Löffel darin.

Zitronenwasser mit Honig.

Habe ich noch nie getrunken, sagt das Mädchen.

Ich auch nicht. Aber wenn du Durst hast...

Eigentlich hat das Kind keinen Durst.

Erzählst du mir das Märchen?

Es gibt keines, sagt die Frau unwirsch.

Doch. Meine Oma hat mir viele erzählt.

Ein andermal.

Es klopft an der Tür. In einem seltsamen Rhythmus.

Das Kind schaut erschrocken zur Frau.

Das ist der Vater, sagt das Mädchen beschwörend.

Bleib dort sitzen.

Die Frau streicht sich ihr Haar unter das Tuch, das sie gedreht und um den Kopf gewunden hat. Das Mädchen kennt nur alte Frauen mit Kopftüchern, die unter dem Kinn geknotet sind. Es klopft noch einmal. Leise und zögernd.

Dann bitten wir den Vater herein!

Das Kind drückt sich in die Sesselecke und umklammert das Glas mit dem erwärmten Wasser.

Es lauscht verwundert auf die Stimme des Vaters. Sein ‚Salve' klingt steif und zuvorkommend. Er spricht die Frau mit ‚Baronessa' an und entschuldigt sich für das Kind. Er habe es gesucht. Nachbarn hätten die beiden gesehen. Die Frau bittet den Vater tatsächlich herein. Der ist verlegen und will nicht.

So kennt das Mädchen den Vater nicht. Die fremde Frau mit dem Gang einer Königin hat den Vater behext.

Trotzdem, das hätte die Frau nicht tun sollen! Der Vater dreht seine Mütze in der Hand und setzt sich auf eine Stuhlkante.

Als er das Kind im Sessel hocken sieht, senkt er seine Stimme und droht: Komm du nach Hause!

Was werfen Sie dem Kind vor? fragt die Frau. Es hat mir Holz aus dem Wald getragen, und ich habe es eingeladen. Wenn ich übermorgen wieder in den Wald muß, könnte es mich begleiten, wenn Sie es erlauben.

Der Vater beeilt sich, Zustimmung zu geben.

Ich könnte der Sofia einen Leiterwagen mitgeben.

Gut. Es ist ein liebenswürdiges Kind!

Der Vater lacht verächtlich. Eigentlich aber ist er verlegen.

Dann sag der Baronessa, was du jede Nacht machst!

Das Kind schüttelt heftig den Kopf.

Dann werd ich es ihr sagen! Jeden Morgen ist ihr Bett naß. Dafür wird es einen Grund geben, sagt die Frau bestimmt und keineswegs erschrocken oder enttäuscht. Sie sagt es so, daß das Mädchen spürt, die Frau weist ihr keine Schuld zu.

Das Kind wird Kummer haben. Es ist empfindsam und stolz. Sie sollten seine Würde nicht verletzen und es anderen erzählen!

Nun trink aus! sagt der Vater ungeduldig zu dem Mädchen.
Zur Frau gewandt, sagt der Mann entschuldigend: Man wird nicht als Vater geboren. Ich habe ihre Mutter vor zwei Jahren geheiratet. Das Kind ist nicht erzogen! Es hat seinen eigenen Kopf.

Das Mädchen macht winzige Schlucke. Es will den Moment des Gehens hinauszögern. Einmal ist das Glas leer getrunken. Der Mann hat das Mäntelchen vom Türhaken genommen und wartet. Er möchte die Frau etwas fragen. Er getraut sich nicht.

Die Frau denkt, das Mädchen ist ihm überlegen. Es ist innerlich frei. Den Mantel will sich die Kleine allein zuknöpfen. Doch die Mütze läßt sie sich von ihrem Stiefvater zubinden. Der tut es mit Selbstverständlichkeit. Die Frau schaut interessiert zu.

So alt muß ich werden, denkt sie, daß mich diese Geste berührt.

Übermorgen um zwei, sagt sie zu der Kleinen.

Der Mann macht eine Verbeugung und zieht das Kind mit fort. Er hatte seine Schuhe im Vestibül ausgezogen. Man hört nur das Kind auf der Treppe stolpern.

Nach einer Weile tritt die Frau auf den Balkon und schaut den beiden nach. Sie waren bereits am letzten Gäßchen, da wendet die Kleine den Kopf, befreit sich von der Hand des Vaters, läuft zum Haus, ruft ein Wort hinauf. Es rennt zum Vater zurück. Der Wind trägt das Wort über den See, so daß die Frau es nicht versteht.

Es klang wie ein Kosewort. Oder eine Bitte.

2.

Die Glocke des Campanile von St. Peter und Paul schlägt Mal um Mal und scheint nicht enden zu wollen. Die Schläge hallen zitternd über den See. Die nächtliche Stille erhält ihre tiefste Zäsur. Mit dem zwölften Schlag fällt auch dieser Tag in die Unwiederbringlichkeit, er fällt zu den anderen und zählt nicht mehr. Die Zeit geht an ihr vorbei.

Die Frau liebt diese Nachtstunden. Sie malt, oder sie denkt nach. Den Alltag mit seinen zeitraubenden Forderungen will sie beschränken – wenn man sie läßt, damit das Denken für das Geistige frei wird. Vielleicht vermag sie zu dem vorzustoßen, was sie auf dieser Erde soll – zu dem Gefühl von Sinn.

Nach dem zwölften Stundenschlag brüht sie sich den letzten Tee. Die Küche sieht unaufgeräumt aus. Der Abwasch von drei Tagen steht im Schüttstein. Sie muß ein Holzscheit nachlegen, damit das Wasser im Kessel noch einmal zu summen beginnt.

Der Kaffee, den ihr Santo geschenkt hat, ist aufgebraucht. Sie nahm ihn nur zu besonderen Anlässen. Die letzten Tassen waren bereits ohne Geschmack. Es wird Zeit, daß ein neues Frühjahr kommt, denkt die Frau, und sie Fenchel und Minze sammeln kann.

Der Tee muß ziehen. Sie legt sich die Jacke über die Schultern und tritt auf den Balkon. Sie liebt seine kleine Plattform und den Blick, den er ihr schenkt.

Hier also war sie angekommen mit ihrem Leben. Vor ihr der See, um sie die Berge, den Himmel über sich. Hier möchte sie sterben, wenn der Morgen aufzieht, sein Grau sich in Blau wandelt, und ihr Auge den Raum entdeckt, zu dem sie sich emporschwingen darf, ein letztes Mal.

Das Mondlicht liegt über der Weite des Lago. Die Stille, die vom dunklen Horizont der Berge kommt, geht in sie ein. Sie ist Mittelpunkt der Welt. Eine Katze läuft über die Piazza. In der Ferne klagt ein Hund. Die Frau schaut zu dem anderen Haus hinüber, zu dem Fenster des Zimmers, das Santo im letzten Herbst bewohnte. Die Fensterläden sind geschlossen. Wenn der warme Lichtschein aus seinem Fenster fiel, empfand sie es als geheimes Zeichen von Verbundenheit. Jetzt liegt das Fenster im Dunkel der Nacht.

An jenem Tag, wo der Regen sie auf dem Weg nach Ronco überraschte und beide auf dem Stein saßen und Santo sein Jackett um sie legte, hatte er den Wunsch geäußert, alles von ihr wissen zu wollen. Es war ein Augenblick großer Nähe. Sie nahm seine Ehrfurcht wahr vor ihrem Leben. Es streifte sie die

Ahnung, daß er darin die übergeordnete, universale Kraft zu spüren glaubte.

Da hatte das Nachdenken begonnen.

Es war mühsam und Qual, das verworrene, dramatische Leben heraufzuholen aus den Verdrängungen.

Doch im Moment will sie nichts weiter tun, als sich freuen, daß Santo im Mai wieder in Ascona sein wird und drei Wochen bleiben. Jede Woche hat sieben Tage. Jeder Tag hat vierundzwanzig Stunden.

Es ist wichtig, sich auf etwas zu freuen. Es tut gut. Freuen auf die Zukunft – nicht als Erwartung oder Hoffnung, sondern im tiefen Vertrauen auf Nähe. Geistige Nähe. Danach wird sie sich auf die drei Wochen im Herbst freuen. Dann wieder auf das Frühjahr. In der verbleibenden Zeit wird sie ihre Gedanken fließen lassen und sich bemühen, ihren Geist freizuhalten von bösen Gefühlen.

Sie muß an das Kind denken, das sie am Nachmittag traf. Etwas war passiert. Zwischen ihr und dem Mädchen. In dem Moment, wo das Kind seine Hand in die ihre schob.

Ein verschüttetes Wort war gefallen – Prinzessin.

Vielleicht hatte es damals angefangen.

Es ist an der Zeit, Klarheit in Gedanken und Gefühle zu bringen, ehe es zu spät ist.

... Prinzessin. Mehr Fluch als Gnade. Mehr Pflicht als Geschenk.

Am 29. August 1860 wurde Marianna Wladimirowna Werefkina in Tula geboren. Zu dieser Zeit war ihr Vater Kommandeur des dort stationierten Ekaterinenburgischen Regiments. Ihr Vater stand im Dienste des Zaren, wie schon sein Vater und Großvater und später Mariannas Bruder – eine weit zurückreichende Linie angesehenen Dienstadels. Die Mutter, Elisabeth, geb. Daragan, gehörte einem alten Kosakengeschlecht an, das schon zu Zeiten Peter des Großen mit verantwortungsvollen Aufgaben betraut war. Eine ihrer Großmütter unterrichtete am Hofe in St. Petersburg die Zarenkinder in Fremdsprachen.

Einst hatte die Mutter dem Mädchen erzählt, daß der Tag seiner Geburt sonnendurchstrahlt war. Durch das Fenster habe die Gebärende auf einen Apfelbaum schauen können, der üppig trug. Vor dem tiefen Blau des Augusthimmels habe ein Apfel ihre besondere Aufmerksamkeit erregt. Golden und sehr hoch hing er in der Krone des Baumes. Groß und makellos. Die Mutter habe in seinen roten Sonnenpünktchen eine Verheißung des Himmels für ihr erstes Kind gesehen.

Bei diesen Worten hatte auch das Mädchen eine schicksalhafte Beziehung zu dem Apfel entwickelt. Marianna verinnerlichte den Glauben, Sonne im Herzen und in ihrer Seele zu tragen wie der Apfel seine Lichtsprenkel.

Ihr Kindsein in dem anderen Jahrhundert scheint in ihrem Kopf, in ihren Erinnerungen, gleichsam abgestürzt. Mit Sicherheit glaubte die kleine Marianna nicht, die Welt um sie herum sei da, um Genuß aus dem Leben zu ziehen. Allerdings – ein Glas Wasser mit eingerührter Marmelade war nicht vorstellbar.

Es ist kein Stolz mehr und kein Dünkel in ihr. Einmal hat ihr Santo übertrieben devot die Hand geküßt und gestanden, daß sie die ‚erste Dame von Adel' sei, der er unmittelbar gegenüberstehe. Und heute hat sich die adlige Dame Holz aus dem Wald gesucht, um nachts nicht im Bett zu frieren. Und morgen wird sie sich das Geld für einen Francobollo borgen, wenn sie den Brief abschicken will. Das ist eine Feststellung, die sie belustigt. Dahinter steht kein Lamento.

Erinnerungen, die am weitesten zurückliegen, lassen sich nicht mehr erklären. Der Hauch des Unbegreiflichen wird ihnen bleiben. Der fremde stille Mann, der vor der verschlossenen Tür der Mutter steht und klopft. Leise Worte, Beschwörungen. Der Mann – kniend vor der Mutter. Verehrung und Demut. Den Fremden kennt das Kind nur in Uniform und zu Pferde. Noch in seiner Abwesenheit beherrscht er das Haus. Dabei erscheint er dem Kind bescheiden und gütig. Doch das Personal begegnet ihm mit Hochachtung und Ehrfurcht.

Die Mutter, die dem Kind überirdisch schön dünkt und sanft und warm, bleibt unerreichbar. Diese Kluft bedeutet für das Mädchen Schmerz. Die Mutter lebt in einem hellen Raum. Allein. Ohne Möbel. Doch – ein Kanapee und ein kleiner Teetisch. Das Sonnenlicht fällt durch eine Decke aus Glas. Mit konzentriertem, fernem Blick steht die Mutter vor verleimten Holztafeln. Ein Schreiner liefert sie regelmäßig. Besuche bei der Mutter sind nicht erlaubt. Sie malt Heiligenbilder. Ein Mysterium umgibt sie – groß, unverständlich, anziehend.

Eines Tages hebt der Fremde das Kind zu sich aufs Pferd und reitet mit ihm über Felder und Wiesen. Er raunt ihm das Wort ‚Prinzessin' ins Ohr. Viele seiner Worte trägt der Wind davon. Ahnungen bleiben. Visionen, die das Mädchen mit Selbstvertrauen erfüllen. Kleine Gefährtin des mächtigen Mannes. Es fühlt sich großartig und faßt Vertrauen. Der Fremde besitzt einen Namen. Vater.

Vom Wasser weht kalter Wind. Die Frau fröstelt. Der Tee wird gezogen sein. Sie schließt die Balkontür hinter sich. Auf dem Vertiko steht die Photographie ihres Vaters. Eine der letzten Aufnahmen von ihm. In sich gekehrt sitzt er am Tisch und liest. Er trägt seinen Soldatenrock. Haar und Bart sind weiß. Ruhe geht von ihm aus, Würde. Für sich selbst war er bescheiden. Großzügig, wenn es um die Mutter oder die einzige Tochter gegangen war; streng den Söhnen gegenüber. Ihr Vater stand bereits im vierten Lebensjahrzehnt, als Marianna geboren wurde. Als sie zwei ist, wird ihr Bruder Wsewolod geboren. Nach weiteren zwei Jahren ihr Bruder Peter. Zur Tochter entwickelt der Mann im Offiziersrock ein inniges Verhältnis. Verehrt er in ihr die Mutter? Ist sie in seinem harten Soldatendasein ein Lichtpunkt? Jedes ihrer Worte, ihr Tun, selbst Torheiten, nimmt er mit Heiterkeit und Nachsicht auf – als ungewöhnliches Geschenk. Einer Prinzessin wird jeder Wunsch erfüllt. Das kleine Mädchen entfaltet sein Selbstbewußtsein. Das Kind ist voller Vertrauen zu sich und zum Leben. Es trägt den Anspruch in sich, dem Außerordentlichen gerecht werden, das der Vater in ihr sieht.

Ein Bild taucht auf.

Ein kalter Tag im Januar. Um die Mittagszeit erscheint die Sonne milchig am Himmel. Das Kindermädchen geht mit den beiden Schützlingen spazieren. Der übliche Gang zur üblichen Stunde. Nur wenn ein Schneesturm ihnen den Atem verwehrt, dürfen sie im Hause bleiben. Vermummt und gleich kleinen Murmeln rollen die Kinder durch den Schnee. Sie kommen am Brunnen vorbei, und wie immer beugen sie sich über seinen Rand. Das Wasser ist seit Wochen gefroren. Einmal entdeckten sie silberne Rubelstücke im Eis. Ein andermal bewunderten sie das Eisgespinst an den Brunnenwänden und die Zapfen. Im Sommer hatten sie sich an den kreisenden, sich auflösenden Spiegelbildern ihrer Gesichter ergötzt. Jetzt liegt eine Schneedecke über dem gefrorenen Wasser. Makellos wie ein Tuch aus weißem Samt. Darauf ruht, in der Mitte des Brunnenkreises, ein Stieglitz. Nie schien dem Mädchen etwas kostbarer als der zierliche Vogel mit dem betörendem Rot seines Köpfchens, dem schwarzen Häubchen, dem weißen Hals und den gelb geflammten Flügeln, Farben, die sich leuchtend und klar vom Weiß des Schnees abheben. Unbedingt möchte das Kind den Vogel. Nie ist die Gelegenheit günstiger, den kleinen Sänger in die Hand zu nehmen und sein Geheimnis zu erfahren. Die Ahnung von Schlaf und Tod und Erwachen und Gesang. Der Brunnen ist einige Meter tief. Das Kindermädchen sagt, der Vogel sei tot. Sie verbietet, tote Tiere zu berühren. Die kleine Baroneß weiß es besser: In ihrer warmen Hand würde der Vogel lebendig. Mit einer Leiter könnte man in den Brunnen steigen. Sie gibt keine Ruhe. Sie trägt der Mutter ihren Wunsch vor. Stummes Verneinen. Den Knecht fragt sie nach einer Leiter. Kopfschütteln. Sie läuft dem Vater entgegen, als die Kutsche vor dem Haus hält. Sein Blick läßt sie hoffen.

Am nächsten Morgen steht vor ihrem Fenster ein Käfig. In ihm springt der Stieglitz. Er lockt und grüßt mit einem Lied.

Der Vater. Er hat ihren dringlichen Wunsch verstanden. Dennoch fühlt sich das Mädchen um etwas betrogen. Sie rennt an den Brunnen. Der Vogel ist fort.

Vielleicht war es nicht gut, Wünsche erfüllt zu bekommen.

An ihre Geburtsstadt besitzt die Frau keine Erinnerungen mehr. Tula. Die Familie lebt dort bis zu ihrem dritten Lebensjahr. Sie wird nie wieder ihren Fuß in diese Stadt setzen.

Die Zeit, in die man geboren wird, läßt sich nicht aussuchen. Ein Jahr nach Mariannas Geburt war in Rußland die Leibeigenschaft aufgehoben worden. Wenn ihr solches ins Bewußtsein rückt, denkt sie – was bin ich für ein ‚Fossil'!

Tula. Jetzt, im Alter, und hier in Ascona, erwähnt sie mitunter, in Tula geboren zu sein, wenn sie voraussetzen kann, daß sich mit dem Namen dieser Stadt im Kopf des Gesprächspartners der andere Name verbindet – Tolstoi. Er war im gleichen Alter wie ihr Vater.

Lew Nikolajewitsch Tolstoi – ein Prediger des Evangeliums und der Liebe. In ihrer Jugend war er eine moralische Macht. Nicht nur in Rußland. Auch in Frankreich und Deutschland. Und das weit in dieses Jahrhundert hinein. Überall war die Frau auf ihn und seine Verehrer gestoßen. Vor allem in Ascona. Auf dem Monte Verità. Dort trug man die langen Blusen, im Gedenken an Tolstoi, mit einem Gürtel um die Taille geschnürt, das Haar lang, der Bart reichte bis auf die Brust. Dort oben schnitzte man sich seine Holzlöffel selber und nähte sich Dattelkerne als Knöpfe an... Als Tolstoi 1910 starb, wurde er auf dem Monte als ‚Lehrer der gesamten Menschheit, als Patriarch und Prophet' verehrt.

Sein Gut Jasnaja Polnaja lag im Gouvernement Tula. Tolstoi lebte und wirkte dort in großer Einfachheit. Einmal war sie mit Repin dort. Als junge Frau. Tolstois Worte damals ruhen wie eingraviert in ihrem Gedächtnis. ‚Als sittlich aufgeklärter Mensch ist man am Werdegang der Menschheit verpflichtet – aus innerem Bedürfnis. Ein wahres Kunstwerk gleicht einer Offenbarung.'

In der Ruhe dieses Nachdenkens begreift die Frau, daß sie heute Wert legt auf die gedankliche Assoziation zu seiner Philosophie und seinem Lebensanspruch.

Das brauchte Zeit.

Die Frau kennt ihren Hang zum Philosophieren. Und die Ausschweifungen ihrer ‚russischen Seele'...

Und immer enden ihre Gedanken bei Santo. Nacht für Nacht.

Für ihn will sie das Verdrängte heraufholen.

Und jenen Tag, als er zum erstenmal in ihrem Zimmer stand.

Vor fünf Jahren. Im September 1923.

Ein vitaler Mann Mitte fünfzig. Gut aussehend. Gebräunt. Ein Urlauber aus Berlin. Ein Kunstbeflissener, der bei diesem ersten Besuch sein Wissen hervorkehren möchte.

Sie liebte deutsche Besucher nicht sonderlich in ihrem Zimmer. Deutsche Behörden hatten 1914, zu Kriegsbeginn, alle Russen des Landes verwiesen. Von einem Tag auf den anderen. Sie durften aus ihrer Münchener Wohnung nur mitnehmen, was sich als Handgepäck tragen ließ.

Ausgerechnet Deutsche bevölkern nun in den Sommermonaten das Fischerdorf am Lago, wo die Heimatlose Asyl fand und wo sie freundlich aufgenommen wurde.

Der Besucher begann, über den Umgang der Malerin mit den drei Grund- und den Komplementärfarben zu fachsimpeln und ihren Gebrauch der beiden ‚Nichtfarben'.

Allein sein Kunstkennertum machte ihn verdächtig. Sie versteckte ihre Angst, daß er den Namen Werefkin mit dem von Jawlensky in Beziehung setzen könnte. Noch war kein schützender Panzer um sie gewachsen. Ihre Wunden lagen bloß. Sie mochte Deutschland nicht mehr leiden, weil Jawlensky dort wohnte. Und die gemeinsamen Freunde nur noch die seinen waren. Alles, was sich in ihren Erinnerungen mit Deutschland verband, wollte sie löschen. Alles. Vor allem Jawlensky. Vergessen, wenn es denn ginge!

Sie fürchtete sich vor dem Kunstverstand des Berliners. Sie wollte ihre Verwundbarkeit nicht zeigen, nicht ihre Scham. Aber die Kraft fehlte, ihre Gefühle zu verstecken. Der Panzer aus Unnahbarkeit und Stolz hatte Löcher und schützte nicht mehr.

Wenn es deutsche Urlauber aus Langerweile in das Atelier der Malerin hochtrieb, und sie sich neugierig umschauten und ihre platten Kommentare abgaben, wußte die Frau, daß sie in diesen Momenten ihre Seele verkaufte. Ihre Bilder waren nicht gemalt, daß man sie sich als Wandschmuck in die Zimmer hing und gemütlich Kaffee unter ihnen trank oder sie auf Hausböden abstellte oder unter Treppen, wo sie als Mitbringsel verstaubten. Ihre Bilder brauchten Öffentlichkeit. Sie waren Herausforderungen. Doch die Frau mußte leben. Nur die Hoffnung auf den Verkauf eines Bildes konnte manchmal ihre Unfreundlichkeit dämpfen.

Diesem Berliner war sie über den Mund gefahren. Keine seiner Bemerkungen wollte sie gelten lassen.

Sie hatte einen ihrer schlechtesten Tage.

Ihre Meinung imponiert mir nicht!

Schließlich forderte sie ihn auf zu gehen, da er offensichtlich die Sprache ihrer Bilder nicht verstünde, die an das Gewissen appellierten.

Die Frau begann, ihre Werke zu verhängen. Der Deutsche versuchte, sie daran zu hindern. Sein Blick kehrte immer wieder zu den kleinen Mädchen zurück, die in wohlgeordneter Zweierreihe ihren kleinen Ausflug in ein Stück Freiheit beendeten. Er sagte etwas von Cloisonnismus und daß sie hier strenge Regeln durchbrochen hätte.

Damit tun Sie mir keinen Gefallen! Reden Sie nicht von Kunstwerk!

Sie hatte das Bild in das andere Zimmer getragen und höhnte:

Ich bin nachsichtig: Was man nicht in sich fühlt, kann man auf meinen Bildern auch nicht entdecken!

Das war nicht Nachsicht von ihr, das war Wehr, Angriff.

Und sie setzte hinzu, daß jemand, der nie mit der Tragik des Seins in Berührung gekommen wäre, auch nicht über ihre Bilder reden sollte. Es wäre besser, zu schweigen oder das Weite zu suchen!

Mit diesen Worten hatte die Frau damals erreicht, daß der deutsche Besucher nach seinem Spazierstock und seiner Baskenkappe griff, um sich zu verabschieden.

In der Tür blieb er stehen und blickte sie an...

Ahnung streifte sie, daß die Tragik des Seins ihn nicht verschont hatte... Sie dachte nicht in klaren Begriffen, sie spürte es als Schmerz – sie war erkannt worden. Die Augen des Mannes waren in diesem Augenblick bis zu dem Geheimnis ihrer Seele vorgedrungen.

Mit den Worten: Ich werde darüber nachdenken – hatte der Besucher, eine leichte Verneigung andeutend, die Tür hinter sich ins Schloß gezogen.

In ihrem Schmerz war sie gefangen wie ein Tier in der Falle, so daß sie ihn gehen ließ, unfähig, die Hand auszustrecken.

In jenem Jahr, wo Jawlensky sie verlassen hatte, um die andere zu heiraten und nach Wiesbaden gezogen war, war sie oft den Weg zur Schwarzen Kapelle gegangen. Immer dann, wenn ihre Trauer absolut war. Frieden wollte sie in sich finden und sich bewußt machen: das Universum hat sich nicht von ihr zurückgezogen. Mit jedem Atemzug wollte die Frau spüren – es durchströmte sie Vertrauen und Zuversicht.

Plötzlich stand er vor ihr – der Herr Berliner mit dem großen Kunstverständnis... Die spöttische Bemerkung sollte sie schützen.

Der Mann unterlief ihre Ironie. Seine Freude, sie zu treffen, war unverkennbar. Ein Blick, der sie ausforschte. Ihr lebenslanger Wunsch – erkannt zu werden und geliebt...

Längst zurückgegeben...

Wie kam er dazu, den Arm um sie zu legen?

... als sei es die selbstverständlichste Sache der Welt.

Wie kam es, daß sie den Weg gemeinsam gingen und ohne Worte? Und es gut so war. Und sie in dem Gefühl ruhte, angekommen zu sein. Mit dreiundsechzig Jahren.

An der Santa Michele fragte er, ob er sie für morgen zu einer Bootsfahrt einladen dürfe, weil am übernächsten Tag sein Urlaub zu Ende ginge. Und sie stimmte überstürzt zu und sagte, daß am nächsten Tag ihr Geburtstag sei. Es stimmte sogar. Auf alle Fälle wollte sie kundtun, daß sie seine Einladung als ein Geschenk empfand.

In den Münchener Jahren hatte Marianna sich entschieden, ihren Geburtstag weiterhin nach dem alten julianischen Kalender im August zu feiern. Nach der in Deutschland gültigen gregorianischen Berechnung war sie im September geboren. In jenem Jahr hatte sie sich zum erstenmal für diesen Tag entschieden...

Der Tee ist ausgetrunken.
Entschlossen legt sich die Frau ihre Farben zurecht. Sie will mit der Arbeit beginnen.

3.
Das Brot war ihr hart geworden. So wird sie eine Brotsuppe davon kochen. Da hinein gehört, bei aller Sparsamkeit, süßer Rahm.

Als die Frau den kleinen Laden verläßt, kommt ihr auf der Piazza Mohnblüte entgegengerannt. Ihre Zöpfe fliegen. Sie strahlt. Das liebe Gesicht! Sie kann ausgesprochen backfischhafte Allüren an den Tag legen. Jetzt jauchzt sie wie ein Kind. Sie dreht die Ältere im Kreis:

Eine Überraschung für dich! Ein große Freude! Schnell, komm nach Hause. Ich bin neugierig auf dein Gesicht!

Die Frau denkt – Santo ist gekommen, einen Monat früher als geplant! Die Tochter ihrer Wirtin faßt sie bei der Hand. Und sie, die Alte, rennt tatsächlich die letzten fünfzig oder hundert Meter zum Haus. Im Vestibül ist niemand. Natürlich nicht. Santo tritt aus keiner Tür, kommt hinter keiner Säule hervor. Mohnblüte weist auf den kleinen gedrechselten Tisch, auf den man die Post der Frau legt. Die grauen Augen des Mädchens leuchten wie die Steine der Maggia, wenn Sonnenlicht durch das Wasser fällt. Sie macht ein geheimnisvolles Gesicht und lockt wie eine kleine Verführerin.

In dem Kopf der anderen überschlagen sich die Erwartungen. Ein Telegramm, daß Santo morgen, übermorgen kommt? Ankündigung eines Besuches ihrer Nichten?

Und dann das!

Eine Geldüberweisung von 2000 Mark aus Wiesbaden!

Die Frau gerät in einen unbeschreiblichen Zustand. Im Rücken der eiskalte Schauer, wenn sie aus einem Alptraum erwacht. Eine dunkle Welle rollt in ihren Kopf. Das Herz klopft, als wollte es aus dem Hals springen. Ihre Hände tun automatisch, wovon ihre Seele sich Linderung erhofft. Sie zerreißen das Papier in viele, sehr viele kleine Schnipsel. Doch der innere Stau ist damit nicht gelöst. Die Schnipsel in ihrer Hand, sie beginnen zu brennen. Das Feuer züngelt an ihr empor. Sie erstickt im Rauch. Sie öffnet die Hand. Die Papierfetzen segeln zu Boden. Dann tritt sie mit den Füßen darauf, immer heftiger.

Später schämt sich die Frau vor Mohnblüte.

Das Mädchen schaut fassungslos auf ihr Tun, dann bückt sie sich und kehrt die Schnipsel hastig mit den Händen zusammen. Ihre Augen sind ratlos und erschrocken. Die Frau sieht dem Mädchen an, was es denkt. Der Gedanke springt geradezu auf sie über. Mohnblüte hofft, die zerrissene Benachrichtigung wieder zusammenzusetzen, die unüberlegte Reaktion ungeschehen zu machen, doch noch das Geld auf der Post einzulösen. Die Frau ist wie von Sinnen. Sie bekommt sich nicht in die Gewalt. Sie faßt das Mädchen bei der Hand und zerrt sie aus dem Haus. Sie stolpern die wenigen Steinstufen hinunter. Mohnblüte wehrt sich nicht, setzt keinen Widerstand entgegen. Sie läßt sich die zehn Meter von der Frau bis zum See ziehen.

Fast lautlos der Schrei:

Wirf es hinein!

Mohnblüte öffnet die Hand.

Es ist soviel Verständnislosigkeit in ihrem Blick. Mitleid, Liebe. Wind und Wasser erbarmen sich. Der Wind peitscht die Wellen, und die Wellen werfen sich über das zerfetzte Papier. Die Schnipsel trudeln ein wenig, bevor sie in der Tiefe versinken.

Mohnblüte hat Tränen in den Augen. Sie legt den Arm um die Schulter der Frau. Dann nimmt sie diese in den Arm, preßt ihr Gesicht an deren Hals und stößt heiser hervor:

Eine solche Liebe möge nie in mein Herz fallen!

Diese Worte bringen die Frau zur Besinnung. Oder die Umarmung des Mädchens, die unmittelbare, erlebte Anteilnahme...

Das ist nicht Liebe, das ist Haß – will sie erklären. Doch haben Liebe und Haß nicht eine gemeinsame Wurzel?

Wenigstens steht sie bei ihren Wirtsleuten nicht wegen Mietschulden in der Kreide.

Die beiden kehren Arm in Arm in das Haus zurück.

Als sie vor der Treppe stehen, und die Frau zu ihrer kleinen Wohnung hinaufgehen will, fragt das Mädchen: Alles in Ordnung?

Ja.

Die Frau bemüht sich um Festigkeit in der Stimme und nimmt ihr den süßen Rahm ab.

Doch als sie in der Küche steht, spürt sie, daß nichts in Ordnung ist, daß ihre Hände zittern und der Stein auf ihrem Herzen liegt. Sie steht vor dem Kochherd mit den Nickelfüßen. Er ist neu und wurde in die Wandvertiefung gestellt, wo sich einstmals ein Alkoven befand.

Bei dem Gedanken, sich die Brotsuppe kochen zu wollen, schnürt es ihr den Hals zu. Sie geht ins Wohnzimmer. Auf der Ecke des Vertikos liegt Sofias Milchzahn. Sie nimmt ihn in die Hand. Er schimmert bläulich perlmutt. Sollte er ihr nicht Glück bringen? Die Worte der Kleinen rühren sie noch immer. Das waren die kostbaren Momente im Leben. Sie umschließt den Zahn in ihrer Faust.

Laut sagt sie: Gaspadin Jawlensky, ich will Ihre Almosen nicht! Lassen Sie mich in Ruhe! Mit Geld läßt sich nichts gutmachen! So billig geht das nicht! Wie wenig kennen Sie mich nach dreißig Jahren gelebter Gemeinsamkeit, daß Sie meinen, ich nähme Geld von Ihnen!

Die Luft wird wieder knapp zum Atmen. Sie weiß nur eines – hinunter an den See. Nur dort findet sie Frieden.

Sie hofft, niemand aus der Perucchi-Familie zu treffen. In diesem Zustand ist sie zu keiner Konversation fähig.

Jetzt will sie mit Santo reden.

Endlos-Monologe.

Auf der Piazza verknotet die Frau ihr Tuch um den Hals und knöpft die Jacke zu. Sie nimmt den Uferweg Richtung Ronco, das sich felsig, herb und verschlossen zeigt. Der Wind ist wieder kalt geworden. Das Wasser des Sees hat an einigen Stellen seine smaragdgrüne Färbung.

Wo ein Sonnenstrahl durch die Wolken fällt, liegt silberweiß gekräuselt das verlorene Vlies.

Zeit ihres Lebens hat sie mit ihm geredet.

Vor zwanzig Jahren hatte sie ihm geschrieben, dem Unbekannten. Achthundert Tagebuchseiten.

„...Mein Schöner, mein Einziger! Du, den ich immer gesucht habe, ohne dich je zu finden! Du, den ich herbeigesehnt und gerufen habe, ohne dich je zu sehen! Du, der du immer gegenwärtig bist... Um wahrhaft leben zu können, wollte ich meinen Blick in deine Augen versenken... Ich lag im Gebet vor Wesen, von denen ich glaubte, du seist es. Ich weihte mich ganz ihrem Dienst, im Glauben, dir zu dienen. Ich öffnete ihnen mein Herz und glaubte, du kehrtest ein in mich, damit wir endlich eins würden. Ja, es war dein blauer Flügel, nichts als dein blauer Flügel, der mich hinter ihnen hertrieb.

... Ich habe mir ein Leben der Illusion geschaffen."

Jetzt trägt der Traum ein Gesicht.

Es wird immer anders sein, als man es sich vorstellt.

Überall in der Welt hatte sie ihn gesucht. In den Metropolen Europas. In Konzertsälen, auf Vernissagen. Auf Feldwegen, in der Tiefe der Wälder. An den einsamen Stränden der Bretagne. Unter der warmen Sonne der Provence. Im Himmel und auf Erden. Als sie nicht mehr an ihn glaubte, stand er plötzlich in ihrem Zimmer. Und sie wußte nicht, daß er es war.

Santo.

Es tut jetzt gut, deinen Namen zu sagen. Laut. Niemand hört mich. Beschwörung. Nähe.

Santo.

Es ist Mittagszeit. Alle sind in den Häusern.

Die Frau will Lulu aus ihren Gedanken verbannen. Sie will Jawlensky nie mehr mit diesem vertrauten Namen nennen. Er hat ihr einen fast tödlichen Schmerz zugefügt. Sie hat doch endlich gelernt, ohne ihn zu leben! Warum muß er sich wieder in ihr Bewußtsein drängen?! Das schreckliche Jahr 1922... Jawlensky hat geheiratet. Und sie war allein geblieben. Unvorstellbar allein. In einem fremden Land. Ohne Freunde. Ohne Familie. Ohne einen Pfennig Geld. Kälte. Finsternis. Nichts anderes nahm sie von der Welt mehr wahr. So war sie in der Weihnachtsnacht zur Schwarzen Kapelle hinaufgestiegen, um zu sterben. Sie wollte sich in den Schnee legen und auf den letzten Schlaf warten.

Und dann hatte sie nicht einmal die Kälte gespürt, als sie dort oben auf dem glitzernden Weiß unter den schwarzen Felsengestalten saß.

„Da haben wir zu zweit Weihnachten gefeiert, Gottes Welt und ich. Wir haben uns die Hand gereicht und Treue gelobt. Und als der Morgen kam, war ich zum zweitenmal geboren."

Doch erst im Reden mit Santo hatte die Frau begriffen, daß sie nicht die Welt und nicht die anderen zu ändern vermochte. Um ihr Lebensproblem zu lösen, mußte sie ganz auf sich schauen.

Das rote Segel.

Ihre Augen suchen jetzt nach dem Boot, das es gewesen sein könnte.

Ungewöhnlich war die Einladung zum Segeln schon gewesen.

Ihre Beziehung zu Santo blieb einmalig und paßte in kein Klischee und keinen Rahmen. In Ascona hielt man den Berliner für ihren Liebsten. Der große, stattliche Mann, der oft seinen Arm um ihre Schultern legte, wenn sie über die Piazza gingen, der sie im Jahr zweimal besuchte. Im Mai und im September.

Ernst Alfred Aye.

Ihr gefiel diese Unterstellung. Sie widersprach nie. Manchmal überkam sie Lust, mit ihrem Alter zu kokettieren. Zeit ihres Lebens verschätzte man sich mit ihren Lebensjahren. Wie jung sah sie auf dem Bild aus, das Repin von ihr gemalt hat, fast kindlich in ihrem Übermut und war bereits achtundzwanzig. In München hielt man sie für Mitte Dreißig und stand doch kurz vor der Fünfzig.

Die Bootsfahrt – an diesem unvergeßlichen 63. Geburtstag. Der Deutsche war ein geschickter Segler. Er sagte, das Boot sei nicht leicht und nicht schnell und nicht vergleichbar mit dem seinen auf dem Wannsee. Das Segel war grau und verschmutzt.

Mit Teerflecken am unteren Rand. Ein Gewirr von Knoten und Ösen und Tauen. Sie kreuzten über den See. An den Brissago-Inseln vorbei. Die Frau fand Vergnügen an dieser Bootsfahrt. Vergnügen auch an der unheimlichen Vision des Kenterns, wenn der Wind das Segel niederdrückte, und ihre Hand mühelos das Wasser streifte. Der Wind sei zu böig, meinte der Deutsche.

Mehr als daß der Mast bricht oder das Segel zerreißt, wird kaum passieren – er lachte, und sie entdeckte zwei tiefe Grübchen in seinen Wangen. Die Frau wurde sich ihres unbedingten Vertrauens in die Kraft und Geschicklichkeit des anderen bewußt. Eine ungewöhnliche Situation in ihrem Leben... Lulu war stets ängstlich gewesen und hatte das Unheil heraufbeschworen.

Plötzlich holte der Deutsche das Segel ein. Das Boot befand sich auf der Mitte des Sees, eine winzige Scholle aus Holz in der blaugrünen Weite des Wassers, umschlossen von Bergen. Stille um sie. Kein Knattern der Segel mehr. Der Mann rollte die Enden ein. Langsam. Er legte unendliche Sorgfalt in sein Tun. Eine Libelle mit türkisen Flügeln ließ sich am Bootsrand nieder. Beide, der Mann und die Frau, schauten auf das Spiel ihrer Flügel, als gäbe es nichts Bedeutsameres. Als die Libelle fortflog, sagte der Mann:

Baronessa – es ist Ihr Geburtstag. Und Sie hätten ein würdigeres Geschenk verdient als diese Bootsfahrt mit mir. Von uns beiden bin ich der Beschenkte. Sie haben mich gescholten, als ich Ihre Bilder einer vordergründig kunstwissenschaftlichen Analyse unterzog. Ihr Anspruch hat mich betroffen gemacht... Botschaften, die zu erfühlen sind... Gestern an der Schwarzen Kapelle machten Sie Andeutungen... von der Tragik des Seins. Ich war nicht darauf vorbereitet... auf einen Menschen wie Sie zu treffen. Und ich denke, unsere Begegnung wird einen Sinn haben.

Da begann ihr dummen alten Frau das Herz zu klopfen.

Einen Augenblick lang befiel sie die Angst vor einer peinlichen Situation. Sie lehnte sich mit dem Rücken an die Bootswand und sah zur Corona dei Pinci hinüber, wo die Sonne stand und den Himmel um sich in tiefes Orange färbte. So hat sie es dann auch auf dem Bild gemalt. Das rote Segel.

Ich wünschte mir Ihre Freundschaft. Sie wäre mir kostbar. Ich möchte sie. Freundschaft verlangt Vertrauen. Lassen Sie es uns versuchen – offen füreinander zu sein. Ich möchte mich in Ihren Dienst stellen. Lassen Sie mich Verkünder, Interpret Ihrer Kunst sein!

Das tiefgebräunte Gesicht des Mannes war ihr plötzlich vertraut. Es war etwas Unerklärliches. Eine Vertrautheit, wie sie sie eigentlich nur mit ihrer Mutter erfahren hatte.

Sie erinnert sich, daß sie damals dachte – wieder einer jener Augenblicke im Leben, die meine ganze Kraft kosten werden, sie auszuhalten.

Sein Blick suchte sie. Qual und Verzweiflung. Tragik des Seins.

Was sie empfand, war – auch sie wurde gebraucht. Ihr Verständnis für sein Anderssein. Er hat sie zur Vertrauten erwählt. Er hatte sie erkannt. Das schmerzlich vermißte Gefühl ihres Lebens, Geborgenheit.

Der, den sie in ihren Nachtgedanken mit dem Namen ‚Santo' erfleht hatte, trug ein Gesicht. Er stand vor ihr. Aus der Fiktion war Wirklichkeit geworden. In einer verhaltenen Bewegung streckte sie ihm beide Hände entgegen, die er ergriff und sein Gesicht darein preßte.

Da sagte sie du zu ihm und Santo.

Nicht Santo! – wehrte er.

Doch. So möchte ich es.

Da fuhren wir unter dem roten Segel.

Zwei Einsame, die menschliche Nähe gesucht hatten und Verantwortung füreinander tragen wollten, die das Wort Liebe in dem größten und weitesten Sinn aneinander erfuhren.

Dankbarkeit.

Der Schmerz war ihr Lehrer gewesen. Er hatte sie aufgeweckt. Es galt, die Wahrheit zu finden.

Habe ich nicht selbst mein Leben ausgesucht und mein Leid?

Der Wind ist heftig. Sie zittert noch immer. Mehr vor Kälte. Ihre Erregung ist abgeklungen. Der Himmel hat sich gänzlich zugezogen in wilder, grauer Lust. Eine kompakte Wolke segelt unmittelbar über dem See. Schmal, sehr weiß, sehr einsam – unbeirrt. Die Erfahrung der Frau besagt, daß hier in Ascona, in der Nähe des Wassers, in der Unmittelbarkeit der Berge, eine gute Strahlung liegt.

Ihre Gedanken gehen wieder zu dem nach Wiesbaden und der Geldüberweisung.

Die Hälfte des Geldes damals für den van Gogh, den Jawlensky nach Amerika verkaufte, die hatte ihr zugestanden. Das war etwas anderes. Dieses Geld hatte sie angenommen. Als Lulu vor Jahren das Bild erwarb, hatte sich sein sehnlicher Wunsch erfüllt. In ihrer Bewunderung und Ehrfurcht für van Gogh waren beide über den Kauf glücklich gewesen. Die Witwe von Theo van Gogh hatte sich überreden lassen. Lulu hatte alles, was er zu Geld machen konnte, verkauft. Unter Opfern. Es machte die Hälfte des Preises aus. Marianna gab das übrige. War es nicht gleich, wem das Bild gehörte! Wenn es einfach nur in der Wohnung hing und sie seinen Atem spürten, die Leidenschaft und die Botschaft. La maison du père Pilon.

Die Bitterkeit kam erst, als Jawlensky es zu den Sachen stellte, die nach Wiesbaden sollten. Nie reute sie ihre Großzügigkeit. Mit Selbstverständlichkeit hat sie ihren Mantel geteilt. In vier Teile. Plötzlich stand sie nackt in Frost und Schnee.

Ach, sie will ihn einfach vergessen...

Die Frau atmet tief durch. Das will sie hinter sich lassen. Es soll sie nicht mehr berühren. Eine sehr schwarze Wolke steht zwischen Ranzo und Pino. Die Gewitter im April sind heftig. Sie sollte umkehren.

Ihre Trauer ist nicht bewältigt. Sie sollte den Mut haben, ihr Leben direkt anzuschauen. Wenn sie eines Tages mit sich ins reine gekommen ist – wird sie ein Bild malen. Sie wird es ‚Das Duell' nennen.

In dem todtraurigen Jahr, als sie in der kalten Weihnachtsnacht zur Schwarzen Kapelle hinaufgestiegen war, war der Gedanke in ihren Kopf gekommen: hätten sie sich damals duelliert – die Kugel hätte den Richtigen gefunden, und ihr Leben hätte einen anderen Lauf genommen. Vielleicht wären die Prüfungen die gleichen geblieben? Vielleicht hätte sie Rußland nie verlassen? Hätte Lesin geheiratet? Es ist müßig, Wenn und Aber zu erwägen, denn immer hätte sie ihren Bruder angefleht, das Schicksal nicht herauszufordern und Lulu nicht zu töten.

Sie spürt Gallegeschmack im Mund.

Ach, Santo, ich bitte Gott, mir die Kraft zu geben, verzeihen zu können.

Die ersten Häuser von Ascona zeigen sich. Das Gefühl von Heimatlosigkeit schmerzt nicht mehr. In Ascona fühlt sich die Frau aufgehoben und angenommen. Sie liebt die Pappelallee in der Campagna und die am Wasser kauernden Waschfrauen. Sie liebt die schwarzen Bögen der Steinbrücke mit dem Unrat, der sich so malerisch vom grünen Wasser abhebt. Sie liebt die Fischerboote am Ufer und den Zollwächter und Assunta, die alte Serafine und Mohnblüte.

4.

Die Frau steht vor der Staffelei. Die Nacht ist ihre liebste Zeit. Schöpferische Stunden sonst. Sie will sich zur Konzentration zwingen. Es gelingt nicht. Seit Assisi trägt sie Bilder in sich, die sie bedrängen, die gemalt werden wollen. Sie hatte eine Skizze entworfen, die ihr nicht gut, nicht gut genug dünkt. „Der künstlerische Gedanke ist kein logischer Gedanke. Er erhält seinen Impuls von außen, aber er lebt in einer Schöpfung, die von innen kommt... in einem dauernden Fluß und ist schon in Frage gestellt, wenn er sich realisieren will."

Wenn sie in dem letzten krisenhaften Jahr ihrer Gemeinsamkeit Alexejs Bilder betrachtete, hatte sie sich gefragt – erhält der Mensch göttliche Botschaften über seine Phantasie, wenn er sie sich abverlangt?

Die Frau wirft zornig den Pinsel auf die Palette.

Warum ist Alexej ständig in ihren Gedanken?

Vor zwei oder drei Jahren hatte sie einen Brief erhalten, der keinen Absender trug. Der Poststempel war aus Heidelberg. Sie kannte niemanden dort. Es waren zwei aus Zeitschriften gerissene Artikel über Jawlenskys Bilder.

Einige Sätze weiß sie auswendig. Warum diese Lust, sich immer wieder zu quälen?

‚Wer die gottnahe Stille dieser Köpfe in sich ruhen läßt, den wird die Einfalt ihrer Form beglücken, die so viel inneren Reichtum in sich schließt... Auferweckt aus den Urgründen des Schöpferischen, aufsteigend in die Stille der Ewigkeit werden diese Visionen Tafeln einer zukünftigen Religion werden.'

Glaubte jemand, ihr damit eine Freude zu machen?

Sie hatte die Blätter verbrennen wollen. Der Satz war ihr eingefallen – Dummheit und Stolz wachsen auf dem gleichen Holz.

Wie oft hatten sie sich ihr grundsätzliches Anderssein zum Vorwurf gemacht! Sie hatte es Jawlensky als Schwäche, als Fehler, als charakterliche Unvollkommenheit vorgehalten.

Haben sie nicht einander gebraucht als Ergänzung?

1863 siedelte die Familie Werefkin nach Witebsk um, da der Vater zum Militär- und Zivilgouverneur der Stadt ernannt worden war. Drei Jahre später wurde er nach Wilna berufen, der Hauptstadt des gleichnamigen russisch-litauischen Gouvernements. Dort besuchte Marianna als Externe das Marien-Institut.

Das Kind gestern. Sofia. Ihre Frage nach der Prinzessin... Wenn die eigene Kindheit ein Märchen war, gehört die böse Fee dazu. Die hagere Gestalt im raschelnd schwarzen Taftkleid. Das Gesicht klein und spitz unter dem mächtigen Toupet. Erst als Erwachsene wagte Marianna, sich das Haar der Großmutter darunter dünn und weiß vorzustellen. Spitze Augen, in einem Faltennetz eingefangen. Der Blick durchdringend. Ein lippenloser Mund, den kein Lächeln erweichte.

Als Marianna fünf Jahre alt war, tauchte die Großmutter in der Familie auf und legte das dunkle Tuch über ihre Kindheit.

Mit der Großmutter begann Unfreiheit. Sie stellte ein Reglement auf, in das die Kinder hineingepreßt wurden. Das Leben bestand künftig aus Pflichten, Vorhaltungen, Zurechtweisungen, Ermahnungen.

Man lacht nicht laut. Man weint nicht.

Man gibt sich nicht überschwenglich und nicht wehleidig.

Jeden Tag ist ein straffes Lernprogramm zu absolvieren.

Konversation in Französisch und Deutsch.

Nachmittags Stunden am Klavier.

Das Haar wird zu einem straffen Zopf geflochten.

Die Kleider werden zur Uniform. Jedes in Form und Farbe gleich.

Ein Kind spricht nur, wenn es gefragt wird.

Mit der Großmutter redet man ausschließlich französisch.

Zum Personal ist gebührender Abstand zu wahren.

Vater und Mutter verschwinden aus dem Gesichtskreis der Kinder. Die Mutter verschließt sich in ihrem Atelier. Rückzug oder Flucht. Ihre Kunst bleibt der Großmutter verschlossen. Die Mutter wird hinter den Ikonen unerreichbar. Bilder, auf die das Kind eifersüchtig ist. Manchmal schlich Marianna in das Atelier. Dort stand sie vor den Bildern. Sie betrachtete Christus. Maria. Die Heiligen. Die zwölf Feste. Engel. Es waren festgelegte Typen. Getreuliche Wiederholung. Sie bewunderte die Feinheit der Malweise und die Farben, mehr dunkel als leuchtend. Die orthodoxen Kirchen in Wilna und Kowno haben die Ikonen ihrer Mutter erworben. Ikonen galten als wundertätig. Diese Wunderkraft empfand das Mädchen lange Zeit als Mauer, hinter der die Mutter, getrennt von der Familie, lebte. Es mochte die religiösen Bilder nicht. Unbewußt empfand sie, daß die Ikonenmalerei ihrer Mutter Flucht aus der wirklichen Welt war.

Erinnerungen überlagern sich. Das mit dem Stieglitz wird in Witebsk gewesen sein. Heute läßt sich niemand mehr befragen.

Die Stadt Wilna.

Das Mädchen hat die politischen Zusammenhänge nie begriffen, denen die Versetzungen des Vaters zugrunde lagen. Als die Frau später ihr Geschichtsbild ordnete, klaffte ein unüberbrückbarer Spalt zwischen ihrem kindlichen Erleben und dem schwarzen Schatten polnisch-russischer Geschichte in jenen Jahren. Ihre Kindheit und Jugend wird hinter der Grenze der Wirklichkeit verschollen bleiben.

Der berüchtigte ‚Diktator von Wilna', Murawjew, war gestorben, als der Vater mit seiner Familie nach Wilna berufen wird. Murawjew hatte die Insurrektion von 1864 grausam in Blut erstickt. Polen, einschließlich Litauen, war wieder fest in russischer Hand.

Die russische Sprache war in Litauen als Schulsprache eingeführt worden sowie das russische Zivil- und Strafgesetzbuch. Und das kleine Mädchen spazierte ahnungslos und neugierig durch die Stadt. Sie liebte die engen Straßen, die hübschen Höfe, die Stanislauskathedrale, die prächtige Peter-Pauls-Kirche. Sie bewunderte die Synagoge. Es gab zwei Theater. Von ihrem ersten Theaterbesuch blieb bis heute in Erinnerung, daß während der Vorstellung in den dunklen Gängen Mandeln und Rosinen in kleinen Tüten verkauft wurden. Das Märchenspiel hat sie weniger beeindruckt.

Litauen wurde in diesen Jahren durch Vertreibung der polnischen Edelleute russifiziert. Diesen Schwelbrand malte sie später, als ihr Bruder Gouverneur in Kowno wurde. Der Grundbesitz des polnischen Adels wurde durch Dekret des Zaren zum freien Eigentum der Bauern, die es vorher zur Pacht besaßen. Das Eigentum der Kirche wurde dem Staat zur Verwaltung übergeben. Römisch-katholische Klöster wurden aufgelöst. Natürlich steckte hinter dem Reformwillen des russischen Zaren, in dessen Dienst ihr Vater stand, nationale Willkür. Vielleicht glaubte Zar Alexander, es sei einfacher, seine an Europa orientierte Reformpolitik in den westlichsten und einst polnischen Regionen durchzusetzen, weil er in Rußland selbst zu viele Zugeständnisse an die eigenen Bojaren machen mußte. Ihr Vater war mit Sicherheit ein überzeugter Verfechter der Autokratie gewesen. Er trug die kaiserlichen Reformpläne mit, die sich gegen den landbesitzenden Adel richteten, auch in Rußland.

Erst viel später wurde der Frau klar, wie eng das Leben des kleinen Mädchens mit hoher Politik verwoben war.

Die neue Stadt lag in lieblicher Umgebung. Das Land schwang mit seinen Wiesen und Feldern an sie heran. Ein Fluß durchquerte sie.

Sicher hatte sie von Murawjew gehört, dessen Name wie ein tödlicher Schrecken über der Stadt lag. Als Generalgouverneur von Litauen hatte der Diktator von Wilna die Universität zu seinem Sitz erkoren und von dort aus alles verfolgt, was nicht russisch war.

Das Mädchen hat seine eigenen Probleme.

Da es alt genug war und seine Unterhaltungen mit der Großmutter zufriedenstellend in deutscher und französischer Sprache zu führen vermochte, sollte seine Bildung vervollkommnet werden. Die Großmutter befand, es sei an der Zeit, die Enkelin in eine Klosterschule zu geben.

Das beschwor Tränen und Trotz herauf. Das Mädchen wollte den schwarzen Frauen nicht Tag und Nacht ausgeliefert sein. Es schien ihr, als ob sich die großmütterliche Strenge vervielfachen würde. Die Achtjährige drohte, aus dem Kloster auszurücken. Die Mutter versuchte, ihrer Ältesten den Besuch des Klosters als ersten Schritt ins Leben zu erklären, den jeder Mensch tun müsse. Als ihr heftiger Protest nichts bewirkte, wagte Marianna das Ungeheuerliche. Den Kindern war untersagt, das Arbeitszimmer des Vaters zu betreten oder ihn zu stören. In ihrer Not klopfte die Achtjährige an die Tür des Heiligtums, so wie sie es einmal bei der Großmutter beobachtet hat. Den Vater hinter dem imposanten Schreibtisch thronen zu sehen, flößte ihr Ehrfurcht ein. Dennoch formulierte sie beherzt ihre Bitte.

Schon wie er sie anschaute – voll Zärtlichkeit und Rührung, spürte das Mädchen, es hat gewonnen!

Sie durfte als Externe das Marienstift besuchen. Die Kleidung der Zöglinge mußte sie jedoch tragen.

Santo nannte es sein Lieblingsbild,... sie hat es vierzig Jahre später gemalt. Gemildert. Als Kind hatte sie jene Zeit heftiger und bedrohlicher empfunden. Sie hat die Zöglinge der Klosterschule gemalt. Es ist Herbst. Und es ist Abend. Die Bäume tragen kein Laub mehr. Das warme Licht der untergehenden Sonne ist die einzige Freundlichkeit. Die kleinen Mädchen traben ins Kloster zurück. Über die trostvolle Verheißung des Abendrots schiebt sich eine dunkle Wolkenwand. Santo hat von stiller Melancholie gesprochen, die von dem Bild herabwehe. Er hat den Mut der Malerin bewundert, die Melancholie mit schwarzen Baumstämmen zu zerhacken.

Diese Ordnung der Zweierreihe. Wie hat Marianna sie gehaßt! Dieser Gleichschritt. Diese kleinen schwarzen Vögelchen, von denen sich das eine an das andere schmiegt, um etwas von Nähe und Wärme zu spüren. Nähe, die die Verlassenheit noch größer erscheinen läßt.

Was liegt vor den Mädchen? Ihr Weg ist überschaubar. Er wird dort enden, wo die Lehrerin das Schlußlicht setzt. In großer, schwarzer Einsamkeit.

Das Bild ist Protest. Natürlich auch sanfte Schwermut. Man sollte das Bild erfühlen und seine Melancholie hinterfragen! Das kann nicht der Sinn des Lebens sein, so geordnet, so dressiert, so uniformiert, so folgsam und brav auf dem vorgeschriebenen Weg gesellschaftlicher Etiketten und Normen zu marschieren. Diese Bravheit soll erschüttern, weil sie so selbstverständlich erfolgt.

Die Großmutter war die erfolgreiche Gegenspielerin der Eltern! Sie will die Enkeltochter für eine Aufgabe am Zarenhof vorbereiten. So wird sie der mächtige schwarze Schatten ihrer Kindheit. Doch das Mädchen glaubte an die Verheißung des Apfels am Tage ihrer Geburt. Sie trug die Sonne in ihrem Herzen. Etwas Unzerstörbares lag in ihrer Seele, das Urvertrauen in jene geheimnisvolle Verbindung, die zwischen der Allmacht und dem Menschen besteht.

Marianna war ein merkwürdiges Kind. Sie suchte und fand Wege, die Prinzipien der Großmutter zu erschüttern. Eines Tages verschenkte sie ihre Schuhe. Das war kein Samariterdienst. Es war Sehnsucht nach Ungebundenheit. Sie wollte nicht in das Bild passen, das die Großmutter von einem wohlerzogenen Mädchen vor sie aufstellte. Tränenverschmiert saß die Tochter eines Landarbeiters am Wegrand. Sie war barfuß und hatte sich den Zeh an einer Wurzel gestoßen. Als Marianna näherkam, pustete sie heftig darauf. Marianna entledigte sich ihrer schwarzen Lackschuhe und der weißen Strümpfe und reichte sie dem fremden Mädchen, das gleichaltrig sein mochte. Die zog sich nur einen Strumpf und einen Schuh an und rannte, mit dem übrigen in der Hand, davon. Unsäglich vergnügt beobachtete Marianna, wie sich ihre sehr sauberen Füße mit einer grauen Staubschicht überzogen, wobei die Poren interessante schwarze Pünktchen bildeten. Oft in ihrem Leben entledigte sie sich ihrer Schuhe, wann immer es sie köstlich dünkte, barfuß über taufeuchte Wiesen zu gehen oder durch warmen Sand.

Das spontane Verschenken der Schuhe war ein Rütteln an den Festen gesellschaftlichen Wohlverhaltens. Mit sicherem Instinkt fand Marianna heraus, was Spaß machte. Vater und Mutter nahmen ihr Tun nachsichtig auf. Von der Großmutter wurde das Mädchen gemaßregelt. Nicht immer gelang dem Kind, sich gegen Strenge und Bestrafung der Großmutter zu wappnen. So gab es innerliche Verletzungen.

Die Frau denkt – ich wollte immer ‚ich' bleiben. Lange. Das war das Beste, was ich wollte, bis ich Verrat beging.

Marianna war vierzehn Jahre alt, und es war der Tag der Abreise der Großmutter. Diese wollte nach St. Petersburg zurückkehren. Ihre Pflicht in dieser Familie sah sie erfüllt. Auch die Enkelsöhne waren in einer Kadettenanstalt interniert worden. Die Großmutter bestellte Marianna in ihr Zimmer. Das Mädchen war in den letzten Tagen besonders ausgelassen. Daß der Grund in ihrer Abreise lag, war der alten Frau nicht entgangen.

Die Großmutter saß am geöffneten Fenster, sorgfältig zurechtgemacht. Das Plaid lag reisefertig über der Stuhllehne. Auf ihrem Schoß ruhte der große Handspiegel, venezianisches Glas, in Ebenholz gefaßt. Das Mädchen wollte die Verabschiedung schnell hinter sich bringen. Doch die Ältere bestand darauf, daß sie den Hocker holte und sich ihr gegenübersetzte.

In den verbleibenden Minuten wollte sie der Enkelin die Weichen für ihren Weg ins Leben stellen. Sie drückte Marianna den Spiegel in die Hand und zwang sie hineinzuschauen.

Was siehst du?

Die Vierzehnjährige sah ihre wirren Locken um Stirn und Schläfen. Ihr ovales Gesicht. Die ungeduldigen braunen Augen. Den großen Mund. Sie lachte sich an und zog ihre schönste Grimasse.

Die Großmutter ermahnte sie zur Sachlichkeit und fragte: Findest du dich schön?

Marianna betrachtete sich wohlgefällig und nickte.

Dein Großvater hat dir sein Gesicht vererbt! Damit wärst du ein passabler Mann geworden! Deine Mutter hat dir nichts mitgegeben, was an ihr selbst aristokratisch und schön ist. Das sollst du hier und jetzt begreifen! Und darauf dein Leben einrichten... Du bist wahrhaftig keine Schönheit!

Marianna legte den Spiegel aus der Hand. Die Großmutter ergriff ihn herrisch und hielt ihn dem Mädchen viel zu dicht vor die Augen. Die bog den Kopf zurück. Sie wollte nicht hören, was die Großmutter sagte. Die alte Frau schnipste abfällig mit ihren Spinnenfingern gegen die Wangen der Enkelin.

Und Kuhaugen hast du!... Wenn dir einer mal den Hof machen wird, es wird ihm nur um deinen Titel oder deine Mitgift gehen! Nichts anderes! Beherzige, was ich dir sage! Du hast mir zu sehr die französischen Romane verschlungen! Rußland ist nicht Europa! Der bürgerliche Klüngel wird um dich buhlen, weil er deinen Titel will und der verarmte Adel, weil er auf dein Geld scharf ist. Für die einen wie für die anderen bist du zu schade! Du mußt dich an keinen Mann wegwerfen. Du mußt dein Glück in dir selbst finden! Man wird dich bewundern, du wirst Anziehungspunkt sein, wenn du an dir arbeitest und deinen Geist schulst und deine Disziplinlosigkeit aufgibst...

So ungefähr redete die Großmutter. Zweifellos in bester Absicht. Sie zertrümmerte das Selbstbewußtsein der Enkeltochter gnadenlos und wurde nicht müde aufzuzählen, was an ihr nicht vollendet sei. Sie gab sich erst zufrieden, als die Augen des Mädchen in Tränen schwammen. Zum Trost billigte sie der Vierzehnjährigen einen wachen, logischen Verstand zu, mit dem sie es weit bringen könnte!

Als sie abgefahren war, wurde das Mädchen krank.

Es wird einen Zusammenhang gegeben haben zwischen dem ‚herzlichen' Rat der Großmutter und der Krankheit.

Marianna bekam hohes Fieber. Man wußte nicht, was eigentlich dahintersteckte. Die konsultierten Ärzte einigten sich, daß es Scharlach sein könnte. Wer die Sonne im Herzen trägt, der findet den Weg aus der Dunkelheit, denkt die Frau heute. Sie mußte sich von den Worten ihrer Großmutter befreien.

Intuitiv tat sie das Richtige. Als niemand an ihrem Bett wachte, schlüpfte die Genesende aus den Decken heraus. Unbemerkt gelangte Marianna in das Atelier ihrer Mutter, dessen Zutritt den Kindern verboten war. Das Mädchen versah sich mit Papier und Stiften und zog sich in das Bett zurück. Marianna malte ihr erstes Bild: die bedrohlich schwarze Gestalt ihrer Großmutter. Um sie herum kreisten die kleinen schwarzen Figürchen ihrer Enkel. Ein sich drehendes Karussell an unsichtbaren Ketten. Nur ein schwarzes Persönchen wagte den Sprung ins Freie und trabte der Sonne entgegen. Auf ihrer ersten Zeichnung hatte sie ihre „petits bonshommes" kreiert, die sie später so liebte. „Was auch immer sie taten und wo sie sich befanden, Gottes Welt war stets um sie. Sie spielten eine große Rolle für mich."

Ihre sorgenvolle Mutter wollte nach der Kranken sehen. Sie war entsetzt, daß keine Aufsicht zugegen war. Die Kranke saß im Bett. Mit dem Malblock der Mutter auf den Knien zeichnete sie im Dämmerlicht der halbzugezogenen Vorhänge. Ungehalten rief die Mutter nach der Pflegerin. Dann warf sie einen Blick auf das fast fertige Bild.

In dieser Minute passierte es. Ein unvergeßlicher Augenblick. Es öffnete sich die verborgene Tür. Die Mutter ließ sie ein zu sich. Ma petite fille, tu as du talent!

Die Ikonenmalerin erhoffte sich eine Seelenverwandte in ihrer Tochter. Als wäre sie in ihrer Einsamkeit nun weniger allein.

„Ich bekam sofort einen Lehrer. Für zwei Jahre wurde für mich eine akademische Zeichenlehrerin eingestellt... In Lublin hatte ich zwei polnische Lehrer. In Warschau endlich einen guten: Heinemann. Bei ihm malte ich Porträts. Ich erhielt eine regelrecht künstlerische Ausbildung... Mit meinen Lehrern lag ich meist im Streit. Aber von jedem lernte ich etwas."

Bei Besuchen und Familienfeiern ließ die Großmutter keine Gelegenheit aus, der Enkelin zu bestätigen, daß sie nicht schöner geworden sei. Um Ruhe vor ihr zu haben, legte das Mädchen dem schwarzen Schatten ihrer Kindheit Hefte und Mappen vor, in denen Verfasser und Titel all der Bücher eingetragen waren, die sie gelesen hatte. Sie zeigte der Gestrengen ihre Exzerpte, wiegte jene in Sicherheit und stärkte deren Überzeugung, ein gebildetes Neutrum zu werden. Zugleich erlebte Marianna, daß ihre mit Eifer betriebene Malerei ein Refugium war, das die Großmutter nicht zu betreten wagte.

Wußte Marianna die Großmutter weit fort, tat sie Dinge, die auf heftigste Mißbilligung gestoßen wären. Ausreiten, allein, in den Hosen des Bruders, ohne den verpönten Damensattel!

5.

Es ist weit nach Mitternacht, als die Frau zu Bett geht und das Licht löscht. Dennoch flieht sie der Schlaf. Sie will alles loslassen, in ihre Müdigkeit fallen, darin versinken.

Wie hatte sie einst begierig Alexejs Biographie ausgeforscht... Von jedem Tag seines Lebens, der vor ihrer Zeit lag, hätte sie sich ein Zeichen gewünscht. Und doch – wie wenig erfuhr sie. Alexejs Erinnerungen ruhten in einem tief verschlossenen Schrein.

Sie will versuchen, sich von dem Zauber noch einmal berühren zu lassen. Und wenn sie spüren sollte, daß wieder die Mauer aus Verachtung in ihr emporwächst, wird sie es seinlassen. Sie muß diesen Weg in die Vergangenheit ehrlich gehen. Vielleicht ist ihr in den letzten Jahren durch Santo die Kraft zugewachsen, Lulu aus den Vexierbildern zu befreien, die ihr verletzter Stolz von ihm geschaffen hat?

... Sie will sich bemühen, nicht in den alten Irrtum zu fallen und Alexej zu unterstellen, daß er sich vor ihr verschloß, wenn er karg und knapp auf ihre Fragen antwortete.

Eines Tages hatte sie es doch begriffen, daß er überhaupt nicht so kompliziert zu denken vermochte wie sie und daß die Schattenbilder, hinter denen sie Alexej sah, aus ihrem eigenen Kopf kamen.

An einem der ersten Abende, die noch voller Scheu und Fremdheit waren, hatte Marianna, um Konversation bemüht, den jungen Offizier nach seiner Herkunft befragt. Alexej antwortete überraschend unkonventionell: Ich bin unterwegs geboren.

Damit glaubte er alles gesagt zu haben.

Es kam ihm nicht in den Sinn, das Jahr anzugeben oder zu erwähnen, daß sein Vater einer Familie militärischen Dienstadels entstammte, oder daß er das fünfte von sechs Geschwistern sei, daß sie in Armut lebten, daß er erst mit zehn Jahren in eine Schule kam...

Unterwegs geboren. Ein prophetischer Satz. Zeit seines Lebens unterwegs, stets auf der Suche. Auf der Suche nach sich und seiner Kunst.

Die Mutter hatte ihre älteste Tochter ins Krankenhaus begleiten wollen. Diese erwartete ihr erstes Kind, und die Wehen hatten eingesetzt. Auf dem Wege dorthin war Alexej geboren, noch vor seinem Neffen.

Wenn Alexej von sich sprach, war seine Stimme leise und stockend, als befürchtete er, es sei unerheblich, was er zu erzählen hatte. Es verursachte ihm offensichtliches Unbehagen, von sich zu reden. Bisher hatte sich niemand für ihn interessiert.

Eines Tages entlockte Marianna ihm ein Bild aus seiner frühesten Kindheit. Es steht in ihrer Erinnerung noch immer in den knappen Strichen, in denen Alexej es zeichnete. Es war auf dem Gut seiner Großmutter in Kuslowo. Es war Abend.

Der kleine Junge stürmte in das Zimmer. Die Petroleumlampe brannte. Vater und Mutter saßen auf dem Diwan. Das war alles, was er wahrnahm. Er zog eine seiner Filzbabuschen aus und warf sie gegen die Lampe. Unter der Treppe versteckte er sich in einer Truhe und wurde lange nicht gefunden.

Eifersucht, Ausgeschlossensein, Wehr, Protest, Anspruch.

Marianna hatte damals den Offizier neugierig-neidvoll betrachtet, vielleicht auch distinguiert. Er kam aus einem engen, vertrauten Familienverband, in denen die Kinder nicht durch Gouvernanten und Erzieherinnen den Eltern entfremdet waren.

Deswegen liebte sie ihn. Um der Fülle seines Gefühls wegen, um seiner Liebessehnsucht.

Ihr hatte es die Großmutter bei Strafe untersagt, Gefühle zu zeigen. Das macht man nicht!

Ein anderes Bild... Und sie kann es unvoreingenommen heraufholen.

Alexej war fünf Jahre alt, und es war Herbst und schlechtes Wetter... da sei die ganze Familie mit zwei Fuhren in die Stadt Neswich umgezogen, wohin sein Vater versetzt worden war. Sie waren bereits zwei Tage unterwegs gewesen. In dem ersten Pferdewagen saß der Vater mit den kleineren Kindern, in der zweiten Fuhre die Mutter mit den großen Brüdern. Es war an einem Freitag. Und der Weg war schlecht, und es war sehr kalt. Plötzlich verschwand der Weg in einer riesigen Pfütze, und der kleine Alexej sagte: Ach, vielleicht werden wir ertrinken! Als die Pferde mit dem Wagen durch das Wasser fahren wollten, kippte der Wagen um. Dem Vater ging das Wasser bis an die Brust, und er hatte Mühe, die Kinder aus dem Wasser zu ziehen. Der Junge war unsäglich erleichtert, daß die Koffer nicht untergangen waren, sondern auf dem Wasser schwammen. Der andere Wagen sei im großen Bogen über die Felder gefahren. Da die Kinder bis auf die Haut durchnäßt waren und sehr froren, versuchte man in der nächsten Ortschaft unterzukommen. Es war ein jüdisches Städtchen, und es war Schabbeszeit. Niemand wollte der Familie etwas verkaufen. Nach großer Mühe gelang es dem Vater, eine Flasche Wodka aufzutreiben, um den Kindern damit Körper und Füße abzureiben.

Seit dieser Zeit verspüre er rheumatische Schmerzen, hatte Alexej gesagt.

Ach, vielleicht werden wir ertrinken...

Der Frau ist, als werde plötzlich eine schwere geheimnisvolle Tür für einen Augenblick geöffnet. Plötzlich beginnt der Stein zu leuchten.

Die Wunde blutet von neuem.

‚Wir fuhren mit der Eisenbahn...', hatte Alexej damals seine stockende Erinnerung fortgesetzt, unsicher, ob er sie nicht langweile. Er fügte hinzu, daß die Erinnerung an seine Kindheit geprägt sei von ständigem Unterwegssein, von Ankommen und Abreisen.

‚Wir fuhren mit der Eisenbahn und kamen in eine Stadt. Grodno. Es war im Frühling. Wir sind in ein einstöckiges Holzhaus gezogen...'

Am Abend hatte man die Läden vor den Fenstern geschlossen. Das kannte der Junge nicht. So war es am Morgen, als sie erwachten, sehr dunkel in ihrem Zimmer. Nur durch die Ritzen der Läden fielen schmale Lichtstreifen. Dann machte jemand die Läden von außen auf. Plötzlich war es sonnig und hell im Zimmer. Alexej und seine Brüder fingen vor Freude an, sich gegenseitig mit Kissen zu bewerfen. Sie öffneten die Fenster und sprangen in Nachthemden hinaus und bewarfen sich noch immer mit Kissen, bis die Eltern sie ins Haus riefen. Das alles hatte sich auf dem Platz vor einer Kirche abgespielt.

Weil Marianna ihn damals liebte, liebte sie den kleinen Alexej, weil ihm angst war, daß es an diesem Morgen in der fremden Stadt beim Erwachen keine Sonne gab. Nur die Ahnung von Licht. Und die tobende Freude bei seiner plötzlich hereinbrechenden Fülle. Was sie anrührte, war, daß solche Erinnerungen im Raster hängen geblieben waren als das Wesentliche in seiner Kindheit. Seine Beziehung zum Licht und zur Sonne...

Heute denkt die Frau – Alexej gab seine Erinnerung im Vertrauen preis, daß der andere darin das Unausgesprochene erfühlte.

Als er neun Jahre alt war, das Erlebnis in Polen...

‚Nach einigen Tagen Aufenthalt in Aschenstowo brachte die Mutter uns Kinder in die berühmte polnische Kirche Kostjol, in der sich eine berühmte Ikone der wundertätigen Muttergottes befand. Diese Ikone besaß drei kostbare Überzüge – einen goldenen, einen mit Korallen besetzten und einen mit Perlen und Diamanten. Als wir kamen, war das Bild mit dem goldenen Vorhang verhüllt. Auf dem Boden lagen Bauern und Bäuerinnen – wie gekreuzigt mit ausgestreckten Armen. Es war sehr still. Plötzlich zerrissen Posaunenklänge die Stille. Ich erschrak schrecklich und sah, wie der Vorhang zurückging und die Muttergottes in goldenem Gewande erschien.'

Marianna hatte mit Verwunderung wahrgenommen, wie der erwachsene Mann ehrfurchtsvoll und erschüttert vor dem in Worte gefaßten Erlebnis seiner Kindheit stand.

Sie war ebenfalls in Tschenstochau gewesen, in der alten Stadt an der Warthe, als ihr Vater nach Lublin beordert worden war. Auch ihre Mutter hatte die Reise mit den Kindern dorthin gemacht. Allerdings war Marianna schon sechzehn. Wie unterschiedlich waren ihre Erinnerung und Empfindungen von denen Alexejs gewesen. In Vorbereitung der Reise hatte sie sich bewußt gemacht, daß dies ein katholischer Wallfahrtsort war. Der kleine Alexej hatte die Andächtigkeit und Wundergläubigkeit mit allen Sinnen empfunden und sich ihnen ausgeliefert. Die Sechzehnjährige hatte gedacht – wie gut, daß ich nicht katholischen Glaubens bin und mich im Staub wälzen muß, wenn ich Gott um Beistand bitte. Erschrocken war auch sie bei den Posaunenklängen zusammengefahren, weil sie so unerwartet die Stille zerschlugen. Marianna in ihrem aufmüpfigen Geist dachte, Gott kommt leise, denn Gott ist Liebe. Ihr war bewußt, daß sie wegen der ‚schwarzen Madonna' an diesen Wallfahrtsort gekommen waren. Das Wort hatte einen ungewöhnlichen Klang und hörte sich geheimnisvoll an. Die Farbe des Madonnengesichtes war im Laufe der Jahrhunderte nachgedunkelt. So hatte das Mädchen nur auf das heilige Antlitz gestarrt. Was Alexej in seiner Erinnerung bewahrte, war die Plötzlichkeit des Lichtes, das das goldene Kleid der Muttergottes erstrahlen ließ und das den Knaben gleich einer Erleuchtung traf. Er trug das Wunder in sich, das er sah.

Seine Gottgläubigkeit war in seiner Emotion verankert.

In ihrem Verliebtsein ahnte sie das Besondere im Wesen Jawlenskys, und sie hatte damals gedacht – er ist die Ergänzung zu mir. Wir sind die Einheit. Die Zukunft spannte sich wie ein großer heller Bogen und verhieß... unermeßliches Glück... und unermeßliches Leid.

Karl Schmidt-Rottluff hatte ihr kürzlich einen Besuch abgestattet. Er befand sich auf der Durchreise. Er sprach von Jawlensky. Und sie hatte es über sich ergehen lassen. Rottluff sprach voller Bewunderung von Alexejs Arbeiten... von seinem Werdegang. Er erwähnte die starken blutvollen Farben, mit denen Alexej begonnen hatte, um bei den stillen vergeistigten Bildern anzukommen, die Rottluff als wahrhaft moderne Heiligenbilder bezeichnete. Und er sagte, daß langsam die Überzeugung in ihm reife, in Jawlensky erwache ein alter Ikonenmaler seines Volkes, so wahr, so gläubig, so tief. Und daß er nichts Vergleichbares kenne.

Als Rottluff gegangen war, stieg Bitterkeit in ihr auf.

So wird es auch künftig sein und für alle Zeiten – die erträumte Einheit ihrer beider Namen wird es nicht geben. Niemandem wird in den Sinn kommen zu sagen – was wäre Jawlensky ohne Werefkin?

6.

Ein seltsames Kratzen ist an der Tür zu hören. Es geht in schwaches Schlagen über. Die Klinke wird langsam heruntergedrückt. Die Frau schaut zur Tür, die sich behutsam öffnet.

Sofia, das Mädchen vom Holzsammeln.

Sie steht stumm. In ihren Augen liegt die Hoffnung, erwartet zu sein, und zugleich Angst, fortgeschickt zu werden.

Sofia... du kommst mich abholen?

Das Mädchen nickt heftig.

Ich habe den Wagen mitgebracht, den kleinen.
Die Frau erhebt sich und nimmt ihr Cape vom Bügel.
Auf der Vitrine liegen noch immer die zwei, scheinbar achtlos hingeworfenen, Hundertfränkli-Scheine. Der junge Schauspieler hat am Vormittag die Zeichnung bezahlt, die ihm die Frau vor einem Jahr überlassen hatte. Sie hatte es längst vergessen. Einen der Scheine steckt sie sich ein.
Eigentlich verspürt die Frau keine Lust, ins Holz zu gehen. Ein kleiner Vorrat liegt noch im Hof.
Der Leiterwagen rumpelt über das Gäßchen. Jede der beiden hält einen Griff. Die unerwartete Bezahlung hatte die Frau in eine gute Stimmung versetzt. So bleibt sie stehen und schaut die Kleine an.
Wir kaufen jetzt Schokolade und Milch!
Das Kind blickt ungläubig auf und sagt entschlossen: Wir müssen lieber sparen!
Ab morgen wird gespart!
Die Frau kauft Schokolade und Albert-Keks.
Übermütig hüpft das Kind dann mit der Milchkanne noch einmal die Treppen hinunter.
Sofia ist sechs Jahre alt. Die Gegenwart des Kindes tut der Frau wohl. Vorgestern im Wald. Da war etwas passiert. Die falsche Wehr war weggebrochen.
Glücklich sitzt Sofia auf dem Stuhl. Sie genießt mit allen Sinnen die heiße Milch mit dem Berg geriebener Schokolade darüber. Sie schlürft hörbar und schmatzt. Mit kleinen Hmm-Lauten unterstreicht sie den Wohlgeschmack. Mit den verbliebenen Eckzähnchen knabbert sie den Keks. Kannst du mir ein Märchen erzählen, bittet sie.
Die Frau weiß nur eine schnurrige Geschichte von einem Hasen im Kohlfeld. Und während sie mit gewaltigem Stimmaufwand ihre Vorstellung gibt, denkt sie, ich sollte ein Märchen erfinden, das von dem kleinen Bruder Franz handelt.
Nach der Hasengeschichte will auch Sofia der Frau etwas erzählen. Als Dank. Vielleicht will sie ihren Besuch nur ein wenig ausdehnen.
Ein Märchen, das sie von ihrer Großmutter weiß.

Sie sitzt kerzengerade auf der Sesselkante. Jeder Satz von ihr beginnt mit einem Und. Sie bemüht sich um den schleppenden Tonfall eines Märchenerzählers.

Eine Prinzessin war sterbenskrank. Und der König machte sich große Sorgen. Und er ließ einen Arzt rufen. Und der sagte, sie würde gesund werden, wenn man ihr das Hemd eines glücklichen Menschen anzieht. Und...

Auf einer Almwiese endlich fand man einen jungen Burschen, der seine Schafe hütete und aus vollem Herzen sang. Er war glücklich. Aber – er trug kein Hemd. So mußte die Prinzessin sterben.

Die Frau ist betroffen, wie selbstverständlich Sofia die Prinzessin sterben ließ. Da weiß bereits das Kind, daß Glück nicht an der Erfüllung dieser oder jener Wünsche hängt, sondern daß man es dort findet, wo der Mensch sich an den einfachen Dingen freuen kann.

Sie fragt, ob Sofia denn mit ihrem Hemd die Prinzessin hätte retten können?

Das Mädchen schaut ernst drein. Es denkt lange nach. Als die Frau das Geschirr in die Küche trägt, sagt es unvermittelt:

Wenn ich jeden Tag zu dir kommen dürfte...

Die Berge werfen dunkle Schatten auf den See. Es ist Zeit für Sofia zu gehen. Als sie der Frau zum Abschied die Hand reicht, zögert sie und meint:

Ich weiß gar nicht, wie ich dich nennen soll. Ich könnte doch ‚nonna‘ zu dir sagen!

Nonna – Großmutter.

Dieses Wort geht der Frau nicht aus dem Sinn. Sie will es nicht in Beziehung setzen zur eigenen Großmutter, die nie Märchen erzählte, vielmehr die Enkel französische Fabeln von La Fontaine auswendig lernen ließ.

Alexej besaß eine jener wunderbaren Großmütter. Während sich die eigene nur den Zarenhof als Lebensraum vorstellen konnte, besaß Alexejs Großmutter das Gut in Kuslowo.

Kuslowo – wie oft in ihrem Leben hat die Frau dieses Wort gehört. Und heute, nach dreißig Jahren, hat sie die Bedeutung des Gutes mit seinen tausend Desjatinen Land endlich begriffen. Mit seiner Allee, die an dem Teich vorbeiführte. Mit dem dunklen, geheimnisvollen Eichenwald, vor dem der Junge sich fürchtete. Mit dem großen Gemüse- und Blumengarten, über dem stets die Sonne brütete. Mit der schönen alten Kirche hinter dem Hain. Mit seinen Wiesen und Weiden. Denn es standen mindestens hundert Kühe im Stall und zwanzig Arbeitspferde. Im Hain war der Kleine oft, und er redete mit den Birken. Sie waren verzauberte Feen und wunderschön.

Alexej hatte es besessen und gelebt, wozu sie erst sehr spät gekommen war. Kuslowo hatte seine Kindheit geprägt und sein Wesen und seine Seele. Zehn Sommer lang. Marianna war ab ihrem fünften Lebensjahr gedrillt worden.

Die Frau wandert durch das Zimmer, bleibt vor dem Fenster stehen, schaut auf die dunkle Fläche des Sees, in die vom Wind zerzupfte Nacht und sucht den grünen Reiter und heute vergeblich den Mond.

Sofia besitzt noch alles, vor dem die Frau staunend und ehrfürchtig steht. Wann beginnt man, es zu verlieren?

1879 kaufte Mariannas Vater das Gut Blagodat im litauisch-russischen Gouvernement Kowno. Es wird der sommerliche Wohnsitz der Familie Werefkin.

Das Mühlrad in ihrem Kopf, es ächzt und stöhnt und dreht sich und dröhnt. Es holt Bilder herauf. Die Räder schaufeln und schaufeln. Wiesen, durch die der Wind geht. Schwalben. Die Stille am See. Kornfelder und die warme Luft über sandigen Wegen. Das Taumeln der Schmetterlinge über dem Feld. Der süße Duft der Trichterwinden. Das Stehen des Milan im Blau des Himmels. Und die Weite. Die sonnige Weite. Das Singen der Frauen, wenn das Heu eingefahren wird.

Das Gut Blagodat liegt in der Nähe von Utena. Der politische Hintergrund, belastet mit dem Unrecht, Polen und Litauen zu russifizieren, dringt nicht in Mariannas Bewußtsein. Für die Knechte und Mägde galt ihr Vater als Patriarch, ein guter, sonst wäre die Stimmung auf dem Gut nicht so heiter gewesen. Das

Unrecht russischer Unterdrückung hat sie in Kowno begriffen – zwanzig Jahre später. Da hat sie den Schwelbrand auf ihren Bildern festgehalten.

Blagodat übersetzt heißt Glückseligkeit. In dem Wort liegen die Bedeutungen von Dank und Segen. So hatte sie es stets empfunden. Wann immer man sie nach ihrer Heimat fragte – nannte sie Blagodat im engeren und Litauen im eigentlichen Sinn.

Für das Mädchen bedeutete dieses Gut – Paradies. Es war Freiheit. Es war Sonne und Sommer. Sie fühlte sich wie der Bursche auf der Alm. Sie war glücklich, war frei von Etiketten und höfischen Zwängen. Frei. Ganz sie selbst.

Über Glück denkt man nicht nach. Man lebt und empfindet es als selbstverständlich. So liegt es in der großen Ordnung. Erst bei seinem Verlust und auf den Irrwegen fragt man, worin es denn begründet war, das Glück.

Ihre Weisheit kam mit dem Alter. Und das Vertrauen in eine höhere Kraft wuchs. Heute glaubt sie, alles mußte so geschehen, wie es geschah, damit sie zu ihrer Ganzheit finden konnte.

In der Stadt besaß die Familie Werefkin achtzehn Bedienstete. In Blagodat waren es weitaus mehr. Knechte, Mägde. Sie hatten einen Verwalter. Das Land war den Bauern zugeteilt worden. Marianna führte mit ihrem Vater leidenschaftliche Dispute über Ljewin, Tolstois heimlichen Helden seiner ‚Anna Karenina'. Sie hätte es gern gesehen, wenn auch ihr Vater hinter dem Pflug gegangen wäre, da er schon seine Uniform ablegte und in weißem Leinenkittel umherlief. Doch von allen Familienmitgliedern verbrachte der Vater die wenigste Zeit in Blagodat. Er vertraute dem Verwalter. Auch dieser war ein Verehrer Tolstois. Er hielt nichts von Landarbeitern, die kein Interesse an Grund und Boden und Ertrag hatten, teure Maschinen ruinierten und den Schlendrian einführten. Das Land kommunal bearbeiten, dünkte ihn am besten. Eine Dorfschule war errichtet worden.

Letztlich waren Landreformen und pädagogische Projekte nicht die Anliegen des jungen Mädchens.

Jeden Sommer, wenn die Familie auf das Gut kam, brauchte Marianna Tage des Umherschweifens, bis sie sich zum Malen entschloß. Sie zog einfach los. Zum Birkenwäldchen. Oder zum Bach. Ihr Lieblingsort war der See. Dort lag ihr Boot. Sie konnte sich den ganzen Tag auf dem Wasser aufhalten. Sie stand mit dem Ruderkahn in der Mitte des Sees und war das Zentrum der Welt. Den Himmel ließ sie in sich hineinfallen, Wolken durchzogen sie, und sie empfand Glück. Die unmittelbare Nähe des Unsagbaren.

Blagodat bedeutete – Reiten. Mit ihren Brüdern oder allein. Eines Tages probierte Marianna, ob ihr Peters Reithosen paßten. Heimlich entwendete sie dem jüngsten Bruder seinen Dreß und gab den verpönten Damensattel auf. Reiten – ein Synonym für Freiheit. Jeder glaubte, sie sei Peter oder Wsewolod. Ein häßliches Photo existierte – sie mit Kleid und Hut auf dem Damensattel. In diesem unpraktischen Kostüm mußte sie bei offiziellen Anlässen aufsitzen.

Die Überraschung... Endlich nahte der Sommer. Die Familie fuhr nach Blagodat. Als sich das Gut in der Ferne zeigte, stand auf der Wiese, wo sie leicht anstieg, ein Häuschen aus Holz. Ebenerdig. An der Giebelseite blickte es aus zwei Fenstern, an der Längsseite aus drei. Die Rahmen der Fenster waren kunstvoll gedrechselt und die Fensterläden bemalt. Zwei weiße Schornsteine ragten heraus. Um das Häuschen herum waren Apfelbäumchen gepflanzt. Viele. Der Raum, der sich mit seinen Fenstern nach drei Himmelsrichtungen öffnete, war als Atelier gedacht und eingerichtet. Es nahm die Hälfte des Häuschens ein. Dahinter lagen ein Wohn- und ein Schlafraum. Marianna empfand den Respekt ihrer Eltern vor der Begabung der Tochter. Hinter Mariannas Dankbarkeit stand die Verpflichtung, dieser Erwartung gerecht zu werden. Wenn sie zuviel am Tage umherschweifte, mahnte die Mutter sanft:

Marianna, die Kunst erfordert den ganzen Menschen. Elle est une maîtresse exigeante!

Das junge Mädchen lebte in Blagodat seine lyrischen Anwandlungen aus. Bei hereinbrechender Dämmerung lief sie zum See, um noch einmal hinauszurudern, oder sie unternahm Spaziergänge, wenn das Mondlicht über den Feldern lag.

Behutsam will die Frau heraufholen, was sie bislang als Kleinod ihrer Erinnerungen hütete. Oder hatte sie erst nach einem enttäuschenden Jahrzehnt mit Jawlensky diese Begegnung mit Lesin zu dem Kostbarsten ihres Lebens erklärt?

Jener Tag im August. Die Sonne stand bereits tief. Marianna wollte auf den See, der abgeschieden und einsam lag. Zuvor war ein Gewitter niedergegangen. Sie mochte diese Stimmung, wenn der See dampfte und die Dämmerung fiel – die Stunde zwischen Tag und Traum. Die Ruder hatte sie aus dem Versteck geholt. Am Ufer, unter der Kathedrale der Eiche, lag ihr Boot. Darin saß ein junger Mann, den sie nicht kannte. Er war in Gedanken versunken und überhörte ihr Kommen. Wellen wiegten das Boot.

Auf dem Gut hatte man erzählt, daß der Sohn des Lehrers seine Semesterferien beim Vater verlebe. Er studierte Medizin.

Die Szene kitschiger Romane. Mariannas Ruderkellen schlugen aneinander, und der junge Mann erschrak. Er erhob sich bei ihrem Anblick. Er war stattlich, der Blick seiner Augen warm und seine Gesichtszüge angenehm. Er erbot sich, sie auf den See zu rudern und reichte ihr die Hand.

Die Stunde des Zauberers.

Zum erstenmal in ihrem Leben war Marianna mit einem jungen Mann allein und ihm beunruhigend nah. Und ungeschützt vor der eigenen Phantasie.

Über dem See lag der Schleier der Unwirklichkeit. Feen wandelten über dem Wasser. Lautlos glitten Haubentaucher und Bleßrallen aus dem Schilf. Wurden sie des Bootes ansichtig, verschwanden sie.

Da senkte sich der schwarze Vogel und stieß zu.

In Mariannas Kopf hämmerte nichts anderes als: Ich bin nicht schön, ich habe Kuhaugen, mein Mund ist zu groß. Aber ich bin klug!

Sie war nicht mehr sie selbst. Plötzlich war sie aus ihrer Mitte gefallen. Es tat weh. Sie verkrampfte, obwohl sie sich um Lokkerheit bemühte.

Doch Verzauberung war über den Mann gekommen. Sein romantisches Gemüt war dieser Stunde hoffnungslos verfallen. Marianna spürte es, und umso wütiger wehrte sie sich.

Sie gab sich gelehrt und redete französisch mit ihm und wollte ihn mit ihrem Wissen erschlagen. Seine dunklen Augen ruhten forschend auf ihr. Marianna redete von ihrer Malerei, legte ihm ihre Zielrichtung vor und ihre Berufung als Künstlerin und deklamierte den auswendig gelernten Satz:

‚Prüfe, was das in dir wohnende Talent sagen will. Wenn du die Sprache eines der Großen sprechen willst, begebe dich in seine Schule... Bist du selbst eine Persönlichkeit, setze dich mit ihm auseinander. Entdecke, daß man seinem Werk Neues hinzufügen kann.'

Ihre Ergüsse nahm der andere verwirrt und mit Ehrerbietung zur Kenntnis.

Aus ihren Komplexen rettete Marianna sich schließlich in ihren Dünkel. Auch er ging auf das Konto der Großmutter. Plötzlich wußte sie, welchen Rang ihr Vater bekleidete und daß ihr Onkel der Innenminister des Zaren war. Sie starrte zufrieden in den Abgrund, der sich zwischen ihr und dem jungen Mann auftat.

Der angehende Arzt schaute sie an – wie einen seltsamen, kostbaren Vogel, der aus dem Himmel in den Ruderkahn gefallen war. Und er gewahrte, daß dieser Vogel ein Mädchen war, das er mit männlicher Neugier, mit Bewunderung und Begehren betrachtete.

Keine Brücke. Marianna verschanzte sich hinter gesellschaftlicher Rangordnung. Die Kluft dünkte wie verbrieftes Recht, unumstößliches Gesetz. Sie dokumentierte, daß ihre Zukunft am Zarenhof läge. Er war der Sohn eines Dorfschullehrers! Sie flüchtete hinter diese Barriere, weil sie Schutz verhieß. Schutz vor Enttäuschung, weil ihr nie Liebe zuteil würde, denn sie war häßlich. Aber sie war klug.

In jeder Beziehung unerreichbar.

Das versuchte sie kundzutun. Das nahm der junge Mann nicht an. Es war so belanglos, was ihre Lippen daherredeten. Ihre Augen redeten eine andere Sprache. Die nervösen Bewegungen ihrer Hände verrieten inneren Aufruhr.

Er bat sie um eine Verabredung. Marianna gab ein ungewisses Versprechen, wußte aber, daß sie den See meiden würde, solange sich der Student in Blagodat aufhielt.

Sie war froh und enttäuscht zugleich, als sie von der Abreise des jungen Mannes erfuhr. Eine vage Hoffnung war entfacht. Wenn sie sich künftig auf den Sommer freute, freute sie sich uneingestanden auf Wassili Wladimirowitsch Lesin.

In den folgenden Jahren durchbrach er den Bannfluch ihrer Großmutter. Sie traf ihn jeden Sommer, wenn er in den Ferien kam. Und er liebte sie.

Blagodat und sein Himmel und die Weite des Landes und die Sonne und der Wind über den Feldern und die Menschen, die mit ihrer Arbeit all diesem eng verbunden waren – Marianna empfand Glück.

Heute weiß sie – es war ein Zustand von Hoffen und Bangen und die Sehnsucht nach einer gewaltigen Erschütterung ihrer Seele. Hatte sie tatsächlich zu viele französische Romane gelesen?

7.

Etwas in ihr weiß stets, wann Dienstag ist. Gegen elf Uhr beginnt die Festtagsglocke in ihrer Brust zu läuten... Es ist Tag und Stunde des Briefträgers. Heute geht er an ihrem Haus vorbei, bringt nicht den wöchentlichen Brief von Santo. Das Geläut verstummt. Der Tag zeigt sich in seiner Gräue und sturmgepeitscht. Ihr ist einsam.

In den letzten Nächten hat sie viel gearbeitet. Was wird Santo zu den Bildern sagen?

Auch jetzt steht sie vor der Staffelei.

Jetzt denkt die Grille an den Sommer, wo Ansichtskarten gekauft werden und sie im Angebot sein will, damit sie im Winter nicht hungern und nicht frieren muß! Sie malt zehn Postkarten zugleich. Fünf liegen auf der Staffelei auf, fünf darüber. Giuseppe hat ihr eine zusätzliche Leiste dafür angebracht.

Zehnmal blauer Himmel. Hingehaucht. Der variiert mit grau und weiß, von klar bis wolkig. Dann die Fläche des Sees, dem Himmel angepaßt, von lockend bis kühl, von glatt bis aufgewühlt. Hinter ihm die Umrisse der Berge. Rauf und runter, runter, rauf und Schneehäubchen drauf! Rote und weiße Pünktchen in Ufernähe gesetzt. Da wohnt man drin! Und je nach Laune – ein Segelboot auf dem Wasser oder ein Fischerkahn. Jede Karte zu fünf Franken. Fünfzig Franken in einer halben Stunde. Sie kann Millionär werden!

Niemand sollte wissen, daß diese ‚Kunst' ihrer Palette entstammt!

Der schleppende Gang der Signora Perucchi auf der Treppe und ihr Ruf: Baronessa, die königliche Zitronencreme wird serviert! Bitte öffnen!

Die Frau wirft einen Blick in den Spiegel. Sie beeilt sich, das Tuch um ihr Haar zu knoten.

Die Mutter von Mohnblüte hält ein Tablett in den Händen. Darauf stehen zwei Kristallgläser, mit schaumiger Creme gefüllt.

Wir müssen prüfen, ob die Speise ein Erfolg wird!

Mohnblüte feiert demnächst ihren achtzehnten Geburtstag.

Unterschiedlicher können zwei Frauen nicht sein. Die eine – schlank und beweglich, die andere klein und schwerfällig. Und die, die fast siebzig ist, wirkt wie fünfzig. Signora Perucchi hat ihren Stock mit dem silbernen Knauf wegen des Tabletts nicht benutzt. Die Behinderung und die dadurch bedingte Schwerfälligkeit lassen die Mutter der Mohnblüte als die Ältere erscheinen. Ihr einst tiefschwarzes Haar ist von weißen Fäden durchzogen. Es liegt dauergewellt um ihren Kopf. Sie läßt es sich jeden Tag frisieren. Signora Perucchi trägt ein dunkelblaues Seidenkleid mit unvorteilhaftem Faltenrock. Der weiße Spitzenkragen unterstreicht den Eindruck einer Matrone. Sie achtet mehr auf ihre Garderobe, seit die ‚Baronessa' bei ihr wohnt.

Das mattfarbene Samtkleid der anderen ist braun. Darüber trägt sie eine Weste, die bis zu den Hüften reicht, und eine lange Bernsteinkette. Die Bernsteine sind geschliffen und groß wie Wachteleier. Ihre Einschlüsse glänzen golden. Das Kleid ist an die hundertmal gewaschen. Es zipfelte am Saum, und die Bündchen sind mehrfach ausgebessert. Ansonsten scheint der Samt unverwüstlich zu sein. Die Weste aus Lammfell ist gestopft. Die Stopfstellen bilden ein zusätzliches Muster zur Stickerei.

Gelungen – sagt die Frau. Ihr Gaumen war im letzten Jahrzehnt nicht sehr verwöhnt. Jede der beiden versinkt in stillen Genuß. Sie löffeln schweigsam.

Auf dem Tablett liegt eine bläuliche Karte, die der Frau bekannt vorkommt. Mit einem roten Stift ist geschrieben: Zweite Aufforderung! Dies dreimal unterstrichen.

Die nicht zugestellte Geldsendung von 2000 deutschen Mark.

Ihr Glas ist halbvoll. Sie stellt es hart auf den Tisch und greift nach der Karte. Der Stuhl, auf dem sie saß, schurrt nach hinten. Auf dem Sekretär sucht sie mit heftigen Bewegungen nach dem Füllfederhalter, den ihr Santo geschenkt hat, und schreibt mit energischen großen Buchstaben:

Annahme verweigert. An den Absender zurück.

Das Geschriebene unterstreicht sie dreimal.

Die Frau weiß, daß Jawlensky diese zweitausend Mark nicht aus dem Überfluß schöpft. Mit Sicherheit hätte es ihm selbst notgetan. Aber er wollte das Opfer einer Wiedergutmachung bringen. Nur – diese Gunst gewährt sie ihm nicht!

Signora Perucchi beobachtet mit wacher Aufmerksamkeit das Tun der anderen.

Marianna, warum tun Sie das?

Eher verrecke ich!

Signora Perucchi versteht es nicht. Oder doch. Auf alle Fälle ist sie froh, daß die Jahre vorbei sind, wo die Baronessa in Depressionen fiel und verschwunden blieb, daß man sich die Nacht um die Ohren schlug und bis zum Morgen Sorgen machte. Das war in jenem Jahr, als der Mann wieder nach

Deutschland zog. Aus Lebensnot eben. Deutschland, das auch er nicht mochte.

Signora Perucchi kannte ihn. Es war nach Kriegsende, da hatte sich diese seltsame Familie in dem alten Castello eingemietet, nahe der Campagna. Drei Jahre hatte die Baronessa dort mit dem Mann gewohnt. Zusammen mit der Tochter und dem Enkel, der dann doch der Sohn des Mannes war. Er war ein sympathischer Russe, hatte Signora Perucchi gefunden. Vor der Casa Seradine war sie einmal mit ihm zusammengestoßen, als er das Antiquariat verließ und in dem Buch las, das er sich gekauft hatte. Er entschuldigte sich, und sie hörte, daß er nicht gut deutsch sprach. Es war nicht seine Höflichkeit, die aufhorchen ließ, es war die Betroffenheit und die Intensität seiner Entschuldigung, die in keinem Verhältnis zu dem leichten Zusammenprall stand. Manchmal sah sie ihn die Piazza entlangbummeln. Er wirkte in sich gekehrt. Die er kannte, grüßte er ehrerbietig. Trauer oder Schwermut schien über ihm zu liegen. Signora Perucchi fragte sich, was ihn glücklich machen könnte?

Über die vier war in Ascona viel geredet worden. Doch keiner entschlüsselte deren Geheimnis. Im Schlößchen stritt man oft. Laut und leidenschaftlich. Nicht immer waren die Fenster verschlossen.

Die Baronessa zerrt jetzt den Umhang vom Bügel. Sie stopft die blaue Benachrichtigung in eine der Taschen.

Ich bringe das zur Post, bevor es mein Zimmer verpestet!

Der Ausdruck in ihren Augen verrät, daß sie im Moment für Verkostung und Besuch keinen Nerv hat. Sie verläßt hastig und grußlos den Raum.

Signora Perucchi sitzt an dem runden Tisch. Ihr Glas mit der Zitronencreme ist noch nicht geleert. Ein Hauch Leben hat sie gestreift, Heftigkeit, die es so in den eigenen vier Wänden nie gab.

Eines Tages stand die Baronessa vor ihrer Tür. Elegant. Damals trug sie den Hut mit der aufgebogenen Krempe. Der lag jetzt, verschenkt, im Schrank der Signora Perucchi. Den Kopf hatte die Baronessa in unnachahmlicher Weise zurückgeworfen. Sie sprach bestes Französisch und fragte, ob sie in diesem Haus ein Zimmer mit Küche mieten könnte. Die Perucchis wohnten unmittelbar an der Piazza. Sie hatten es nicht nötig, Mieter bei sich wohnen zu lassen. Dies hatte die Besitzerin der anderen sagen wollen. Dann passierte, wofür es keine Erklärung gab. Die eine stand diesseits, die andere jenseits der Türrahmens. Verzweiflung und Stolz verboten der Draußenstehenden, den Hilferuf in Worte zu fassen. Kein Hotel mehr, keine Suiten, keine Pension mit Mittagstisch! Signora Perucchi fühlte – die Fremde vor ihr befand sich in Not. Ihr Lebensmut schien in diesem Moment von einer Zusage, von Entgegenkommen abzuhängen. In den Augen der Fragenden lag eine Dringlichkeit, die für Signora Perucchi zwingend wurde. Sie brachte es nicht über sich, die Russin abzuweisen und die Tür zu schließen. Sie bat die ‚Baronessa' ins Haus. Niemals und niemandem gegenüber hat die Frau sich je mit dem Titel vorgestellt. Aber jeder in Ascona benutzte gern dieses Wort. Es fiel ein wenig Glanz auf einen selbst, wenn man sie mit dem Titel ansprach, auch wenn die Baronessa, die ohne Dünkel war, in Schuhen mit Strohsohle ging. Jede ihrer Bewegungen verriet Lebensart. Eine Aristokratin war sie, die Hochachtung bezeugte vor dem einfachsten Fischer. Oft sah sie ihnen bei der Arbeit zu und machte Skizzen. Bei ihrem Aufbruch im Morgengrauen, bei ihrer Heimkehr.

Die Verantwortung, die Signora Perucchi vor fünf Jahren an der Haustür übernommen hat, trug sie noch heute. In manchen Augenblicken – wie in diesem – wußte Noëmi Perucchi nicht, wer eigentlich wem die größere Gunst gewährte. Denn bei aller Diskretion durften die Perucchis an einem Leben teilnehmen, dessen dramatischer Wechsel sie wie ein Mysterium anzog.

An manchen Sommertagen wurde die kleine Wohnung von Urlaubsgästen stark frequentiert. Einer hatte sogar voll tiefem Respekt nach ‚Ihrer Exzellenz' gefragt.

Damals hatte man sich auf einen Mietpreis geeinigt. Das Mietverhältnis mußte seine Ordnung haben. Die Russin sagte, daß sie sich ihren Lebensunterhalt als Vertreterin für Medikamente verdienen werde.

Später nahm sie das andere Zimmer dazu, das jetzt als Atelier dient.

Signora Perucchi erhebt sich seufzend, zieht die Gardine zurecht, stellt die Gläser auf das Tablett und verläßt die Wohnung der anderen.

8.

Wenn die Nacht tief ist, will sie offen sein – wenn es kommt, wenn sich ihr Vergessen aufbiegt und die Bilder sie einholen, nachgedunkelt von der Zeit. Eine Zeit, wo sie die Tage übermütig raffte zu bunten Sträußen. Noch immer weht ihr Duft herauf.

Moskau. Dorthin ist die Familie gezogen. Der Brüder wegen. Und um ihr eine gute Ausbildung als Malerin angedeihen zu lassen. Den Vater sehen sie selten. Nur im Sommer ist die Familie beieinander – in Blagodat, für wenige Wochen.

Moskau war modern. Aufgeschlossener im Verhältnis zu St. Petersburg, wo um den Zarenhof eine allgewaltige Bürokratie herrschte. Und an der Kunstakademie Enge und Dogma.

In Moskau erhält die junge Marianna 1880 einen Privatlehrer. Heute weiß sie, es war der beste, der sich denken ließ.

Ilja Jefimowitsch Repin.

Innehalten und Rechenschaft ablegen, vor sich selbst – jetzt.

Die Anfänge ihrer Malerei... Der Prägestempel – er liegt in dieser Zeit. In der russischen Malerei und nicht in der deutschen Moderne. Auch die Herausforderung. Die Worte Tolstois: Als sittlich aufgeklärter Mensch ist man am Werdegang der Menschheit verpflichtet.

Die Erinnerungen an Repin heraufholen..., an diese Zeit...

Santo, gönne es der alten Frau, mit Muße, mit Lust und Wehmut, das Bild dieses Mannes zu betrachten. Gönne es ihr...

Er war ein Riese seiner Zeit. Noch Generationen nach uns werden ihn als solchen empfinden. Ob er noch lebt? Und wo? Das Dorf, in dem er sich vergrub, gehört jetzt, nach dem Krieg, zu Finnland.

Dieser Gigant – wie zerrissen war er manchmal in seinem Selbstwertgefühl. Wie litt er an eigener Unzufriedenheit... Und später – wie unter seiner Angepaßtheit! Ihn zum Professor zu ernennen, war das sicherste Mittel, ihm seine Gefährlichkeit zu nehmen, seine Ungebundenheit, seine schöpferische Freiheit. Er war abhängig geworden vom süßen Leben. Wer sich arrangiert, gibt sich auf.

Ilja war ein schöner Mann und Mitte dreißig, als Marianna mit ihren zwanzig Lenzen seine Privatschülerin wurde. Sein Haar war braun und lockig, ebenso sein Bart. Seine Nase markant, lang. Seine Augen lagen forschend und wissenwollend auf jedem, dem er sich zuwandte. Und stolz war er. Voller Unruhe. Sein Talent machte ihn selbstbewußt, der ewige Zweifel an seinem Können sympathisch. Es war ein kluges, feinsinniges Gesicht. Er war kein Mushik, obwohl er es oft und gerne so sagte, und es Zeiten gab, wo er, in Verehrung von Tolstoi, wie ein Bauer zu leben und zu arbeiten versuchte.

Von der ersten Stunde an herrschte Spannung zwischen dem Lehrer und seiner Schülerin. Vielleicht die Spannung zwischen Arm und Reich. Vielleicht zwischen intuitivem Genie und anerzogener Bildung. Vielleicht die Spannung zwischen Mann und Frau.

Marianna hat Repin gemocht und er sie. Und weil es so war, haben sie gestritten, oft und viel. Sie mit ihm.

Repins Vater war Militärsiedler. Das bedeutete, daß er nach seiner Soldatenzeit weiterhin den Rock tragen und Dienste in Militärsiedlungen oder Kasernenstädten tun mußte. So blieb er abhängig von der Obrigkeit und getrennt von der Familie wohnen. Die Mutter lebte mit den Kindern in tiefer Armut. Oft mußten sie sich mit trocken Brot und Salz begnügen.

Lehrer und Schülerin begegneten sich mit Neugier. Wesen aus verschiedenen Welten. Sie näherten sich einander ohne Vorurteil. Die Schülerin machte sicher, daß sie adlig war und daß Repin das Geld brauchte, das ihr Vater für den Unterricht zahlte. Repin war mit Frau und Kind auf dieses Geld angewiesen. Er wußte nicht französisch zu parlieren, und die gesellschaftliche Etikette war ihm ein Greuel. Wann es ihm Zeit und Geld erlaubten, besuchte er Vorlesungen, um seine Bildung zu vertiefen.

Doch, es gab zunächst Vorbehalte. Sie erinnert sich, daß Repin in dem Vorgespräch sarkastisch fragte: Ob sie als wohlerzogenes Fräulein nicht lieber Ornamente sticken möchte, anstatt bei einem Wandermaler Unterricht zu nehmen?!

Sie hat sich seine Achtung erstritten und erkämpft. Eines Tages respektierte Repin sie als Malerin. Anders als später Lulu... Doch daran trug sie selbst Schuld.

Als Marianna bei Repin Unterricht nahm, war Alexej in einer Moskauer Kadettenschule interniert, und sie ahnte nichts von ihm. Da war sein Denken noch frei von Bildern und seine Seele unbelastet von Berufung. Er fühlte sich der militärischen Tradition seiner Familie verpflichtet. Sein Lebensweg lag überschaubar vor ihm. Erst zehn Jahre später traf Alexej in St. Petersburg auf Repin, dessen Mittwochabende er besuchte. Erst da war Marianna auf Alexej getroffen.

Marianna war jung und Repin ein anziehender Mann. Sie mochte es, wenn er hinter sie trat, ihr den Stift aus der Hand nahm und ihre Zeichnung korrigierte. Sein Oberkörper berührte ihre Schulter. Sie spürte seinen Atem in ihrem Nacken. Köstliche Augenblicke der Verbundenheit. Manchmal nahm er ihr Gesicht in seine Hände, die groß und nervig waren, um ihre Blickrichtung zu ändern. Und er küßte sie. Einfach und ernst. Dann ging er an seine Staffelei zurück und arbeitete konzentriert. Sie stand in Flammen.

Marianna gestand sich nie ein, daß sie Repin liebte. Wohl litt sie unter der Herzlichkeit, mit der er auch andere Schülerinnen bedachte. Sie stritt mit ihm, wenn sie hinter seiner Verehrung das Gefühl ihres Aufgehobensein in ihm vermißte. Sie war perfekt im Streiten und er ihr stets unterlegen! Einmal küßte er sie inmitten eines heftigen Wortgefechts, um zu erfahren, daß ihre Streitsucht nichts anderes als ihre Zuneigung war.

An einem Vormittag unterbrachen sie ihre Arbeit, um aus dem Fenster seines Ateliers zu schauen. Im Hof, auf schmutzigen Schneeresten, zankten sich zwei Elstern. Die eine flog in den Kastanienbaum, die andere folgte ihr, um den Disput fortzusetzen. Sie wippte aufgeregt und schön mit ihrem Schwanz. Die erste ließ sich ermattet in den Schnee fallen, und die andere warf ihre eine Nuß vor den Schnabel. Der Streit begann von neuem. Da schaute Repin Marianna an und sagte: Du bist ein Elsterchen, und ich werde dich ‚Sarokotschka' nennen.

Repin war bereits der Genossenschaft der Maler der Wanderausstellungen beigetreten, als er ihr Lehrer wurde. Seine Parisreise, die er als Auszeichnung von der Akademie erhalten hatte, lag hinter ihm. In einem Wettbewerb der Akademie war ihm der erste Preis zuerkannt worden.

Es schwemmen soviele Erinnerungen hoch...
Welches sind die wesentlichen? Welche bringen Klarheit?
Sie muß bei Repin verweilen. In der Hoffnung, einen Preis von der Akademie zu erhalten, die stets die Themen vorgab, andererseits widerwillig, malte Repin zu dem Thema ‚Die Auferweckung der Tochter des Jairus' jenes preisgekrönte Bild, zu dem er nur Zugang fand, weil er sich den Tod seiner Lieblingsschwester ins Gedächtnis holte. Er malte das dunkle Sterbezimmer des väterlichen Häuschens. Denn eigentlich arbeitete er mit Leidenschaft und Hingabe an den Treidlern.

Santo, hattest du Gelegenheit, dieses Bild von geballtem Schicksal, von Schuld und Sühne, von Demut und Auflehnung, von Anklage und Vision – einmal zu sehen?

In der ersten Zeit ließ Repin seine Schülerin all jene Dinge malen, die ihm die Akademie vermittelt hat. So häuften sich in ihrem Atelier Studien vom nackten Körper und von ‚absoluter Schönheit'. Er leitete die Themen, wie sie an der Akademie üblich waren, an die Schülerin weiter.

Marianna spürte die Kluft. Was sie malen sollte, war leer und ohne geistigen Anspruch. Anfänglich hatten sie wohl doch ein förmliches Verhältnis zueinander. Einmal sagte er, und es war Provokation: Ich stehe voll und ganz mit meinem Fühlen und Denken hinter den Idealen von Gogol, Belinski, Turgenjew... und Tolstoi verehre ich über alle Maßen. Sie entwaffnete ihn mit dem Satz: Denken Sie, ich nicht? Selbst wenn sie sich mit dieser Entschiedenheit erst in diesem Moment zu ihnen bekannte und nur deshalb, weil sie die Nähe zu Repin suchte und sie seine leidenschaftliche Suche nach den wirklichen Werten im Leben anzog. Eigentlich kannte sie nur französische Literaten und deutsche Dichter und Denker.

Hin und wieder machte Repin versteckte Andeutungen, daß sich der Wohlstand, der seine Schülerin umgab, aus dem Gehalt ihres Vaters rekrutierte, der im Dienste des Zaren für die Machterhaltung der Autokratie tätig war. Die Künstler um Repin, die Genossenschaft der Wandermaler, atmeten einen anderen Geist. Sie wollten Demokratie! Um Tretjakow sammelten und trafen sich die engagierten Maler – in seiner Privatgalerie. Eines Tages nahm Repin die Baroneß mit!

Marianna begann, Tschernischewski zu lesen! In den Kreisen der Wandermaler wurde engagiert über das ästhetische Wesen in der Kunst gestritten. Tschernischewskis These lautete: Das Schöne ist das Leben! Diese Feststellung bedeutete die Alternative zum Postulat der Akademie, die eine Korrektur der Natur forderte, um wirklich schön zu sein. In jenen Jahren gärte es überall. In der Genossenschaft der Wanderaussteller versuchte man, über diesen Satz hinauszugehen – nicht nur die Wirklichkeit malen, das Leben darstellen, wie es sich zeigte, der Gesellschaft einen Spiegel vorhalten, sondern mit den Ausstellungen ins Land und unters Volk gehen, Aufklärung leisten, aufrütteln, Mut machen. Mit Repin als Lehrer war Marianna eng mit diesem Gedankengut verwoben. Und doch...

Repins Frau war ihre Freundin geworden. Als Mariannas Freundschaft mit Vera begann, war diese zum zweitenmal schwanger. Marianna malte die werdende Mutter, wie sie winzigkleine Kinderstrümpfe strickt – mit dem stillen Ausdruck der Vorfreude, in innerer Versponnenheit. Manchmal schlüpfte Marianna in Veras Rolle, weil sie die Freundin beneidete – um die drollige Tochter, um die Schwangerschaft, um die intime Nähe mit Repin. Aber kamen Freunde zu den Repins und entbrannten Diskussionen, rief Ilja nach seinem ‚Elsterchen'. Oft war Marianna die einzige Frau in diesem Kreis. Sie fühlte, daß Repin etwas anderes in ihr als in seiner Frau sah. So machte sich Marianna bewußt, daß Malerin und Mutter zwei nicht miteinander zu vereinbarende Rollen waren. Sollte sie einmal nicht standesgemäß heiraten, würde die Geldfrage und das tradierte Rollenverständnis der Zeit ihren Weg als Künstlerin blockieren.

Marianna liebte Diskussionen! Sie war redegewandt, besaß einen wachen Verstand und eine fast unfehlbare Logik. Sie konnte aus einem breiten Fundus ihr Wissen schöpfen und assoziativ damit arbeiten. Weil sie Repin durch die Arbeit und ihre Freundschaft gut kannte, vermochte sie seine Gedanken mitunter schneller und klarer zu formulieren als er selbst.

Das ist nicht Eigenlob, Santo. Das ist Bestandsaufnahme.

Tief verinnerlicht hatte sie die Worte ihrer Mutter, daß die Kunst den ganzen Menschen fordere.

Es faszinierte sie, wie Repin im menschlichen Gesicht den Lebensweg enthüllte und das Wesen des Menschen sichtbar werden ließ. Repins Realismus ging über den Augenblick hinaus. Er provozierte im Kopf des Betrachters ein Nachdenken, das die herrschenden Zustände in Frage stellte.

Eines Tages wollte Marianna nicht mehr die herkömmlichen Studien malen und die akademischen Themen. Sie wollte es Repin gleichtun. Sie konzentrierte sich auf Porträtmalerei und versuchte, hinter sein Geheimnis zu kommen.

Eines hat die junge Baroneß an Repins Seite, in seiner Familie, in seinem Freundeskreis intensiv gelebt – den demokratischen Geist, das Aufbegehren. Marianna glitt in ein seltsames Mißverhältnis, das sie bewußt nie austrug. Der Vater sprach zuhause nicht über seine Aufgaben und Pflichten. Seine Tochter erwarb ihren Missionsglauben an die Kunst im Kreise der Wandermaler, bei denen sie später ihre Bilder ausstellte. Je inniger ihre Freundschaft mit Repin wurde, umso mehr fühlte sie sich dem neuen Geist verbunden.

1881. Das Attentat auf Zar Alexander II. Sie hörten von den Greueltaten, mit denen die Soldaten jene Kreise verfolgten, die die Autokratie stürzen wollten. Damals entstand in Repin die Idee von dem Bild ‚Iwan der Schreckliche'. An keinem anderen Bild war sie als ‚Sarokotschka' so eng in die Entstehungsgeschichte und Umsetzung miteinbezogen.

Marianna stand vor dem Bild. Der alte Zar, grausam, despotisch, mordet in Machtrausch und Wahnsinn das Liebste und Wertvollste, das er besitzt – seinen Sohn. Es war Repins verschlüsselte Stellungnahme zur Zerschlagung der Bewegung der Volkstümler und ihrer physischen Ausrottung – man spürt den Atem der Zeit! Es geht einem unter die Haut. Es öffnet geistige Horizonte. Es spricht Verstand und Gefühl an. Es steht ein hoher ethischer Anspruch dahinter. Dafür liebe ich ihn, dachte Marianna.

Tretjakow kaufte dieses Bild sofort für seine Galerie, ohne die übliche Bedenkzeit. Bei der Eröffnung der Ausstellung erhielt dieses Bild einen solchen Zulauf – die Menschen begriffen spontan den höchst aktuellen Bezug zu dem geschichtlichen Thema, daß es verboten wurde und aus der Ausstellung genommen werden mußte. Der Innenminister Pobedonoszew wütete.

Verantwortung für die Zeit tragen, in der man lebt. Das war der Prägestempel. Und dennoch war etwas in Mariannas kritisch-kreativem Geist, das diesen Weg der Wandermaler nicht unbedingt und ausschließlich mitgehen wollte. Sie dachte, die Kunst müsse mehr sein, als daß sie sich so ausschließlich vor den Karren von Aufklärungsarbeit spannen ließ. Überhaupt – diesen Nützlichkeitswert, den man der Kunst zuschrieb... Irgend etwas schien ihr daran fragwürdig.

Es kam der Tag, da fanden Repin und die anderen, Mariannas Malweise erinnere an Rembrandt oder an Velasquez. Marianna begann, ihre Gedanken über Kunst und Malerei auf-

zuschreiben. Sie nannte es „Briefe von Rembrandt an Saskia".
Was Repin davon las, schürte seine Selbstzweifel. Seine Verehrung für Marianna wurde tiefer. Das war später.

Ach, Ilja Jefimowitsch... mein lieber, lieber Freund. Es war eine unbeschwerte, wunderbare Zeit.

9.
Es ist Sonntag. Die Glocken läuten zur Messe. Wieder beginnt der Hund zu bellen. Die Frau weiß nicht, auf welchem Hof seine Hütte steht. Sie weiß nur, daß er das Sonntagsgeläut nicht liebt. Sein Bellen im anfänglichen Zorn geht in Jaulen über. Er leidet, wenn die Schwengel nicht aufhören können zu schlagen.
 Wie in jedem Jahr hält die Frau in der Passionswoche ein stilles Gedenken. Die Mutter starb in der Woche vor Ostern. 1885. Die Familie wußte, daß der Tod sie holen würde.
 Wie jedes Jahr liest die Frau die Tagebucheintragung aus jener Zeit: „... Das Fenster steht offen. 17. März. Passionswoche. Vor mir liegt das Evangelium... Ich versuche, mich ihm, seinem Wort, zu unterwerfen, mein ganzes Herz, meine Gedanken, mein ganzes Ich. Ich muß das Allerteuerste zurückgeben, ohne welches mir das Leben wie der Tod scheint... Dort nebenan, ohne klagende Worte, ohne Protest, geht ein Leben fort, mit dem mein ganzes Leben verbunden ist. Es stirbt meine Mutter... Ich weiß, es geschieht kein Wunder, aber ich erwarte es... in meiner Seele ist der Tod."
 Die Mutter war dem Tod freudig entgegengegangen. Sie empfand ihn als natürliches Gesetz. Marianna hatte an ihrem Bett gesessen und ihre Hand gehalten. Tränen rannen lautlos über ihr Gesicht. Da sagte die Mutter: Ich werde in den Zustand der Ruhe zurückkehren und in die Freiheit. Marianna, das Leben wird einem erst durch den Tod gegeben.
 Diese verstand nicht den Sinn. Der Satz fiel ihr ein, es gibt im Leben des Menschen viele Tode. Der uns endgültig holt, ist

nur der letzte. Die Mutter nahm ihr Geheimnis mit ins Grab. Warum bedeutete ihr der Tod Freiheit?

Nicht um sie weinte Marianna in der Kapelle. Um sich.

Es war der erste große Verlust in ihrem Leben.

Die Mutter und Repin – diese beiden hatten an Marianna geglaubt. Die Mutter brachte stärkeres Interesse und Verständnis für die Bilder ihrer Tochter auf als umgekehrt. Der erschien die Ikonenmalerei nicht zeitgemäß. Die Mutter respektierte die andere Weltsicht. Sie spürte hinter Mariannas Drang, sich malend mit dem Leben auseinanderzusetzen, etwas von der Stärke des Weltgefühls, das auch in ihr war. Blieb es nicht gleich, ob sich die Menschen in Kirchen oder Wanderausstellungen ihren Zugang zur Kunst suchten?

Die Mutter hatte in Moskau kommentarlos den sehr bürgerlichen Umgang ihrer Tochter akzeptiert. Nie wurde Marianna von ihr mit den Regeln des ‚comme il faut' gegängelt. Natürlich gab es bei Verwandtenbesuchen Sticheleien. Anzügliche Bemerkungen der Kusinen, die Marianna solches Leben neideten. Für den nackten Mann, der Modell saß, fanden sie vor Entrüstung keine Worte. Die Mutter hatte daran keinen Anstoß genommen. Mit ihr hatte Marianna über das ästhetische Wesen in der Kunst reden können und über Repin. Später kamen die Vorwürfe, sich selbst zu wenig für die Gedanken ihrer Mutter interessiert zu haben.

Trost bedeutete damals, das Vermächtnis der Mutter zu erfüllen und der Kunst zu dienen. In den Tagen und Wochen nach ihrem Tod arbeitete Marianna viel. Alle Bilder waren für die Mutter gemalt.

In den Passionswochen der folgenden Jahre versuchte sie, die kostbaren, unwiederbringlichen Augenblicke der Gemeinsamkeit dem Vergessen zu entreißen.

Am drübigen Ufer des Lago stehen die Pfirsich- und Mandelbäume wie Frühlingslichter, in den Saum der Bergkette gestellt.

Der unvergeßliche Frühling in Blagodat. Es war nach dem Tod ihrer Mutter.

Der Frühling mit Ilja Jefimowitsch.

Wie hatte ihn die Stadt bedrückt. Er besaß noch nicht sein eigenes Gut bei Witebsk. Er war auf Einladungen angewiesen. Er litt und zweifelte an sich. An solchen Tagen flirtete er wie wild mit ihr, als ob seine Selbstqual so gelindert würde.

Repin sagte, daß er Mariannas Lachen brauche und ihre Art, den Kopf zurückzuwerfen. Und daß er die Heiterkeit liebte, die in ihren Augen lag. Und die Gespräche, die Herausforderungen für ihn wären. Sie war und blieb sein Elsterchen. Längst hatte er ihr angeschlagenes frauliches Selbstbewußtsein gekittet. Die schwarzen Schatten, die ihre Großmutter über ihr kindliches Gemüt geworfen hatte, waren aufgelöst. Marianna fand Ilja schön, sie bewunderte und schätzte ihn. Er war ihr Maßstab. Er war verheiratet. Er regte sie auf.

Als sie in Blagodat ankamen, saß ein Kind an der Traufe und sang.

Die Apfelbäume blühten. Und der Tag wurde von den Flügeln der Lerchen getragen. Neben ihnen Gurkenfelder, tiefgrün mit ersten Blüten. Die Feuerstellen des Herbstes längst umwachsen. Auf dem Weg, wo er sandig war, eingesunkene Radspuren. In den Hufspuren blühte noch immer das Vergißmeinnicht. In Mariannas Schläfen hämmerte: diese Zeit ist das Geschenk. Zwei Wochen außerhalb von Pflicht und Zwang und Norm.

Repin sagte, als sie ihn in das Gästezimmer des Gutshauses führte, wir sollten vernünftig sein. Wir werden es nicht sein. Dafür sind wir hergefahren. Hier und jetzt existierst nur du und ich. Nichts und niemand sonst. Der Himmel ist neu. Wenn ich den Mund auf deine Schläfe lege – höre ich es klopfen.

Eines Vormittags stand Ilja im Hof und spaltete Holz. Er stand breitbeinig. Die Axt blinkte in der Sonne auf, wenn er die Arme emporwarf und sie niedersausen ließ. Er glich einem Recken, der seine Kraft aus der Berührung mit der Erde bezog. Marianna stand lange und schaute ihm zu. Und er lachte sie an. Das war Glück.

Ihre Hände waren voll Licht. Und sie mußte es zurückgeben. Nächte ohne Wiederkehr.

Einsicht, nicht Bescheidenheit war in ihr, daß es unklug wäre, mehr als das Geschenk dieser Tage zu begehren.

Als die Zeit abgelaufen war, mußten sie wieder streiten, damit jeder in seinen Kreis zurückfand.

Es kommt nicht darauf an, sagte Marianna, daß die Ausstellungen an Wolga, Don und Ob gezeigt werden und viel oder wenig Bäuerlein kommen, die deine Botschaften verstehen oder nicht verstehen. Ich denke, Kunst ist etwas anderes. Und die Kunst der Zukunft wird nicht im Realismus liegen.

Meinst du, ich müßte so malen wie die Franzosen – flirrendes Licht über Seerosenteichen, und das hundertmal, bei Sonnenaufgang und -untergang, Frühling, Sommer, Herbst und Winter? Die echten tiefen Ideen als höchstes Ergebnis des Verstandes – sie werden als Sterne am Himmel stehen und die besten Geister zu sich heranziehen.

Ja, sagte Marianna. Kunst ist Weltanschauung. Philosophie...

Meine Kunst i s t Philosophie und Weltanschauung. Was wirfst du mir vor?

Nichts. Im Gegenteil. Es geht nicht um flirrendes Licht.

Worum dann?

Daß Kunst nicht ausschließlich über den Verstand aufgenommen wird und man denkt – ‚aha'.

Wie soll das gehen bei Malerei?

Über das Gefühl.

Leute haben vor meinen Bildern geweint oder sind in Rage geraten.

Das meine ich nicht.

Dann erkläre es mir.

Ich kann nicht. Es muß in mir wachsen. Aber ich bin sicher, es ist eine ausgetretene Stufe, auf der wir jetzt malen.

Santo, wenn ich dir erzähle, daß ich überzeugt war, eines Tages Repins Kunst auf eine neue, ganz andere Art überflügeln zu können, wirst du denken, ich war überheblich?

Was hatte sie mit Repin gestritten. „Und einig waren wir uns nie." Marianna war überzeugt, daß es in der Kunst immer Wege geben wird, die unbeschritten sind. Und diese wollte sie suchen.

So wie Repin das Wissen und Denken der Akademie überflügelte und über Bord warf, so wollte sie Repin überflügeln. Sie wollte den Weg suchen, der über ihn hinausgehen könnte. Aufmerksam verfolgte sie, was sich im Westen Europas tat, welche neuen Impulse von dort ausgingen, denn Rußland schien ihr das reaktionärste und zurückgebliebenste Land der Welt.

Einmal meinte Repin, in ihr lebe ein männlicher Geist. Dabei hatte sie nur das Glück gehabt, daß die Eltern ihre Tochter als gleichwertiges Geschenk angenommen und keine Unterschiede in Bildung und Erziehung gemacht hatten. Marianna war es vergönnt, sich in allen Lebenslagen gleichberechtigt zu fühlen, nie als Spezies Frau, sondern als Mensch. Ihre Eltern haben ihr diesen Anspruch zugebilligt und erleben lassen. Es war die Gesellschaft und die Akademie in Petersburg... und Jawlensky, die ihr diesen Anspruch verwehrten...

So stimmt es nicht! Sie will nicht in alte Raster fallen!

Sie hatte sich Ziele gestellt und Herausforderungen angenommen.

Daß sie das Ziel verfehlte und das Glück verlor, woran lag es?

Innerer Frieden verträgt sich nicht mit Kampf. Begann ihr Leid dort, wo sie Dinge wollte und wünschte, die andere betrafen?

Verzicht und Widerstand sind gleichberechtigte Schwestern.

Wie bedauerte Marianna, als Repin 1883 nach St. Petersburg berufen wurde. Er hatte eine Professur an der Akademie erhalten. Für ihn war es ein persönlicher Erfolg und ein Zeichen, daß die Akademie sich reformierte. Repin ermutigte seine Schülerin, einen Schritt zu tun, der nur in Moskau möglich war. Frauen wurden an der Petersburger Akademie nicht zugelassen. Moskau war offener. Nach Repins Weggang bewarb sich Marianna an der Lehranstalt für Malerei, Plastik und Architektur. Genauer – sie ging in die Malklasse von Illarion Michailowitsch Prjanischnikow, der seit zehn Jahren dort Professor war. Sie kannte ihn gut. Er hatte zu Repins Freunden gezählt. Er war einer der Mitbegründer der Wanderausstellungen.

Illarion Prjanischnikow – um zwanzig Jahre älter als Marianna. Ein Sanfter war er. Das beste Bild Prjanischnikows, das als eines der ersten in der Wanderausstellung aufgenommen wurde – war dieser frierende Student, der zur Aufklärungsarbeit aufs Land fährt, sich von einem der heimkehrenden Bauern auf einem Schlitten mitnehmen läßt und den wohl nur sein Idealismus vor dem Erfrieren zu retten vermochte.

Prjanischnikow war klug und vermittelte ihr einen fundierten Überblick über die Geschichte der Malerei. Marianna war eine emsige Studentin. Fertigte Exzerpte über Exzerpte an. Setzte sich innerlich mit allen Richtungen auseinander. In den Ferien schickte Prjanischnikow seine Studenten in ihre Heimatorte zurück und begab sich selbst auf Reisen. Sein Auftrag lautete – Studien und Skizzen – den Reichtum und Brauchtum des russischen Volkes einfangen, festhalten, Werte bewußt machen und aufspüren. Und Marianna fuhr nach Blagodat und malte, malte, malte.

Bei Tretjakow hätte sie Alexej begegnen können. Vielleicht waren sie aneinander vorbeigegangen. Natürlich zählte der junge Soldat nicht zu den geladenen Gästen. Er war nur ständiger Besucher der Galerie, sonntags, wenn der Eintritt kostenlos war und die Kameraden in die Kirche gingen. Es war passiert. Als 1880 die große Ausstellung in Moskau stattfand, stand Alexej zum erstenmal in seinem Leben vor einem Kunstwerk, das keine Ikone war. Vielleicht weil er den Eindruck der schwarzen Madonna von Tschenstochau in sich trug, empfand er jedes Bild als religiöses Sinnzeichen. Das Bild war für ihn niemals nur schönes Objekt der Betrachtung, sondern stets Zeugnis einer anderen Wirklichkeit. Daß der Mensch als Künstler der Mittler sein konnte, diese Erkenntnis hatte Alexej seit jener Ausstellung verinnerlicht. Unvergessen seine Worte, um derentwillen Marianna ihn liebte: ‚Seitdem war die Kunst mein Ideal, das Heiligste, nach dem sich meine Seele, mein ganzes Ich sehnte.'

Jenes verzehrende Feuer, das sie mit tiefer Ehrfurcht erfüllt hat...

Hatte die Frau an Tretjakow gedacht, als sie vor ein paar Jahren dem Bankier van der Heydt vorschlug, sich um den Monte Verità verdient zu machen?

Das war Nostalgie, Santo. Das war Irrtum. Tretjakow stammte aus einer wohlhabenden Kaufmannsfamilie. Mit Leib und Seele hatte er sich der russischen Aufklärung verschrieben. Tretjakow sah es als Lebensaufgabe an, die russischen Realisten und ihre demokratische Kunst zu sammeln. Er hielt es für seine patriotische Pflicht, ihre Ideen ins Volk zu tragen... Van der Heydt kaufte den Monte Verità, baute sein Hotel für die Reichsten der Reichen. Der kunstliebende Mäzen befriedigte sein privatestes Sammlergelüst. Sein Gott ist der Mammon. Das Hotel soll Geld bringen. An die gelben Wände seines Etablissements will er die gediegenen Bilder seiner Sammlung hängen – Picasso, Matisse, Feuerbach, Hodler ... Preistreibend.

Lassen wir den Groll und die Enttäuschung!

Ich bin müde, Santo.

Wird die Zeit deines nächsten Besuchs ausreichen, vor dir die heraufgeholten Bilder auszubreiten?

Weißt du, daß ich erst durch dich und mit dir die Fähigkeit erworben habe, einen anderen Menschen in seiner Eigenart und Eigenständigkeit zu lieben und ihn nicht nach meinen Idealen und Vorstellungen ändern zu wollen?

10.

Die Frau erkor sich einen Pfad zu ihrem Lieblingsweg und einen kleinen Berg zu ihrem „Olymp". Wenn das Wetter es zuließ, geht sie diesen Aufstieg vom ersten Frühlingswind bis in den späten Herbst. Jahr für Jahr. Das soll bleiben, solange ihre Kräfte es erlauben.

Auf diesen Wanderungen macht sie wertvolle Erfahrungen. Das Alleinsein, die Stille, der Blick über den See und über die schneebedeckten Bergkuppen gewähren ihr tiefe Einsichten über ihren Auftrag, den sie mit ihren Bildern erfüllen will. Auch Einsichten der Umsetzung. Klarheit der Aufgabe, die sie sich mit jedem neuen Werk stellt.

Es gab eine Zeit, da hatte sie geglaubt, so etwas ließe sich in Diskussionen erstreiten, in Programmen deklarieren und sei für alle Gleichgesinnten gültig. Sie liebte Gespräche über Licht und Farbe, über van Gogh und Gauguin und die Fauves. Malerei sollte über die Empfindung den Zugang zum Verständnis der Welt ermöglichen.

Heute weiß sie: Jeder muß seine Botschaften selbst finden. Doch sollte Kunst eine tiefe Lebenswahrheit umschließen.

Ja, ihre Bilder sind in einer strengen Sprache gemalt, die das Gewissen wecken soll. Man kann nicht gut Sandwiches vor ihnen kauen! Das war wie mit dem Glück, das man selbstverständlich hinnahm. Heitere Bilder – man warf einen Blick darauf, fühlte sich nicht aufgestört, und in der nächsten Stunde war das Bild vergessen. Die Frau ist sicher, daß sie in ein oder zwei Jahren – über dem Zusammensturz ihres eigenen Lebens – einen Tempel der Hoffnung und des Glaubens schaffen wird mit ihren Bildern. Wenn der Frieden in ihr tiefer geworden ist. Doch immer wird man sich mit ihrem Werk gedanklich auseinandersetzen müssen. Es wird immer Behaglichkeit stören und Nachdenken provozieren.

Zwischen den kahlen Birken und den Ruten des Ginsters geht ihr Blick auf Ascona hinunter. Die Platanen der Piazza stehen im hellen Licht der Sonne. Die Fischernetze lassen sich erkennen, die zwischen ihnen aufgehängt sind. Sie liebt diese Aussicht über die Steindächer, wenn sich der Rauch kräuselt. Um diese Stunde – ein Ort am Rande der Zeit. Der blaue Himmel und der blaue See. Die beiden Inseln.

Über Steinstufen rinnt Wasser. Die erste Anemone blüht. Auf den erwärmten Steinen einer Mauer sonnt sich eine Smaragdeidechse, groß wie eine Brosche. Als der Schatten der Frau auf sie fällt, huscht sie in eine Ritze.

Dort also das Unterdorf, wo die Fischer, die Holzhändler, die Kleinbauern wohnen.

Als die Frau und Lulu im Frühjahr 1918 nach Ascona kamen, wie hatten sie die Natur hier als stark und geheimnisvoll empfunden. Die Harmonie am Tag. Es regnete damals unaufhörlich. Wochenlang. Aber was war es für ein Regen, so sanft, so durchsichtig und warm! Und der See – voll Melancholie. Und die Wesen, die sich aus den Wolken lösten, um über dem Wasser zu wandeln... Und die unheimlichen Nächte, die so finster waren und die Dimension von Nähe und Ferne aufhoben.

Die südliche Seite des Berges will die Frau künftig meiden. Dort baut van der Heydt. Die andere Welt von Ascona. Einst Flucht- und Alternativort von Anarchisten, Vegetariern und Utopisten aller Couleur. Ein Zurück zur Natur! Jetzt entsteht dort das neue Hotel. Sie bedauert, daß sie es war, die dem reichen Bankier und Kunstsammler davon gesprochen hatte, daß der Monte Verità zu verwahrlosen beginne, und er ihn kaufte und jetzt ein Hotel bauen läßt für das Sanatorium, dessen Baupläne man ihr voller Stolz eines Tages im Café Verbano zeigte. Nun wird dort oben entstehen, was jenseits der Welt ihrer eigenen Vorstellungen liegt. Es wird auch nichts mehr übrigbleiben von den asketischen Grundsätzen seiner einstigen Bewohner. Das Hotel wird Symbol einer neuen Zeit werden. Ascona wird sich in einen ‚originellen Kurort verwandeln mit modernen Cafés aus Betonklötzern und hypermodernen Läden mit den verrücktesten Dingen zu tollen Preisen.' In dem Werbeprospekt hatte sie gelesen, wie komfortabel die Gästezimmer sein werden – mit Telefon, Zentralheizung, Lichtsignal, Privatbad und Loggia...

Das ist nicht mehr ihre Welt!

In diesem Frühjahr ist es das dritte Mal, daß die Frau ihren Lieblingsweg geht. Sie hofft, auf Jacoob Zadman zu treffen. Sie hält nach seiner hageren Gestalt Ausschau, die Schultern vorgezogen, Haar und Bart eisgrau. Er kam aus Witebsk. Dort hatte er ein kleines Uhren- und Schmuckgeschäft besessen. Bei den Pogromen war es in Flammen aufgegangen. Der Sohn im Feuer erstickt. Seine Frau hatte darüber den Verstand verloren und die Sprache. In Ascona endlich waren sie untergekommen.

Im letzten Herbst hatte die Frau die beiden auf der Bank getroffen. „Le dos à la vie". Mit dem Rücken zum Leben, auf die Erlösung wartend. Auf den Tod.

Da hatte sie das Bild malen müssen. Die Berge hinter ihnen – steil und spitz. Berge – Metapher der Frau für gelebtes Leben. Berge, so hoch und gratig, daß man den Mut bewundert, sie bezwungen zu haben. Licht liegt über den Jahren des Lebenskampfes. Doch dann führt ihr Weg durch die schwarze Schlucht und verliert sich an der Bank, auf der sie sitzen. Jeder eine Welt für sich. Taub für einander, nach langem gemeinsamen Weg. Die Berge werfen dunkle Schatten. Die Vergangenheit lastet auf ihnen. Die zwei sitzen so unmittelbar am vorderen Bildrand, daß dem Betrachter ins Bewußtsein springt: Sie erwarten nichts mehr. Nicht einen Zoll Zukunft.

Jetzt sieht sie ihn auf der Bank sitzen. Allein. Nur der Hund ist bei ihm. Die Frau setzt sich zu ihm. Er kann seine Überraschung und Freude schlecht verbergen. Gegenseitige Versicherungen, ohne Krankheit über den Winter gekommen zu sein. Dann schweigen sie. Sie wollen nicht von der vergangenen bösen Zeit reden, wo der Zar seine Herrschaft auf den drei Säulen stabilisieren wollte: Russentum, Gutsbesitzer und Kirche. Das hatte Pogrome bedeutet, vor allem im Westen des Landes, vor allem in Litauen, wo das ‚zweite Bethlehem der Juden' lag.

Die Frau hatte ihm erzählt, daß sie als junges Mädchen eine Synagoge zum Versöhnungsfest besucht hatte und von der tiefen Religiosität berührt gewesen war.

Im tiefen Schatten der Berge kühlt die Luft schnell ab. Der Wind vom Wasser tut das Seine. Die beiden machen sich auf den Heimweg. Der Hund geht zwischen ihnen.

Bei einem grauen Häuschen verlangsamt der Mann seinen Schritt.

Hier bin ich zu Hause, sagte er. Sie stehen sich gegenüber. Ein Blick voller Fragen. Kaum verständlich murmelt er:

In der Kette eintöniger Tage gleicht unsere Begegnung einem Edelstein.

Sie stehen vor der etwas schiefen Gartentür. Die Frau will sich verabschieden, da fragt der Mann, unerwartet lebendig:

Darf ich Sie zu einem Glas Tee einladen. Bitte, machen Sie mir die Freude Ihres Besuches!

Was gibt es zu überlegen? Die Frau nickt zustimmend.

In dem kleinen Flur zögert er, ihr das Cape von den Schultern zu nehmen.

Es wird nicht sehr warm sein.

Er öffnet eine Tür und bittet seinen Gast hinein. Es ist fast dunkel im Zimmer. Ein eisernes Öfchen spendet mit seiner erlöschenden Glut etwas Helligkeit. Ein gewaltiges Ofenrohr stößt in die verrußte Decke. Vor dem Fenster sitzt seine Ehefrau. Eine stumme Silhouette. Ihre Hände auf dem Schoß gleichen zwei erlegten Vögeln. Teilnahmslos reicht sie der Älteren ihre Hand, die kalt und klamm ist. Der Mann zündet die Petroleumlampe an.

Es ist eine schlichte Einrichtung. Der Tisch mit den beiden Stühlen steht zwischen den Fenstern. Aufgeschlagen liegt der Talmud. Die rechte Wandseite nimmt ein Alkoven ein, dessen Vorhang zurückgebunden ist. Das Bild eines Kindes hängt zwischen den Fenstern. Laut tickt eine Pendeluhr.

Der Mann trägt einen verstaubten, ausgedienten Melkschemel herein, den er aus dem Schuppen holte.

Sie sind der erste Gast in unserem Haus. Wir besitzen nur zwei Stühle. Morgen werde ich den zerbrochenen leimen.

Darf ich, fragt die Frau und weist auf ihr Skizzenheft, das sie immer mit sich trägt. Es wird eines ihrer wenigen Bilder, das einen geschlossenen Raum wiedergibt und nicht die Natur zum Hintergrund hat. Das gute Gefühl aus Repinscher Zeit – Engagement.

11.

Dein Wissenwollen ist wie ein Geschenk, Santo…

Die Nachtstunden sind eine schöne Zeit. Vielleicht, weil es einen Menschen auf der Welt gibt, an den sie denken kann. Vielleicht, weil der Mond über dem See steht. Ist sie glücklich?

Wie ein Staunen ist es in ihr, ungläubig-gläubig. Es läßt sich nicht in Worte holen. Es ist wie – den Ursprung einer Quelle erreicht zu haben. Wo eine Seele die andere berührt – entsteht Liebe. Sie denkt dieses Wort – Liebe. Es ist ein stilles, ein tiefes Wort für sie und jenseits von dem, was die Welt darunter versteht. Sie denkt es für sich.

Den anderen annehmen können um seiner selbst willen und angenommen werden mit seinen Fehlern und Schwächen – das ist Geborgenheit. Das ist das lang entbehrte Gefühl – zu Hause zu sein.

Die Frau zählt die Schläge der Kirchuhr. Wieder einmal sind es dreizehn. Es bleibt ein Geheimnis des Campanile, wann er es tut. In seinem letzten Brief schlug Santo vor, wenn er im Mai käme, eine gemeinsame Reise mit ihr durch die Schweiz zu machen. Da möchte sie nachgedacht haben.

Jetzt will sie den Mut haben und Alexej noch einmal begegnen. In aller Unvoreingenommenheit. Und die Umwege sein lassen. Und jene Zeit von den Schatten befreien, die spätere Erfahrungen warfen.

Sie lebten bereits im fünften Jahr in St. Petersburg. 1886 war der Vater zum Kommandanten der Peter- und Pauls-Festung berufen worden. Die Familie wohnte auf der Festung.

Es war einer der seltenen Sonntage, an denen der Vater gemeinsam mit seinen drei Kindern das Essen einnahm. Wsewolod erzählte von einem Leutnant, der unbedingt die Petersburger Kunstakademie besuchen wollte. Deswegen hätte er sich eigens von Moskau in die Hauptstadt versetzen lassen. In dem sonst so aufgeschlossenen Moskau war es unmöglich, daß ein Soldat Malerei studieren konnte! Einzige Bedingung in Petersburg war, auf der Universität in Uniform zu erscheinen. Der Bruder fügte hinzu – der Neue müsse ein Besessener sein. Seinen Gottesdienst hielte er in Museen ab. Auf alle Fälle, sagte Wsewolod, sei der Leutnant arm wie eine Kirchenmaus, versage sich alle Vergnügungen, um die Kosten für seine Malerei zu tragen. Neulich, als jener sich von einem Konzertbesuch ausschließen wollte, habe ihm Wsesolod eine Karte zukommen lassen. Er vermutete, daß der andere dafür kein Geld besaß. Eine Beethoven-Symphonie war gespielt worden. In der Pause sei der Maler-Offizier aus dem Theater geflüchtet, tief erschüttert. Er habe laut geschluchzt und sich dem Spott seiner Kameraden nicht ausliefern wollen.

Das weckte die Neugier der Schwester. Ein Hauch von Besessenheit. Die Kunst – ein Mysterium. Es war, als habe sie im kalten Grau des militärischen Alltags eine Blume entdeckt. Von ihrem Duft fühlte sie sich unwiderstehlich angezogen. Marianna wollte Wsewolods Kameraden zu Gesicht bekommen.

Zum Jahrestag der Grundsteinlegung der Peter-und-Pauls-Festung fand jedes Jahr auf der Insel ein Fest statt. Im Mai. Die Zeit der weißen Nächte.

Die erste Begegnung mit Lulu...

Kein Paukenschlag, kein Trommelwirbel. Der Blitz schlug nicht in sie ein und nicht in Alexej.

Dennoch war etwas Unvergessenes geblieben. .

Was sich wiedergeben läßt, sind banale Äußerlichkeiten.

Der fremde Offizier stand mit Wsewolod und dem Vater im Gespräch. Marianna schlenderte einmal um die Taxushecke und dachte – er müsse um einiges älter sein als sie. Er stand vor ihrem Vater in vorbildlicher Haltung und gab nichts von dem preis, was sie von Wsewolod erfahren hatte. Ein schmukker Offizier – mehr nicht.

Sehr schlank war er und um weniges größer als sie.

Sicherlich sparte er am Essen. Er gehörte zu den wenigen, fand Marianna, denen eine Uniform stand oder der sie zu tragen wußte. Akkurat angepaßt wie eine zweite Haut, verlieh sie ihm Schneid und Würde. War seine Haltung so perfekt, weil er vor dem Kommandanten der Festung stand. Wsewolod dagegen sah aus wie ein großer Junge, der sich aus Spaß einen Soldatenrock übergezogen hatte. Schon wie der Bruder seine Mütze trug! Der Vater gratulierte dem Leutnant zu seinem ‚Zarenpreis' im Florettfechten.

Marianna vermutete, daß die Augen des anderen blau waren, denn sein Haar glänzte blond. Er trug es hochgekämmt, und es fiel in leichten Wellen. Oberlippenbart und Kinnbart à la mode ließen sein Gesicht schmal erscheinen.

Er dokumentierte Unnahbarkeit. Sie kannte die Härte der militärischen Ausbildung und den erbarmungslosen Spott der Kameraden. Der studierende Offizier hatte gelernt, nichts von seinen Gefühlen preiszugeben, nichts von der Sensibilität, nichts von der Leidenschaft, mit der die Kunst ihn anzog. Dieser verschlossene Blick, dieses unsichtbare Visier – Marianna empfand es als Herausforderung.

Sie näherte sich den dreien wie zufällig. Wsewolod machte sie miteinander bekannt.

Alexej von Jawlensky.

Der Bart vermochte seinen sensiblen Mund nicht gänzlich zu verdecken.

Der Bruder prahlte mit Mariannas Erfolgen als Malerin.

Das Gesicht des Offiziers verfinsterte sich, als spräche Wsewolod nicht von ihrem Können, sondern von der Unfertigkeit und dem Dilettantismus seines Kameraden.

Marianna spürte, daß der Bruder mit seinem Lob für sie eine Kluft aufriß, die peinigend für Jawlensky war. Sie untergrub den Rest seines Selbstbewußtseins. Er verabschiedete sich überstürzt. Marianna sah ihn an diesem Abend nicht wieder. Zwar hatte sie eine Einladung ausgesprochen und kundgetan, daß sie sich freuen würde, wenn er sie in ihrem Atelier besuchte. Jawlensky hatte sich in den nächsten Tagen und Wochen nicht gemeldet.

Sie hätte gern gewußt, wie er malte.

Marianna begann zusammengetragen, was sie über den Soldat-Maler in Erfahrung bringen konnte. Was sie verblüffte, war, daß Jawlensky dreieinhalb Jahre jünger als sie selbst sein sollte. Die Stirnecken täuschten über sein Alter. Sie selbst, mit dem offenen Haar und den Stirnlocken, sah aus, als wäre sie Anfang Zwanzig und jener Offizier Anfang Dreißig. Die Kusinen hatten ihr bereits mißbilligend geraten, daß es an der Zeit wäre, sich das Haar aufzustecken.

Sein Vater wäre Oberst gewesen. Ab seinem zehnten Lebensjahr hätte Alexej in Moskau gelebt, wo der Vater für Frau und

Kinder eine Wohnung suchte, um dem Sohn den Besuch eines Gymnasiums zu ermöglichen. Seine militärische Laufbahn begann der Junge mit zwölf Jahren, als er in der Moskauer Kadettenanstalt aufgenommen wurde. Vor zehn Jahren sei der Vater gestorben. Da wäre die Familie in finanzielle Not geraten. Seine Schwestern wären verheiratet, und seine Brüder lebten „zwischen Hungern und Sattessen".

Der Bruder erzählte, Jawlensky sei in Moskau der beste Schütze des Regiments gewesen und hätte mehrere Preise im Revolverschießen errungen.

Marianna ahnte, daß für Jawlensky nur in vorbildlicher Diensterfüllung die Chance gelegen hat, von Moskau nach Petersburg versetzt zu werden und bei den Vorgesetzten Nachsicht zu finden für sein Interesse an der Malerei.

Der Sommer kam. Wieder fuhr sie nach Blagodat. Allein. Manchmal dachte sie an den malenden Offizier und an das, was er hinter abwehrenden Blicken verborgen hielt.

Ihre Seele sehnte sich nach Erschütterung!

In Blagodat arbeitete Marianna viel. Sie hatte ein Bild begonnen – „Der Bösewicht aus den Bergen". Der Titel war Provokation. Zwischen Überschrift und Bild klaffte der Widerspruch.

Dieser Halbwüchsige, in seinem abenteuerlichen Aufzug und der verwegenen Aufforderung seiner Hand, ihn auf seinem Beutezug zu begleiten, glich in nichts einem Bösewicht. Auf seinem Gesicht mischte sich das Kindlich-Gläubige, jenseits von Schuldgefühlen und schlechtem Gewissen mit dem glücklichen Stolz, die Seinen zu versorgen. In der Überschrift lag das Urteil der Gesellschaft.

Mit den Arbeiten dieses Sommers war Marianna vollauf zufrieden, sowohl in Quantität wie Qualität. Neugierig war sie auf Repins Meinung.

Nie war ihr stärker ins Bewußtsein gedrungen als in diesem Sommer, wie sehr sie Blagodat brauchte, um sich selbst treu zu bleiben. Die Nähe des Zarenhofes, das Leben auf der Festung – wie haßte sie es. Wie sehr sehnte sie sich zu reisen. Frankreich.

Deutschland, Italien. Ziel ihrer Wünsche war München. Als Tochter des Kommandanten der Peter-und-Pauls-Festung waren Reisen ins Ausland nicht erwünscht.

Als in Blagodat Eichen und Ahornbäume loderten, kehrte sie nach St. Petersburg auf die Festung zurück. Das Räuberbild schickte sie sogleich an Repin. Seine Meinung war ihr wichtig.

‚Sehr geehrte Marianna Wladimirowna! Wenn Sie hörten, wieviel Lob und Begeisterung sich heute Ihre Studie erworben hat! Wer auch immer zu mir kam, war begeistert... Bravo! Bravo! Ich reibe mir die Hände vor Eifersucht. Tatsächlich ist es eine ausgezeichnete Sache! ... Aufrichtig Ihr Ilja Repin.'

Eines Wintertages besuchte Repin sie auf der Festung. Er hatte einen Besucher mitgebracht, der sich den Schnee von seinem Offiziersmantel klopfte. Der junge Freund hätte unbedingt die Malerin des „Bösewichts" kennenlernen wollen.

Es war Alexej von Jawlensky.

Er begrüßte Marianna mit einer tiefen Verbeugung.

Seine Augen waren von einem verzehrenden Blau.

Marianna spürte, in diesem Augenblick war sie in Jawlenskys Bewußtsein angekommen.

Es ziehen die Abende in ihrem Petersburger Atelier aus der Erinnerung auf. Mit ihrer Dämmerung. Und dem Zauber der Nähe. Sie kauerte mit angezogenen Füßen auf der breiten Fensterbank. Alexej lehnte am Rahmen, und sie schauten zu, wie Nebel über der Newa aufzog, wie das Winterpalais in den Schneewolken allmählich ertrank, wie die Umrisse der Stadt verschwammen. Sie hörten den Sturm, der vom Meer kam, und die Schreie der Möwen.

Marianna bat ihren Gast, von sich zu erzählen. Sie litt mit ihm unter der unsäglichen Qual, den Schrein zu öffnen. Aber sie, nur sie hatte Alexej für würdig gehalten, einen Blick in seine Seele fallen zu lassen. Von ihr wollte er erkannt werden.

Nicht von Helene, mit der er jetzt in Wiesbaden lebt.

Und nicht von jenen Mädchen, amouröse Abenteuer, von denen der Bruder beflissen Mitteilung machte.

Jene köstliche Vertrautheit. Sprechen im Dunkeln. Eine innere Nähe, wie sie größer nicht sein konnte – so hatte sie es damals empfunden.

Alexejs Stimme war leise und stockend.

Seine Besessenheit loderte wie ein heiliges Feuer in ihm. Eine solche Verzweiflung hatte Marianna selbst nie gefühlt. Seine Bilder waren passabel. Doch seine Unzufriedenheit mit sich und seinem Können ließen einen ungeheuren Anspruch ahnen, und Marianna dachte: Hier zeigt sich nicht Berufung, sondern sein Ausgewähltsein. Alexej sprach oft von der tiefen Erschütterung, als er in Moskau vor den Bildern der Ausstellung stand. Was er damals vernahm, dünkte ihn wie ein Ruf aus einer anderen Welt. Und er habe sich auf den Weg gemacht.

Jeder breitete vor dem anderen seinen Traum aus.

Sie trafen sich dort, wo sie beide den Rahmen des gigantischen russischen Realismus sprengen wollten.

In beiden war füreinander Bewunderung und Faszination. Sie spürten, daß sie in ihrem Wesen nicht unterschiedlicher sein konnten. Jeder Tag war voll neuer Entdeckungen. Darin lag der Reiz, der nach Jahren in Schmerz umschlagen wird.

Und die unsägliche Scheu voreinander.

Alexejs Ehrfurcht vor ihr war groß.

Marianna hatte Alexej angeboten, ihr Atelier auf der Festung mitzunutzen. Es war groß. Zudem war es praktisch, er konnte das Geld für Modelle sparen.

Manchmal flackerte Eifersucht auf, wenn der Name Repins fiel. Lange stand Alexej vor dem Bild, das Repin von Marianna gemalt hatte. Auf dem Bild trägt sie den Arm noch in der Schlinge. Es war die Zeit ihrer tiefsten Depression. Nach dem Jagdunfall. Sie wußte, daß Daumen und Zeigefinger ihrer rechten Hand steif bleiben würden. Vor zwei Jahren hatte sie sich in Blagodat die rechte Hand durchschossen. Damals glaubte sie, nie mehr malen zu können. Repin hatte ihr Mut gemacht. Wie ein großer Bruder hatte er in seiner Verantwortung für sie gestanden. Damals hatte er das große Porträt von ihr gemalt.

Eine Vision entworfen, zu sich selbst zurückzufinden, ein Bild aufgestellt, in das sie hineinwachsen sollte.

Es gibt ein Photo aus jener Zeit, in der sie sich als Künstlerin aufgegeben hatte. Auf dem Fauteuil hing sie mit erloschenem Blick und entsagte allem.

Repin, Freund und Kollege, besuchte sie häufig.

Er redete mit ihr. Unsanft.

Wenn der Wunsch zu malen stark genug in dir ist – wirst du es mit der linken Hand tun! Und hätte ich keine Hände, würde ich mit den Füßen malen! hatte er gesagt – so ernst, daß sie es ihm glaubte.

Davon war oft die Rede gewesen, was Malerei für jeden von ihnen bedeutete. Repin hatte es einmal so formuliert: ‚Ich liebe sie insgeheim, eifersüchtig und süchtig wie ein alter Säufer. Unheilbar. Immer und zu allen Zeiten ist sie in meinem Kopf, in meinem Herzen, in meinen Wünschen, den besten und echtesten. Die Morgenstunden, die ich ihr widme, sind die besten meines Lebens... Stunden, die alle übrigen Episoden meines Alltags überstrahlen oder verdunkeln.‘

Um sie aufzurütteln, malte er das Bild.

Sie trägt ein weißes Kleid, als wäre das Leben ein freudiges Fest und die Welt voller Sonne. Dabei war es bereits Ende November, und die Tage waren dunkel und schwer. Hinter ihr die Lehne eines weißen Korbstuhls. Dort sitzt sie, den Kopf zurückgelehnt und lächelt ihn an. Mit Sicherheit hatte sie damals nicht gelächelt. Repin hatte alle Kraft, alle Zuversicht aus ihr herausgeholt und auf das Bild gebannt. Dieses Kopf-in-den-Nacken, was er an ihr liebte, ist angedeutet, die Herausforderung des Lebens angenommen.

Das ist das Wunder, das auf Repins Bildern entsteht, daß er das Verborgene sichtbar werden läßt.

Auch Alexej stand lange vor diesem Bild. Er sagte: ‚Im Gesicht liegt alles. Im Gesicht offenbart sich die Welt.‘ Alexej entdeckte auf dem Bild das, was in seiner Seele vorbereitet war. Der lebenslange Versuch, die Gesichte, die er in sich trug, aus den stofflichen Hüllen zu befreien, begann tastend und mit Umwegen.

Aus der Rocktasche holt die Frau jetzt ihr kleines Messerchen. Sie betrachtet ihre rechte Hand, die schlank und wohlgeformt ist. An Mittel- und Ringfinger bilden sich immer wieder Verdickungen. Von Zeit zu Zeit muß sie die Hornhaut abschaben. Wenn sie viel arbeitet, wie in den letzten Wochen, wächst diese Schutzschicht schnell. Nach ihrem Unfall hatte Marianna versucht, mit der linken Hand den Pinsel zu führen. Unzufriedenheit und Wut über die ungeschickten Striche waren maßlos. Ihr fehlte Ausdauer und Geduld. So fertigte sie sich eine kleine Halterung an, in der der Pinsel oder Stift zwischen Daumen und Zeigefinger der rechten Hand ruhen konnte. Mit den drei gesunden Fingern führte sie das Malgerät. Lange unter Schmerzen. Doch die gewohnte Sicherheit stellte sich wieder ein.

12.

Heute war der Postbote in das Haus eingekehrt. Er brachte einen Brief von Santo. Die Ursache der Verzögerung lag nicht am langen Weg. Santo hatte den Brief wie immer am Abend des Sonntags geschrieben. Anfang der Woche sollte er die verbindliche Auskunft der Galerie Nierendorf erhalten, ob sie ihre Räume für die Asconeser Künstlervereinigung des ‚Großen Bären' zur Verfügung stellen würde. Diese hatte er abgewartet, in der Hoffnung, daß sie positiv ausfiel. Es war so!

Danke Santo!

Die Frau liest den Brief zum drittenmal. Sie wartet auf das Glücksgefühl – eine Ausstellung in Berlin! Es stellt sich nicht ein. Nur die innere Verbundenheit mit Santo ist inniger geworden. Sein Bemühen, ihre Bilder an die Öffentlichkeit zu bringen ...

Vor fünf Jahren hatte sie mit den anderen Malern das Siebengestirn kreiert. Nun existiert sie, die Künstlervereinigung. Fünf Jahre können eine lange Zeit sein. Damals fühlte sie sich fremd in Ascona. Sie hatte Halt und Zusammenschluß gesucht. Sieben Maler aus fünf Nationen.

Doch was verband sie? Ihr Fremdsein. Ihre Liebe zum Tessin. Für die einen war das Fischerdorf Urlaubsort, für die anderen Kurort. Für die dritten Exil. Die sieben – sie waren keine gewachsene Gemeinschaft. Es einte sie keine gemeinsame Idee, keine gemeinsame Stilrichtung. Engagierte Sonntagsmaler die einen. Malende Philosophen die anderen. Träumer, in die Landschaft des Tessin verliebt. Im Sommer hatte die Frau den einen oder anderen im Café Verbano oder im Schweizer Stübli getroffen. Und der eine kannte den Holländer, und ein anderer wußte von dem Deutschen. Der Zufall führte sie mit dem Amerikaner schottischer Herkunft zusammen. So waren sie auf die Zahl sieben gekommen. Heute fühlte sich die Frau in anderer Geborgenheit aufgehoben.

Vor drei Jahren, 1925, hatte der ‚Große Bär' in der Berner Kunsthalle seine erste Ausstellung gehabt. Ausstellungen sind immer gut. Das sagt sich die Frau auch jetzt. Zu gleicher Zeit war in Deutschland die Ausstellung der ‚Blauen Vier' eröffnet worden – mit Jawlensky, Kandinsky, Feininger und Klee. Und die war ein gewaltiger Erfolg geworden. Was bot der ‚Große Bär' dagegen! Es war nicht Neid!

Santo meinte, die wirklich guten Bilder der Bärenausstellung sind von dir! Von den sieben wird nur dein Werk die Zeit überdauern.

Die Frau sagt jetzt laut: Du bist der einzige, Santo, der an mich glaubt! Und ich!

Sie muß an Prjanischnikow denken, den Mitbegründer der Peredwischniki, der Genossenschaft der Wandermaler. Hatte sie vor fünf Jahren in Ascona eine ähnliche Art Selbsthilfe organisieren wollen? Das will sie so nicht denken. Einen solchen Vergleich will sie nicht wagen. Sonst steigt ihr die Schamröte ins Gesicht. Die ‚Neue Künstlervereinigung München' – da traf es eher zu. Die war auch Protest gegen die Gesellschaft. Die Peredwischniki protestierten gegen die überlebte Kunstauffassung der zaristischen Akademie. Sie besaßen ein Reglement, mit dem sie ihre Mitglieder auf die Gemeinsamkeit demokratischer Anschauungen festschrieben. Wichtig war ihnen, daß sie mit ihrer Kunst eine Aufgabe in der Gesellschaft erfüllen wollten. Mit ihren Wanderausstellungen hatten sie ein breites Publikum erreichen und Aufklärungsarbeit leisten wollen. Der Verkauf der Bilder sollte den Mitgliedern zugute kommen.

Für den „Großen Bären" gibt es keine Statuten. Ein gebranntes Kind scheut das Feuer. Letztlich war die Künstlervereinigung in München auseinandergebrochen – wegen des Statuts!

Über die Piazza rumpelt ein Wagen. Vor ihrem Haus hält er inne.

Die Balkontür ist geöffnet. Die laue Frühlingsluft soll das Zimmer auffüllen und die Kühle vertreiben.

Eine Kinderstimme ruft: Nonna, nonna! Ich bring dir Holz!

Die Frau tritt auf den Balkon. Unten steht Sofia. Hochrote Wangen. Strahlender Blick. Der Leiterwagen ist voller Holzscheite.

Der Vater sagt, das reicht bis zum Herbst. Dann bringen wir dir mehr!

Als die Frau die Treppe hinunterläuft, quält sie die Frage – wie soll sie das Holz bezahlen? Solange es ihr gesundheitlich gutgeht, will sie kein Holz kaufen, sondern es selbst aus dem Wald holen. Das Zerkleinern mit dem Beil übersteigt mitunter ihre Kräfte – was soll's! Wie oft hat das Kreuz geschmerzt. Wer wie sie mit jedem Pfennig rechnen muß, kann sich den Luxus nicht leisten, gespaltenes Holz zu kaufen. Und Buchenscheite zumal!

Mohnblüte steht ebenfalls in der Haustür. Auch sie hat den Ruf der Kleinen gehört.

Hier wohnt keine nonna! fährt sie der Kleinen barsch über den Mund. Da erscheint die Frau in der Tür, und Sofia sagt erleichtert:

Stimmt's, nonna, du wohnst hier!

Mohnblüte schaut überrascht von der Frau zu dem Kind und sagt voll Entschiedenheit:

Wenn überhaupt, ist das meine Großmutter!

Und meine! behauptet Sofia mit Nachdruck.

Das Holz koste kein Geld. Es sei vom Verkauf übriggeblieben. Die beiden Mädchen stapeln es der Frau im Hof.

Es ist früher Nachmittag. Wenn die Frau Glück hat, trifft sie Ernst Frick im ‚Verbano'. Einen der sieben, den Schweizer, der oben an der Collina wohnt. Einst verkappter Anarchist, der sich längst aus der Bewegung zurückgezogen hatte. Ein ungewöhnlicher Mensch!

Sie bestellt sich Glas Tee und wartet.

Beim Eintreten steuert er sofort ihren Tisch an, sichtlich erfreut. Er begrüßt sie mit Handkuß. Der ehemalige Metallgießer. Der Gewerkschaftler, der als junger Mann einen Satz Sprengstoff in eine Kaserne warf, um einen inhaftierten russischen Emigranten zu befreien... Frick, der aus irgendeinem politischen Grund eine Straßenbahn entgleisen ließ und ins Gefängnis kam... und der jetzt Bilder malt.

Frick bestellt sich einen Grappa, und sie erzählt ihm von der Berliner Galerie, die ihre Räume für das Siebengestirn öffnen will.

Ihm ist der Gedanke an eine Ausstellung sichtlich unangenehm. Er meint: Bisher hat noch keine Galerie ein Bild von mir erworben. Dies wird einmal mein Rekord sein! Tauscht mich mit einem anderen Maler aus! Ich male für mich und zu meinem Vergnügen. Zu meinem Trost. Ich denke, ich brauche die Öffentlichkeit nicht!

Ich mag deine Bilder, sagt die Frau. Man spürt den Trost, den du dir selber gibst. Trost, der aus der Stille deiner Bilder fließt.

Ich bin ein Aussteiger. Mehr nicht. Ich verkrieche mich in den Bergen, wo ich keiner Menschenseele mehr begegne. Und da fühle ich mich wohl. Ich kann mich nur noch verweigern. Aber Sie, Baronessa, Sie kämpfen! Auf ihren Bildern. Als ob man mit Bildern die Welt verändern könnte! Ich male das letzte Haus in den Bergen, wo sie hoch und kaum passierbar sind. Dort liegt für mich das Ende aller Dinge. Die Zuflucht. Für mich ist das Tessin und seine Berge und seine Wälder und Bäche und Wiesen – die Heimat der Heimatlosen. Wenn ich das Schaf mit seinem Lamm male, wie sie im Schnee liegen, einander Wärme gebend, dann habe ich ein gutes, dankbares Gefühl. Sie, Baronessa, stellen immer wieder den Menschen in den Mittelpunkt ihrer Bilder. Immer wieder den Menschen! Haben Sie je eine Landschaft gemalt? Ich frage das nicht als Vorwurf. Aus echtem Interesse.

Ach, Frick, ich verstehe dich gut. Wenn du mich so direkt und gezielt nach der Landschaft fragst – vielleicht gibt es sie auf der einen oder anderen Pappe. Aber das Eigentliche und Wichtigste – da hast du recht – ist für mich der Mensch. Und nur an ihn kann ich immer wieder appellieren. Bei all seinen Fehlern und Schwächen und Todsünden ist er auch Hoffnungsträger! Wer sonst, Frick, wer sonst?

Die Frau hatte es versucht – sie kann sich nicht aus der Verantwortung nehmen. Sie kann es nicht. Die Zeit ist nicht danach zu schweigen. Die Welt liegt nicht in guten Händen!

Ich will Frieden finden in den Bergen, sagt Frick.

Sie werden dir die Berge zerstören, sie werden Straßen bauen und Tunnel schlagen und die Wälder abholzen und Hotels errichten – wie vor deiner Haustür.

Für meine Lebenszeit werden die Berge und Wälder noch reichen!

Seit längerem existiert in ihrem Kopf ein Bild, dessen Überschrift bereits feststeht: der Sieger. Es wird kein schönes Bild werden! Da steht er, der Mensch, klein und unscheinbar, irgendwo im Bild und gibt mit seiner kleinen roten Fahne das Kommando für die Sprengung der Berge und dirigiert den Abtransport des Gesteins. Und die Berge verwandeln sich in lebendige Wesen, und sie schreien auf und drohen. Der Mensch vermeint, Sieger zu sein und die Natur mit seiner Willkür bezwungen zu haben. Die Frau wird die zertrümmerte und verstümmelte Welt so drohend malen, daß der Betrachter den vermeintlichen Sieg des Menschen anzweifelt und die Prophezeiung des Untergangs dieser Art begreift – wenn er nicht innehält!

Sie ist sich selbst ihr schärfster Kritiker. Als dieses Bild gemalt war, erschien es ihr zu plakativ, zu vordergründig. Ihre Warnungen sollten verschlüsselter sein! Den sie auf diesem Bild den „Sieger" nannte, wird sie auf dem anderen den „Frevler" nennen. Er trägt in seinem Korb die roten Blüten davon, die er von den unberührten Bergeshöhen raubte. Die kahlen Berge schreien auf. Sie rücken zusammen, so daß sein Heimweg versperrt ist. Vor ihm liegt ein unpassierbares Labyrinth. Sein Frevel richtet ihn.

Frick macht den Vorschlag, ihn gegen Rohlfs im ‚Großen Bären' auszutauschen.
Die Frau protestiert. Man könnte die Ausstellung mit Rohlfs ergänzen!

13.

Wsewolods Warnungen, daß der Kamerad Jawlensky ständig in amourösen Affären verstrickt sei, überhörte Marianna einfach. Es berührte sie nicht sehr. Denn was sie beide miteinander verband, war groß und einmalig. Jede seiner Beziehungen zum anderen Geschlecht konnte nur einem löcherigen Mantel gleichen, der für den Augenblick die Illusion von Wärme verlieh.

Genauso war Alexejs Eifersucht auf Repin lächerlich.

Natürlich hatte sich Marianna gefreut, als der Vater seine Berufung nach St. Petersburg erhielt. Weil Repin dort war. Es war ein Wermutstropfen, daß dieser mit seiner Frau Vera in Scheidung lebte. Wegen einer anderen Frau. Vera war in das Haus ihres Vaters zurückgekehrt. Nun litt Repin unter der Trennung von Frau und den beiden Töchtern. Die neue Liebe verging wie eine Seifenblase. Repins Affären überschatteten Mariannas Beziehung zu ihm. Doch hätte sie nicht zu sagen gewußt, was sie ihm zum Vorwurf machte.

War Alexej auch auf den Zaren eifersüchtig, der mit ihr dinieren wollte?

Marianna besaß auf der Festung ihre eigenen Reitpferde. Ihre Figur war zierlich genug, daß sie immer noch mühelos in Peters abgelegte Kadettenuniform schlüpfen konnte. Sie hatte großen Spaß, sich vor dem Spiegel in einen schmucken Reiter zu verwandeln. Selbst in den Ställen verwechselte man sie mit dem Bruder. Auf Habicht flog sie dahin. Ihre Ausritte waren die Illusion von Freiheit. Und eines Vormittags, als sie sich im rasenden Ritt wieder der Festung näherte, bemerkte sie, als es zum Wenden oder zur Umkehr zu spät war, daß sie mitten in den Appell der Wachmannschaft hineingaloppierte, die dem Zaren zu Ehren in Galauniform angetreten war. Da galt nur eins – Zügel anziehen und vorbei! Mitten durch das militärische Zeremoniell!

Natürlich wollte man den jungen hitzigen Offizier zu Rechenschaft ziehen! Die Tatsache, daß es die Tochter seines ehrwürdigen Festungskommandanten war, die ihm unerschrocken und verwegen in die Parade gefahren war, amüsierte den Zaren so, daß er Marianna zum Abend zu seiner Tischdame bestellte!

Daß Alexej fast jeden Tag bei ihr auf der Festung weilte, ihre Nähe suchte, daß sie stundenlang Gespräche miteinander führten, weckte eine hohe Glückserwartung.

Einmal meinte der Vater zu ihr: Jawlensky wird dich lieben, weil du unerreichbar bist für ihn.

Alexej und Marianna gingen bei klirrendem Frost in den Anlagen spazieren. Die Sonne brach sich auf Schneekristallen, und der Park versank im Zauber der weißen Stille. Oder sie wagten sich bei Sturm und wolkigem Himmel an das Meer. Marianna begann, von Blagodat zu erzählen... Es war wie Zwang. Sie wollte der Festungsatmosphäre entfliehen.

Alexej holte seine Kindheitserinnerungen an Kuslowo herauf, das Gut seiner Großmutter. Was ihn schmerzte, war, daß das Gut nach deren Tode verkauft wurde. Die Mutter hatte sich geweigert, mit den Kindern allein dort zu leben, wenn der Vater weit entfernt seinen Dienst leisten mußte. Das Gut verwahrloste und mußte verkauft werden. Der geheimnisvolle Ort seiner Kindheit war unwiederbringlich verloren.

Alexej gestand, daß er sich nach Wald und Feld und einem Fluß sehne.

Zwei Wochen des letzten Sommers, den Marianna arbeitsreich auf ihrem litauischen Gut verlebte, hatte Alexej bei Repin verbracht. An einem jener nebelverhangenen Tage, die spät begannen und früh zu Ende gingen, erzählte ihr Alexej davon. Sie saßen auf der Fensterbank des Ateliers. Als die Dämmerung tiefer wurde, verzichteten sie auf das Licht der Kerzen. Jawlensky war in der ersten Septemberhälfte auf Repins Gut Sdrawnewo im Gouvernement Witebsk zu Gast gewesen.

‚Repin wohnte dort mit seinen zwei Töchtern. Wir mußten von Anfang an dasselbe Leben führen wie er, das heißt um acht Uhr ins Bett, um drei Uhr aufstehen und bei offenem Fenster schlafen. Repin schlief, obwohl es kühl war, auf der Veranda. In der ersten Nacht teilte ich mit Professor Mathé ein Zimmer. Wir konnten nicht einschlafen, denn wir waren nicht gewohnt, so früh ins Bett zu gehen. Wir redeten zusammen und schliefen erst gegen zehn Uhr ein. Ich war noch im tiefsten Traum, als mich jemand anrührte. Ich wachte auf und sah Repin, bereits angezogen, in Mantel und Mütze. Er sagte, es sei schon spät, ein Viertel nach drei. Draußen war Nacht und Vollmond. Wir mußten dann im Garten mit Schaufeln arbeiten, um den Weg zu reparieren. Repin arbeitete mit uns, bis sechs Uhr. Dann wuschen wir uns im Fluß, der am Gut vorbeifloß. Wir begrüßten den Sonnenaufgang wie Epikureer und gingen dann ins Zimmer zum Teetrinken. Repin war sehr enthaltsam beim Essen. Er trank und rauchte nicht. Seine ganze Kraft gab er der Kunst. Um acht Uhr stand er an seiner Staffelei.'

Marianna hatte bei Alexejs trockener Schilderung Tränen gelacht.

Wieder erzählte sie von Blagodat.

Jedesmal, wenn sie sich trafen, wußte sie das Gespräch auf den kleinen litauischen Ort zu bringen, wo man leben, atmen und arbeiten konnte.

Die Frau sucht in der untersten Schublade des Vertikos nach ihren alten Tagebüchern. Jene fernen Jahre...

Die Mutter war 1885 gestorben. Im Jahr darauf waren sie nach St. Petersburg gezogen. Das Trauma der Festung begann. Der

Umzug war im Sommer erfolgt, so daß sie nicht nach Blagodat reisten. Wie hatte Marianna sich nach den Feldern und dem Wald und dem See gesehnt... Die ersten Monate auf der Festung wurden zum Alptraum. Hätte sie nicht Sonne im Herzen gehabt... Die Unmittelbarkeit von politischer Macht und Willkür war störend und verletzend.

Als der nächste Sommer nahte, hatte Marianna durchgesetzt, daß sie allein nach Blagodat fahren durfte. Nur in ihrer Vorfreude auf den Sommer in Blagodat ließ sich die Festung ertragen.

Ihr Vater..., ihr lieber, alter Vater, der ihr jeden Wunsch zu erfüllen versuchte, der sie abgöttisch liebte. Alle Strenge, mit der er die Söhne bedachte, wandelte sich im Umgang mit der Tochter in Großmut und Nachgiebigkeit.

Die Frau blättert in den vergilbenden Seiten. Ihre Augen ruhen auf diesen und jenen Zeilen. Sie liest:

„Meine fröhliche, mutige, ausgelassene Jugend, die mein Vater mich so frei genießen ließ... Die Kisten und Kasten sind gepackt und genagelt. In der kleinen Kiste ist alles, womit Papa mich verwöhnt: Rosinen, Mandeln, Albert-Keks, Oldenburger Kandiszucker, mein ganzer Sommer-Vorrat... In drei Tagen werde ich auf dem Lande sein. Mein Herz jubelt... Ich gehe zu Papa, es tut mir weh, mich von ihm zu trennen... Ich bete zu Gott, er möge Papa behüten. Seiner Gnade empfehle ich ihn und seiner Barmherzigkeit. Wie unendlich dankbar bin ich Papa für jede Freiheit, die er mir gibt... Über alles triumphiert immer wieder seine Güte, seine Liebe und sein Vertrauen in mich..."

Die Frau legt das Heft aufgeschlagen auf den Tisch zurück und geht in die Küche. Sie hängt die eisernen Ringe an den Ständer und bläst in das verglimmende Feuer. Dann legt sie dünne Zweige auf. Die Flamme zuckt klein und blau, bis sie goldrot auflodert. Sie wartet auf den heiseren Pfeifton des Wasserkessels.

Eines Tages sagte Alexej in tiefer Bekümmernis:
Jetzt ist es passiert!
Marianna war erschrocken und wollte wissen, was, um Himmels willen?!
Finster antwortete er, daß seine Seele nach Blagodat fiebere. Und er stieß hervor, sie werde verkümmern, wenn er im Geviert des Kasernenhofes eingesperrt bliebe und sich nach den sonneflirrenden Feldern sehne.
Er wäre krank vor Wald- und Feldweh.
Marianna war bereit, Jawlensky alles zu Füßen zu legen, was sie besaß.
Eines Abends bat sie ihren Vater um ein Gespräch.
Marianna wollte, wenn der Sommer kam, mit Alexej nach Blagodat. Sie wollte des Vaters Erlaubnis einholen und sein Verständnis finden. Sie sagte, daß sie sich für Jawlensky und seine Kunst und seine Entwicklung als Künstler verantwortlich fühle. Er sei etwas Besonderes. Vielleicht würde er eines Tages über Repin und Schischkin und Surikow hinausgewachsen sein. Der Vater möge großzügig sein und nicht ein Talent auf den Scheiterhaufen gesellschaftlicher Etikette und Schicklichkeit werfen.
Du liebst ihn? fragte der Vater. Sie hielt seinem besorgten Blick stand und überließ es ihm, Antwort in ihrem Tun und Wollen zu finden.
Und liebt er dich?
Auf alle Fälle wußte Marianna, daß Jawlensky sie brauchte. Empfand sie nicht in manchen Augenblicken die fast mystische Einheit mit ihm, wenn sie von ihrer Kunst sprachen. Sie möchte ihrem Vater andeuten, daß dies etwas Überirdisches sei. Das gesellschaftliche Arrangement, die finanzielle Kalkulation, die hinter jeder standesgemäßen Heirat stand, sei würdelos und verletze ihre Gefühle für Jawlensky tief.
Marianna spürte die Liebe ihres Vaters im Blick. Seine Augen waren mit zunehmendem Alter heller geworden. Haar und Bart waren jetzt schlohweiß. Wenn sie manchmal neben ihm stand, drang ihr schmerzvoll ins Bewußtsein, wie schmal und zierlich der Vater neben ihr war. Eine Zerbrechlichkeit, die sie mitunter erschütterte, und sie dachte: Die Zeit ist gekommen, ihn unter

meinen Schutz zu nehmen. Sich für den Vater verantwortlich zu fühlen, machte ihr bewußt, daß er unmittelbar vor der Schwelle stehen könnte.

Er versicherte der Tochter an jenem Abend, sein Vertrauen in sie sei groß. Er wäre der letzte, ihr Steine auf den Lebensweg zu legen. Ich möchte dein Glück – das ist mein großer Wunsch. Das habe ich deiner Mutter versprechen müssen. Jawlensky wird nie um deine Hand anhalten können, so bettelarm wie er ist. Solange ich lebe, wird es dir an nichts mangeln. Auch ihm nicht, wenn du es so möchtest. Nach meinem Tod wirst du eine Rente vom Zaren erhalten, mit der du gut leben kannst. Wenn du heiratest, wird sie hinfällig. Dann muß dein Mann die finanzielle Verantwortung für dich übernehmen.

Des Vaters Sorgen waren Marianna an diesem Abend so fern. Sie wollte sein Einverständnis, mit Alexej nach Blagodat fahren zu dürfen! Sie besaß es! Alles andere wird sich zeigen!

Die Bilder, die sie letzten Sommer in Blagodat als Studien begonnen und in den Wintermonaten vollendete, sind in die Wanderausstellung gekommen. Ihr lieber Ilja Repin schickte ihr in erster Begeisterung ein Telegramm: „Gratuliere zum großen Erfolg! Hervorragend – Ausdruck – Modellierung – Schatten vortrefflich – seit Sommer viel getan – beneide Sie – Einzelheiten brieflich – Repin."

Als der Brief kam, war Jawlensky zugegen. Marianna gab ihm, glücklich und stolz, Repins Schreiben zum Lesen.

„Bravo! Bravo! Marianna Wladimirowna! Ich war einfach erstaunt über den lächelnden Litauer mit der dreizipfligen Ohrenmütze. Wie gezeichnet! Wie den Ausdruck festgehalten! Welche Modellierung, Lippen, Kinn, welch wunderbarer Ton! Das ist einfach eine Velazquezsche Sache. Ich beneide Sie. Wie sind Lippen, Augen, Backen gemalt. Diese Arbeit stellt die anderen Sachen in den Schatten. Dies ist ein chef-d'œuvre. Nächst ihm gefällt mir die schwarze, nach unten schauende Jüdin. Die alte mumienhafte Litauerin mit den Bleiaugen – reliefartig, aber nicht so gut gezeichnet. Etwas trocken. Am schwächsten von allem die Szene der Händlerin mit dem Knaben... Nun, aber dies ist bedeutungslos. Wichtig ist, daß Sie einen kolossalen Fortschritt gemacht haben.

Der Litauer?!!!

Ich hoffe, Sie bald zu sehen. Von ganzer Seele wünsche ich Ihnen, während des Winters hier ebenso erfolgreich fortzufahren. Und das ist von einem weiblichen Wesen mit verletzter Hand gemalt worden. Bravo! Bravo! Bravo! Gott gebe Ihnen Gesundheit.

Aufrichtig Sie verehrend I. Repin."

Der Litauer? – fragte auch Jawlensky.

Marianna lächelte verlegen.

Der Litauer. Wassily Lesin.

Bisher war Blagodat für sie mit diesem Namen eng verknüpft gewesen. Vor Alexej hatte sie ihn bisher nicht erwähnt. Marianna hatte nur Repin von dieser seltsamen Verlobung erzählt, die vielleicht gar keine war..., weil Repin immer wissen wollte, wie es um ihr Herz stand.

Sparsam deutete sie Alexej etwas an. So sparsam, daß er hinter dem Nichtausgesprochenen eine süße Tiefe vermuten mußte. Ach, was bedeutete ihr damals die Erinnerung an Wassily Lesin... Auch wenn sie später vom Goldstaub der Erinnerung sprach.

In diesen Tagen und Wochen und Monaten wollte sie Alexej Blagodat zu Füßen legen und den Litauer aus ihrem Gedächtnis streichen.

Ein Bild aus ihrer Kindheit taucht auf. Sommerende. Auf den Feldern waren die Puppen aufgestellt. Wann immer Marianna mit dem kleinen Bruder der Aufsicht entfliehen konnte, taten sie es. Das Erlebnis bei den Weiden. Seltsame, geheimnisvolle Bäume mit zerklüftetem Stamm, der meist hohl war. Ideale Verstecke. Das Mädchen glaubte, den Zaubervogel entdeckt zu haben oder Krötenhaut oder die Hexe Babajaga. Ein Schrei wollte in ihr aufsteigen. Sie blickte in ein Paar Augen, die angstgeweitet waren. Die Augen gehörten zu einem Haufen Lumpen und spähten hinter verschränkten Armen und angezogenen Knien hervor.

Es war ein Junge, älter als das Mädchen, das ihn entdeckt hatte. Er glaubte, er würde unsichtbar, wenn er den Kopf wieder unter den Jackenärmeln verschwinden ließe.

Schließlich entlockte sie ihm den Grund seiner Furcht. Der Vater schlüge ihn tot, wenn er ihn fände. Mit der Lederpeitsche. Der Junge hatte den Krug zerbrochen, in den die Mutter Pilze einlegen wollte.

Einmal hatte Marianna vom Fenster der Equipage die Auspeitschung eines Bauern mitangesehen.

Sie stürmte in die Küche und verlangte von Agafja einen Steinkrug. Ihre Großmutter schritt ein. Sie verbot solche Allüren. Marianna log. Der Bruder hätte den Krug umgestoßen. Sie schrie – ein anderer werde totgepeitscht. Die Mutter erschien. Matwej trug den größten Steinkrug in die Kate. Wsewolod erhielt Stubenarrest.

Am nächsten Tag hing ein Kranz aus Wiesenblumen am Tor. Unter der Birke saß der Junge, dem die Baroneß das Leben ‚gerettet' hatte.

Erfahrungen des kleinen Mädchens, bei denen es sich wohlfühlte. Damals hatte es einen Krug verschenkt.

Alexej möchte Marianna Blagodat zu Füßen legen. Ach, alles hätte sie ihm schenken mögen, ihr Wissen, ihr Können, ihre Bildung, um ihn zu befähigen, dem Ruf aus der anderen Welt zu folgen, ihn aufzunehmen, ihn umzusetzen in eigene Bilder.

Bei Goethe hatte sie einen Satz gefunden und ihn sich tief eingeprägt: Man soll sich vor einem Talent hüten, das man in Vollkommenheit auszuüben nicht die Hoffnung hat.

Hoffnung auf Vollkommenheit hegte Marianna nur für Alexejs Begabung.

Zum erstenmal tauchte in ihrem Innern der Glaube an eine Mission auf. Sie dachte die Worte „Ich Dein Gedanke – Du die Tat."

14.

Heute will die Frau den anderen Weg nehmen. In die Campagna. Es sieht nach Regen aus. Zu weit sollte sie nicht gehen. Sie schlendert durch Ascona und schaut in die Auslagen der Geschäfte. Wenn sie die bunte Vielfalt betrachtet, freut sie sich, wieviel Dinge es auf der Welt gibt, die sie nicht braucht!

Als sie das Collegio Papio hinter sich gelassen hat, das voll geheimer Schätze steckt, beginnen die einfachen, steingeschichteten Häuser. Zäune, hinter denen Hühner scharren und picken. Dahinter liegt die Ebene der Maggia, der Fluß, der Ascona und Locarno trennt. In heißen Sommern ist sie ein kümmerliches Rinnsal, das sich zwischen Steinen verliert, zur Zeit der Schneeschmelze und nach heftigen Gewittern ein Strom, der Jahr für Jahr das Geröll aus den Bergen in den See schleppt und ihn so an der Mündung versanden läßt. Fast stolpert die Frau über ein Schwein. Doch es bleibt liegen, schläfrig vor Trägheit. Auf der Wiese hängt eine Frau Wäsche auf. Sie singt. In der nächsten Casa schimpft ein Mann mit einem Kind.

Ho detto – no.

Er wiederholt diese drei Worte sehr akzentuiert. Das Kind weint leise. Es bittet um etwas.

Ho detto – no. Er hat Nein gesagt.

Türenschlagen.

So ist das Leben. Singen bei der Arbeit und Freude. Verbote und Weinen.

Plötzlich steigt ein Jubellaut aus einer Kinderkehle in den Himmel, daß die Frau innehält und sich umschaut. Sofia schießt aus der Tür und kommt auf sie zugerannt.

Nonna!

Dieser Ruf, Hilfeschrei und Erlösung zugleich, erschüttert die Frau. Das Kind umklammert ihren Schoß. Es schluchzt und weint und erzählt, was die Frau nicht versteht. Sie begreift nur – es ist von höchster Dringlichkeit. Sofia drängt sie in die Ebene, wo Birken stehen und Erlengesträuch, wo es feucht ist und wo gestern Gewitter und Sturm getobt haben.

Jemand ist verletzt, und wenn ihm nicht geholfen wird, stirbt er, und dann kommt die kleine Schwester nicht.

Die Frau denkt, jetzt wäre die Gelegenheit, sich bei Sofias Vater für das Holz zu bedanken. Doch die Kleine zieht sie mit Macht von dem Pfad in die Wildnis hinein, die ideale Verstecke bietet.

Wieder die Hand des Kindes in der ihren. Es ist ungewohnt und fremd. Sie bekommt von dem Kind geschenkt, um das sie sich nicht verdient gemacht hat. Sie bekommt geschenkt, was sie in hochmütigem Stolz nie begehrte. Die Frau möchte ihre Hand aus der des Kindes lösen. Doch wie Sofia das Bemühen spürt, hält sie die Hand fester.

Weiden wachsen hier. Noch sind sie licht und kaum zwei Meter hoch. Und herum liegen Riesensteine, glattgeschliffen auf ihrem Weg durch den Fluß. Rinnsale durchziehen den Boden. Sand ist angeschwemmt, der sich begrünt.

Und dann stehen die beiden vor einem Storch.

Er liegt auf der Erde, neben ihm ein heruntergeschlagener Ast. Dem Tier geht es nicht gut.

Du machst ihn wieder gesund, nicht wahr, fragt Sofia beschwörend.

Ja.

Die Frau weiß nicht, was sie tun soll. Sie geht einmal um den Vogel herum. Es ist nicht sichtbar, was ihm fehlen könnte. Ein wenig fürchtet sie sich vor seinem langen Schnabel. Er nimmt kaum Notiz von den beiden. So tritt sie beherzt an ihn heran, umfaßt sein sehr weißes Federkleid mit den schwarzen Schwungfedern und hebt ihn auf. Da sieht sie es. Sein Bein ist verletzt. Das eine scheint gebrochen oder zerschlagen zu sein. Von dem Ast... oder hat der Sturm den Vogel auf einen Stein geschleudert? Nun wagt die Frau nicht, den Vogel auf die Erde zurückzulegen. Sie preßt den Storch an sich, so daß er ein wenig auf ihren Hüften zu liegen kommt.

Nehmen wir ihn mit nach Hause?!

Mehr Frage als Entschluß.

Sofia nickt heftig.

Die Frau spürt das Herz des Vogels pochen. Ein unbeschreibliches Gefühl durchströmt sie. Verantwortung... Verbundenheit... Womit?... Mit dem Tier? Ein Bein zu schienen – das traut sie sich zu. Aber wo soll sie mit dem Storch hin? Auf ihren Balkon? Ihr Wäschekorb als Ersatznest? Was frißt ein Storch? Mit Sicherheit muß er trinken. Wie soll sie ihm Wasser einflößen? Und wenn er stirbt? Wenn er innere Verletzungen hat?

Sofia rennt neben ihr her. Sie ist aufgeregt. Sie ist glücklich. Sie plappert und plappert. Ihr kleines Gesicht ist noch immer tränenverschmiert. Mit der Zeit wird der Frau der Arm lahm und der Storch schwer. Sie müßte die Seite wechseln, traut sich aber nicht, seine Lage zu verändern.

Das Kind spürt, daß der Frau das Tragen zur Mühe wird.

Soll ich ihn tragen?

Sofia stellt sich vor die Frau. Die bleibt stehen. Das Kind versucht, ihr etwas von der Last abzunehmen. Um eine Winzigkeit wird der Storch leichter.

Nun geht es wieder, sagt die Frau nach einer Weile.

Ich erzähle dir ein Märchen, schlägt Sofia vor, dann merkst du nicht, wie weit der Weg ist.

Das ist gut, meint die Frau.

Es war einmal ein Waldmädchen, und das war sehr traurig. Wegen dem Stiefvater. Und eines Tages traf sie im Wald eine Fee. Und die war ein bißchen alt, aber sehr lieb. Und die sagte: Komm, reden wir miteinander, dann geht es dir besser. Und so war es. Und die Fee sagte: Er darf deine Würde nicht verletzen. Nonna, was ist Würde?

So schnell weiß die Frau keine kindgerechte Antwort darauf. Die Kleine wartet geduldig.

... Jeder Mensch ist etwas ganz Besonderes. Das muß man achten.

Aha.

Sofia denkt nach.

Auch ein Tier ist etwas Besonderes. Und man darf es nicht aus dem Fenster werfen, stimmt's? Im Märchenerzählerton fährt sie fort.

Die Katze hatte sich aber nichts gebrochen. Das Mädchen und die Miez versteckten sich von da an im Schuppen und hatten es dort sehr schön.

Es sind die kleinen Dinge, die Sinn stiften, denkt die Frau.

Die beiden haben die Piazza erreicht. Ein feiner Nieselregen stiebt.

Sofia ist von rührender Beflissenheit. Sie schaut der Frau aufmerksam ins Gesicht, um jeden ihrer Gedanken und jede ihrer Absichten zu erraten. Sie öffnet die Haustür. Ihre Augen suchen vergeblich den Lichtschalter. Sie folgt dem Blick der Frau. Oben in der Wohnung schleppt Sofia den Stuhl herbei, der in der Abstellkammer steht. Sein Rohrgeflecht war herausgebrochen. Mit eifrigen Augen steht das Mädchen vor dem geöffneten Kleiderschrank, um aus der Flickenkiste das herauszuziehen, was die Frau bereit ist, für den Storch zu opfern. Um den Stuhlrand abzupolstern. Noch immer hält die Frau den Storch im Arm. Sie rufen Mohnblüte, denn ein weiterer Assistent wird benötigt. Mit zwei Holzlöffeln schienen sie das Bein. Ein vergilbendes Seidenhemd muß für den Verband herhalten. Mohnblüte schaut im Lexikon nach. Dort steht, was Störche fressen: größere Insekten, junge Hasen, Reptilien, Nacktschnecken, Eier der Bodenbrüter und Fische. Das Entsetzen sitzt den dreien gleichermaßen in den Augen.

Fisch – entscheidet die Frau.

Einen leeren Weinkrug, der gut einen halben Meter hoch ist, füllen sie mit Wasser. Die Frau hält den Storch so, daß sein Schnabel im Wasser ist.

Nichts passiert.

So wird er sterben.

Die Frau versucht sich zu erinnern, wie Störche ihre Jungen mit Wasser versorgten. In Blagodat hatte sie es doch beobachtet. Sie holten es aus ihrem Schlund, und ließen es in die aufgesperrten Schnäbel der Jungen tröpfeln. Die Frau läßt sich aus der Küche den Milchtopf bringen. Mit Wasser gefüllt. Nun läßt sie einen sehr dünnen Wasserstrahl auf den Vogel herabrieseln. Sofia hält den Atem an und beißt sich auf die Lippen. Der Storch begreift schnell. Er beugte seinen Kopf nach hinten, sperrte den Schnabel auf. Er will am Leben bleiben. Sofia ist überzeugt, wenn der Storch eines Tages fliegen kann, wird er ihr zum Dank ein Geschwisterchen bringen.

Stimmt's, flüstert sie, der Storch hat mich lieb!?

15.

Die Frau tritt auf den Balkon. Sie beugt sich zu dem Storch hinunter. Ihre Nähe beunruhigt den Vogel nicht. Er hängt bequem in dem sitzlosen Stuhl. Der Rand ist genügend abgepolstert.

Jetzt streicht die Frau über das Federkleid des Storches und redet mit ihm oder mit Santo. Sie sagt: Ich fühle mich wie Franziskus, der den Vögeln predigte. Und ich predige dem Storch. Ich sage dir, Langschnabel, daß du mit Sofias und meiner Hilfe wieder gesund werden wirst, um deine Reise fortzusetzen oder deine Jungen aufzuziehen, weil das Für-den-anderen-dasein in der großen Ordnung liegt.

Mit Santo und seinem Freund hatte sie vor zwei Jahren auf dem Hügel von Assisi gesessen und in die umbrische Ebene geschaut. Unvergeßliche Tage. Aus Santos Rucksack holten sie ihre Brote und Äpfel und Wasser und hatten Picknick gehalten. Lerchentriller zitterten in der Luft, die Weite des Landes breitete sich vor ihnen aus, und der Himmel wölbte sich blau. Gegenseitige Versicherung, sich ungeheuer wohlzufühlen. Santo sagte, – so wenig braucht man, um glücklich zu sein. Sie atmeten den Geist, der über diesem Ort lag. Sie dachten darüber nach, was Franz von Assisi noch besaß und heute dem Menschen immer schwerer zugänglich wird. Und warum der heilige Franziskus eine Sehnsuchtsgestalt der Menschen war und blieb. Lebt eine unbestimmte Sehnsucht nach Gottesgewißheit in uns? Ist es die Suche nach der verlorenen Ganzheit?

Schon auf dem Boot, an ihrem Geburtstag, hatte Santo ihr seine Verehrung für Franz von Assisi gestanden. Er war auf der Suche nach einer Welt, wo die Menschen einander mit Achtung und Verständnis begegneten. Wo der Umgang miteinander das Primäre war. In der Nähe von Assisi hatte er eine kleine Gemeinschaft entdeckt, die zu leben versuchte, was Franziskus predigte. Santo hatte gesagt, könnte er sein Leben neu einrichten, wäre dort sein Platz. Was ihn tief berührt hat, war, daß sich dort unten Menschen in ihrer Vielfalt zu einer Einheit zusammengeschlossen hatten, im Vertrauen auf die positive Kraft jedes einzelnen. Jeder von ihnen, beladen mit der eigenen komplizierten Biographie und den persönlichen Eigenheiten, respektierte im anderen die einzigartige Kraft, die in jedem wohnt.

Ihr Boot schaukelte noch auf dem Lago Maggiore, da erzählte Santo von einem Sonnenaufgang, der tiefe Erschütterung in ihm ausgelöst hätte. Eines sehr frühen Morgens war er mit den Mitgliedern jener Gemeinschaft zur Olivenernte in den Hain gegangen. Was er beschrieb, war nicht neu für die Frau gewesen. Tolstoi hatte es gelebt. Repin hatte versucht, im einfachen Tun unter dem Himmel und in Erdverbundenheit seine Kraft zurückzugewinnen.

Nach Santos Abreise hatte sie sein Erlebnis in ein Bild umgesetzt und es „sposa mystica" genannt. Wie hatte sie sich bestätigt gefühlt, dem „Herrn Berliner mit dem Kunstverständnis" den Namen Santo gegeben zu haben.

Die Kühle des Abends macht die Frau frösteln. Sie geht in das Zimmer zurück.

Auf der gemeinsamen Reise nach Assisi kam es einem zusätzlichen Geschenk gleich, Santo zu erleben. Sie verdankte ihm tiefe Einsichten. Santo war weiter im Verstehen. Sie waren auf dem abseits gelegenen Gut jener kleinen Gemeinschaft untergekommen. Es besaß den etwas heruntergekommenen Charme vergangener Jahrhunderte. Eine Insel. Bereits bedroht von der Ideologie des Duce, der den Toleranzgedanken mit Füßen trat.

Wie sich auf Santos Gesicht Glück und Hoffnung spiegelten, wie die Frau sich selbst und ihren Lebensweg neu und anders begriff, ließ den Gedanken in ihr entstehen, einen Zyklus zu schaffen und unter das Thema zu stellen: Die Liebe.

Natürlich redeten sie auf dieser Reise viel von Franziskus.

Der Sohn des Tuchhändlers Bernardone war den Weg des ‚sozialen Abstiegs' gegangen. Wie sie. Nur Marianna hatte es nicht freiwillig getan. Trotzdem – das weiß sie heute – hat sie auf diesem Weg das verzweifelt Gesuchte gefunden: sich selbst.

Hundert Jahre nach Franziskus' Tod hatte Dante ihn die Sonne genannt, die über Assisi aufgegangen wäre. Dante pries unverhüllt den Mönch als zweiten Christus, der an der Lehre der Kirche zweifelte und die Botschaft Jesu wieder aufleben ließ, das Heil in der Abkehr vom weltlichen Machtstreben zu suchen, die eigene Mitte zu finden und der großen Liebe über uns zu vertrauen. Doch bereits zu Dantes Lebzeiten brannten die ersten ‚Minderbrüder' in Marseille auf den Scheiterhaufen. Die Kardinäle hatten Franz überreden wollen, ein Ordensreglement für seine Genossenschaft nach dem Vorbild des heiligen Augustinus oder des heiligen Benedikt aufzustellen. Doch der wollte die vorgeschlagenen Regeln nicht und soll geantwortet haben: ‚Meine Brüder! Gott hat mir den Weg der Schlichtheit gewiesen. Ich mag nicht leiden, daß man mir Regeln aufdrängt... Gott wird euch durch eure Gelehrsamkeit und Bildung vernichten, ob ihr wollt oder nicht.'

Über diesen Satz hat die Frau viel nachgedacht.

Die Institution Kirche hatte sich zwischen Gott und die Menschen geschoben – mit Regeln und Dogmen. Dahinter stand nichts anderes als ihr Machtanspruch und der Schutz ihrer Privilegien. Nach Franzens Tod tat Papst Gregor IX. unverzüglich zwei Dinge. Er sprach den Verstorbenen heilig und erhob zugleich das Inquisitionsverfahren gegen Ketzer zum Gesetz. Er holte Franziskus unter das Dach der Kirche und ließ die verbrennen, die seine Idee leben wollten.

Damals sagte sie zu Santo – so werde ich uns malen. Du als Franz von Assisi und ich die seit dem Tode Christi verwitwete Frau Armut, für die sich solange kein Freier fand.

Auf der linken Mitte ihres Bildes kniet Franz von Assisi. Die Ähnlichkeit mit Santo befriedigt die Frau noch immer. Seine Hände sind offen und seine Arme ausgestreckt. Ihm entgegen kommt eine Alte mit zerrissenem Rock, einen Sack um die Schultern gelegt und einen Stecken in der Hand. Über beiden das Zeichen der Erleuchtung.

Auf keinem ihrer Bilder strömt soviel an Wärme und Frieden wie auf diesem. Die Berge liegen nicht gratig und zerklüftet, sondern gerundet im rotgoldenen Licht der Sonne. Nichts als sich selbst bringend, kommt die Alte. Und wird angenommen im Wissen, daß jeder von uns Teil des Großen ist, das in uns schwingt. Darauf zu hören, bedeutet, wieder in die Einheit zu finden.

Damit hat sie den Zyklus begonnen, den sie den Menschen schenken möchte. Vielleicht fällt ein Nachdenken in sie über ein Leben in Schlichtheit. Und sie entdecken die Chance, sich selbst zu finden, um der zerstörenden Gier zu entgehen nach mehr. Was treibt sie in den Wahn technischer Vollkommenheit, über dem Seele und Geist verkümmern? Sie schreibt in ihr Tagebuch: „... über dem Zusammensturz meines Lebens möchte ich den Tempel der Hoffnung und des Glaubens für andere schaffen. Das ist der Sinn der Kunst. Darin sehe ich meine Bestimmung. Sie wurzelt tief in meinem Herzen und für das menschliche Herz ist sie bestimmt. Ich will nicht mein eigenes Leid auf die Staffelei spannen, sondern die Summe allen menschlichen Leidens soll in einem großen Akkord aufgelöst werden. Die Menschen sollen auf meinen Bildern nicht mit mir leiden, sondern glauben, lieben, hoffen. Dies ist mein Weg. Das gibt meinem Leben Sinn. So verstanden, ist die Kunst eine Mission. Alle Enttäuschungen des Lebens verblassen vor diesem Ziel. Jetzt im Altwerden finde ich diese Mission nicht nur im Schaffen, sondern in meinen Beziehungen zu den Menschen."

Ihre Bilder werden den gleich harten Weg des Unverständnisses gehen, wie die Botschaften des Franziskus. Dennoch hält sie an der Hoffnung fest, daß die Zeit des Umdenkens kommt, die momentane Unempfänglichkeit der Menschen aufgebrochen und die innere Wahrnehmung sensibilisiert wird.

Santo hatte ihr seine Nachforschungen über Franz von Assisi zugeschickt. Lebensdaten und Legenden. Franziskus' Begegnung mit dem Wolf. Auch diese Episode wird sie malen. Bei seinem nächsten Besuch wird die Frau ihm die Episode aus Blagodat erzählen... Die Bauern, die Ende des Sommers auf den Feldern das Korn mähten, hatten am frühen Morgen ihr

Essen in den Schatten des kleinen Wäldchens gelegt. Ein Wolf hatte ihre Mittagsmahlzeit aufgestöbert, sich gütlich getan und seine Schnauze auch in den Krug gesteckt, in dem sich Suppe befand. Sein Appetit war groß, denn er versuchte, bis auf den Grund des Kruges zu kommen. Dann bekam er sein Maul nicht wieder aus der Öffnung. Ein Gefangener seines Übermuts. Ein zum Tode Verurteilter. Er setzte sich hinter den Baum und wartete auf die Menschen. Der Graue habe dagesessen – ein einziger Aufruf nach Hilfe. Personifiziertes Vertrauen. Der beherzteste der Männer war zu dem Wolf getreten und hat ihm den Krug von der Schnauze gezogen. Das Tier sei blitzschnell im Wald verschwunden.

Über diesem Erlebnis lag nicht nur das Gelächter der Bauern, auch die Ahnung verlorengegangener Harmonie.

Eine solche gedankliche Exkursion – nur weil ein Störchlein auf ihrem Balkon schläft und gesunden möge!

16.

Das Wasser für ihren Tee müßte kochen. Unlängst stellte die Frau fest, daß sie mit zunehmendem Alter weniger Schlaf braucht. Sechs oder sieben Stunden reichen.

Ja, sie verdrängt die anderen Bilder, die – aus den gemeinsamen Sommern mit Jawlensky in Blagodat. Wie schwer fällt es ihr, sie in dem Zauber von einst noch einmal erstehen zu lassen! Wieviel an Verständnis muß ihr noch zuwachsen, um nicht in die fehlerhaften Einschätzungen späterer Jahre zu fallen.

Endlich der Morgen ihrer gemeinsamen Abreise. Am Abend des dritten Tages war Blagodat erreicht. All ihre geheimen Orte hätte Marianna Alexej am liebsten sofort gezeigt. Es war die Zeit der Zikaden. Wie toll zirpten sie an diesem Abend. An den See wollte Marianna unbedingt mit Alexej. Und das Wäldchen. Sie lief einen halben Schritt voraus, aufgeregt, und redete,

redete. Alexej bückte sich nach einem Kraut und brach es ab. Es blutete. Goldrot. Er stammelte – das habe er für die Großmutter büschelweise von den Wiesen geholt. Er folgte Marianna stumm, das Kraut in der Hand. Andacht im Blick, als erhielte er eine Weihe. Sein Blick umfing die Eiche. Sie stand einsam auf der Anhöhe einer Wiese und prägte die Landschaft mit ihrem breiten Stamm und den bizarren Ästen. Ein dunkler Akkord in der sommerlichen Heiterkeit des Abends. Alexej verharrte stumm und schaute.

Diese Ebene, diese Weite... das Land dem Himmel so preisgegeben – er stöhnte es fast. Hörst du den Wind?

Als sie das Ufer des See erreichten, spiegelte sich das Abendrot zitternd und glühend. Der Schatten ihres Baumes lag auf dem Wasser. Gläsern. Und bewegte sich.

Alexej rang mit der Fülle göttlichen Seins.

Er erlebte etwas, das Marianna nicht ungeduldig machte..., aber vielleicht dachte sie zum erstenmal – er hat die russische Seele!

'Sie war mehr erschrocken als beglückt.

In der sehr westeuropäisch geprägten Bildung und Erziehung, die man ihr hatte angedeihen lassen, lag über dem Begriff ‚russische Seele' der Hauch von Primitivität und ‚unterzivilisiert'.

Und sie dachte damals, zum Glück hat er ja mich!

In jäher Aufwallung hatte sich Jawlensky auf die Knie fallen lassen, ihre Hand ergriffen und einen Kuß darauf gepreßt.

Marianna überließ Alexej ihr Atelierhaus. Es sei seins.

Er lachte ungläubig und wollte es nicht annehmen.

Doch. Sie bestand darauf. Sie werde im Gutshaus schlafen und arbeiten. Und eine Kammer als Atelier freiräumen lassen. Das ließ Alexej nicht zu. Unernst drohte er abzureisen.

Sie einigten sich, den Atelierraum gemeinsam zu nutzen. Er war groß genug und durch seine Fensterfront ausreichend hell. Genügend Licht für beide.

Marianna fragte, ob es Alexej recht sei, wenn sie um sechs Uhr in der Früh mit ihrer Arbeit an der Staffelei begännen.

Sechs Uhr sei christlicher als drei Uhr in der Nacht, meinte Alexej und erkundigte sich ernsthaft, welche Wiesen zu mähen seien und wieviel Desjatinen Acker zu pflügen? Erwähnte sie, daß Repin Holz gespalten hat?

In den ersten Nächten fand Marianna kaum Schlaf.

Ihr war, als hätte ein großes Glück begonnen.

Zehn gemeinsame Wochen lagen vor ihnen.

Marianna wollte nicht Alexejs Dank, hier bei ihr sein Feld- und Waldweh zu stillen. Sie wollte ihm das Gefühl geben, Blagodat gehöre gleichermaßen auch ihm.

Es war wie die Verheißung von Lebenssinn, Alexej auf der Suche nach seinem Weg in die Kunst helfen zu können.

Der erste gemeinsame Morgen in Blagodat. Sie frühstückten auf der Terrasse der Freitreppe. Marianna zitterte die Hand, als sie nach der Kanne griff. Diese Nähe... Die Situation war unvertraut. Spannung knisterte. Marianna hätte Alexej gern Lulu genannt. Auf der Festung war dieser Name eines Abends gefallen. Ein Kinderwort seines jüngsten Bruders.

Über die Wiese hüpfte eine Elster, wippte mit ihrem Schwanz und flog schackernd in den Kastanienbaum. Marianna erzählte, daß Repin sie in Moskau oft Sarokotschka genannt habe. Nichts anderes wollte sie, als Alexej einen vertraulicheren Umgangston anbieten. Doch Alexej bekam den blauen Blick, mit dem er sich auf eigenartige Weise verschloß. Alexej tat kund, daß er mit Repin nie zu konkurrieren gedenke. Plötzlich sah er Marianna nur noch in der Rolle der Gastgeberin, seine Anwesenheit reduzierte er auf die Annahme einer großzügigen Einladung, die er zu schätzen wisse.

Marianna stand diesem plötzlichen Anfall von mangelndem Selbstvertrauen ratlos gegenüber. Zum Glück hielten Jawlenskys ‚blaue' Augenblicke nicht lange an.

Das Zimmer, das ihre Mutter im Gutshaus bewohnt hatte, war unberührt geblieben. Alexej hielt sich gerne in diesem Raum auf. Eine begonnene Arbeit stand noch auf der Staffelei. Zwei ihrer Ikonen hingen an der Wand. Alexej fragte, ob er die eine in sein Zimmer nehmen dürfe. Marianna sagte: Meine Mutter wäre glücklich.

Eines Morgens überraschte Marianna Alexej vor dieser Ikone in einem Zustand tiefer Meditation. Er hatte ihr Klopfen überhört und das Öffnen der Tür. Seine Sucht zur Tiefe hat sich nie verloren. Im Gegenteil. Jawlensky lieferte seine Seele ihrem grenzenlosen Horizont aus und verlor sich darin.

Weil es so war, liebte Marianna ihn. Sie liebte ihn als die kostbare, einmalige Ergänzung ihrer selbst; und sie dachte damals beglückt – er und ich sind die notwendigen Hälften eines Ganzen.

Marianna hatte die Tür leise ins Schloß gezogen. Sie dachte, in Jawlensky ist mir meine Mutter wiederbegegnet. So sagte sie es ihm. In jener Zeit deutete sie alles zum Guten aus. Doch es streifte sie auch die Erinnerung an das kindliche Gefühl jener Kluft, die sie von der Mutter trennte. Das Mädchen hatte sich nach ihrer Wärme gesehnt, und die Mutter stand unerreichbar fern vor ihren Holztafeln. Später verstärkte sich auch bei Alexej ihr Gefühl, daß er unerreichbar fern wurde, wenn er arbeitete. Der Anspruch, den Alexej an seine Kunst erhob, lag dort, wo er ganz mit sich allein war. Der lange Weg des Begreifens.

Die beiden hatten es sich angewöhnt, den Nachmittagstee im Atelier ihrer Mutter einzunehmen. An dem kleinen Tisch mit den Korbstühlen. Jeden Tag war dies eine besondere Stunde. Sie sagte: Meine Mutter hätte dich gemocht. Alexej erwiderte bewegt: Sie hört uns zu.

Sie sprachen über ihren inneren Auftrag, wenn sie vor der Staffelei standen. Marianna gestand, daß sie sich manchmal gewünscht habe, der Mutter etwas von ihrem leidenschaftlichen Engagement abzugeben. Doch die Mutter sei ein tief religiöser Mensch gewesen. Nicht bigott. Sie las oft in der Bibel und machte sich Gedanken. Marianna hätte ihr gern ein Fenster geöffnet in die Wirklichkeit dieses Lebens, dieses Landes, in dem grausame Enge herrschte und das so veränderungswürdig war.

Marianna erzählte, daß sie eines frühen Abends in diesen Raum trat, wo die Mutter am Fenster saß und malte. Ein Engel war auf ihrem Bild. Die Bibel lag aufgeschlagen neben ihr. Die Offenbarung des Johannes, Kapitel zwölf. Marianna hatte sich einen Stuhl herangezogen. Sie schaute zu. Es war sehr licht um den Engel Michael. Marianna las in der Bibel... Und es erschien ein großes Zeichen am Himmel – ein Weib, mit der Sonne bekleidet und auf dem Haupt eine Krone mit zwölf Sternen. Sie verglich es mit dem Bild der Mutter. Das Weib, mit der Sonne bekleidet, wandte sich dem Eingang einer Höhle zu. Es war ein so oberflächliches Hinschauen von Marianna gewesen, das sie tief bereute.

Noch heute. Denn auch die Frau will, daß man sich in ihre Bilder versenkt, um die Botschaft zu erfahren.

Marianna hatte damals aufmüpfig das Gespräch mit der Mutter gesucht. Die Mutter besaß eine unnachahmliche Art zu lächeln. Vor diesem Lächeln kapitulierte die Tochter stets. Dahinter spürte sie größeres Wissen, tieferes Verständnis vom Eigentlichen dieser Welt. Unter den wissenden Augen der Mutter und ihrem Lächeln verwandelte sie sich zurück in ein ungestümes Mädchen, das mit Hilfe seines Verstandes ein Gipfelstürmer der Malerei werden wollte und Wesentliches außer acht ließ.

Die Mutter habe erwidert, von niemand anderem als dem Demokraten und Realisten Repin sei ihr mehr bestätigt worden, daß ihre Bilder Sinn machten. Sie bezog sich auf sein Bild „Die Kreuzprozession im Kursker Gouvernement". Auf diesem großartigen Werk gebe es nur ein Gesicht, das sie angerührt und tief im Herzen bewegt habe. Das Gesicht des Krüppels. Der Ausdruck in seinen Augen habe sie erschüttert. Es war beseelte, unbeirrbare Hoffnung, die in dem Glauben des Jungen an Gott verwurzelt war. Vom Popen bis hin zum Polizisten und der Bojarenfrau waren sie Heuchler allesamt. Der Krüppel glaubte an die Kraft der Ikone und des Gebets. Repin hatte es erfaßt – der Verwachsene trug das eigentlich menschliche Gesicht, denn er hat Gott geschaut.

Die Mutter beendete das Gespräch, daß sich der Mensch wohl erst dann Gott zuwende, wenn er in tiefster seelischer Not sei. Gleich, wie die Wechselfälle des Lebens aussähen, ob

Krankheit oder Tod oder Armut oder schuldhaftes Versagen – in diesem persönlichsten Schmerz wird kein Dekret, keine Revolution, kein Zar und nicht die perfekteste Demokratie dem Menschen helfen und beistehen. Mit ihren Bildern wolle sie daran erinnern, daß sie das Göttliche in sich trügen, daß der Engel hinter ihnen stehe, daß er die Verbindung zu Gott sei als das einzige, auf das wir bauen und dem wir vertrauen können.

Alexej hatte begierig zugehört. Marianna sagte, es gebe genügend Leid und Armut und Not, die durchaus mit Hilfe von Demokratie und Dekreten aus der Welt geschafft werden könnten.

Wenn Alexej plötzlich im Gespräch verstummte, wußte Marianna, es gab keine Gemeinsamkeit des Denkens und Wollens mehr. Dann begab sie sich auf die Suche, geduldig, bis sie ihn auf seinem verlorenen Posten fand. Manchmal dachte sie – Alexej fühlt sich meiner Mutter mehr verbunden als mir, ihrer Kunst mehr als meiner.

Doch Alexej wollte keine Ikonen malen, er wollte auch nicht malen wie ihr ‚Gott' Repin. Nicht diesen gigantischen Realismus. Das gesellschaftliche, demokratische Anliegen, das hinter Repins Malerei stand, war ihm fremd. Nicht, weil er Offizier war. Oder doch?

Er träumte von einer unpolitischen Kunst. Einmal sagte er: ‚Die Kunst ist doch letzten Endes das Verlangen des Menschen, Gott näher zu kommen.' Alexej wollte ein anderes, das er nicht in Worte fassen konnte. Es blieb das Mysterium, das auch Marianna anzog.

„Das Genie fühlt Gott. Es ist ein Teil des Göttlichen. Genies bedeuten die Stufen zu Gott."

Die beiden einigten sich, daß es zunächst galt, handwerkliche Fertigkeiten zur Perfektion zu bringen. Marianna hatte ein Programm für die nächsten Wochen aufgestellt. Sie wollten in die kleine benachbarte Stadt fahren, in der vorwiegend Juden lebten, und nach Modellen suchen.

17.

Ein seltsames Geräusch irritiert sie. Die Frau lauscht. Vom Balkon klingt ein leises che chu, che chu, che chu. Der Storch! Ob es ihm besser geht? Er hat den kleingeschnittenen Fisch von Signora Perucchi gefressen. Da die Frau nicht wußte, ob er Schmerzen fühlte, hatte sie in das Fischfilet eine Tasche geschnitten und dort hinein eine Aspirintablette gesteckt.

Sie geht noch einmal auf den Balkon. Hat er sie gerufen? Hat er Durst? Sie beugt sich zu dem Storch hinunter, der im Stuhl ruht. Der Vogel schaut sie mit blanken Äuglein an. In Blagodat hatte sich auf ihrem Atelierhaus ein Storchenpaar ein Nest gebaut. Wenn sie im Sommer angereist kamen, waren die Jungen schon geschlüpft. Damals galt in Blagodat, wo sich ein Storch auf dem Dach niederläßt, ist das Haus vor Blitz und Feuer geschützt. Einmal hatte sie miauende Töne aus dem Storchennest vernommen, und Adam mußte aufs Dach klettern und sich überzeugen, daß es keine Katze war. Manchmal piepsten die kleinen Störche, manchmal grunzten sie.

Der Storch läßt seinen Kopf in sein Federkleid sinken. Er hatte wohl Zuwendung gesucht. Die Frau geht in das Zimmer zurück.

Manches hätte einfach Zeit gebraucht.

Und Mut, Alexej zu zeigen, daß sie ihn annahm, wie er war.

War ihr unsäglicher Stolz das Erbe der Großmutter?

So taumelten Alexej und sie von einem Mißverständnis in das nächste.

Wenn die Dämmerung in Blagodat heraufzog, unternahm das Malerpaar seine Spaziergänge.

Überall hingen Sommer-Erinnerungen von Wassily. See und Boot und Wäldchen. Übermütig oder beklemmend. Natürlich dachte sie an Lesin. Aber sie war um so vieles glücklicher, jetzt mit Alexej hier zu sein. Sie hätte die Lesin-Erinnerungen gern durch stärkere und glückliche verdrängt, die von Alexej geprägt waren.

Als Alexej sie auf den See hinausruderte, erzählte Marianna, daß die erste Begegnung mit dem ‚Litauer' auf diesem Boot stattgefunden hatte. Künftig saß Wassily als dritter im Boot. Sie hatte gehofft, das Boot könnte ein lyrischer Ort von Zweisamkeit mit Alexej sein. Es wurde eine Ruderpartie. Sie wollte sagen, die Worte des anderen seien auf den Boden des Sees gesunken...

Alexej erzählte die kleine Geschichte aus frühester Kindheit, als er seinen Filzschuh gegen die Petroleumlampe warf, um die innige Einheit von Vater und Mutter zu zerstören.

Alexej hatte Lust, den Schuh zwischen sie und Lesin zu werfen. Er bekam seine ‚blauen' Augenblicke. Gab es nicht auch in seinem Leben amouröse Abenteuer, die bei weitem nicht so rein waren wie ihre Beziehung zu Lesin? Marianna verstand das Gleichnis nicht. Sie redete von Wassily, um Alexej von der Belanglosigkeit zu überzeugen. Es sollten keine Geheimnisse zwischen ihr und Alexej schwelen, weil es nichts gab, das wert war, geheimgehalten zu werden. Doch Alexej besaß nicht den prüfenden Verstand. Er war durch und durch Sinnenmensch. Bei ihren Erinnerungen krümmte und verzog es sich in seinem Innern, wenn er sich vorstellte, Marianna sei lachend und unbekümmert mit dem anderen über die Felder gestreift, während sie mit ihm über Motive und Farben und Auftrag der Kunst redete.

Dabei wollte Marianna ihre lebensfrohe Seite zeigen. Alexej hörte heraus, daß sie heftig von einem anderen begehrt wurde. Er war überzeugt, daß hinter Mariannas Worten die Sehnsucht nach dem Litauer stand.

Repin hatte sie zu einer selbstbewußten jungen Frau werden lassen, die sich durchaus ihrer Anziehungskraft und Ausstrahlung bewußt war. Die Wunden des Backfischs waren vernarbt. Der Zar hat sie zu seiner Tischdame erkoren. Ihre Bilder waren in den Wanderausstellungen aufgenommen worden. Als Malerin hatte sie auf sich aufmerksam gemacht. In St. Petersburg nannte man sie den ‚weiblichen Rembrandt'.

In dieser guten Stimmung war Marianna jeden Sommer auf Wassily Lesin getroffen. Er liebte oder verehrte sie. Seine Zulassung als Arzt war erfolgt. In den letzten Sommern sahen sich beide fast täglich. Obwohl Marianna arbeiten wollte, viel arbeiten, machten sie die Tage, an denen Lesin sie aus Respekt vor ihrem Tun um keine Verabredung bat, unruhig und lustlos, so daß sie ihn zu Spaziergängen einlud.

Die Frau blättert jetzt in den vergilbenden Seiten ihrer Tagebuchaufzeichnungen... Wassily.

„Mir war es leicht anzunehmen, was er gab, weil er nichts verlangen konnte und durfte. Ich fühlte seine tiefe Ergebenheit und kokettierte unter dem Feuer seiner leidenschaftlichen Blicke, wie ich nur konnte... Er lag auf den Knien vor mir, wie ein Mensch, der sich einem Altar nähert. In mir triumphierte etwas Starkes, Gesundes, Übermütiges. Ich sagte: ‚Gott sieht uns. Und was denkt er?' und antwortete selbst: ‚Er lacht!'

Ich saß unberührt wie eine Heilige in meiner damaligen Unwissenheit vor einem Menschen, der vor Leidenschaft bebte."

Sie wußte, das es Unrecht war, Gott als Zeugen angerufen zu haben. Die Strafe folgte auf dem Fuße. Gott hatte nicht gelacht!

Das eigene Gewissen verzieh ihr nicht die Leichtfertigkeit, mit dem tiefen, guten Gefühl eines anderen gespielt zu haben.

Am nächsten Tag war die Jagd. Da war es zu dem Unfall gekommen. Die Jagd war eines der wenigen gesellschaftlichen Ereignisse in Blagodat und Umgebung, an der auch Vater und Brüder teilnahmen. Die junge Baroneß mußte in zünftigem Reitkleid erscheinen. Auf der Lichtung hatte sie bereits zwei Schnepfen geschossen. Die alte Laska apportierte. An einem spärlichen Espengehölz machten sie Rast. Ein Habicht kreiste über ihnen. Marianna hatte sich mit der rechten Hand auf den Lauf ihrer Schrotflinte gestützt. Ihre Linke umschloß einen Kienapfel, mit dem sie ihren Bruder necken wollte. Dabei machte sie einen halben Schritt auf Wsewolod zu, ihr langer Rock verfing sich am Gewehrhahn. Es löste sich ein Schuß.

Die Strafe.

Alexej war bei ihren Worten erschauert. Er verinnerlichte den Zusammenhang – Strafe, wenn man sich einem anderen gegenüber ins Unrecht setzte! Dunkle Visionen! Sie hatte stets bereut, es vor Alexej so gesagt zu haben. Er gewöhnte sich an, jede seiner Krankheiten in einem solchen Zusammenhang zu sehen. Es gab Situationen, wo Marianna dachte – er beschwört die nächste Krankheit selbst herauf. Die größte Bestrafung, die er sich vorzustellen vermochte, war, nicht mehr malen zu können. Das Schlimmste an ihrem Jagdunfall, so hatte sie es dargestellt, war nicht der durchschossene Handballen, nicht der Schmerz, sondern die zerschlagene Illusion, in der Kunst etwas zu werden. Die Malerin war entthront. Ihre Hand zerschossen. Ihre hochfliegenden Träume, Repin einmal zu überflügeln, zerstoben. Sie war auf die Erde geholt und in die Nichtigkeit geworfen worden. Der graue Endlosreigen am Hofe, in dem ihre Kusinen glitten, erstand vor ihrem geistigen Auge.

Mariannas Verletzung hatte zu einer Blutvergiftung geführt.
Schweißausbrüche. Hohes Fieber. Heiße, dunkle Nächte.
Sie phantasierte. Bis in die wirren Träume hinein begleitete sie ein Gesicht. Dieses Gesicht war ständig um sie, wenn sie erwachte, wenn sie nach Wasser verlangte. Einer hielt ihre gesunde Hand in den seinen. Eine gedämpfte Stimme, warm und voller Zärtlichkeit umgab sie. Beschwörungen, sich nicht fallen zu lassen, nicht aufzugeben.
Wassily Lesin kämpfte um ihr Leben.
Er holte sie zurück – als Arzt und als Liebender. Sie lag noch auf ihrem Krankenbett, außer Gefahr, auf dem Weg der Genesung – da bat Wassily sie um ihr Jawort... Er bat sie, auf ihn zu warten, bis er ihr ein Heim bieten konnte und den Wohlstand und die Sorglosigkeit, die sie gewohnt war. Der Preis ihrer Liebe werde ihn beflügeln. Er wollte promovieren. Er wollte in die Forschung gehen. Er wollte um sie dienen und sich ihrer würdig erweisen.
Als Marianna das Krankenbett verlassen durfte, war sie wie betäubt. Nach Unfall und der Krankheit schien sie nicht mehr sie selbst zu sein. Bis zu ihrer Abreise nach St. Petersburg verblieben ihr und Wassily drei Tage.
Drei Tage.

Den Arm trug sie in der Schlinge. Weite Wanderungen erlaubte ihr der geschwächte Gesundheitszustand nicht. Bis zum Wäldchen gingen sie und an den See. In den Bäumen herrschte Septemberstille. Wie Lichtinseln ruhen diese Tage in ihrem Innern.

Eigentlich war es nur ein Sich-aufhalten in der Zeit. Der Tag, an dem Adam sie an den Zug nach Moskau bringen sollte, glich einem dunklen Tor. Dahinter lag die freudlose Welt der Festung ohne Fluchtmöglichkeit in die Malerei.

Wassily suchte geeignete Wege, eben, ohne Erschütterungen. Gehen auf Moospolstern. Unruhe zitterte in beiden. Die Vision eines gemeinsamen Lebens lag vor ihnen, fremd und unvorstellbar. Anziehend und beklemmend. Sie saßen auf dem Stamm einer umgestürzten Buche. Die Sonne flirrte.

Wassily besaß nicht die dunkelbraunen Augen, wie sie annahm. Sie waren grün und bunt. Wie ein Herbstwald. Das Sitzen auf dem grauen glatten Stamm war äußerste Spannung. Mariannas Übermut war fort. Die Lust zum Flirten ebenfalls. Angst lag über ihr. Wassily sprach über Sepsis. Und Bluterneuerung. Das reizte ihn. Dort spürte er Herausforderung. Über dieses Thema werde er forschen. Mit dem Abschluß dieser Arbeit werde er bei ihrem Vater offiziell um ihre Hand bitten.

Auf dem Pfad zum See hakten sie sich doch unter. Ganz fest. Und ihre Hände waren miteinander verklammert. Die Bäume des Wäldchens schienen uralt. Die Sonne stand in tiefem Rot. Der Blick ging über die sommermüde Wiese. Die beschilfte Seite des Sees wurde sichtbar.

Ein Ort zu verweilen.

Wassilys Gesicht – es ruht unvergessen in ihrer Erinnerung. Die Sonne lag darauf, und seine Lider bebten, so daß sie von einem großen tiefen Gefühl für ihn erfüllt war. Es verlangte ihr alle Zärtlichkeit und Sorge um ihn ab. Dieses Zittern der Lider – sie hat es nur bei Wassily wahrgenommen. In jenem Moment glaubte sie vielleicht, ihn zu lieben. Sehr tief im Innern, wo der Verstand stumm blieb. Eine vage Vorstellung entstand, daß ein Leben mit ihm möglich wäre und beglückend. Er spürte ihre

Zärtlichkeit. Die stumme, beredte Sprache seiner Blicke erreichte sie. Sie nahm die ersten weißen Fäden in seinem Bart wahr. Seine Haut unter den Augen war jung und faltenlos.

Sie küßten sich.

Über ihnen der Schrei der Wildgänse, die sich sammelten.

Wieder war sein Gesicht der Sonne zugewandt, und sie hatte Angst, noch einmal das Flattern seiner Lider zu sehen.

Er sagte: Marianna, du bist die Königin meines Lebens. Ich bin unsäglich glücklich.

In ihr war mehr Beklommenheit als Glück. Zu plötzlich war sie aus ihrem Hoch- und Übermut in ein anderes Schicksal gefallen.

Sie spürte seine Erregung im Kuß, und sie dachte einen Augenblick – jetzt alle Wehr aufgeben, jetzt sich fallen lassen können. Und sie ahnte, daß die scheußliche Unvertrautheit überwunden werden könnte, daß die Nähe selbstverständlich und wunderschön sein würde.

Später, viel später schrieb sie in ihr Tagebuch:

„Drei Tage vollen Glücks aus den Händen Wassily Wladimirowitschs bleiben für das ganze Leben in meinem Herzen. Durch sie trug ich alle Unbill mit Seligkeit, und alles, was zu dieser Zeit gehört, ist sauber, sauber. Meine Qualen sind mir teuer. Jene Freuden haben mein Leben für immer erleuchtet."

Nein, sie will jetzt nicht mit dem Seziermesser ihres Verstandes diese drei Tage auseinandernehmen, zerlegen, zerschneiden. Und in den alten Fehler will sie auch nicht fallen – den der Verklärung.

Die Wahrheit will sie über sich erfahren.

Wassily hatte nicht ihre Seele berührt.

Sie hat Wassily nicht geliebt.

Mit Sicherheit ist sie von keinem anderen Mann mehr und heftiger und keuscher begehrt worden als von ihm.

Nach Petersburg zurückgekehrt, hatte Repin ihr Mut gemacht. Sie hatte ihre Malerei nicht einmal ein halbes Jahr aufgeben müssen.

In ihrem Leid und Schmerz um Lulu hat sie sich später eine imaginäre Insel des Glücks geschaffen, auf der sie mit Wassily hätte leben können – die Alternative, der andere Lebensentwurf.

Aber die Frage wäre immer offen geblieben, ob es tatsächlich Glück geworden wäre.

Wenn sie später vor Freunden oder in Briefen Wassily L. erwähnte, die Erinnerung an ihn heraufbeschwor, hatte sie nichts anderes als Trost gesucht. Sie wollte den Schmerz lindern, den Jawlensky ihr bereitet hatte.

Was nach dem Unfall geschehen war, hatte Marianna Alexej nur angedeutet. Doch je knapper eine Andeutung ausfiel, umso lebhafter arbeitete dessen Phantasie. Plötzlich siezte er Marianna wieder und fragte: Es existiert also die Verlobung zwischen Ihnen und Lesin? Noch immer das Versprechen, das nicht gelöst ist?

Sie beteuerte, daß es keine Verlobung war. Und ihrerseits kein Versprechen. Eindringlich waren ihre Worte: Lulu, es gibt Größeres als eine Heirat mit einem angehenden Arzt und eine Ehe im bürgerlichen Sinn. Es gibt unsere Kunst.

Warum konnte sie nicht sagen – es gibt dich?

18.

Im letzten Brief hatte die Frau Santo geschrieben, daß sie mit ihrem Leben hoch am Berg stünde. Mit zunehmender Höhe ließen sich die Um- und Irrwege besser überschauen. So werden die Berge auf ihren Bildern auch immer Symbol und Synonym sein für Leben.

In der Regel waren die Tage in Blagodat harte Arbeit vor der Staffelei. Das erste Jahr mit Jawlensky trug den Zauber der Erwartung, war von Wünschen beseelt, die sich erfüllen sollten und von kleinen Enttäuschungen zerfressen, weil Mariannas Träume gewaltiger waren als die Wirklichkeit. Sie malten Juden, die stillsaßen, verwundert, dafür Geld zu erhalten.

Eines Sonntags wollte Marianna unbedingt einen jüdischen Gottesdienst besuchen. Alexej begleitete sie bis vor die Synagoge.

Männer kamen heraus, vom Fasten geschwächt, mit blassen Lippen. Sie waren in weiße Mäntel gekleidet und trugen weiße Socken. Das Weiß war das Sinnbild äußerer Reinheit. Marianna schlüpfte mit einem jungen Mädchen hinauf in die Frauengalerie. Hier wurde geseufzt und geklagt – ‚Herr der Welt, Herr der Welt'. Unten in der Männerabteilung waren alle in ihr Gebetsbuch vertieft. Plötzlich drängten sie sich um den Vorbeter. Hohe Kerzen brannten. Ein Raunen ging durch die Synagoge. Der schwere Thora-Vorhang wurde beiseite gezogen. Es herrschte tiefe Stille. Nur das Rauschen der Gebetsmäntel war zu hören. Die Thora-Rollen wurden aus der Lade gehoben. Davidssterne waren in Gold und Silber auf die weißen und dunkelroten Samthüllen gestickt. Die silbernen Griffe waren in Perlmutt eingelegt und mit Krönchen und kleinen Glocken verziert.

Auf dies alles hatte Marianna verzichtet, als sie ihr Bild vom Vorleser malte. Die Details hatte sie weggelassen und sich nur auf die Gesichter konzentriert.

Alexej gab sich Mühe, den Anforderungen seiner ‚Lehrerin' gerecht zu werden. An manchen Tagen dachte sie, es war keine gute Idee, gemeinsam in einem Atelier zu arbeiten. Marianna gewöhnte sich an, ihre Bilder zu verhängen, wenn sie Pause machten oder die Arbeit für den Tag beendeten. Sie mußte einfach besser sein. Sie besaß größere Erfahrung und den geschulteren Blick. Den Gedanken an Rivalität wollte sie nicht aufkommen lassen. Sie wollte auch nicht, daß Alexej sich als ihr Schüler fühlte. Komplexe gab es genug in ihrer Beziehung.

Dann empfand sie, das Trennende lag nicht im Grad der Meisterschaft, sondern im inneren Zugang zu dem Bild, das sie auf der Staffelei hatten.

Heute weiß sie – jeder trug seinen Auftrag in sich und folgte seinem Stern.

Die Juden waren Mariannas großes Anliegen. Es erfüllte sie mit Befriedigung, ihr Thema gefunden zu haben.

Nach mehr als dreißig Jahren klang es in Ascona noch immer an.

Den kritisch-demokratischen Geist hatte sie bei Repin, bei Prjanischnikow, bei den Wandermalern verinnerlicht. Die Ausgegrenzten, die Verachteten, die Andersgläubigen mußten ins Bewußtsein der Gesellschaft gerückt werden. Es ging um Menschenwürde und Toleranz. Marianna hatte seit frühester Kindheit nicht nur die französische Sprache gelernt, sondern mit der Lektüre auch den Geist von „Freiheit, Gleichheit und Brüderlichkeit" aufgenommen.

Nirgends waren die Judenpogrome blutiger, heftiger als im äußersten Westen Rußlands. Den Schmerz, die Demut, die Gläubigkeit, die Würde im jüdischen Gesicht auf die Leinwand bannen als schlichte Selbstverständlichkeit, als eine der vielen Möglichkeiten menschlichen Seins – diesem Gedanken fühlte sich Marianna verpflichtet.

Als die beiden eines frühen Nachmittags auf dem Hügel unter der Eiche saßen und sich das Land zu ihren Füßen ausbreitete, kam es zu einem Disput. Vor ihnen lag eingesunken der Hohlweg mit der silbernen Mauer der Ebereschen und Weiden. Die Felder wogten im grüngoldenen Schimmer reifenden Korns. Hier und dort lagen schilfbewachsen oder erlenumsäumt die Inseln der Eiszeitlöcher. Lichtdurchflutet.

Dies malen können, sagte Alexej.

Einen Weiher?... Den berühmten Heuhaufen? Warum? Ist das Wichtigste nicht der Mensch? Die geistige Welt des Menschen?

Alexej spürte Belehrung und wies sie zurück:

Bin ich als Künstler kein Mensch? Muß ich mich und was in meinem eigenen Innern vorgeht, für weniger wichtig nehmen als das, was ich auf dem Antlitz eines Juden finde?

Selten redete Alexej so mit ihr. Er wird lange nach diesen Worten gesucht haben. Marianna erschrak, daß er so ganz anders dachte und fühlte als sie. Je nach Stimmung wollte sie dahinter Unreife spüren oder das Einmalige, das sich in Jawlenskys Kunstverständnis vorbereitete und nach Ausdruck suchte und von dem sie sich unvermindert angezogen fühlte. Wie zerrissen sie selbst war, wurde ihr nur manchmal bewußt.

Alexej wollte malen, was der Anblick dieses lichtumspielten Feldes in seinem Innern hervorrief – das Vertrauen in die unabsehbaren Möglichkeiten dieses weiten Horizonts, die Nähe des göttlichen, allgegenwärtigen Seins, die Macht des Lichts. Licht, das die Finsternis besiegt.

Marianna spürte unklar, darin lag, was sie von Alexej unterschied. Das malen zu können, wäre befreiend. Erlösung vielleicht. Danach sehnte sie sich und mußte doch Judenbilder malen.

Wenn Mariannas Streitlust, bei Repin geschult und trainiert, durchbrach, flüchtete Alexej in Wortlosigkeit.

Sie erzählte von den Disputen mit Repin, als er aus Frankreich mit persönlichen Eindrücken vom Impressionismus zurückgekehrt war. Kramskoi hatte ihn aufgefordert, sich ebenfalls dem Licht und den Farben zuzuwenden. Repins leidenschaftliches ‚Nein!' hatte Marianna damals mit Genugtuung erfüllt. Er hatte gesagt: Unsere Aufgabe ist der Inhalt, die Seele des Menschen, das Drama des Lebens, der Geist der Geschichte.

Das hatte sie verinnerlicht.

Darüber hätte sie mit Alexej gerne gesprochen. Er war absolut kein Philosoph, war nicht redegewandt und konnte das, was er in seinem Innern fühlte, schlecht in Worte setzen.

Marianna zerrupfte mit den Händen Blätter und Blüten des Schaumkrauts.

Das Reizwort ‚Repin' war gefallen. Alexej bemühte sich um Sachlichkeit.

Auch Repin sucht nach neuen Wegen, sagte er. Wir malten im letzten Sommer viel draußen. Es ist eine neue Luftigkeit auf seinen Bildern!

Zugegeben – bei ihm löst sich der Mensch nicht in einer Lichtflut oder in Farbpünktchen auf. Es bleibt eine feste plastische Modellierung!

Alexej wollte dennoch nicht mit Repins Anspruch malen!
Vielleicht sollten Farben unsere Waffe werden! sagte Marianna. Es müßte den Betrachter wie ein Musikakkord erfassen!
Jeder hing eigenen Gedanken nach.
Das Gespräch versiegte.
Der helle Ruf eines Raubvogels war zu hören. Die ersten Zikaden stimmten sich auf ihr Abendkonzert ein.
Vielleicht ist es vermessen, was ich will, meinte Alexej schließlich. Wann hast du gespürt, daß du malen mußt? fragte er.
Was sollte sie darauf antworten? Daß die Langeweile im Krankenbett sie dazu trieb? Daß es Wehr war, um sich von den Worten der Großmutter zu befreien. Protest. Das erste Gemälde, das sie wirklich erschüttert hatte, weil es eine so gewaltige geschichtliche Dimension besaß, war Repins ‚Iwan, der Schreckliche'. Da hatte sie zum erstenmal gedacht – Kunst ist Mission!
Am anderen Tag war Skepsis in ihr, daß Alexej den qualvollen Weg durchhielt, wenn sie ihm nicht zur Seite stünde. Er war Soldat und von Pflichten eingebunden. Seine Zeit war beschränkt. Wenige Mußestunden blieben, sich der Malerei zu widmen. Er besaß die Perspektive eines Hobbymalers und trug in sich den Anspruch eines außergewöhnlichen Talents. Das hatte sie erspürt. Hinter Alexejs Suchen lag eine geistige Weite, die den Realisten versagt blieb, weil sie sich auf das momentane Gegebensein, den Zustand zentrierten. Alexej brauchte Freiheit und innere Ruhe und nicht das Muß seines Berufes, mit dem er sein Leben fristen konnte.
Ein anderer Gedanke nahm in ihrem Kopf klarere Konturen an. Sie für sich hatte begriffen, blieben sie in Rußland, mußte sie ihrem Thema treubleiben. Könnten sie diesem schrecklichen Land entfliehen, hätte sie die Chance, sich der Kunst anders zu nähern als bisher.
Eines Abends am Weiher setzte Marianna sich mit dem Rücken zu Alexej, die Arme um die angezogenen Knie geschlungen. Sie mußte über etwas reden, das sie bisher in ihrem Innern verschlossen gehalten hat: Ihr Leben auf der Festung.

Marianna erzählte von den schrecklichen ersten Tagen.

Unvermittelt war sie von Moskau nach St. Petersburg in das Zentrum russischer Geschichte hineingestellt. Die Festung als exponiertester Punkt von Zarenwillkür. Vor noch nicht einmal 200 Jahren war diese Stadt an dem einst öden Strand, an den sumpfumsäumten Ufern eines Flusses erbaut worden, wo ein mächtiger lichtloser Wald sich ins Innere des Landes erstreckte. Die Stadt mit ihren Schlössern und Palästen, mit ihren Brücken und Parks, dem herrlichen Newski-Prospekt, dem ‚Jahrmarkt der Eitelkeiten'... das nahm sie später in sich auf. Die Stadt war etwas anderes als die Festung. Die Verteidigungsanlage der neugegründeten Hauptstadt war schon zu Zeiten Peter I. in ein Gefängnis umfunktioniert worden, wo er den eigenen Sohn einsperren und foltern ließ... und dieser in den Kasematten starb.

Trotz aller Versuche, die Geschichte nicht zu dicht an sich herankommen zu lassen, war Marianna an den ersten Abenden an jenem verruchten Geheimen Haus vorbeigeschlichen. Zwar stand es leer, trotzdem glaubte sie, das Seufzen und Stöhnen und die Schreie der Gefolterten zu hören. Immer wieder hatte sie ihren Vater bedrängt, dieses Haus abreißen zu lassen. Lag es nicht in seiner Kompetenz als Kommandant der Festung? Es wurde abgerissen! Doch die Erinnerung an die Greuel waren nicht zu löschen! Daß sie mit ihrer Familie in so unmittelbarer Nähe dieser Festungskasematten leben und atmen mußte, machte ihr zu schaffen. Es drohte ihre Seele zu zerreißen. Ein unbeschreibbares Gefühl von Schuld war in ihr entstanden. Innerlich stand sie auf der Seite jener Adelsrevolutionäre, die gegen die Selbstherrschaft des Zaren und gegen Leibeigenschaft gekämpft hatten. Man hatte sie als Teilnehmer des Dekabristenaufstandes 1825 in die Kasematten der Trubeskoj-Bastion geworfen. Von dort wurden sie zu ihrer Hinrichtung geführt. Tschernischewski war auf der Festung eingekerkert gewesen und Dostojewski, bereits zum Tode verurteilt... Und noch unter dem Vorgänger ihres Vaters schmachteten zwanzig Mitglieder der Organisation der Volkstümler „Narodnaja Wolja" zwei Jahre im Geheimen Haus.

Verstehst du, flüsterte Marianna, ich will damit nichts zu tun haben. Deshalb muß ich nach Blagodat. Und hier bleiben, solange es geht. Ich möchte nicht in diese Nähe von Gewalt und Macht. Ich möchte ich sein... Aber am liebsten möchte ich fort, fort aus diesem Land, aus dieser zurückgebliebenen, erstarrten, grausamen Enge. Wenn mein alter, gütiger Vater nicht wäre, der mich braucht...

Ahnte Alexej in dieser erregten Stunde den Zusammenhang zwischen ihrem leidenschaftlichen künstlerischen Engagement und ihrem Leben auf der Festung? Ihre Gewissensnot? Daß an dieser westlichen Grenze Rußlands als Folge der wahnwitzigen Russifizierung und infolge der Hungersnot das Elend Andersgläubiger besonders groß war, war ihm nicht entgangen.

Verstand er, warum Marianna das brisante Judenthema auf ihre Leinwand bringen mußte, als gälte es eine Schuld abzutragen?

Oh Santo – wohin habe ich mich verstiegen in meinen Erinnerungen. Mehr denn je wirst du denken – ein Fossil. Immer habe ich gesagt – Politik interessiert mich nicht. Nein, nie, nie wollte ich etwas mit ihr zu tun haben. Ich war viel zu eng mit meinem Leben an Politik gekettet, und es hat mich immer nur mit Scham erfüllt. Selbst als wir in Deutschland lebten, und mein Onkel uns besuchte... besuchte nicht der Onkel die Nichte... es war der Innenminister des Zaren, der ins Ausland gereist kam. Man gestand mir im nachhinein den Kälteschauer, den jeder zivilisierte Westeuropäer im Rücken zu spüren glaubte, wenn er sich vorstellte, daß ein Federstrich dieses gewaltigen Mannes über Menschenleben entschied, daß er aus der Verbannung befreien konnte oder Todesurteile fällen. Letztlich alles undankbare, ruhmlose Arbeit, um ein altes, morsches Staatschiff im Zick-Zack-Kurs gegen den Wind zu lenken.

Wie sehnte sie sich damals, Alexejs Traum von der neuen Kunst suchen zu helfen. Alexej war die Rettung. Die neue

Kunst – der Ausweg. Alexej hatte seinen Arm um ihre Schultern gelegt und sie dicht an sich gezogen. Zum erstenmal hatte sie etwas von Hilflosigkeit preisgegeben. Sie hatte nach seiner Hand gesucht. In die Hände hatten sie sich das Versprechen gepreßt, füreinander da zu sein. „Hilf du mir im Leben, und ich helfe dir in der Kunst."

Es war ein Augenblick großer Nähe und innerer Verbundenheit.

Sie trug die Vorstellung eines Ideals in sich.

In ihrem Tagebuch steht:

„... Mir fehlen die Worte, mein Ideal zu beschreiben. Ich suche den Menschen, den Mann, der diesem Ideal Gestalt geben kann. Die Frau in mir verlangte nach dem, der meiner inneren Welt Ausdruck zu geben vermochte... Jawlensky... Ich suchte die andere Hälfte meiner selbst..."

In jenem ersten Sommer, in dem noch alles offen und voller Hoffnung war, tauchte einen Tag vor ihrer gemeinsamen Rückreise nach St. Petersburg Wassily Lesin auf.

Marianna und Alexej kamen vom Spaziergang zurück. Sie hatten Abschied von Blagodat genommen. Marianna war in keiner sehr glücklichen Stimmung. Ein Teil ihrer Hoffnung vom gemeinsamen Sommer war zu hehr und zu romantisch gewesen.

Plötzlich Lesins Erscheinung. Er stand unter einem Apfelbaum. Auf seinem Gesicht wechselten unkontrolliert die Gefühle. Freude, Angst, zurückgenommene Erwartung, als er Marianna und den fremden Mann an ihrer Seite erblickte. Marianna löste sich von Alexej und lief ihm entgegen. Sie reichte ihm die Arme zur Begrüßung. Er ergriff ihre Hände, hielt sie lange und neigte sich in Verehrung zu einem Handkuß. Die Zeit blieb stehen.

Marianna stellte die Männer einander vor. Lesin als ihren Lebensretter, Alexej als einen Kollegen.

Wir haben in Blagodat gemalt, sagte sie.

Alexejs Augen wurden unsäglich blau. Er verabschiedete sich in aller Form und zog sich in das Atelier zurück.

Lesin bat Marianna um eine Stunde. Er hatte von ihrer morgigen Abreise gehört.

Sie gingen Richtung Pasoli-Wäldchen. Staub wolkte unter ihren Füßen. Es hatte lange nicht geregnet. Ein Huhn hatte sich verirrt und rannte wie kopflos vor ihnen her. Marianna scheuchte es zurück. Wassily sprach von dem Durchbruch in seiner Forschungsarbeit. Er hätte eine gänzlich neue Erfahrung gemacht, eine Entdeckung.

Was er ihr sagen wollte – er sei zuversichtlich.

Wassily blieb stehen und suchte ihren Blick.

Marianna dachte, diese Stunde ist für Alexej die Hölle.

Sie wagte nicht, Wassilys Blick standzuhalten. Er schien an Selbstbewußtsein gewonnen zu haben. Sie erzählte, daß ihr das Malen mit der rechten Hand keine Schwierigkeiten mehr bereite, daß ihre Bilder Anerkennung gefunden haben.

Am Wäldchen blühte Heidekraut. Ein wogender, lilablühender Teppich. Wassily küßte sie. Marianna ließ es zu. Es war wie selbstverständlich... wie Abschied... das Ende eines Traums unter falschem Vorzeichen.

Dann sagte Marianna:

Ich muß zurück.

19.

Es ist früher Vormittag. Die Frau wirft hin und wieder einen Blick aus dem Fenster. Sie wartet auf Giuseppe, der zum Fischen hinausfährt. Sie braucht Storchennahrung.

Vor drei Jahren hatte Giuseppe begonnen, ihr den Hof zu machen. Sie weiß immer noch nicht: meinte er es ernst oder nicht. Die Wahrheit wird dazwischen liegen. Giuseppe war Ende fünfzig und seit mehr als einem Jahrzehnt Witwer. Eine kinderlose Ehe. Er wirkte untersetzt. Unter der Mütze lag eine drahtige graue Bürste. Er besaß ein kühnes, männliches Gesicht, und die Frau hatte ihn stets mit Wohlgefallen betrachtet. Mutig und beredt wurde er nach dem fünften Grappa. Dann verwandelte sich der wortkarge Fischer in einen liebenswerten

Unterhalter. Er war einer der wenigen Männer in ihrem Leben, die sich ihr nicht als Künstlerin, sondern der Frau näherten. Er sprach sie nie mit Baronessa an.

Du gefällst mir, hatte er gesagt.

Das erstemal waren sie sich im Wald begegnet, als ihr die Fuhre Holz vom Schlitten gefallen war. Ihre Hände waren vor Kälte klamm und steif. Wütend hatte sie sich auf einen Stein gesetzt und beschlossen, solange zu warten, bis ihr einer helfe. Giuseppe hatte das Holz ordentlich geschichtet und verschnürt und den Schlitten bis vor ihr Haus gezogen.

Eines Abends hatte er vor der Tür des Verbano auf sie gewartet.

Es muß nicht sein, daß du dich allein durchs Leben schlägst. Wäre doch schade, wenn ein Mannsbild in den besten Jahren und eine adrette Frau wie du nicht zusammenfinden sollten. Warum muß es einer aus Berlin sein, der nur ein paar Wochen Zeit für dich hat! Glaub mir, das Glück liegt dort, wo man nicht hinschaut!

Er drehte verlegen seine Mütze.

Erst hat sie gedacht – was fällt ihm ein! Lange suchte sie nach Worten.

Wenn wir jünger wären, Giuseppe... Trotzdem danke. Den Anspruch auf solches Glück habe ich mir... irgendwann... selbst verstellt. Was Hänschen nicht lernt, lernt Hans nimmermehr! Aber tief im Herzen freuen mich deine Worte.

Wenn sie sich zufällig im Stübli trafen, konnte passieren, daß er nach dem fünften Grappa ihren Tisch ansteuerte. Dann sprangen die jungen Frauen, mit denen sie zusammensaß, auf und stürzten allesamt auf die Toilette. Meist legte Giuseppe seine Hand auf ihren Arm. Er senkte seine Stimme und sagte so selbstverständliche Dinge wie: Mann und Frau gehören zusammen. So ist das in der Welt eingerichtet.

Dann redete sie sich heraus: Giuseppe, ich bin ein Krüppel. Schau dir meine Hand an! Ich kann nicht kochen! Ich könnte dir immer nur ein Bild vorsetzen. Du würdest verhungern!

Er wiegte zweifelnd den Kopf: Gewiß – Essen hält Leib und

Seele zusammen. Es gibt noch mehr zwischen Himmel und Erde als Fischen und Malen! Überleg es dir!

Kamen die Mädchen an den Tisch zurück, zwinkerte Giuseppe der Frau zu, als hätten sie ein tiefes Geheimnis miteinander.

Trafen sich die beiden auf der Piazza, grüßte Giuseppe mit den Worten: Mein Haus steht offen! Frau, was gibt es zu überlegen!?

Jedesmal ihre Versicherung:

Giuseppe, ich komme, wenn mein letztes Bild gemalt ist!

Einige Fischer hatten ihre Boote bereits klargemacht. In der Ferne schaukelten sie auf dem See wie Nußschalen. Es ist ein nebelverhangener Tag. Jetzt erscheint Giuseppe unter den Platanen.

Die Frau greift nach ihrem Cape und eilt die Treppe hinunter. Sie winkt ihm zu. Er steht bereits im Boot.

Ist das letzte Bild fertig?

Sie mag diese Frage. Sie wartet auf eine Bemerkung dieser Art. Es reicht das Spiel mit den Worten. Und die Illusion einer bodenständigen Beziehung.

Wirf die kleinen Fische heute nicht den Katzen und Hunden hin, bring sie mir. Ich habe auf meinem Balkon einen Storch in Pflege!

Einen Storch! Marianne, so weit wagte ich nie zu denken!

Die Frau muß lachen.

Giuseppe, Sie sind unverbesserlich!

Er zwinkert ihr zu. Es ist Güte in seinem Gesicht. Er rudert hinaus. Sie schaut eine Weile zu, wie das Boot sich entfernt. Giuseppe legt sich in die Riemen. Dann hebt sie noch einmal die Hand zum Gruß und kehrt ins Haus zurück. Sie mag ihn.

Wie oft hat sie in Ascona Fischer gemalt! Ihren Fang bei Nacht. Aufbruch. Rückkehr. Rückkehr bei Sturm. Aufbruch, als der volle Mond hoch über den Bergen stand. Den Kampf der Fischer mit den Naturgewalten. Sieg und Niederlage. Lebenskampf. Überlebenskampf. Wind und Wetter auf dem See waren Herausforderungen für die Männer. Sie müssen bestehen, jeden Tag von neuem. Dieser Kampf hat sie geprägt. Ihr Selbstbewußtsein ist darin verankert. Sie sind die Herren von Ascona. Ascona – der Ort der Fischer. Wie lange noch?

Auf einem ihrer Bilder liegt das Licht der aufgehenden Sonne über dem See, färbt sein Wasser rot und gold. Im Westen steht der volle Mond noch über den Bergen. Die ersten Boote treiben bereits auf den Wellen. Das dritte wird von den Männern hineingehoben. In die Stille des Morgens hinauszufahren zur Arbeit – mutet wie Verheißung an. Da ist ihr gelungen, die enge unzerstörte Verbindung des Menschen mit der Natur in einem überaus friedvollen Nehmen in das Empfinden zu rücken.

Sie hat auch das andere Bild gemalt. Die Ergänzung zu diesem. „Die Lebenden und die Toten".

Die Lebenden – das sind die Fischer, die Tätigen, die sich um ihr Boot kümmern, in bunten Hemden, die Ärmel aufgekrempelt. Die Toten – sind die Fabrikarbeiter, die von der Schicht gekommen sind. Müde, erloschen, zusammengesunken in ihren schwarzen Jacken hocken sie wie vom Wind geschlagene Vögel auf dem Bootsrand. Ihre Arme auf die Knie gestützt. Sehnsucht treibt sie, den Atem der Lebenden zu spüren. Entwurzelt sind sie. Sich selbst fremdgeworden in der Fabrik, die sie aufsaugt, an den Maschinen kurbeln läßt und wieder ausspuckt. Während die Brüder oder Vettern oder Nachbarn am nächsten Morgen den unbeschreiblich verblassenden Mond über dem See erleben, gehen die Toten in die schwarzen Fabrikschlünde und verkaufen ihre Arbeitskraft. Ausgeschlossen vom Leben, so hocken sie da.

Bild und Überschrift bilden bei ihr immer noch die ergänzende Einheit, die ihrer Malerei eine verblüffende und unerwartete philosophische Dimension gibt.

Santo hatte das Bild betrachtet und ihr einen schwer deutbaren Blick zugeworfen.

Das sind Kassandrarufe, sagte er. Manchmal gleichst du einer Seherin. Was hat sie sich zuschulden kommen lassen, daß ihre Warnungen nicht gehört werden sollen? Oder lag es nicht an Kassandra? Sind zu allen Zeiten die Menschen mit Blindheit geschlagen? Muß erst die Katastrophe hereinbrechen, ehe sie zur Einsicht kommen?

Als die Frau am Ufer des Sees ihre Skizzen anfertigte vom Hinausfahren oder Zurückkommen der Fischer, mußte sie versprechen, das fertige Bild ins Stübli zu bringen. Dann saßen die Männer davor. Betreten erst und stumm. ‚Fischer im Sturm'. Sie müssen sich in ihre Art zu malen hineinfinden. Die Farben beschwören die Dramatik jener Sturmnacht herauf und die Erinnerung der Männer. Auf dem Bild hatte die Frau ihre Verantwortung füreinander erfaßt. Das hatte sie zum Thema erhoben. Die einen haben die Warnung der roten Sturmflagge rechtzeitig erkannt und sich in Sicherheit gebracht. Nun verfolgen sie den Kampf der Draußengebliebenen. Sie rüsten aufs neue ihre Boote, um zu Hilfe zu eilen. Ein Boot treibt bereits ruderlos, und die Kraft des anderen erlahmte, gegen den Sturm zu steuern. Der wird es an die Felswand des Ufers schleudern.

Die Fremde, die Zugezogene hatte die einheimischen Fischer mit ihrem Bild in die öffentliche Aufmerksamkeit gerückt. Sie hat den Beistand und die Verantwortung füreinander sichtbar gemacht. Das erfüllte die Männer mit Stolz, und sie waren der Russin gewogen. Plötzlich war ihnen wie Weihnachten. Sie fühlten sich beschenkt.

War es der Geist, der noch immer vom Monte Verità herabwehte, mit dem die Frau sich auseinandersetzen wollte...? Da waren vor und nach der Jahrhundertwende die Sucher des Dritten Weges nach Ascona gekommen. Berg der Wahrheit, so hatten sie ihn getauft. Sie brachten ein ungeheures Potential an Utopien mit und erprobten und durchlebten und durchlitten ihre neuen Lebensentwürfe. In Kapitalismus und Kommunismus sahen sie nicht ihre Zukunft. Die Lebensreformer..., sie bildeten urkommunistische Kooperativen, engagierten sich für eine klassenlose Gesellschaft und arbeiteten an einer Ichverwirklichung, die ihnen ermöglichen sollte, mit der Natur wieder in Gemeinschaft zu leben. Die hier Zuflucht suchten und einen dritten Weg gehen wollten, sie kamen aus allen Teilen Europas. Sie kamen zu unterschiedlichen Zeiten. Hinter jedem lag eine andere Enttäuschung. In Frankreich war die Pariser Commune niedergeschlagen. In Rußland die Revolution von 1905 gescheitert. In Deutschland herrschte das Sozialistengesetz. Die Technik vervollkommnete sich, konzentrierte sich in den Städten. Landflucht. Urbanisierung. Massenelend. Der erste Weltkrieg. Auch die Revolution von 1917 brachte für viele nicht die Lösung des Problems, das für sie in der Entfremdung des Menschen von sich selbst bestand. Die Zukunft sahen sie nicht in der ‚Entwicklung der Produktivkräfte' und nicht in der Vervollkommnung der Technik. Auch der Kommunismus erstrebte sie im Wettkampf mit dem Kapitalismus. Das Glück lag nicht in dem gerecht erscheinenden Gedanken, daß alle Menschen in den Genuß des äußerlichen Reichtums gelangen müßten. Wer diesen Weg einschlug, dessen Seele starb. Sie verkümmerte unwiederbringlich. Das hatte wenig mit Religion und Kirche zu tun. Dem Menschen war der Weg verstellt, zu der ihm innewohnenden höheren Natur zu gelangen, weil er in der Selbstherrlichkeit seines Verstandes die andere Hälfte seines Menschsein totsagte.

Diesen Gedanken trug die Frau bereits in sich, als sie nach Ascona gekommen war. Das hatte sie schon in Rußland begriffen, das hatte bereits Tolstoi verkündet. Darin lag auch ihre Affinität zu Franz von Assisi. Diesen Gedanken versuchte sie schon seit langem über ihre Bilder ins Bewußtsein zu rücken. Vor ein paar Jahren hat sie ein gutes Bild gemalt. „Nachtschicht". Wer es denn versteht oder verstehen will, dem enthüllt sich ihre Sicht auf eine Grundfrage dieser Zeit. Was bedeutet der Gesellschaft das Individuum? Wahrlich, sie malt keine Ölgemälde, die man sich über das Kanapee hängt!

Wie in der Genrekunst – eine Szene des alltäglichen Lebens. Doch nicht wie bei den Niederländern im 16. Jahrhundert. Nicht der Repinsche Realismus. Eine philosophische Dimension. In ihrem ureigensten Zugang zur Kunst hat sie das Orakel für die Fabrikarbeiter gemalt, die bei Nacht zur Arbeit gehen: „Tote Seelen". Fabrikhallen, die jegliche Sicht auf Berge, Bäume, See, auf Lebensraum versperren. Hochgeschossiges, kahles Mauerwerk. Was rund wie der Mond dünkt, erweist sich als Laterne. Mit eingezogenen Köpfen und gelähmten Schritten wandeln sie wie aufgezogene Marionetten in das schwarze Tor der Fabrik. Am Tag werden sie schlafen. Dafür ist die Fabrikhalle in der Nacht hell erleuchtet. Das künstliche Licht muß reichen als Lebensersatz!

Das Gegenbild zu diesem wird sie noch malen. Die Minderbrüder, die unter der Sonne und dem Lerchentriller das Feld bestellen. Arm-selig. Das Wort reich-selig existiert nicht.

Die Frau holt entschlossen den Korb hervor, den sie hinter dem Sessel versteckt hält. Dort stapeln sich Wäsche und Kleidungsstücke, die unbedingt auszubessern sind. Das ist Strafarbeit. An einem Tag im Monat ist sie dazu verpflichtet. Mit den beiden steifen Fingern an der rechten Hand eine Nadel einzufädeln, ist kein Vergnügen. Im Laufe der Jahre hat sie ihre Ungeduld abgelegt. Jedes gestopfte Loch erfüllt sie mit Stolz. Sie will auch nicht mehr denken, daß es verlorene Zeit sei!

20.

Die Frau erkennt Giuseppes Barke. Sie zieht sich an und holt den kleinen Eimer aus der Küche. Unten setzt sie sich auf ein umgekipptes Boot und wartet. Gleichmäßig und stetig schlägt das Wasser des Sees auf die Steine. Es ist von durchsichtiger Klarheit. Zeit vergeht, bis Giuseppe das Boot befestigt hat.

Schön, von der Frau erwartet zu werden, wenn man heimkehrt! sagt er.

Einen Augenblick lebt sie in dieser Vision, die immer eine bleiben wird und nie Realität. Trotzdem! Es sind solche Worte, die das Leben freundlich machen...

Die Frau hat Giuseppe den Eimer gereicht, und er sucht die kleinen Barsche und Plötzen heraus.

Beiläufig fragt er: Es wäre wohl nicht recht gewesen, wenn ich dir die Fische nach oben gebracht hätte?
Ach, Giuseppe!
Obenauf legt er einen großen Zander.
Für dich.
Danke! Einmal werde ich mich revanchieren...
Der Mann blickt skeptisch-erwartungsvoll zu ihr hinüber.
Ich werde ein Bild für dich malen.

In der Küche portioniert sie den Fisch. Er wird für vier Tage reichen. Signora Perucchi lagert ihn im Keller.
Die Frau füttert den Storch. Dann nimmt sie ihre Näharbeit wieder auf.

Es folgte der Winter in St. Petersburg. Wann immer es seine Zeit erlaubte, kam Alexej in Mariannas Atelier. Es war auch zu dem seinen geworden.
Ein Photo aus jener Zeit. Ihr Atelier. Bruder und Vater waren zugegen, Jawlensky, Marianna und das junge Mädchen, das Modell saß. Der Bruder lümmelte über einer Stuhllehne. Die anderen standen. Das Mädchen war vielleicht siebzehn. Zwei Zöpfe baumelten herunter. Sie saß als einzige und himmelte Alexej an, bedingungslos offen und verliebt. Erst durch das Photo drang etwas in Mariannas Bewußtsein, das zu den verletzenden Kommentaren des Bruders paßte.
Alexej war im Umgang mit den Modellen zuvorkommend und aufmerksam. Wenn er das Modell in die gewünschte Pose bog, und Marianna meinte, er wollte es mehr erfühlen statt zu malen, schlüpfte sie in die zurechtweisende Rolle der Lehrerin.
Wsewolod teilte der Schwester beflissen all seine Beobachtungen mit... jenes Mädchen habe er gesehen, als es sich aus dem Zimmer des Kameraden Jawlensky stahl. Na und? – fragte Marianna. Ein andermal glaubte er, Jawlensky mit einer weiblichen Person am Ufer des Flusses entdeckt zu haben. Hinter einem Brückenpfeiler. Der Bruder irrte. Zu dieser Zeit hielt sich Alexej in ihrem Atelier auf!

Was haben diese kleinen Mädchen mit dem Anspruch zu tun, den Jawlensky und sie in der Malerei erfüllen wollen? Marianna lebte in dem guten und starken Gefühl, Alexej den Weg in die Kunst zu ebnen. Das vermochte keines der Mädchen, mit denen er anbandelte.

Dennoch verspürte sie Lust, zu Alexej zu sagen: Es tut mir weh, was der Bruder mir an Gerüchten zuträgt. Sie tat es nicht. Lag es in der Erziehung der Großmutter, keine Gefühle zu zeigen?

Wie hatte Alexej klug aus ihr werden sollen, wenn sie ihn zurückstieß und sich zugleich nach umfassender Zusammengehörigkeit sehnte?

Die Frau will sich nicht erneut Schmerz zufügen. Die Zeit läßt sich nicht zurückholen. Aber den Stachel möchte sie aus ihrem Herzen nehmen, wenn es ginge. Und sie möchte die, die sie einst war, nicht mehr für unfehlbar halten... Nie zeigte sie sich von seinem Verhalten betroffen. Mußte Alexej nicht glauben, er wäre ihr als Mann gleichgültig?

An manchen Morgen schämte Marianna sich ihrer Träume. Wie sehnte sie sich nach Alexejs Zärtlichkeit. Statt dessen versteckte sie sich hinter der Mäzenatin und zeigte sich erhaben über Alexejs Amouren. Sie zog ihn mit seinen Affären auf, spottete und verschanzte sich hinter der geheimnisvollen Bindung mit Lesin. Manchmal spielte sie ihre Eloquenz aus und nahm Alexej den Mut, eine Werefkina zu erringen.

Ein Geräusch läßt die Frau zusammenfahren. Auf ihrem Balkon tut sich etwas. Flügelschlagen. Der Storch steht plötzlich auf der Brüstung ihres Balkons. Er biegt den Kopf zurück und beginnt zu klappern. Er steht auf dem Bein, das nicht geschient ist. Es scheint ihm mächtig gut zu gehen. Er spreizt seine Flügel wieder und wieder, schlägt und rudert und hebt ab. Die Frau stürzt auf den Balkon. Sie folgt seinem Flug mit den Augen. Er gleitet über das Wasser des Sees, dreht eine Runde, streift eine der Platanen, fliegt über die Piazza und steht wieder auf der Brüstung. Er schaut die Frau an und klappert zur Begrüßung. Schaut. Dann steigt er wieder in sein ausgepolstertes Hängebett. Die Frau ist erleichtert.

Nach ihrem Mahl, Pellkartoffeln mit Öl und Zwiebeln, nimmt sie die Näharbeit wieder auf. Ihre Gedanken gehen zurück in das Jahr 1894. In St. Petersburg wütete die Cholera. Die Zahl der Toten innerhalb der ersten Tage war erschreckend hoch. Marianna hörte von unstillbarem Erbrechen und Durchfall. Der Körper vertrocknete. Es kam zu Herzschwäche oder Nierenversagen. Die Hälfte aller Erkrankten starben. Marianna war von Angst erfüllt, einen ihrer Nächsten zu verlieren. Sie selbst hatte sich hinter den Mauern ihres Gartens vor der grassierenden Epidemie versteckt. In diesen heißen Tagen hatte sie sich mit der Vorstellung gequält, wenn Gott ihr die Gnade gewährte, einen Menschen vor der Cholera zu verschonen – für wen würde sie bitten? Über alles liebte sie ihren Vater... und Alexej. Wenn es ihr vergönnt wäre, einem der beiden das Leben zu retten... Sie hatte sich für Alexej entschieden. Es war ein mörderischer Zweifel. Ihre Entscheidung dünkte sie ungeheuerlich, und sie zog eine „chinesische Mauer" um sich und ihre stumme Bitte. Zugleich war sie erleichtert, in sich eine solche Größe und Tiefe des Gefühls für Alexej von Jawlensky entdeckt zu haben. Sie erwog den Gedanken, daß er den Dienst quittierte und sie nach Blagodat zögen... oder nach Frankreich oder Deutschland oder Italien... Träume. Von Alexej waren in diesem Jahr Bilder in die Wanderausstellung gekommen.

Auf Repins berühmten Mittwoch-Abenden hatten sie über den französischen Impressionismus gestritten, hatten sich für die neue Malweise begeistert. Alle waren sich mit Repin einig: Zehn Jahre Akademie machen einen Künstler zu einem Idioten! Nach neuen Wegen und Ausdrucksformen zu suchen, war legitim. Einer aus der Runde forderte, man müsse nicht den konkreten Wald malen, sondern den Wald an sich. Alexej nahm diese Worte wie eine Offenbarung. Das war, was er dumpf gefühlt hatte, was ihn an die Staffelei trieb: die Seele der Dinge erfassen. Er liebte die rätselhaften Sätze Tschistjakows: Je näher zur Natur, desto besser, aber zu nah – ist platt!
 Im nächsten Jahr reisten die beiden wieder nach Blagodat.
 Der bedeutsame Sommer 1895.

Sie malten Porträts. Beide hatten in letzter Zeit die realistische Strenge ihrer Bilder aufgegeben, auf Detailreichtum verzichtet, nur das Wesentliche, Gesicht oder Haltung aus dem dunklen Hintergrund herausgehoben. Marianna hatte ein Selbstporträt gemalt, von dem Repin begeistert war. Ihre fast mystische Lichtführung erinnerte ihn an den spanischen Maler. Jetzt nannte er sie nicht mehr Elsterchen, sondern ‚Zurbaran'. Dynamisch, offen, selbstbewußt – in einfacher Matrosenbluse, Pinsel in der Hand, schaut sie dem Betrachter von einem dunklen Hintergrund entgegen.

Der Wunsch, sich gegenseitig zu malen.

Täglich werteten sie das Geschaffene aus. Sie kopierten Malweisen, die andere kreiert hatten. War es das, was sie wollten? Die eigenen Versuche brachten keine Befriedigung. Alexej litt stumm. Die neuen Porträts befriedigten auch Marianna nicht ausreichend. Es waren Fingerübungen für Licht und Schatten.

Marianna suchte auf Alexejs Bildern den großen Atem des Neuen oder den Geist der Geschichte, der sie auf Repins Bildern berührte. Die Unzufriedenheit miteinander und mit sich eskalierte in jenem Juli. Da hatte sich Marianna in den Tagen der Cholera eine so tiefe, eine so hingebungsvolle Liebe für Alexej eingestanden. Nun bescherte ihr die Wirklichkeit Enttäuschungen. Eines Tages hatte sie voller Zorn in ihr Tagebuch geschrieben:

„Drei Jahre vergingen in unermüdlicher Pflege seines Verstandes und seines Herzens... Meine Hoffnungen, während dieser letzten drei Jahre, in einer anderen Seele Widerhall zu finden, zerfallen... Ich stieß auf Begrenzung und heute sinken mir die Hände... Bis jetzt führte alles zu nichts. In Jawlensky fand ich zwar viel Interesse, ich erweckte in ihm eine Welt, aber er verstand mich nicht, und er schaute auf, traurig, banal traurig... Drei Jahre lang habe ich Schritt für Schritt mit ihm getan, Vorhang um Vorhang für ihn aufgezogen, ihm seine Talente, das Mysterium der Kunst gezeigt... Ich gab ihm künstlerische Erziehung. Daß er selbst es so nicht empfand, ist nicht seine Schuld. Jeder gibt, was er kann. Er nahm, was er konnte, und so wie er konnte, war er dankbar..."

Selbst die Wahrhaftigkeit eines Tagebuches ist zweifelhaft! Hinter diesen Sätzen klagte ihre verletzte, enttäuschte Seele.

Beim erneuten Lesen hatte es der Frau die Röte der Pein ins Gesicht getrieben ob der eigenen Verblendung und Überheblichkeit.

Das Boot schaukelte auf der Mitte des kleinen Sees. Im Strom des Mondlichts. Die Sterne waren hervorgetreten. Von den nahen Koppeln ertönte hin und wieder das Schnauben der Pferde. Im Schilf raschelte ermattet der Wind.

Marianna fragte, ob Alexej den Himmel im Osten brennen sehe, dort, wo die Stadt liegt.

Alexej schaute nicht auf. Er versuchte, den sich im Wasser spiegelnden Stern mit der Hand zu heben.

Und wir malen von uns Porträts! Marianna haßte ihr grausames, intolerantes Land, das die Menschenwürde verletzte.

Da brach es unvermittelt aus Alexej heraus:

Ich will verdammt nochmal nicht so malen wie du oder Repin. In mir ist anderes. Es quält mich. Ich suche den anderen Zugang zur Malerei. Ich will malen, was i c h fühle... was in meinem Innern zu schwingen beginnt, wenn ich Jelena sehe, wenn sie am Fenster sitzt und näht oder du vor deiner Staffelei stehst. Nicht dich, nicht Jelena – sondern was ich empfinde. Nicht Knechtschaft, Verbannung, Pogrome! Manchmal denke ich, du verstehst mich nicht! Vielleicht ist in einer Frau nichts von Schöpferkraft!

Es war ein Schock.

Sie dachte, jetzt ähnelt er meiner Großmutter, die mir einreden wollte, ich sei nicht schön! ... nichts von Schöpferkraft!

Diese plötzliche Enge im Boot. Die Unmöglichkeit, aufzustehen und zu gehen. Dieses Ausharrenmüssen, bis Alexej ans Ufer gerudert war. Die Unerträglichkeit dieses Spiegels – nichts von Schöpferkraft. Das sagte er ihr!

Kaum, daß Marianna Waldboden unter den Füßen hatte, war sie davongestürzt. An diesem Abend ließ sie sich nicht mehr blicken. Alexej bekam am nächsten Morgen das Frühstück im Atelier serviert. Nüchtern faßte sie das Fazit ihrer Beziehung zusammen: Verlorene Liebesmüh.

Alexej hatte sich entschuldigt. Ungerührt hatte sie es entgegengenommen und das Atelier geräumt. Sie siezte Alexej. Adam erhielt den Auftrag, ihre Bilder ins Haus zu tragen. Dort verhängte sie ihr Werk mit weißen Laken. Sie tat kund, daß sie ihn künftig nicht mehr mit dem Anblick ihrer Bilder beleidigen wolle. Zugleich war sie überzeugt, daß sein Ausbruch, anders malen zu wollen als sie, nur das Eingeständnis seiner Unfähigkeit war, es nicht so wie sie zu können. Zum arbeiten kam sie nicht mehr ins Atelier. Sie malte in einer Kammer des Gutshauses. Sie untersagte Alexej den Zugang.

Von Lesin erhielt sie einen der spärlichen Briefe, worin er schrieb, daß seine große Forschungsarbeit abgeschlossen sei. Er drückte Zuversicht auf Erfolg aus. Seine letzter Satz lautete: Ich hoffe, mir damit die Baroneß Werefkina verdient zu haben.

Diesen Brief hatte Marianna auf dem Terrassentisch liegengelassen. Am Tag wechselte Marianna kaum ein Wort mit Alexej. Es gab keine Spaziergänge zu zweit. Lediglich das Essen nahmen sie gemeinsam ein. Marianna sprach es mehr definitiv als eine Vermutung aus, daß es wohl Alexejs letzter Sommer in Blagodat wäre. Sie erinnerte ihn an dies und jenes aus seinem persönlichen Besitz, das nicht vergessen werden sollte.

Mit Genugtuung nahm Marianna wahr, daß Jawlensky litt. Doch sie litt nicht minder.

Und wenn er recht hatte?! Durch ihre grundverschiedenen Lebens- und Bildungswege näherten sie sich von entgegengesetzten Seiten der Kunst. Sie besaß einen viel zu starken und ausgeprägten Intellekt. Deshalb glaubte sie doch, daß Alexej es in sich trüge, womit der Repinsche Realismus zu überflügeln sei.

Nach wie vor war sie über Alexejs dumme Bemerkung wütend und über ihre heftige Reaktion unglücklich. Marianna hoffte, daß Alexej den ersten Schritt der Versöhnung tun würde. Sie hoffte es innig und gab sich unnahbar. Dann wollte sie fest an ihn glauben und zu ihm stehen in guten wie in schlechten Zeiten.

Alexej war nicht zum Abendessen erschienen. Er war am Nachmittag Richtung See gegangen. Es war ein kühler Tag gewesen. Marianna hatte am Kamin gesessen und gelesen. Auf alle Fälle hatte sie das Buch aufgeschlagen gehalten, um absolute Gleichgültigkeit seiner Person gegenüber zur Schau zu tragen. Doch sie tat nichts anderes, als Alexej zu beobachten. Die Spannung hatte sich zur Unerträglichkeit gesteigert. Marianna hatte vorgeschlagen, unter diesen Umständen eher abzureisen.

Sie forcierte etwas, dessen Gegenteil sie erhoffte.

Marianna hörte Alexejs Schritte auf der Terrasse. Die Tür wurde aufgerissen. Er stand im Rahmen. Alexej schaute sie an, finster, zerquält. Ihr schlug das Herz in den Hals. Alexej machte drei ungestüme Schritte auf sie zu. Blieb stehen, verlor sich in Resignation, murmelte eine Entschuldigung. Vom Mut verlassen, wollte er aus dem Zimmer fliehen.

Alexej...

Ihr Anruf hielt ihn zurück. Er stürzte zu Marianna, kniete vor ihr, verbarg seinen Kopf in ihrem Schoß und stammelte ihren Namen. Marianna Wladimirowna. Mein Leben macht keinen Sinn, wenn Sie sich von mir abwenden!... Ich liebe Sie. Ich brauche Sie unendlich! Marianna, meine Verehrung für Sie ist... tief und grenzenlos. Ich wage nicht... und möchte Sie so unbedingt um Ihre Hand bitten... Nichts vermag ich Ihnen zu geben als mein armseliges Leben. Verstoßen Sie mich nicht. Wir hatten so wunderbare Träume. Die Malerei. Nur mit Ihnen habe ich den Mut, diesen anderen Weg zu gehen. Sie sind die Einzige, die an mich glaubt. In meinem Herzen lodert ein Feuer. Den neuen Weg, helfen Sie mir, ihn zu finden! Nur Sie... Nur Sie... Wer sonst?

Er schluchzte.

Nie werde ich Sie anrühren! Ich schäme mich meiner Affären. Ich bin ein schwacher Mensch. Ich versichere Ihnen beim Leben meiner Mutter, keiner anderen Frau fühle ich mich so tief verbunden. Marianna, stoß mich nicht zurück. Von niemandem wurde ich mehr gefordert. Hilf mir! Mit deinem Glauben an mich werde ich den Weg zu mir selbst finden.

Du hast mir viele Türen geöffnet. Es wäre mörderisch, sie wieder zuzuschlagen. Die Harmonie finden, die aus den Gegensätzen hervorgeht! Du mein Gedanke... Hilf mir! Du kennst mich besser als ich selbst!...Ich will für dich da sein, so wie du es willst.

In dieser Nacht hat Lulu nicht wieder das Atelier aufgesucht.

„Ich liebe die Liebe,
die über dir schwebt
wie eine unsichtbare Stadt,
wie ein nicht faßbarer Duft,
eine Liebe,
die Verlangen weckt nach Zauberorten,
die den Kopf mit Wunderbildern füllt,
die stark macht und groß,
die zur Vollendung drängt,
die über dich den Zaubermantel wirft,
von Phantasie gewoben,
die dich zur Königin krönt,
ich liebe die Liebe,
die dich zum Schöpfergotte macht...

Ich liebe die Leidenschaft,
wenn sich in einem Blick die Welt öffnet,
und in einem Händedruck alle Lust liegt.
Leidenschaft, die wortlos ist
und voller Versprechen."

Am nächsten Tag erhielt Marianna von ihrem Vater Post. Es war ein ungewöhnlich dickes Kuvert. Lesin hatte an den Vater seine erste große Veröffentlichung gesandt und zugleich um die Hand seiner Tochter angehalten. Der Vater schickte nun Marianna Lesins Arbeit zu. Er schrieb: Eine Frau kann stolz sein, wenn ein solcher Mann um sie wirbt!
  Ironie des Schicksals.
  Es war zu spät.

Nach St. Petersburg zurückgekehrt, bat Marianna ihren Vater um den Segen, mit Jawlensky zusammenleben zu dürfen. Ihr lieber, alter Vater! Er begriff nicht. Er wußte, daß Jawlensky viel zu arm war, um einen Ehestand gründen zu können.

Trotzdem bitte ich dich um deinen Segen! sagte Marianna.

Der Vater hat hilflos den Kopf geschüttelt: Meinen Segen zu unehelichen Kindern? Wie stellst du dir das vor?

Er wünschte sich sehnlich ein Enkelkind.

Marianna versprach, wenn sie wirklich ein Kind haben sollten, auch zu heiraten und mit dem Wenigen zurechtzukommen. Aber eigentlich, sagte sie, haben wir schon ein Kind – unsere Kunst. Und glaube mir, beschwor sie ihren Vater, die Kunst von Jawlensky ist vielleicht von mir geweckt, sie wird von mir gepflegt und immer geliebt werden.

Ihr gütiger Vater, er gab seine Einwilligung in die freie Ehe mit Jawlensky.

Alexej bedankte sich „mit einem Brief bei meinem Vater, in dem er schrieb, daß er, wenn er das Geringste sein eigen nennen könnte, ihn um meine Hand bitten würde. So aber dankte er für meines Vaters weitherzige Einsicht... und gab ihm sein Mannesehrenwort und verpfändete ihm seine Ehre und sein Gewissen, daß er, Jawlensky, bis zum Tode mit seinem Leben zu mir gehöre."

Diesen Brief hatte sie im Nachlaß ihres Vaters gefunden.

21.

Ein kratzendes Geräusch an der Tür. Überhört die Frau, wenn Sofia mit zarten Fingern an das schwere Holz klopft. Sie geht öffnen. Das Kind strahlt sie an. Es bleibt erwartungsvoll stehen. Sofia trägt ein Regencape mit Kapuze, obwohl der Himmel von lockerem Hellgrau ist. Das Cape leuchtet im Gelb des Ginsters. Ihre Faust umklammert einen Strauß von Himmelsschlüsselchen.

Oh, der Wind hat mir eine Ginsterblüte ins Zimmer geweht. Guten Tag, Ginsterchen, wie geht es dir?

Das Mädchen ist über die Maßen befriedigt und murmelt: Danke, gut.

Sie streckt der Frau die Blumen entgegen und wischt sich verlegen die schweißfeuchte Hand an dem Cape ab. Sie schaut zu, wie die Frau die Blumen in einer Vase ordnet. In die Mitte hat die Kleine eine der ersten Rhododendronblüten dieses Frühlings gesteckt. Sie stürzt zur Balkontür.

Wo ist unser Storch?

Die Frau erzählt, daß sie dem Patienten den Verband abgenommen habe und daß er neuerdings Ausflüge unternehme. Bisher sei er abends zurückgekommen, um sich füttern zu lassen.

Die Frau fragt das Mädchen, ob es nicht sein Cape ablegen möchte. Sofia schüttelt stumm den Kopf. Sie tritt von einen Fuß auf den anderen, überwindet ihre Scheu und stößt den dringlichen Wunsch hervor:

Kannst du mich bitte malen!

Die Frau lacht. Ihr Skizzenbuch liegt auf dem Tisch. Sie zieht es zu sich heran. Das Mädchen steht feierlich und still neben dem Tisch und wagt nicht, sich zu regen. Über den Entwurf eines Briefes malt die Frau in schnellen, sicheren Strichen das Mädchen. Das dunkle Haar, das sich unter der Kapuze hervorlockt, die Augen mit jener fröhlichen Erwartung, der lachende Mund, in dem sich der kindliche Stolz sammelt. In der rechten Hand den Blumenstrauß, der eigentlich bereits auf dem Tisch steht. Ein wenig weht das Cape noch und verrät die Eile des Kindes, zu ihr gekommen zu sein.

Sofia nickt zufrieden.

Kannst du nicht auch ein großes Bild von mir malen? Ein richtiges, mit Farben.

Die Frau schaut in das Kindergesicht, als erwäge sie Sofias Anliegen. Ihre Gedanken fallen in das alte Raster.

Nein!

Die Ablehnung klingt barsch und endgültig. Eine Erinnerung ist aufgetaucht. Mit ihr – Wehr. Es funktioniert noch. Die Kleine schaut der Frau erschrocken ins Gesicht.

Ich kann keine Gesichter malen, entschuldigt die sich. Schau – nirgends ein Gesicht.

Sie weist auf ihre Bilder. Die Kleine schaut sich gewissenhaft um.

Stimmt... Ist nicht so schlimm! Das Bild in deinem Heft gefällt mir auch. Mein ganzes Cape ist vollgeschrieben.

Sie lacht, fingert an den Knöpfen und zieht es nun doch aus.

Das ist neu! sagt sie und hängt es sorgsam über die Stuhllehne.

Mama hat mir das Cape in einem richtigen Geschäft mit Spiegeln gekauft.

Helene. Ihr scheues Kindergesicht mit dem ängstlichen Blick.

Die Frau will nicht an Helene erinnert werden. Nicht an das Kind, das sie war. Sie spürt Gereiztheit in sich aufsteigen wie eine schwarze Flut.

Um zwölf Uhr muß ich wieder nach Hause gehen. Ich kann schon bis zwölf zählen.

Sofia streckt der Frau ihre Hände mit den gespreizten Fingern entgegen und noch einmal Daumen und Zeigefinger der rechten Hand.

Die Frau will sagen: Du kannst nicht jeden Tag kommen. Ich habe keine Zeit. Ich muß arbeiten.

Etwas hindert sie. Es ist die glückliche Selbstverständlichkeit des Mädchens... Es ist noch anderes...

Als ob Sofia ihre Gedanken erraten hat, sagt sie:

Du kannst ruhig malen. Ich bin ganz still und gucke zu.

Sofia schaut der Frau aufmerksam ins Gesicht. Die jähe Veränderung auf deren Zügen ist ihr nicht entgangen.

Bist du traurig?

Wie kommst du darauf, blockt die Frau ab und reibt die Palette sauber.

Du brauchst nicht traurig sein. Ich komme doch jetzt jeden Tag.

Die Frau tritt an die Balkontür. Sie schaut über den See. Am gegenüberliegenden Ufer entsteht gerade ein silbernes Wölkchen über dem Wasser. Sie läßt die Worte der Kleinen in sich nachschwingen. Du brauchst nicht traurig sein. Ich komme doch jetzt jeden Tag.

Das ist die Chance. Sie nicht ein zweitesmal verspielen! Es war ein untauglicher Versuch, aus dem Leben in die Kunst zu fliehen und den anderen das Leben und die Liebe zu überlassen.

... nicht traurig sein, ich komme doch jetzt jeden Tag...

Dieses Geschenk annehmen.

Ja, Ginsterchen, das ist gut, sagt die Frau und wendet sich wieder Sofia zu.

Die Kleine atmet erleichtert auf.

Ich könnte mich ja selber malen, schlägt sie der Frau vor.

Gut. Arbeiten wir beide!

Ein Spiegel wird herbeigeschafft und Bücher, gegen die er gelehnt wird. Die Frau hat kein Blatt weißes Papier für Sofia. Papier ist teuer. Ihr Skizzenheft ist bis auf die letzte Seite voll. Zur Zeit kann sie sich kein neues leisten. Sie kann der Kleinen nur ihr beschriebenes Heft geben und einen Radiergummi. Sofia mustert sich interessiert im Spiegel und beginnt, Grimassen zu ziehen.

Die Frau holt sich das Postkartenpapier auf die Staffelei und legt die zehn Karten aus. Zehnmal Himmel. Zehnmal Wasser...

Einmal muß sie Santo auch von Helene erzählen.

Wie alles – begann es harmlos und unverfänglich. Der schwarze Schatten war nicht zu ahnen.

Ein Abend in St. Petersburg. Marianna speiste mit ihrem Vater zu Abend. Er hatte ein Anliegen und erhoffte sich von der Tochter Hilfe. Ein Polizeisoldat war auf der Festung durch einen Unfall zu Tode gekommen. Als Kommandanten der Festung lag es in der Verantwortung des Vaters, sich um dessen Familie zu kümmern. Die Ehefrau habe er im schlimmsten Delirium vorgefunden. Eine unheilbare Alkoholikerin. Der Soldat hatte sie vor wenigen Jahren geheiratet, aus Mitleid mit den Kindern. Der Älteste saß wegen Diebstahl im Gefängnis. Die große Tochter war bereits im Asyl. Es gab noch ein kleines Mädchen von neun oder zehn Jahren. Der Vater fragte Marianna, ob sie nicht eine Verwendung für das Kind wüßte. Als die Nonnen vom Waisenheim das Kind holen wollten, habe es sich hinter dem Kommandanten versteckt und gewimmert, es wolle in kein Heim. Da hatte er schützend die Hand über das Mädchen gehalten.

Marianna ließ am nächsten Tag die Zehnjährige zu sich bringen. Es war ein sanftes, stilles Gesicht. Große dunkle Augen hingen voll Bangen an Marianna. Ihr war das Mädchen auf den ersten Blick sympathisch. Marianna fragte sie nach ihrem Namen. Das Kind hauchte kaum hörbar:

Jelena.

Und weiter?

Jelena zuckte mit den Achseln, schaute von Angst gepeinigt von einem zum anderen und murmelte:

Njeznakomow.

Jelena Unbekannt – hatte Marianna spaßhaft wiederholt. Es war bei diesem Namen geblieben. Die Formalitäten waren bald geregelt. Marianna hatte die Vormundschaft für das Mädchen übernommen. Sie hatte die kleine Jelena ihrer Zofe anvertraut. Für Jelena hatte man eine Kammer hergerichtet. Das Kind stand vor dem Bett und strich behutsam über das helle Linnen. Sie wurde gebadet, entlaust und neu eingekleidet. Ihr volles dunkles Haar wurde zu einem Zopf geflochten, der ihr auf den Rücken hinunterreichte. In den ersten Tagen sprach sie kein Wort. Wenn sie sich unbeobachtet glaubte, berührte sie mit den Fingerspitzen geschliffenes Kristall, die Samtvorhänge, die Goldrahmen der Gemälde, Mariannas Seidenblusen. Als ihr eine Porzellantasse aus den Händen fiel, floh sie schluchzend in den dunkelsten Winkel des Kommandantenhauses. Daß Marianna sie für dieses Mißgeschick tröstete, stellte die Welt des Kindes auf den Kopf. Wenn sie künftig ihre Herrin erblickte, leuchteten ihre Augen. Es war Demut und Dankbarkeit und Zuneigung. Jelena versuchte, jeden von Mariannas Wünschen zu erraten. In ihrer kindlichen Umsicht rührte sie die Baroneß.

Marianna mochte das scheue, stille Kind. Seine Gegenwart war ihr angenehm. Als sie im Sommer nach Blagodat reisten, durfte Jelena sie begleiten.

Trotzdem blieb Jelena Njeznakomow eine Randfigur ihres damaligen Lebens. Marianna hatte das Mädchen auf Wunsch des Vaters vor dem Asyl bewahrt, es aus seiner dumpfen, stumpfen Enge geholt, ein Wesen, das nicht schreiben und lesen konnte. Hätte sie damals gewußt, wie sich alles entwickeln würde... Was hätte sie anders gemacht? Was?

Einmal hatte es Marianna in Blagodat überrascht, wie Jawlensky und Jelena mit einer jungen Katze spielten. Mit einer Grasdolde lockte Alexej den Rotgestromten, und das Mädchen lachte bei dessen drolligen Sprüngen, Attacken und Purzelbäumen. Marianna war verwundert auf dem Hof stehengeblieben. Sie hatte Jelena noch nie lachen gehört.

Beim Abendbrot drückte Jawlensky seine Genugtuung aus, daß Marianna der kleinen Waise Obdach gewährte. Nicht nur Obdach. Geborgenheit. Sattsein. Wärme. Lebensqualität. Frei von Zukunftsangst.

Sieh mal, Nonna, ich kann schreiben!

Sofia hatte sich eine halbe Seite freiradiert. Das Heft lag verkehrt herum. Sie hatte in anrührend krakliger Schrift die stehengebliebenen Worte einer Notiz abzuschreiben versucht. Ihre Buchstaben standen auf dem Kopf.

Was habe ich geschrieben? Lies mir mal vor!

Ich f..reue mi..ch auf die Schu..le! las die Frau.

Stimmt. Habe ich geschrieben! Jetzt möchte ich meinen Namen schreiben und deinen!

Die Frau schrieb in großen Druckbuchstaben: SOFIA CAISELLI E LA NONNA.

Wolltest du nicht malen?

Ich finde mich auch nicht schön! Ich lerne lieber schreiben. Dann kann ich dir einen Brief schicken. Das wäre fein, nicht wahr?

Die Frau nickt.

Wer findet dich denn noch nicht schön?

Alle... und du.

Du irrst dich, sagt die Frau. Ich finde dich wunderschön. Wenn man einen Menschen liebhat, ist er immer schön.

Sie hatte geglaubt, Jawlensky liebe sie mit der Seele und die jungen hübschen Modelle mit den Augen...
Ich finde dich auch wunderschön, sagt Sofia.
Sie lächeln sich beide zu. Das Kind beginnt nun doch sein Porträt. Den Kopf hält es tief über das Heft gebeugt.
Die Frau denkt, vielleicht wäre es für das Selbstwertgefühl des Mädchens wichtig, es zu malen.

Einmal saß Jelena auf einem umgedrehten Eimer am Scheunentor. Auf ihrem Schoß hatte sie den kleinen Kater, den sie unnachahmlich mit ihren Armen umschlossen hielt. Da hatte Alexej Jelena wohl zum erstenmal gezeichnet, berührt von ihrer innerlichen Einsamkeit. Später diente sie ihm oft als Modell. Manchmal bat Alexej die Zofe, Jelena zu verkleiden. Sie steckten das Mädchen in Kostüme, setzten ihr Hüte auf. Mal mußte die Zofe Jelena das Haar hochstecken, mal trug sie es offen, dann wieder kindlich geflochten.

Sofia radiert heftig.
Ich möchte doch lieber schreiben!
Sofia bringt der Frau das Heft. Sie hat sich mit dem Radiergummi den nächsten Freiraum geschaffen. Die Frau schaut fragend, was sie vorschreiben soll.
ES GEFÄLLT MIR BEI DIR.
Hatte es Jelena damals gefallen, stundenlang Modell zu sitzen? Nicht nur für Jawlensky. Auch seinen Kollegen. In diesen und jenen Posen. Jelena hatte es mit Gleichmut ertragen. Bestrebt, stets gefällig zu sein.
Als die Kirchturmuhr schlägt, zählt Sofia die Schläge mit den Fingern mit. Wieder einmal sind es dreizehn. Erschrocken schaut die Kleine auf.
Die Uhr hat sich verzählt, beruhigt die Frau. Es ist zwölf.
Könntest du mir Heft und Stifte immer borgen, wenn ich komme?
Die Frau nickt.
Danke, liebe Nonna!
Ginsterchen, sagt die Frau. Fast zärtlich.

22.

Eines frühen Abends stürmte Wsewolod in das Atelier der Schwester. Marianna hatte Alexej erwartet. Des Bruders Augen waren dunkel vor Erregung. Er stieß unverständliche Worte hervor und maß mit Riesenschritten den Raum aus. Zunächst begriff Marianna nur, daß sich der Zorn des Bruders gegen Alexej richtete. Das war nicht neu. Die Liaison der Schwester mit dem Regimentskameraden war auf Wsewolods Ablehnung gestoßen. Daß der Vater seinen Segen zu jener ‚wilden Ehe' gab, setzte allem die Krone auf! Plötzlich fiel ein Wort, das Marianna das Blut in den Adern gerinnen ließ.

Duell.

Ja, er, Wsewolod von Werefkin, hätte den Regimentskameraden Jawlensky herausgefordert. Auf Revolver!

Bisher hatte Marianna Wsewolod als liebenswerten Hitzkopf gesehen. Sein leidenschaftlicher Vorwurf gipfelte in der rhetorischen Frage, warum die Schwester diesen Nichtswürdigen nicht längst zum Teufel gejagt habe. Sie antwortete mit einem Lächeln. Als hätte der Bruder darauf gewartet! Dieser Habenichts bringe den guten Ruf der Schwester ins Gerede, mache sie lächerlich. Da niemand aus der Familie die Zivilcourage aufbringe, den anderen in die Grenzen zu weisen, habe er es auf sich genommen, die Ehre des Namens Werefkin zu verteidigen. Jawlensky sei durch den Großmut des Vaters auf ungewöhnliche Weise in die Familie gekommen und danke es mit fragwürdigem Lebenswandel.

Er sagte, Jawlensky habe die Herausforderung angenommen.

Kälte breitete sich in ihr aus.

Der Schatten der Großmutter war auferstanden.

Die Schwester versuchte Wsewolod zu besänftigen. Sie versuchte, ihm klarzumachen, daß er ein absolut falsches Bild von ihrer Beziehung zu Alexej in sich trüge. Im Eifer seiner Jugend würde er von falschen Prämissen ausgehen. Was sie mit Jawlensky verbinde, sei so jenseits von dem, was sich der Bruder, gefangen in militärischem Korps-Geist und überholtem Ehrenkodex, vorstellen könne. Was wisse er von der so ganz anderen Liebe, die sie mit Alexej verband? Was verstand

Wsewolod von Kunst, was von Malerei? Sie wurde von Alexej gebraucht, sie liebte den Maler.

Unter den skeptisch-mitleidigen Augen des Bruders wurde Marianna bewußt, daß ein Dritter niemals Verständnis für ihr kompliziertes Verhältnis zu Jawlensky aufbringen würde. Es war unüblich. In aller Augen eine Mesalliance und ein Schlag ins Gesicht des Hofklüngels. Die Freiheit, die sich die Tochter des Festungskommandanten nahm, stieß auf keinerlei Verständnis. Eine Beziehung so nahe am Hofe des Zaren mußte in das überprüfbare Muster der Gesellschaft passen, die sich das Recht nahm, es zu billigen oder zu verwerfen.

Diesem Diktat wollte Marianna sich nicht beugen. Wem wollte der Bruder Genüge tun? Dem Urteil der anderen? Lag ihm wirklich an Mariannas Glück oder Wohlergehen? Sein oder Alexejs Tod würden ihr weder Genugtuung verschaffen noch irgendeine Befriedigung bereiten.

Doch keines von Mariannas Worten erreichte den Bruder.

Die Tür wurde aufgerissen.

Alexej stürmte ins Atelier. Seine Gesichtszüge waren verzweifelt und von ‚blauer' Entschlossenheit. Er suchte Mariannas Blick.

Alles Ungesagte besaß noch immer seine Gültigkeit.

In Marianna läuteten die Glocken. Sie liebte ihn – trotz allem, trotz allem.

„Wir bangen, je unsere Liebe zu verlieren. Wir kennen die Freude der Schöpfung als Bestätigung unseres Selbst. Wir können allenthalben die Blumen blühen lassen. Unser ist die Welt der Schönheit und der Geheimnisse. Alles in uns ist Künstler, die Augen, die das Schöne sehen, und das Herz, das das Schöne empfindet, der Geist, der erfindet, und die Hand, die schafft."

Auf des Bruders kränkende Frage an Alexej: Wollen Sie leugnen? – antwortete dieser nicht. Sein Blick war verzehrend auf sie geheftet. Er sagte: Marianna Wladimirowna, ich nehme die Herausforderung an. Was ich für Sie tun kann – nicht auf Ihren Bruder zu zielen!

Er verbeugte sich unnatürlich steif und verließ das Atelier.

In St. Petersburg hatte Alexej seinen Ruf als bester Schütze verteidigt.

Marianna machte dem Bruder heftige Vorwürfe. Er greife in ihr Leben ein und fälle für sie Entscheidungen. Sie empfand Wsewolods Verhalten als Entmündigung. Seine Ansichten seien überholt und rückständig. Allein wollte sie entscheiden, was sie Alexej vorwarf und was sie verzieh, was sie duldete und was sie sich verbat.

Wenn Wsewolod Alexej tötete, erlosch Mariannas Zukunftsvision. Der gemeinsame Traum, Rußland zu verlassen und in Westeuropa den Weg zu einer neuen Kunst zu finden. Wurde nicht schon einmal ein Genie in einem lächerlichen Duell getötet, der Literat – warum jetzt nicht ein Maler, dessen Stern sie zum Leuchten bringen wollte.

In jenen Tagen hatte Marianna an dem großen Porträt ihrer Mutter gearbeitet. Ein Gedächtnisbild an die Verstorbene. In Verehrung.

Die lebenslange Trauer der Mutter war eingefangen. Im Verständnis ihrer Ikonen hat Marianna die Mutter auf ihrem Bild festhalten wollen. Unter ihren Schutz stellte sie sich jetzt.

Es war, als wandte sich die Mutter von dem Streit ihrer beiden Ältesten ab.

Als Marianna den interessierten Blick des Bruders auffing, mit dem er das Bild streifte, fragte sie, ob er jemals darüber nachgedacht habe, warum die Mutter so früh gestorben sei? Was der Grund ihrer Trauer war, an der sie eines Tages erlosch?

In deiner Kaserne wirst du niemals Gelegenheit gehabt haben, ein Gespür für ihr Geheimnis zu entwickeln. Für euch Soldaten ist Tod das Selbstverständliche. Du willst Jawlensky töten, um einen lächerlichen Ehrenkodex zu befriedigen, mit dem i c h nicht das geringste zu schaffen habe. Du willst mein Leben zerstören. Um welchen Preis? Auch als mein Bruder hast du nicht das Recht, dich auf diese Art in mein Leben zu drängen. Unter den Augen unserer Mutter sage ich dir – du hast nicht ihren Segen für dein Tun.

Der Bruder war blind und taub in seinem Haß auf Jawlensky.

Spät in der Nacht beschwor Marianna ihren Vater, in dieser Angelegenheit einzuschreiten.

Wsewolod nahm seine Herausforderung zurück.

Das Duell fand nicht statt.

Künftig wußte sich Marianna von der Familie ausgegrenzt.

Einmal mehr wollte sie fort aus St. Petersburg.

Es war, als zerbrach der Vater am Unfrieden seiner Kinder. Er starb. Plötzlich und unerwartet. Er starb – so, als wollte er seiner Tochter den letzten Stein zu ihrer finanziellen Unabhängigkeit aus dem Wege räumen...

Es war das Jahr 1896.

Marianna erhielt die hohe Zarenrente. Alexej reichte seinen Abschied ein. Sie konnte Rußland verlassen. Mit Alexej. Sie war frei. Sie konnte gehen. Endlich. Endlich alle Zwänge, alle Enge hinter sich lassen.

In ihr Tagebuch schrieb sie: „Wenn Alexej mit Gottes Hilfe das vorgesteckte Ziel erreicht und ein durch mich in der Welt vorgestellter Künstler wird, dann habe ich meinen Daseinszweck erfüllt, dann ist mein Leben nicht umsonst gewesen."

Dies schrieb sich einfach und lebte sich unsäglich schwer.

„Die Deuter sind es, die den Menschen Wahrheit und Schönheit erschließen, die sie sonst nicht verstehen. Sie gehen den Weg der Liebe. Das Genie in seinem Glanz und Gott in seiner Größe werden im Augenblick ihrer Deutung eins."

Ja, sie wollte ihr Leben Alexejs Kunst weihen. Ihm wollte sie alle Wege und alle Türen öffnen, seine Ausbildung vervollkommnen, mit ihm reisen, ihm neue Eindrücke vermitteln, ihn in seinen Absichten erfühlen und bestärken.

Sie hat es getan.

Seine Bilder sollten Mariannas Lebensinhalt werden. Das, was in Jawlensky brannte, war ihre Sehnsucht. Unter dem Ausmaß seines inneren Anspruchs wollte sie sich nicht mehr befugt fühlen, selbst vor die Leinwand zu treten und nach dem

Pinsel zu greifen. Westeuropa war demokratischer. Dem Muß zu malen, war sie entronnen, wenn sie Rußland verließ. Nun konnte sie sich auf Größeres vorbereiten. Auf die neue Kunst. Sie wollte jenen Satz, daß ‚in einer Frau nichts von Schöpferkraft sei‘, anerkennen. Daß er verlogen war, hat sie später begriffen. Alexejs Dienerin wollte sie sein und seine Künderin. Sie und Alexejs Kunst sollten eine enge Symbiose eingehen. Sie wollte unlöslich mit Jawlensky in seiner Kunst verschmelzen. Dies sollte ihre Art sein, ihre Liebe zu zeigen.

Eine außergewöhnliche, einmalige Art.

Mit Jawlenskys Affären hatte sie sich auseinandergesetzt. Sie konnte und wollte keinen Heiligen aus ihm machen. Eines Tages, so träumte sie, wird sich Alexej durch seine Kunst bestätigt fühlen. Er wird in einem gesunden Selbstbewußtsein ruhen. Und er wird Marianna lieben, weil er endlich um die Größe ihres Gefühls weiß. Alexej wird sie lieben, nicht mehr als übergroße Lehrerin und Mäzenatin, sondern in dem hohen Anspruch, in dem sie erkannt und geliebt werden wollte. Sie sehnte sich nach Hingabe.

Das Vermächtnis jener Nacht in Blagodat. Ihrer Liebe war ein Weg gezeigt. Sie war sich sicher, daß es ein langer Weg sein würde. Marianna wollte ihn gehen.

Die Flucht vor dem Leben begann.
Der Weg in die Illusion.
Das Opfer ihrer selbst.
Die Wahrheit lag woanders.

23.

Als die Frau das Gäßchen hinaufsteigt, scheint ihr die Sonne ins Gesicht. Die Luft ist von Summen erfüllt. In den Mauerritzen sprießt zierlich der Farn. Seine Triebe beginnen sich aufzurollen. Kleine grüne Sonnen.

An geschützter Stelle blüht ein Rhododendronstrauch. Seine Blüten sind groß, schwebend, ein gläsernes Rosa, umsäumt von violettem Band. Wo die Zweige den Erdboden berühren, steht unter einer der Blüten betört ein Rabe.

Am Hang mit den Rebenstöcken wechselt ein Bauer die verwitterten Latten gegen neue aus. Er befestigt sie in den Kerben der Steinpfeiler. Der Wind trägt der Frau den Duft des frischen Holzes zu, das weiß glänzt und die nächsten Jahrzehnte überdauern soll. Sie atmet tief durch und genießt es, in sich selbst angekommen zu sein.

Beim Kastanienwald beginnt der Aufstieg. Wo die Sonne nicht mehr auf dem Weg liegt, wird es empfindlich kühl. Wenn sie ihre Bank erreicht hat, wird sie ins Schwitzen gekommen sein. In einer tiefen Wagenspur hat sich Regen- oder Schmelzwasser gesammelt.

Unerwartet steht der Jude vor ihr. Mit seinem Hund. Er war von dem anderen Seitenweg auf den Sentiero Romano gestoßen.

Beide sind sie gleichermaßen überrascht und erfreut.

Marianna Werefkina, seien Sie gegrüßt!

Er streckt ihr die Hand entgegen und schüttelt die ihre lange.

Jeden Tag hoffte ich, Sie wiederzutreffen, sagt er. Jeden Nachmittag saß ich um die dritte Stunde auf der Bank. Verzeihen Sie, ich will Sie nicht erschrecken und Ihnen nicht meine Gegenwart aufdrängen.

Seine Freude rührt sie. Plötzlich tut der Frau das Herz weh. Sehr weh. Warum? Das passiert jetzt hin und wieder. Naht ihre Zeit zu gehen? Sie hat noch viele Bilder zu malen!

Ich habe oft an Sie gedacht, fährt der Mann fort. Wenn ich auf der Bank saß, habe ich dem Hund erzählt, daß man Tag für Tag voller Not einhergeht. Plötzlich kommt jemand mit Freundlichkeit auf einen zu und vermag, den schwarzen Schleier fortzuziehen. Und das ist kein geringes Ding: einen Menschen zu beleben... Daß wir uns heute treffen... Ich möchte Fügung darin sehen. Ich trug eine Frage in mir...

Mutlos geworden verstummt er, ihr Schweigen falsch deutend.

Fragen Sie!

Es wäre ein Fest für mich, wenn Sie mich am Samstag zu einer Feier begleiten würden.

In dem Jahr, als Jawlensky nach Wiesbaden zog, hatte die Frau bei hereinbrechender Dunkelheit vor einem Kellerfenster gestanden. Ein warmer Lichtschein fiel auf das Pflaster. Musik klang heraus, die ihr vertraut war. Eine russische Volksweise. Wehmut stieg damals in ihr auf. Heimatverlust, der schmerzte. Zumeist lebten russische Juden in Ascona. Die abgeschirmte Welt dort unten erschien ihr wie eine Insel von Geborgenheit. Die Geige schluchzte. Was sie empfand, war ihr absolutes Ausgeschlossensein. Von allen.

Der Hund stößt die Frau an, als wolle er sie zur Antwort mahnen.

Danke, sagt sie.

Sie würden kommen?, fragt Jacoob Zadman.

Ja.

Wenn es Ihnen recht ist, würde ich um siebzehn Uhr vor Ihrem Haus auf Sie warten.

Heute klingen die Worte nicht wie Scherben in seinem Mund.

An dem nächsten Weg, der nach unten führt, verabschiedet sich der Mann, als wäre es vermessen, von diesem Tag mehr zu erwarten.

Das Herz schmerzt noch immer. Die Frau beschließt umzukehren. Bevor sie die Piazza erreicht, schaut sie zu einem Fenster hinauf. Eine junge Frau winkt ihr. Assunta. Sie ist eine begnadete Photographin und hatte vor zwei Jahren auf einer Wettbewerbsausstellung den ersten Preis gewonnen. In lebhafter Zeichensprache fragt Assunta, ob es der Frau recht sei, wenn sie jetzt zu ihr komme, um ihr die neueste Arbeit zu zeigen. Die Frau nickt im Einverständnis. Hat Assunta also den absurden Gedanken aufgegeben, ihre Kamera in den See zu werfen, um ihre Ehe zu retten!

Eine halbe Stunde später erscheint die junge Frau. Sie versichert, nicht lange zu stören. Die Mappe legt sie auf dem Hocker ab, der mit Schnitzereien reich verziert ist. Alte russische Handwerkskunst. Für seine Schönheit führt er in der Ecke ein Schattendasein.

Ihr dunkelblaues Strickkleid ist hochgeschlossen und enganliegend. Es betont die mädchenhafte Figur. Das blonde Haar ist auf eine Länge geschnitten. Mit Seitenscheitel. Manchmal streicht sie es hinter das Ohr. Dort bleibt es für kurze Augenblicke liegen, dann fällt es zurück und umschmeichelt ihr Oval.

Assunta steht in der Mitte des Zimmers und dreht sich langsam um die eigene Achse. Zögernd tritt sie an das Vertiko heran.

Es ist immer wieder schön bei dir. Die vielen kleinen Dinge, die die Phantasie anregen mit dem Geheimnis, was sie dir bedeuten?! Dieses goldfarbene Schneckenhaus – wer hat es wo für dich aufgehoben? Wer hat dir diese Brosche geschenkt, daß du sie an die Wand heftest und nicht an dein Kleid steckst? Der Reichtum deiner Gedanken, Erfahrungen, Überlegungen, die von deinen Bildern herabwehen. Darf ich einmal mit meiner Kamera zu dir kommen? Bitte!... Dich aufnehmen, wenn du vor deiner Staffelei stehst und arbeitest. Oder du in diesem Sessel, wenn dein Blick über den See geht und du Dinge siehst, die nicht sind! Du in diesem Zimmer – der Mittelpunkt. Damit würde ich einen Preis gewinnen!

In diesem Jahr sollte Assunta zusammen mit einem Deutschen ihre erste eigene Ausstellung haben. Mit siebenundzwanzig Jahren! Assunta hatte sich auf das menschliche Gesicht spezialisiert.

Das Photo in der Mappe zeigt das gegerbte Gesicht einer alten Frau. Ein wenig erinnert sie an Serafine. Ein Faltennetz. Zahnlos. Ihr schwarzes Tuch locker über den Kopf zusammengelegt. Sie sitzt im Freien vor einem großen weiten Himmel an einem Holztisch. Mit einem Messerchen schneidet sie sich Brot in kleine Häppchen. Neben sich eine große Tasse. Kaffee oder Wein? Sie ißt mit Andacht und erfüllt von Dankbarkeit. Assuntas Titel lautete: Pobollas letzte Mahlzeit, bevor man sie ins Asyl steckte.

Der Frau ist, als schnüre es die Luft ab.

Du bist talentiert und sensibel. Du verbindest deinen Blick mit Engagement... Du versprichst, die Kamera nicht in den See zu werfen!?

Aber ich will mit Italo zusammenleben und nicht mit einem Photoapparat.

Niemals bedeutet es Glück, wenn du dich von einem anderen Menschen abhängig machst. Gott hat eine Begabung in dich gelegt, eine Hoffnung, ein Geschenk – dem solltest du dich würdig erweisen. Und deswegen wirst du von Italo geliebt.

Die Frau geht an die Kommode und zieht die Schublade auf. Sie holt ein in Leder gebundenes Buch heraus. Dunkel abgegriffen. Ihr Tagebuch. Sie blättert. Assuntas Mann, der Lehrer war, kam mit dem Erfolg seiner Frau nicht zurecht. Arbeiten von ihr waren in deutschen und französischen Zeitschriften erschienen. Die Frau will die Jüngere warnen.

Nur einen Absatz, sagt sie, lese ich dir vor. Sie hatte ihn nach dem letzten Gespräch mit Assunta herausgesucht. „... ich machte mich zur Schwachen, ich entsagte meinem Willen, meinen Wünschen, meinem Leben... Ich verbarg mich hinter weiblicher Schwäche, mein eigenes Studium vorgebend und duldend, daß er mich schlecht behandelte... Ich verstellte mich und gab vor, Schülerin und Kind zu sein, damit die Nähe der Rivalin ihn nicht bei der Arbeit stören sollte... Damit er nicht auf mich als Künstlerin eifersüchtig sein sollte, verbarg ich vor ihm meine Kunst... Nun kann ich nicht mit dem Gedanken fertig werden, daß ich der Hintergrund seines Lebens bin, beruhigender Hintergrund, Hindernisse entfernend... Alles, alles, was er von mir erhielt, gab ich vor, zu nehmen. Alles, was ich in ihn hineinlegte, gab ich vor, als Geschenk zu empfangen..."

Die Frau überschlägt Seiten:

Noch einen Satz. Aus späterer Zeit... „Nichts anderes habe ich jetzt mehr als den eigensinnigen Wunsch, aus dem Schlamm meines Lebens herauszusteigen... Ich will wieder meine Kunst ergreifen und zusammen mit ihr alles zur Reinheit zurückführen."

Die Frau schließt das Buch. Assunta spürt innere Bewegtheit der Älteren.

Marianna, es gab Zeiten, in denen du nicht gemalt hast?

Um einem Mann sein Selbstwertgefühl zu stärken? Und ich glaubte, nur ich bin in diesen unglücklichen Widerspruch gefallen!

Assunta erhebt sich von ihrem Sessel und kniet vor der Frau. Sie legt ihren Kopf auf deren Schoß. Assunta hat früh ihre Mutter verloren.

Sie schaut auf und fragt:

Muß ich meine Liebe mit dem Verstand erklären können?

Assunta ist nicht erste junge Frau, die sich mit solchen Fragen zur Baronessa kommt! Die denkt: Ich wollte immer alles über den Verstand wissen und erklärt haben, auch die Liebe – und das war mein Verhängnis.

Nein. Mußt du nicht – sagt sie mit Bestimmtheit.

Ich bin so froh, daß es dich gibt!

Ein erschrockener Blick von Assunta auf die Uhr. Die Frau lächelt. Ein überstürzter Aufbruch. Draußen ist es finster geworden. Das Klappern von Assuntas Absätzen hallt über die Piazza. Man hört, wie sie rennt.

24.

Santo, will ich wirklich noch einmal über die Berge versteinerten Leids steigen? Sollte man Vergangenheit nicht einfach ruhen lassen? Noch einmal das Karussell der Eitelkeiten besteigen und Schimären nachjagen? Halte ich diese Nächte durch?

Im Scherz sagtest du, einmal wird jemand ein Buch über die deutsche Moderne schreiben, und die einleitenden Sätze werden lauten: ‚Im November 1896 kam Marianna Werefkina nach München. In ihrem Salon wurde die Bruderschaft von Sankt Lukas gegründet. Wesentliche Gedanken von ihr werden sich in der Neuen Künstlervereinigung München wiederfinden. Auch im Almanach des Blauen Reiters.'

Es gab eine Zeit, wo es Marianna stolz gemacht hätte, Hebamme der modernen Kunst genannt zu werden. Vielleicht war sie tatsächlich Katalysator eines Prozesses gewesen.

Santo, du hast den Weg zu mir über meine Bilder gefunden. Ich bin Malerin. Meine Theorie galt einer anderen Kunst. Nicht meiner. Das weiß ich heute. Laß nie zu, daß das, was ich über die neue Kunst schrieb, über mein eigenes Werk gestülpt wird!

Eines Tages hatte der Stieglitz seinen Weg durch das geöffnete Fenster gefunden. Mit einem unbeschreiblichen Jubellaut war er in das Blau des Himmels gestiegen. Marianna hatte diesen Laut vernommen. Der Jubel berührte sie. Noch heute ist er unvergessen. So jubelte es in ihr, als die Grenzen passiert waren, und der Zug auf deutschem Boden rollte. Freiheit.

Sie war der verhaßten Enge entkommen.

Alexej reiste an ihrer Seite, so offiziell, so unbestritten – ihr Liebster, ihr Ehemann, ihr Freund. Seinen Dienst hatte er quittiert. Mariannas jährliche Zarenrente belief sich auf siebentausend Rubel. Das waren mehr als 21 000 deutsche Goldmark. Sie war reich. Was mein ist, ist auch dein. Der finanzielle Wohlstand sollte die Pforte zum Glück öffnen, das sie sich mit Alexejs Kunst schmieden wollten. Marianna sah sich künftig in der Rolle der Verkünderin. „Das Publikum muß sensibilisiert werden. Dies ist die Rolle der Frau. Besonders in der Kunst." Sie wollte den Boden aufbrechen für die Malerei des Auserwählten. Hinter dieser Aufgabe verbarg sich Jawlenskys fragwürdiger Gedanke, eine Frau sei ‚bar von Schöpferkraft'.

Paris war als Wohnort in Erwägung gezogen worden, aber zugunsten von München aufgegeben. Grabar und Kardowsky, Malerfreunde aus St. Petersburg, hatten die süddeutsche Stadt bevorzugt. Zu fünft hatten sie Rußland verlassen. Marianna hatte das Mädchen Helene mitgenommen. Für Alexej war es von Wichtigkeit, mit russischen Kollegen zu reisen. Seine deutschen Sprachkenntnisse waren gering. In der Giselastraße, nahe dem Englischen Garten, fanden Marianna und Alexej eine großzügige Doppelwohnung, die ihrem Anspruch gemäß war.

München also. Man pries die Atmosphäre heiterer Sinnlichkeit und sagte der Stadt Toleranz gegenüber Individualität und

Künstlertum nach. Verwurzelt in herber Bodenständigkeit, ließ sie das Eigenwilligste und das Kühne, das darauf erblühte, gedeihen. München – eine Stadt der Jugend, voll Nachsicht und Duldsamkeit. Nicht einmal die Hälfte ihrer Einwohner waren gebürtige Münchener. Ein Fünftel seiner Bewohner kam aus östlichen Ländern. Schwabing im besonderen... Schwabing, das ein normaler Münchener als nördlichen Stadtteil bezeichnete, war für den Zugereisten ein ‚geistiger Zustand'. Schwabing hatte sich zur geistigen Insel in der großen Welt herausgebildet. Und Marianna gehörte zu denen, die den Grundstein dafür legten. Heute ist es still geworden um das exzentrische, laute, selbstbewußte Schwabing. Im ersten Jahrzehnt des neuen Jahrhunderts wurde dort in fast jedem Haus gemalt, gedichtet, musiziert oder getanzt.

Es lebte sich anders in einer europäischen Großstadt als auf der Festung in St. Petersburg. Marianna genoß ihre absolute Unabhängigkeit und uneingeschränkte Freiheit. Für die deutschen Verhältnisse brauchte sie keine Verantwortung zu tragen. Hier war sie Gast. Sie besaß das Geld, die Zeit, die Ideen, den Geschmack und die Energie, das Leben in der Giselastraße zu organisieren, zu gestalten, zu schmücken, damit Alexej es in Arbeit, Abwechslung, Sorglosigkeit und Genuß leben konnte.

Helene war eine unentbehrliche Hilfe im Haus. Sie fürchtete sich, auf die Straße zu gehen. In München war das Mädchen noch schüchterner geworden und stummer. Als Marianna sie auf einen ihrer Einkäufe mitnahm, wollte sie der Zwölfjährigen eine Freude machen und ihr einen Wunsch erfüllen. Es brauchte lange, bis die Baronin hinter Helenes Bescheidenheit und Stummsein das Verlangen nach einer Puppe erriet. Eine Puppe mit Porzellangesicht und Gliedergelenken. Zudem trug sie einen feinen Wollmantel in Königsblau und war sehr teuer.

Es ließ sich alles gut an. Marianna und Alexej bewohnten die beiden großen, sich gegenüberliegenden Wohnungen. Sie traten als Paar auf. Auf den Gruppenphotos der Folgezeit werden sie stets nebeneinander stehen. Die Baronin, wie sie genannt wurde, schmal und zierlich, mit mädchenhafter Figur und unkonventioneller Frisur. Jawlensky in der Haltung des russischen Offiziers, sehr gerade, verschlossen, manchmal vorteilhaft im Profil. Sein Haar hat sich stark gelichtet. So schien er der Ältere. Er trug noch den Oberlippen- und Kinnbart. Durch und durch Sinnenmensch, den Genüssen des Gaumens zugetan, war Alexej stärker geworden. Repins asketische Lebensweise wurde eine fragwürdige Erinnerung. Ach, Ilja Jefimowitsch Repin...

Der Abschied von Repin war Marianna schwergefallen.

Das letzte Ostern in Rußland. Repin war am Karfreitag auf die Festung gekommen. Er mußte reden, seine Unzufriedenheit loswerden. Er war unglücklich und zerquält. Daß er von der Zarenregierung Auftragswerke annahm, belastete ihn. Ruhm und Anerkennung waren verlockend. Er konnte nicht widerstehen und hatte das Gefühl, sich zu verkaufen. In Marianna war Genugtuung und ein Hauch von Überlegenheit, daß sie die Kraft zum Aufbruch hatte. Aufbruch zu neuen Horizonten. Ilja hatte sie zum Abschied in die Arme geschlossen und gesagt: Das sinkende Schiff verlassen? München – das Mekka der Ruhelosen! Marianna Wladimirowna, glauben Sie mir, Sie stehen bereits auf eigenen Füßen. Was suchen Sie? Das Primäre wird immer die Idee sein. Mit Genie und Verstand haben Sie das Wesen der Kunst längst erfaßt. Eines Tages wird die Welt sich vor Ihnen verneigen. Seien Sie froh, daß Sie kein Whistler sind! Die Besten fühlen sich von Ihnen angezogen.

Daß sie in München ihre Malerei aufgeben wollte, wagte Marianna nicht, Repin zu sagen. Seines Unverständnisses war sie sich sicher. Er, dessen Lebensinhalt die Kunst war, der mit links zu malen begann, als seine rechte Hand versagte, hätte nie verstanden, was sie sich antun wollte. In Jawlenskys bisherigem Werk hatte Repin den Stern nicht entdeckt. Warum wollte sie in dessen Schatten treten? Marianna dachte damals – das ist Repinsche Enge. Er hat nicht das Gespür für die Kunst der Zukunft, weil er zu sehr in Rußland verhaftet ist.

Auch Repin hatte seine Fluchtversuche unternommen. Wann immer es seine Zeit erlaubte und sein Gemütszustand verlangte, war er auf sein Gut Sdrawnowo gefahren. Diesen kleinen Flecken, der ihm gehörte. Jeden Sommer wieder hatte er sich in das ursprüngliche Leben gestürzt und den Boden tatsächlich mit dem ‚Spaten und dem Stein' bearbeitet. Und fand nur im Moment des Tuns, im Moment der Berührung mit der Erde, Erleichterung. Die erhoffte Erneuerung seiner Gedanken, die ihm Kraft geben sollte, das Leben in der Petersburger Gesellschaft durchzustehen, war ausgeblieben.

Neulich entdeckte die Frau in dem Wort ‚Verzweiflung' die Zahl zwei. So will sie Verzweiflung jetzt nicht als Synonym benutzen für Hoffnungslosigkeit oder Mutlosigkeit. Sie war aus ihrer Einheit gefallen. In München angekommen, war sie durchaus von Hoffnungen beseelt. Sie besaß den Mut, einen neuen Lebensentwurf für sich verwirklichen zu wollen. Sie hatte ein Ziel. Aber sie war nicht eins mit sich. Sie versagte sich ihre bildnerische Schöpferkraft.

Jawlensky und seine russischen Freunde Grabar und Kardowsky meldeten sich in der Ažbè-Malschule an, die beste, die es in München geben sollte, und stark frequentiert. Der Slowene Anton Ažbè – der beste Pädagoge, der beste Maler, der verständnisvollste Mensch. Die einen beschrieben den ‚Professor Nämlich' – äußerlich sehr klein, innerlich sehr groß... mit langer Virginia im Mund, die oft ausging und mit der er dann die Zeichnungen korrigierte. Marianna hielt später in ihrem Tagebuch fest: „... den Orden im Knopfloch, schmutzige Hosen an den Beinen und Wein im Kopf. Ažbè fühlte sich als Kavalier. Eine bemerkenswerte Figur, eine sympathische Persönlichkeit von großen Komik. Ein unwahrscheinlicher Possenreißer..."

Neben Alexej stand nun Ažbè. Nicht mehr Repin als Ratgeber und nicht mehr Marianna als Lehrerin. Alexej malte wieder Akt und Köpfe. Ažbè riet, mit breiten Linien zu malen und flachen Pinseln. Seine Worte „Schmieren's nur fest!" hatten seine Schüler noch lange im Ohr. Die drei Russen bildeten eine Partei für sich, hielten zusammen und arbeiteten sehr viel. Nach dem Aktzeichnen gegen zwanzig Uhr nahm Jawlensky seine Freunde meist zu sich nach Hause, wo sie von Marianna erwartet wurden. ‚Die Stimmung war stets sehr lebendig, lustig und freundschaftlich.'

Marianna wollte sich neu erschaffen und ging mit Konsequenz ihr Ziel an. Hatten geistreiche Frauen nicht zu allen Zeiten und in allen Ländern einen Salon unterhalten und Empfangsabende gegeben? Aus der französischen Literatur des 18. und 19. Jahrhunderts kannte sie jene berühmten Soiréen. Gelesen hatte sie über den Salon der Rahel Varnhagen, die nach französischem Vorbild mit ihren Gesprächen über Kunst, Literatur und Musik öffentliche Aufmerksamkeit errang.

Wer hatte sich nicht alles die Klinke ihres Salons in der Giselastraße in die Hand gegeben, wer hatte es sich nicht zur Pflicht gemacht, bei einer Durchreise, bei einem Aufenthalt in München, einen von Mariannas Sonntags-Abenden zu besuchen? Museumsdirektoren, Galeristen, Musiker, Tänzer, Schauspieler, russische Symbolisten und Maler natürlich. Später wurden sie die ‚Giselisten' genannt.

Europagläubig vertiefte sich Marianna in die deutsche Geschichte, um nach Wurzeln zu suchen für die neue Kunst. Sie fand einen neuen Tagesrhythmus. Vormittags ging sie in Bibliotheken. Auf Spaziergängen dachte sie nach. Beim Gehen kamen ihr die besten Ideen. Am späten Nachmittag brachte sie das Gedachte zu Papier, und abends, wenn Alexej mit den Freunden kam, probierte sie die neuen Gedanken aus.

Sie hatte ein Traktat über die von ihr begründete Künstlervereinigung geschrieben und sah sich in der Tradition der Lukasbruderschaften, die bis in das Mittelalter hinabreichte. Der heilige Lukas, der Evangelist, war der Schutzpatron der Maler. Als sein Zeichen trug er das Malgerät. Ihm wurde das erste ‚Madonnenbild mit dem Kinde' nachgesagt. Aber eigentlich setzte sich Marianna mit dem Ideengut der Nazarener auseinander, der Lukasbruderschaft der deutschen Romantik.

Gewissenhaft analysierte Marianna die Kunst dieser Epoche, die die Überfülle des Lebens spiegelte – leidenschaftlich, verwirrend, sich selbst widersprechend. Die Romantik – eine Zeit voller Übertreibung, ohne Klarheit, ohne die Ruhe eines Meisterwerks.

Kühn formulierte sie: „Die Kunst der Zukunft wird die emotionale Kunst sein."

Sie glaubte an Alexej.

Sie – seine Verkünderin, Wegbereiterin des Verständnisses für das Kommende, das Neue.

Kunst, Freundschaft und Sympathie für alles, was schön, gut und edel ist – sollte das Losungswort der Bruderschaft sein.

Es war die Zeit, gegen die alte organisierte Macht der Gewohnheit zu kämpfen. Mit Neuem.

Eines Abends brachte Alexej einen neuen Gast mit, über den in vergangenen Wochen schon geredet und gespöttelt worden war. Da war einer in der Malschule mit seinem Farbkasten aufgetaucht, dem man auf Entfernung den Russen ansah. Ein bißchen Magister, was an seinem Kneifer liegen mochte, ein bißchen Moskauer Student, durch seine um den Kragen gebundene Schleife und mit einer ungebrochenen Liebe zu Farben, wo er doch Formen und Linien zeichnen sollte. Er war zwei Jahre jünger als Alexej, war eine schlanke, elegante Erscheinung und besaß ein kluges, sensibles Gesicht. Wenn er lachte, zeigte er ein regelmäßiges, starkes Gebiß. Überhaupt, wenn er lachte, ging seinem Gegenüber die Sonne im Herzen auf. Es war Wassily Kandinsky, und Marianna verstand sich ausgezeichnet mit ihm. Er hatte in Moskau Jura studiert, hatte promoviert, eine Berufung nach Dorpat abgelehnt, um seiner geheimen Sehnsucht – den Farben – zu frönen. Anders als Alexej vermochte er in Worte zu fassen und in Gespräche einzubringen, was sein Innerstes bewegte. Mariannas Europagläubigkeit wurde mit Kandinsky wieder auf ein normales Maß zurückgeschraubt. Seine große, stille Liebe, ungebrochen und mit Kindheitssehnsüchten ausgefüllt, gehörte Moskau und den russischen Märchen. Und beides war in ihm auf unbeschreibliche Art miteinander verwoben. Später begriff Marianna, daß in dem nie verwundenen Weggang der Mutter seine Liebe zu Moskau verankert war. Als der kleine Wasja vier Jahre alt war, hatte sich die Mutter scheiden lassen und einen anderen Mann geheiratet. Der Junge war von seiner Tante aufgezogen worden, die ihn über alles liebte und Märchenzauber in seine Kindheit trug. Seine Mutter war Moskowiterin, und so war sie zum Symbol dieser Stadt geworden mit ihren Kirchen, Basiliken, Palästen, dem Kreml, den Ikonen und Kunstschätzen. Als der Vater mit dem Sohn einmal Moskau besuchte, verwob sich diese Stadt mit russischen und deutschen Märchen, die ihm seine Tante mit großer Fabulierlust erzählt hatte. Zeit seines Lebens träumte Kandinsky von der Troika und war der Reiter aller blauen Pferde, die er malen würde. Er sehnte sich, eine Kunst zu schaffen, wie sie noch nie gesehen wurde, Bilder zu malen, wie sie noch nie erdacht wurden und die den Sehnsuchtsträumen seiner Seele entsprachen. Hier spürte Marianna den Weggefährten.

Als Kandinsky in die Giselastraße kam, war er ein Suchender. Und die Abende dort mit den lebhaften und erhitzten Gesprächen waren hilfreich auf seinem Weg. Er wurde bestärkt, fand zu größerer Klarheit und verehrte die Gastgeberin als sprühende, provokante und geistreiche Landsmännin.

Das Karussell, es begann sich zu drehen. Marianna – der Mittelpunkt. Sie strömten ihr zu – die Heimatlosen, die Avantgardisten, die Sucher, die bei all ihrem Stolz, das Herkömmliche hinter sich gelassen zu haben, doch wieder einen Zipfel Heimat brauchten, einen winzigen Ort von Geborgenheit, das Gefühl, irgendwo dazuzugehören. Bei all ihrer Verachtung für Rußland liebten sie es, weil sie von ihm geprägt waren. Von Politik war am wenigsten die Rede. Daß die Zustände im kaiserlichen Rußland trübe waren, wurde als selbstverständlich hingenommen. Bei all ihrer Sympathie für Deutschland entdeckten sie seine Schwächen. Die bürgerliche Gesellschaft ist in ihrer Borniertheit in jedem Land gleich, vor allem, wenn sie beginnt, sich selbst zu genügen. Kunst, wo sie sich etabliert hat, sonnt sich in Erfolgen. Im Kreis der Giselastraße riß man darüber Witze. Man opponierte. Sie stellten das Etablierte in Frage, diskutierten kühne Entwürfe, die am Geld scheiterten.

Ausstellungen wurden geplant, die dem Herkömmlichen ins Gesicht schlagen sollten.

Die Abende waren mit Spannung geladen. Einmal sagte der Museumsdirektor Pauli beim Abschied: Baronin, die Sendezentrale der Kräftewellen, die man an einem solchen Abend wie heute fast körperlich zu spüren glaubte, die sind Sie.

Man sprach von ihr, als ‚der zierlich gebauten Frau mit den großen dunklen Augen und den vollen roten Lippen, die nicht nur die Unterhaltung, sondern ihre ganze Umgebung beherrschte.'

Die Frau weiß heute nicht zu sagen, ob sie damals unbedingt der Mittelpunkt sein wollte. Sie war es. Wenn sie selbstkritisch jene Zeit betrachtet... sie war gefallsüchtig.

Kandinsky war in Stucks Malklasse übergewechselt. Wenn er sich mit dunklem Vollbart uralt unter den Malschülern vorkam, denen gerade der Flaum sproß – Marianna genoß in München eine zweite Jugend. Sie besaß den Mut und das Geld für eine extravagante Garderobe. Ihr gefiel es, wenn man sich auf der Straße nach ihr umdrehte. Sie spürte, daß es ihre Begleiter mit Stolz erfüllte, sich an ihrer Seite zu zeigen. Ja, bei aller Geistigkeit – sie genoß die kleinen eitlen Freuden äußeren Scheins.

Keine Zeit der inneren Ruhe, keine Zeit der Sammlung. Man machte der Baronin den Hof, offen und versteckt. Meist waren es ihre eigenen Landsleute. Da erschien der eine zu früh, in der Hoffnung, sie allein zu treffen. Ein anderer ging als letzter, um ihr in der Verwirrung seiner Gefühle von Liebe zu stammeln. Brieflein wurden deponiert, wo nur Marianna sie finden konnte. Gedichte, lyrisch-zart. Leidenschaftliche Beschwörungen. Offen gezeigte Verehrung. Alexander Salzmann gab vor, in Marianna bis zur Tollheit verliebt zu sein, und sie roch lachend an den Blumen der Eitelkeiten. Salzmann kam aus Odessa, war Karikaturist und machte sich später einen Namen als Theatermaler an den berühmtesten Häusern der Welt. Sie hatte ihn gemocht, obwohl er der unzuverlässigste Mensch war, den sie kannte. Trotzdem – wenn er verreiste, schrieb er ihr jeden Abend um 22 Uhr einen Brief – ganz gleich, ob er sich im Theater aufhielt, in der Droschke fuhr oder in einem Weinkeller saß. Er versprach alles und hielt nichts. Seine Versprechen waren so großartig, daß man verzieh, wenn er sie nicht hielt. Im Moment des Gebens entwarf Salzmann so großartige Visionen, daß schon die Illusion eines möglichen gemeinsamen Projekts ein Geschenk war. Er war verschwenderisch, und sein Schuldenberg bei der Baronin wuchs. Die phantastischsten Blumenbuketts erhielt Marianna von Salzmann. Als Zeichen seiner bedingungslosen Zugehörigkeit trug er im linken Ohrläppchen einen kleinen Goldreif, den Marianna ihm in einer Stunde der Illusion geschenkt hatte.

Durchaus eifersüchtig entwarf der Mann aus Odessa mit schnellem Stift Karikaturen von Jawlensky. Er wollte der Baronin ins Bewußtsein rücken, wie er ihren Lebensgefährten sah. Alexej steht breitbeinig, Hände in den Hosentaschen. Schmalschulterig, kurznackig, den Kopf nach hinten geworfen. Eingebildet. Was Salzmann Alexej als Arroganz auslegte, war Alexejs Kampf um seine Würde. Noch immer war sein Deutsch miserabel, so daß er manches Mal die Pointen nicht verstand. Ihm fehlte Redegewandtheit und die Fähigkeit, eine dieser Endlosdebatten wieder vom anderen Ende aufzuräufeln. Dennoch verfolgte er mit Interesse die Diskussionen. Eine andere Karikatur von Salzmann zeigt Alexej als dickes Hündchen, ein blasierter Mops mit Fräckchen, in das das Monogramm M.W. eingestickt ist. Marianna mußte Alexander Salzmann zur Raison rufen. Er lachte sein unnachahmlich jungenhaftes Lachen. Zur Versöhnung karikierte er sich selbst, ihr bis zur Hörigkeit ergeben. Als Alexej an einer Gallenkolik litt, versorgte ihn Salzmann jeden Tag mit selbst ausgegrabenen Löwenzahnwurzeln und stand dabei, wenn der Sud gekocht wurde und Alexej ihn trank. Seiner Gutmütigkeit wegen verzieh man Salzmann seine Ironie. Seinem untrüglichen Scharfblick entging nichts. Da er sich selbst kannte und ohne Illusionen sah, vermochte niemand, ihm wirklich böse zu sein. Marianna schuf sich ein Ersatzleben und entfernte sich jeden Tag ein bißchen mehr von ihrem eigenen Ich.

In dem Trubel des neuen Lebens hielt Marianna an ihrer Überzeugung fest, daß sie eine schicksalhafte Zusammengehörigkeit mit Alexej verband. Sie fühlte sich berufen, ihm den Weg zu sich selbst und seiner Kunst, die eine neue sein wird, zu ebnen.

Das war der Preis, Rußland entkommen zu sein.

Außerdem war Alexej mit dem Segen des Vaters ihr Mann. Und sie liebte ihn auf ihre so seltsam keusche und stolze Art, opferbereit, dem Mythos einer Künderin folgend. Und vermißte so sehr die geheimen Gesten des großen Einverständnisses.

Alexej war der erste, der sich zu seinem Heimweh bekannte. Er beschwor Erinnerungen an Blagodat herauf. Nach dem Tode des Vaters hatte Mariannas Bruder Peter das Gut übernommen. Es war ihm als Erbe zugeteilt worden. Marianna hatte auf alles verzichtet. Ihr Sinn war auf Europa gerichtet und ihr Aufbruch endgültig gewesen. So gewann ein anderes Wort an Zauberkraft. Wladimirskoje. Alexejs Bruder wohnte im Gouvernement Jaroslawl, nördlich von Moskau, in einem Bärenwinkel. Da hatten sie nach Venedig oder Paris reisen wollen oder in die Bretagne oder in die Provence... Statt dessen unternahmen sie ihre erste Reise nach Wladimirskoje, das 50 Werst von der Eisenbahn entfernt lag, in tiefster Einsamkeit. Und sie freuten sich darauf wie Kinder! Alexej wurde beredt. Als junger Offizier hatte er schon einmal seinen Bruder in Wladimirskoje besucht. Er beschrieb mit Andacht die primitiven Wege, die von Birken gesäumt waren. Dahinter lagen Felder. Alexej kam immer wieder auf den Weg zurück. Am liebsten hätte er jeden Abend wieder jede Furche des Weges neu beschrieben.

Es wurde eine lange Fahrt zu dritt. Helene reiste mit ihnen. Marianna hatte sich an das stille Kind gewöhnt. Ihre großen aufmerksamen Augen suchten jeden von Mariannas Wünschen zu erraten.

Auf der Eisenbahnfahrt las Marianna Gedichte Baudelaires. Helene lauschte mit ungeminderter Spannung Alexejs Erinnerungen. Die Puppe saß auf ihrem Schoß. Seit dem Tage des Kaufes hatte sie sich nicht von ihr getrennt.

‚Ich nahm mir am Bahnhof einen Bauernwagen mit einem Pferd. Der Kutscher war ein Bauer. Und als ich ihn fragte, ob er Wladimirskoje kenne, antwortete er: Wir werden schon hinkommen. Und als ich weiterfragte: Wie weit ist das?, antwortete er: Wer weiß das? Diese Werste haben die Hexen gezählt! Und wirklich, wir fuhren ein paar Stunden, da begegneten uns ein paar Bauern. Wir erkundigten uns: Wie weit ist es noch bis Wladimirskoje? Ach, sagten sie, nicht sehr weit – noch dreißig Werst. Wir fuhren weiter und nach ein paar Stunden begegneten uns wieder ein paar Bauern. Unsere Frage war: Wie weit ist es noch bis Wladimirskoje? Oh, antworteten sie, es ist noch sehr weit, so ungefähr 35 Werst. Und wir fuhren noch viele Stunden, bis wir endlich ankamen. Und es war wirklich wahr, die Hexen allein hatten die Werste gezählt.'

Helene schaute der Puppe ins Gesicht, ob ihr die Reden des Mannes auch so gut gefielen.

Alexej fuhr fort: ‚Es war in der Tat ein Bärenwinkel. Im Winter kamen die Wölfe bis an das Haus, und wenn mein Bruder, wie so oft, einige Tage weg sein mußte, war es für seine Familie sehr ungemütlich, wenn sie vom Fenster des einstöckigen Holzhauses die Wölfe im Garten miteinander spielen sahen und heulen hörten. Rolladen gab es keine. Nur Doppelfenster im Winter... Einmal im Winter wurde die große Dogge meines Bruders aufgefressen. Das war so: die Dogge lief dem Wagen meines Bruders nach, und nach ein paar Werst jagte man sie zurück, und unterwegs hatten die Wölfe sie gepackt und zerrissen. Wir fanden nur noch ein paar Knochen von ihr. Mein Bruder liebte diesen Hund wie einen Menschen.'

So eingestimmt, erreichten die drei Wladimirskoje. Weil der Bruder sie vom Bahnhof abholte, wurde die Fahrt keine Irrfahrt und dauerte nur halb so lang.

Marianna wurde von Alexejs Familie mit großer Herzlichkeit und offenen Armen aufgenommen. Der Bruder und seine Frau hatten den hochverehrten Gästen ihr eigenes Schlafzimmer zur Verfügung gestellt. Marianna betrachtete voll Interesse das große gemeinsame Ehebett, das ihnen in schlichter Selbstverständlichkeit als das Notwendige einer ehelichen Gemeinschaft angeboten wurde.

Mariannas Eltern hatten nie ein gemeinsames Schlafzimmer besessen. In ihrem Dünkel hatte Marianna gedacht, wer sich keine großen Ziele im Leben zu setzen weiß, der sucht den Daseinssinn im Bett.

Bisher hatte Marianna einen Kreis um sich gezogen und keine Gelegenheit geschaffen, Alexej nahe zu sein. Die leidige Herausforderung zum Duell, auch wenn sie es zu verhindern wußte, hatte sie auf die felsige Insel einer platonischen Liebe gezwungen, auf der sie harren wollte. Die Zeit in München hatte Mariannas Vertrauen wachsen lassen. Sie hatte Alexej nichts vorzuwerfen. Im Gegenteil. Daß Salzmann so offensichtlich ihren Ring im Ohr trug, hatte ihr Genugtuung verschafft, einmal quitt zu sein mit Alexej. In München hatte Marianna gespürt, wie sehr Alexej sie brauchte.

Die gemeinsame Nacht in dem Schlafzimmer des Bruders.

Keiner fand Schlaf. Für Alexej schien die Situation unerträglich. Die Frau, die an ihn glaubte, die ihn erfüllte, wie kein anderer es vermochte, die Frau, die er über alles verehrte, so unerhört nah zu wissen und zu spüren, daß auch sie nicht schlief... Zu keiner Zeit hatte er sich kleiner und unbedeutender neben ihr gefühlt als in München. Aber sie war ihm bis in den Bärenwinkel gefolgt. Und er wußte, daß all seine soviel beredteren und spritzigen Landsleute, die Marianna verehrten, ihr nichts bedeuteten. Neben i h m lag sie jetzt in dem wuchtigen Ehebett des Bruders.

Er erschauerte bei der Berührung.

Man kann nicht mit einem Wesen schlafen, das man anbetet. Das wäre Entweihung. So empfand es sein Körper. Und er versagte.

Am nächsten Morgen sagten sie, daß sie das Opfer des Schlafzimmers nicht annehmen wollten. Es mache ihnen nichts aus, abends in die Bodenkammern zu steigen.

Die Familie saß mit den beiden Gästen den ganzen Tag im Garten, in dem winters die Wölfe balgten, und tranken Tee. Der Samowar ging nicht aus. Kuslowo erstand wieder auf. Die

Neffen und Nichten lümmelten auf Alexejs Schoß. Immer wieder mußten sich Zeigefinger und Daumen in Herrn Zwick und Herrn Zwack verwandeln. Helene, die Marianna in kleinen Dingen zu Diensten war, vergaß vor Katzen und Kaninchen und Versteckspielen ihre Puppe. Jeden Tag kamen neue Verwandte angereist. So redselig hatte Marianna Alexej selten erlebt. An Malen war nicht zu denken. Wenn es Marianna zu bunt wurde, setzte sie sich in den Schatten des Birnbaums und las oder lernte mit Helene deutsche Vokabeln.

Die Frau erinnert sich eines Vormittags, als die Schwägerin Wäsche aufhing. Der Korb war voll mit nassen Hemden und Blusen und Laken und Bezügen. Es ging ein heftiger Wind. Brennend stieg in Marianna der Wunsch auf, dieses zu malen. Als ob es ihr dann besser ginge, als würde sie dann mehr bei sich selbst sein. Denn in Wladimirskoje fühlte sie sich als Fremde. Das konnte sie nicht Alexejs Familie anlasten. Sie wollte nach München zurück, wo sie Mittelpunkt war. Zum erstenmal empfand sie ein schmerzliches Verlustgefühl, nicht mehr zu malen. Sie beneidete die Schwägerin um etwas, das sie nicht mehr besaß, das sie zurückgegeben hatte und worüber sie eigentlich nicht nachdenken wollte.

Viele Jahre später hat sie den wilden Himmel und die bunte Wäsche auf Pappe gebannt. Ein volles, gedrängtes Stimmungsbild. Wind, der den Duft der blühenden Apfelbäume in die Wäsche preßte. Dahinter die Lust, unter diesen Bezügen zu schlafen und sich wohl zu fühlen...

25.

Sie geht durch Ascona. Eine zierliche Gestalt. Das dunkelgrüne Seidentuch hat sie um den Kopf geknotet. Sie allein weiß, wo die Seide verschlissen ist. Das braune Haar ist unter dem Tuch versteckt. Eine Welle fällt in die Stirn. Noch immer gelockt. Darüber sind die Enden des Tuches zu einer Schleife gebunden. Es sieht ein wenig kokett aus. So wirkt sie jugendlich. Und jeder täuscht sich über ihr Alter. Die Frau vergewissert sich, daß das Wasser des Sees um einen Meter gestiegen ist. Die Schneeschmelze hat also begonnen. Die erste Treppenstufe ist überspült. Auf der Piazza ist um diese Zeit niemand zu sehen. Auf der Straßenmitte schläft, mit dem Kopf unter den Flügeln, das Entenpaar.

Seit Tagen hat die Frau ihren Besuch bei Serafine verschoben. Die alte Freundin wohnt hoch am Berg. Wenn man zu den schneebedeckten Gipfeln des Tamaro oder zum Pizzo Camoghe hinüberschaut, jenseits des Sees, ist ‚hoch' relativ. Vielleicht unternimmt die Frau einen solchen Aufstieg. Zu Beginn jeden Frühjahres will sie wissen, was ihr Herz noch aushält.

Die Gasse, die sie hinaufsteigt, ist gepflastert. Gletschersteine, aufgelesen aus dem Maggiafluß. Groß wie Gänseeier, tiefgrau gemasert oder hellrosa gepunktet oder marmorn weiß. Sie stehen senkrecht. Unverrückbar. In ihren Ritzen hat sich Moos festgesetzt. Auf sehr kurzen, gekrümmten Stielen zeigen sich erste Gänseblümchen.

Die Freundschaft zu Serafine pflegt die Frau. Es ist eine reine, einfache Beziehung. Sie zählt zu dem Wertvollen, was die Frau sich in Ascona erworben hat. Wer hatte sich im Laufe ihres Lebens nicht alles zu ihren Freunden gezählt?! Wenn sie auf Serafines Steinbank sitzen und über den See schauen und auf die Berge, liegt in der Achtung füreinander und der Aufmerksamkeit, die sie sich schenken, das Unsagbare des Augenblicks. Alle Unterschiede ihrer Herkunft und ihrer Biographie sind gelöscht. Einmal hat die Frau gedacht – hier mit Serafine zu sitzen ist eine Feierstunde.

Wieder hat einer, der über Geld verfügt, die Schönheit dieses Ortes entdeckt und läßt seinen Wohnsitz in den grünen Berg bauen. Dazu wurde der Waldhang gerodet. Nackt liegt das Gestein. Baugerüste erheben sich, und die Stille ist gestört. So wird die nächste Villa gebaut werden und das nächste Hotel. Nach vollendeter Zersiedlung wird nur die Erinnerung bleiben an das Geheimnis dieses runden Berges über dem Fischerdorf, der um die Jahrhundertwende seinen zweiten Namen erhalten hat. Monte Verità. Und in 50 oder 70 Jahren wird man ein kleines Museum errichten, daß dieser Berg, dessen Aura zerstört wurde, einst ein Ort war, wo ein Menschheitstraum verwirklicht werden sollte, wo die Unzufriedenen sich sammelten und die Aussteiger. Und sie wird dazugezählt werden.

Auf eine besondere Art wird es sogar zutreffen.

Vor ein paar Jahren hatte sich die Frau mit ihrem Skizzenblock an der Corona dei Pinci verstiegen. Sie war auf ein Mäuerchen gestoßen, das Serafines Weideland umschloß. Von hier bot sich eine unerwartete Sicht auf den See. Wenn die Berge die Sicht nahmen, bedeutete der Blick auf den See immer einen Zipfel Freiheit. Obwohl Oktober, war es ein heißer Nachmittag geworden. Wolken hatten sich dräuend über den Bergen zusammengezogen. Unter der schwarzen Gewitterwand griff das Sonnenlicht wie mit Silberfingern in das Wasser.

Die Frau hatte auf ihrem Zeichenblatt nur noch die Farben weiß, tiefgrau und schwarz niederschreiben können, da stand kopfschüttelnd Serafine hinter ihr. Ein großer, gekrümmter Schatten. In schwarzem Rock, schwarzer Bluse, schwarzer Jacke, schwarzen Kopftuch. Schwarzer Blick. Im Arm das Lamm, das sich verirrt hatte.

Die ersten Tropfen fielen.

Was treibst du auf der Mauer? Stütz dich auf meinen Buckel und spring herunter! Wir müssen ins Haus, sonst wirst du naß!

Das Gewitter entlud sich.

Bist du eine von den Glücksuchern am Heiligen Berg? Die nackt da oben herumhüpfen?

Die Frau wollte erwidern, daß schon lange keiner mehr nackt auf dem Berg herumhüpft, aber das wußte die Alte selbst. Sie hatte der Frau Kaffee angeboten und ihr eine große Steinguttasse gereicht mit schwarz eingefärbtem Sprung. Auf dieser Tasse mit den ungelenk gemalten Vergißmeinnicht hatte die Frau bei jedem Besuch bestanden. Sie besaß einen blauen Rand und einen blauen Henkel.

An jenem Tag hatte ihre Freundschaft begonnen. Serafine war stolz auf ihr Alter. Das erlaubte ihr, die anderen zu duzen.

Du vertust deine Zeit mit Malerei!?

Serafine hatte ein Leben schwerer Arbeit hinter sich.

Hauptsache, du wirst satt davon! Aussehen tust du nicht danach! Hast nicht einmal ordentliche Schuh'! Es ist Herbst. Und barfuß in Strohschuhen! Bist doch eine von den Sonnenanbetern!

Später, als sie hörte, daß die Bilder der anderen zu einer Ausstellung sollten, hatte Serafine gesagt: Kannst mir ja auch ein Bild malen! Überm Kanapee ist Platz!

Jetzt trägt die Frau für Serafine das Bild unterm Arm. In Packpapier gewickelt. Sie ist auf das Urteil der Freundin gespannt. Wenn sie ein Bild malte für einen, den sie kannte, besaß ihre Arbeit den Reiz einer Herausforderung.

Der Weg gabelt sich. Rechts geht es zum Monte Verità. Links nach Ronco. Wenn sie dem alten römischen Pfad folgt, der in die Höhe führt, gelangt sie in die Nähe von Serafines Haus. Im Vorfrühling ist es mühelos vom Pfad zu erkennen. Wenn die Vegetation im April und Mai explodiert, versinkt das Steinhäuschen hinter den Kastanien.

Serafines Eltern oder Großeltern hatten einen Sonnenfleck am Berg gesucht. Das Häuschen mit dem kleinen Garten lag auf einer Felsnase. Der Hang für die Schafe war steil und gefährlich. Niemand erhob Anspruch auf diesen Flecken. Man brauchte eine knappe Stunde zum Dorf.

Der Weg führt stetig bergauf und treibt der Frau Röte ins Gesicht. Der erwartete Schmerz in der Brust bleibt aus. Auf dem Pfad häufen sich die Schalen der Eßkastanie. Bis in den nächsten Sommer hinein muten sie wie zusammengerollte Tierchen an. Hellbraun und fellig.

Endlich steht sie vor dem grauen Häuschen mit schmalen Fensterspalten und dem Dach aus geschichteten Granitplatten. Sie klopft an das Türholz. Von drinnen krächzt es ungeduldig: Avanti, avanti!

Die Frau öffnet die Tür. Wie immer ist es dunkel im Haus, und sie vermag nichts zu erkennen.

Marie-Anna, dich schickt der liebe Gott!

Serafine, wo steckst du?

Wo steck' ich! Auf dem Fußboden! In der Küche.

Die Frau kann zur Küche durchblicken. Auf der Erde liegt ein dunkler Haufen und wie eine helle Scheibe darauf Serafines Gesicht mit dem weißen Haar.
Was machst du?
La strega ha scoccato.
Hexenschuß?!
Serafine ist groß und schwer. Neben ihr steht ein umgestürzter Trog mit Kartoffeln.
Ich hab ihn aus dem Keller gehoben, weil es Zeit ist, Kartoffeln zu stecken. Das passiert mir zum zweitenmal mit dem verdammten Trog. Man wird nicht jünger!
Die Frau versucht, Serafine hochzubekommen. Als diese zusätzlichen Halt am Herd sucht und nach dem Eisengriff faßt, verfehlt sie ihn, sackt auf den Boden zurück und zieht die andere mit auf die Erde. Nun sitzt ‚Marie-Anna' Serafine auf dem Schoß, Gesicht an Gesicht. Sie macht keine Anstalten sich zu erheben. Die Frau muß lachen. Wir zwei Alten! Welch ein Bild!
In der Küchentür erscheint verwundert ein Huhn.
Immer, wenn die Frau den Versuch macht, sich aufzurappeln, schüttelt sie ein neuer Lachanfall.
Schließlich steigt auch in Serafine krächzende Heiterkeit auf.
Du weißt nicht, wie weh das tut! Wenn du fertig bist mit deinem Gelächter, hol mir die Stecken aus dem Schuppen!
Nach einer halben Stunde sitzt Serafine im Sessel, neben sich die Krückstöcke ihres Vaters. Auf dem Herd summt Wasser. Im Ofen prasselt Holz. Ein Anflug von Wärme durchzieht das Haus. Serafine schnupft aus ihrer hölzernen Tabaksdose. Die andere hat ihr mit Ziegenbutter den Rücken eingerieben. Jetzt hat Serafine das schwarze Wolltuch um die Hüften geschlungen und wiederholt immer wieder: Dich hat der liebe Gott geschickt! Sie habe bereits drei Stunden dort unten zugebracht.
Ein Paar Socken sind wieder für dich fertig. Du trägst sie doch?
Die Frau streckt ihren Fuß vor. Die andere ist zufrieden.

Die einfachen Dinge mit Selbstverständlichkeit tun. Füreinander. Sie sagt: Ich hab das versprochene Bild mitgebracht.

Laß sehen.

Die Frau holt es aus der Küche und stellt es auf Serafines Schoß. Dann setzt sie sich aufs Kanapee und schaut auf die Ältere, die umständlich ihre Brille aus der Schürzentasche kramt. Ein Bügel ist bereits abgebrochen. Voll Interesse schlägt sie das Papier auseinander. Die Frau spürt, wie es der anderen die Sprache verschlägt, wie Enttäuschung in ihr aufsteigt, die sie nicht zeigen will.

Geh in die Küche und sammle die Kartoffeln auf! Vielleicht kannst du den Trog rausbringen. Nicht heben! Zieh ihn.

Was sagst du zu dem Bild?

Na ja... Ich dachte, du malst mir eine Mutter Gottes. Oder einen Heiligen. Oder das Jesulein. Dein Bild muß ich erstmal anschauen! Kümmre dich um die Knollen!

Serafine hatte fünf Kinder großgezogen und den Tonfall für Anordnungen nicht verlernt!

Nun stellt sie das Bild resolut auf ihre Knie, als ob sie es einem Verhör unterziehen will. Sie betrachtet es mit konzentriertem Blick.

Die Frau geht in die Küche und beginnt, die Kartoffeln einzusammeln, die bereits keimen. Hier riecht es stärker nach Moder und Ruß. Mit dem Handfeger holt sie sie unter dem Herd und dem Schrank hervor. Sie unterdrückt ihren Widerwillen.

Von der Küchentür gelangt man in den Hausgarten. Die Frau zieht den Trog über die Türschwelle und läßt ihn neben der Regentonne stehen. Vor ihr liegt das Viereck umgebrochener Erde, in das die Kartoffeln sollen. Die Frau geht ins Zimmer zurück. Serafine hält immer noch das Bild auf den Knien. Sie schaut auf.

Vielleicht kann ich mich ja anfreunden mit ihm. Irgendwas stimmt mit deinem Bild nicht. Ich verstehe ja nichts davon. Soll das Krumme da auf der Bank etwa ich sein? Vielleicht lernst du ja noch, ein bißchen besser zu malen... Ich muß immer wieder draufgucken, und kann nicht sagen, warum. Als ob etwas dahintersteckt. Hast du wirklich mal fünfhundert Franken für ein Bild bekommen?

Ach Serafine, denkt die Frau, du mit deinen achtzig Jahren... deine weiteste Reise war bis nach Locarno. Mit allen Unbilden des Lebens hast du gerungen, und jetzt kämpfst du mit meinem Bild. Es läßt dich nicht los. Und du gehörst zu denen, die mit den Widrigkeiten des Seins in Konflikt geraten sind und die meine Bilder nicht über Kunstkennertum begreifen werden. Du spürst, daß ich auf dem Bild über dein Leben spreche. Und ich lasse dir Zeit, meine Würdigung zu begreifen.

Dein Gemaltes hat etwas mit mir zu tun, stimmt's? Erklär nichts! Ich werd' dahinterkommen.

Soll ich die Kartoffeln stecken?

Die Frau zieht sich selbst eine Grimasse. Dumme Frage.

Sage – wie tief? Und in welchem Abstand?

Marie-Anna, das will ich nicht vor dir verlangen!

Serafine kennt nur die Namen Marie oder Anna. Warum aus zwei Namen einer werden soll, leuchtet ihr nicht ein.

Halte dich nicht mit Reden auf, oder denkst du, ich mache es nicht gut?!

Binde dir den Rock hoch und ziehe meine Pantinen an! Zwei Handbreit Abstand. Der Steckstock steht am Giebel.

Über dem Gärtchen liegt jetzt der Schatten des Hauses. Hinter ihm fällt die Wiese steil nach unten. Dort liegt noch Sonne. Rechts steht die Steinbank, auf die sich die beiden Frauen setzten, wenn das Wetter danach war. Jetzt liegt eines der Schafe auf der Bank, die beiden anderen darunter. Der Anblick amüsiert die Frau. Als hätten auch die Schafe begriffen, daß die Einheit von Himmel und Bergen und See den Atem der Ewigkeit trägt. Für dieses Empfinden lohnt sich immer wieder der Weg und die Beschwerlichkeit. Im Grunde gibt es nur zwei Möglichkeiten, sich dem Leben zu stellen: hier seinen Frieden finden oder in die unglückselige Abhängigkeit von Geld und Dingen zu geraten.

Der Acker ist nicht groß, so daß die Frau nach einer knappen Stunde fertig ist. Sie kommt steif und sich mit der Hand den Rücken stützend in Serafines Stube gehumpelt.

Jetzt bin ich invalid wie du. Knobeln wir, wer Kaffee kocht!

Als Serafine sich tatsächlich erheben will, drückt die Frau sie in den Sessel zurück. Ich bin die Jüngere!

Sie lacht schon wieder.

Auf alle Fälle, sagt Serafine, wirst du nicht älter! Wie machst du das? Warum wird dein Haar nicht weiß und dein Rücken nicht krumm? Und warum hast du den Mund noch voller Zähne? Sporca puttana, der Teufel soll die Hexe holen! Die Kaffeebüchse steht im Spind oben. In der blauen Blechbüchse ist das Gebäck. Der Enkel hat nie Zeit, wenn er kommt... Und dann schlägst du mir bitte einen Nagel in die Wand und hängst das Bild auf. Es sieht genauso dunkel und hart aus wie mein Leben. Hast du unsere Bank gemalt? Da oben? Das Schwerste hab ich hinter mir. Bald ist es geschafft. Dein Himmel verheißt Trost! Hast du es so für mich gemalt?

Ja.

Serafine nickt.

Nur die Farben, sagt sie. Solche Farben habe ich nie auf Heiligenbildern gesehen!

Sie redet mit Marie-Anna wie mit ihresgleichen, weil diese sich nie über sie erhob, sich mit ihr auf gleiche Stufe stellte, nie die Nase rümpfte und die gestrickten Socken dankbar annahm. Und kam doch aus einer Welt, in der man in Seide und Pelzen ging und mit Karossen fuhr.

Im Sommer essen wir wieder Speckkartoffeln mit Apfelsuppe! Dann bringst du deinen Berliner mit herauf!... Seid ihr nun ein Paar oder zwei Heilige?

Serafine, auch in deinem Alter muß man nicht alles wissen!

In den braunen, etwas hervorstehenden Augen der anderen tanzen übermütige Teufelchen! Sie gießt aus der zerbeulten Blechkanne den Kaffee in die Tassen. Sein Duft vermischt sich mit dem herben Geruch von Holzrauch.

Serafine, es ist schön bei dir. Du wirst es nicht glauben, ich habe zum erstenmal in meinem Leben Kartoffeln in die Erde gebracht. Mir war feierlich zumute.

Jesses, was muß ich für ein feierliches Leben gehabt haben!

Serafines Lachen ist so spröde, daß nur ein Krächzen geblieben ist.

Du darfst sie auch wieder aus der Erde buddeln, im Herbst. Das ist noch feierlicher, Marie-Annchen!...

Ihr Lachen geht in Husten über.

Ich spür schon gar nichts mehr im Kreuz! Wenn du gehst, nimm dir ein Brot mit. Der Kerl mit der besonderen Duftnote und dem langen weißen Haar... von dem hab' ich das Rezept.

Die Frau nickt. Im letzten Sommer war das nach ihm benannte Vester-Brot die Attraktion in Ascona gewesen. Jeder Mittagstisch bot es zur Suppe an.

Serafines Stimme klingt ein wenig ironisch.

Ich hab ihn im Wald getroffen. Stank der Kerl nach Bock! Er hat's mir verraten. Grobgemahlenes Korn, Olivenöl, Wasser und Salz. Über Nacht stehen lassen und wieder kneten. Und wieder stehen lassen. Und das Backen! Erst mit Feuer, dann alles Holz aus dem Ofen nehmen. Und immer das Brot umdrehen. Ich hatte soviel Teig und so viele Brote, daß du mich davon befreien mußt!

Es war Serafines Art, Dinge zu verschenken.

Die Katze kommt herein.

Die wird sich mir heut nacht an den Rücken legen, dann geht es mir morgen gut. Komm, Graue!

Die Katze springt auf ihren Schoß.

Soll ich morgen nochmal nach dir schauen, fragt die Frau.

Ach, Marie-Annchen, wir lassen uns doch nicht vom Hexenschuß unterkriegen! Wir sind mit ganz anderen Dingen fertig geworden! Sieh auf das Bild, das du mir gemalt hast! Hat die Alte diesen Berg Leben bezwungen, schafft sie auch das letzte Stück Weg! Dann ist sie erlöst.

Ich glaub', mir gefällt dein Bild, auch wenn ich wie ein krummer Nagel auf der Bank hänge.

Als die Frau auf dem Rückweg ist, muß sie an den ‚krummen Nagel' denken. Vielleicht wird man später, auf den ersten Blick und unverwechselbar, daran ihre Bilder erkennen und sie einem bestimmten Lebensabschnitt zuordnen. Ihre „petits bonhommes". Mit ihnen hat Marianna Werefkin den Schritt über den Repinschen Realismus hinausgetan und ist allgemeingültiger worden. Muß es erkennbar Serafine auf ihrem Bild sein?

Reicht nicht der dürre schwarze Schatten, krummgezogen, auf der Bank, hoch über dem See und hoch auf dem Berg, wo der Himmel schon ganz nah ist?

26.

Im April 1899 verwirklichte sich Marianna ihren Traum – eine Reise nach Venedig. Die Stadt der Inseln, Brücken und Kanäle, eine der an Kunstwerken reichsten Städte Italiens. Sie fuhren in Gondeln mit silbernen Bögen durch Nebel, der feucht und kalt war. Alexej fürchtete, sich zu erkälten. Viele Stunden des Tages schien die Luft aus weißer Watte zu sein. Sie wollten die Kunst der Renaissance bewundern, die Malerei von Carpaccio, Tizian, Veronese, Tintoretto. Alexej stellte betreten fest, daß die alte Kunst Venedigs ihn nicht erschütterte.

An manchen Tagen ging Marianna allein. Ein wenig litt sie unter Alexejs mangelnder Begeisterungsfähigkeit, wobei die eigene ebenfalls nicht groß war.

An jenem sehr windigen Morgen war sie allein auf den Campanile gestiegen. Mit allen Sinnen nahm sie auf, was der Blick vom Campanile verhieß. Hier oben tobte der Sturm heftig. Er nahm die Luft zum Atmen. Marianna liebte Sturm als Herausforderung. Alexej fürchtete sich vor ihm. Wo sich Himmel und Adria in jener frühen Stunde vereinten, lag ein schieferfarbenes, durchstrahltes Wolkengebirge. Darunter floß in grauer Lasur das Meer ab. Unter der Lasur lag ein unbeschreibliches Violett. Dem Lande zu verwandelte es sich in immer heller werdende Tinte von zartestem Lila. Aber immer der graue leuchtende Lack darüber. Das Land war der Lido, wie mit einem Bleistift von kühner Hand gezogen – die Linie zwischen dem Schiefermeer und dem flüssigen Silber der Lagune. Das Panorama auf der anderen Seite – der Schnee der fernen Dolomiten. Der Himmel hier im reinsten Ultramarin. Marianna bedauerte, daß Alexej nicht bei ihr war. Damals dachte sie – es springt einen an, – die Farben sind von aller Form befreit und fallen in uns und erzeugen Schwingungen. Die Farben sind von der Form zu befreien!

Ihre erste Reise nach Italien hatte sie nach Venedig geführt.
Ihre letzte – nach Assisi.
Santo, das spricht für sich.

Nach München zurückgekehrt, wollte Alexej endlich selbständig arbeiten. Ein großer Moment. Die Suche nach sich selbst. Der Beginn einer sich steigernden Unzufriedenheit. Alexej begann mit Stilleben. ‚...ohne irgendeine Richtung, meistens Früchte. Und probierte immer, dies in eine Harmonie zu bringen.'

Mariannas Illusion von Glück war noch nicht zerstört. In besonderen Momenten glaubte sie den Segen des Vaters zu spüren. Alexej – der ihr bestimmte Mann, der ihrem Dasein die Berechtigung gab. Beide in der verpflichtenden Einheit stehend. Der Moment auf dem Campanile hatte ihr bewußt gemacht, daß sie fähig war, einen neuen Weg in der Kunst zu finden.

Alles, was sie in jenen Jahren dachte und lebte, dachte und lebte sie für Alexej. Das wird für andere der kaum zu lösende Widerspruch sein: die schriftlichen Zeugnisse jener Jahre aus ihrer Feder in Einklang zu bringen mit ihrem eigenen Werk, dem früheren und dem späteren. Zwischen ihrer und Jawlenskys Kunst liegt ein Graben.

So schrieb Marianna für ihn auf: ‚Ziel meines Künstlerlebens ist es, Dinge wiederzugeben, die da sind, ohne zu sein, und sie den anderen zu offenbaren, indem ich sie durch mein Verständnis und meine Liebe für sie hindurchgehen lasse, indem ich sie durch meine für sie gehegte Leidenschaft offenbare. Äpfel, Bäume, menschliche Gesichter sind für mich nur Hinweise, um in ihnen etwas anderes zu sehen: das Leben der Farben, erfaßt von einem Leidenschaftlichen, einem Verliebten.' Und in ihr Tagebuch schrieb Marianna in jener Zeit: „Ich liebe in denen, die mir nahestehen, was in ihrer Tiefe ruht, nicht das Wirkliche, sondern den Gott, der in jedem Menschen lebt, der nach dem Guten und Schönen sucht. Ich liebe die Menschen nicht so, wie sie sind, sondern so, wie sie sein könnten. Ich diene dem Ideal. Ich liebe die Seele."

Eines Tages überraschte Alexej Marianna mit der Bitte, sich Helene als Modell holen zu dürfen. Sie verstand, daß er sich aus der Unzufriedenheit seiner Stilleben wieder einem Porträt zuwenden wollte. Das Kindliche auf Helenes Zügen begann sich allmählich zu verlieren. Ihre Backenknochen traten stärker hervor. Sie besaß ein herbes stilles Gesicht, das selten Emotionen verriet. Das Schönste an ihr war die Scheu ihrer Augen. Ein großer, dunkler Blick. Helenes Körper besaß weiche, runde Formen, eher zu Fülle neigend als schlank. Einmal beobachtete Marianna, wie Alexej über Helenes Unterarm strich. Sie trug ein kurzärmliges Kleid. Es verblüffte sie die unendliche Zartheit, mit der er es tat und die stille Duldung durch Helene. Es war nicht Duldung – es war Hingabe an diese Berührung. Nichts weiter. Hatte Alexej nicht auch mit den Fingerspitzen über den Flügel eines Schmetterlings gestrichen? Die Frau erinnert sich dieser Verwunderung, die damals ohne Wertung war und ohne Groll.

Ein andere Begebenheit, bei der Marianna zufälliger Zeuge war... Ein Windstoß mußte die Tür zu Alexejs Atelier aufgedrückt haben, was unbemerkt geblieben war. Marianna hatte die Tür schließen wollen, weil Zugluft für das Modellsitzen gefährlich sein konnte. Alexej veränderte gerade Helenes Position, seine Hand faßte nach ihrem Kinn, da beugte er sich zu ihr herunter, um sie küssen. Helene bog ihren Kopf nach hinten, um seinem Mund auszuweichen. Sie wehrte sich, wie es ihre zaghafte Art war, mit der Andeutung einer Ablehnung. Wurde sie nicht angenommen, fügte sie sich dem Willen des anderen.

Marianna nahm ihre Hand von der Klinke und ließ die Tür offen. Künftig beobachtete sie mit Interesse, wie Jawlensky mit Helene umging, hatte sie doch selbst Freude an Helene. Manchmal schenkte sie ihr Blusen und Tücher oder einen Rock von sich und fand, sie standen dem Mädchen. Als Marianna und Alexej eines Tages zu Mittag gespeist hatten, und Helene den Tisch abräumte, sagte Alexej: Paß auf, jetzt zeige ich der Baronin, was ich von dir gelernt habe!

Er legte seine Handrücken aneinander, verflocht seine Finger auf eine unmögliche Weise. Was er vorhatte, sah aus, als wollte er seine Handgelenke brechen. Marianna betrachtete voll Skepsis sein Tun, das zu keinem Erfolg führte. Helene eilte ihm zu Hilfe, zeigte ihm die Bewegungsrichtung seiner verflochtenen Hände, und aus Alexejs Händen entstand ein Häuschen mit einem Fensterchen, aus dem ein Männlein schaute, das sein Daumen war. Marianna schüttelte den Kopf ob solcher Albernheiten. Helene lächelte. Ihr Lächeln saß stets in den Augen. Kaum sichtbar um ihren Mundwinkeln. Alexej war stolz auf sein Kunststück.

Erst Tage später dachte Marianna über die Selbstverständlichkeit nach, mit der Helene Alexejs Hände berührt hat. Doch sie selbst hatte nicht vor, Fingerspiele mit Alexej zu üben. Er sollte ihr auch nicht voller Andacht die Schulter oder die Arme küssen, denn den Schmelz der Jugend besaß Helene. Marianna hatte die Vormundschaft für dieses Mädchen übernommen. Sie trug Verantwortung. Diese Verantwortung war ihr vom Vater übertragen. Als Helene eines Morgens die Kleidungsstücke aus Mariannas Zimmer holte, die in die Wäsche sollten, wollte sich Marianna einer immer wieder aufgeschobenen Pflicht entledigen. Nicht unbedingt die der Aufklärung. Doch sie wollte dem Mädchen den Zusammenhang klarmachen, der zwischen ihrer monatlichen Menstruation bestand und der Empfängnis, und daß die gefährlichste Zeit die Mitte zwischen den monatlichen Ereignissen wäre. Das sollte sich das Mädchen merken, damit sie nicht irgendwann einmal ein Kind bekäme von einem, der sie nie zu heiraten gedachte. Marianna gab ihr zu verstehen, daß sie wünschte, Helene auch für die Zukunft um sich zu haben, denn sie mochte sie und war zufrieden mit ihr.

Eigentlich passierte nichts. Helene stand in der Mitte des Zimmers. Es war Juni. Die Fenster waren geöffnet. Sie stand da in dem dunklen Rock und der rosa Bluse. Ihr Haar zu einem Zopf geflochten. Lichtumspielt. Und doch geschah etwas. Lautlos. Die Versteinerung des Mädchens. Die Sachen entglitten ihren Händen. Die Frau wird nie vergessen, was sich auf Helenes Gesicht abspielte. Tiefstes Erschrecken. Visionen der Hölle. Entsetzen. Und alles gipfelte in dem Wunsch, daß die Erde sich auftun und ihrer erbarmen möge. Hatten Mariannas Worte die Erinnerung an das Schicksal von Helenes Mutter heraufbeschworen, ihr Delirium, das Elend in Lumpen und Schmutz, die Verachtung, das Asyl als Endstation, den Verlust von Geborgenheit?

Intuitiv erfaßte Marianna, was passiert war. Das Ausbleiben der Regel und der plötzlich begriffene Zusammenhang.

Die Erde erbarmte sich nicht und nahm Helene nicht aus der Welt.

Spürte Helene bei der Frau eine Regung des Mitgefühls, des gleichen Entsetztseins? In Helenes bisherigen Leben gab es nur einen Menschen, von dem sie Hilfe erfahren, der sie schon einmal aus höchster Not gerettet hatte. Wer sonst sollte ihr beistehen?

Helene stürzte auf die Frau zu, verbarg ihr Gesicht an deren Schulter, schluchzte, sank allmählich auf die Knie, umklammerte den Rock der Baronin... Aus dem Schluchzen und Stammeln setzte sich die Frau die flehentliche Bitte zusammen – nicht nach Rußland zurückgeschickt zu werden, bei ihr bleiben zu dürfen. Marianna ließ sich auf den Stuhl fallen. Solchem Appell um Hilfe wird sie immer wehrlos gegenüberstehen. Sie zog Helene zu sich heran, strich über das dunkle Haar... Es wird sich eine Lösung finden ...

Sie hatte das Mädchen nicht vor dem Waisenheim bewahrt, um sie ins Asyl zurückzuschicken... Es wird sich eine Lösung finden...

Die Frau und das Mädchen, als ob sie Halt aneinander suchten und Trost.

Was war die Lösung?

Der Dom zu Unserer Lieben Frau. Dort hatte Marianna Stunden verbracht. Im Gebet. Im Gespräch mit der Mutter. Die ständig wiederkehrende Frage an die Verstorbene – was tun? Wen konnte sie um Hilfe und Zuspruch bitten? Wer nahm sich ihrer inneren Not an, machte Mut, gab ihr Halt und Festigkeit. Sie kauerte auf der Empore. Dicht in Altarnähe. Sie hat sich in sich selbst versenkt und auf die Stimme gehört.

Viele Jahre später hat sie dieses Bild gemalt.

Den Moment der Auflösung, des Aus-den-Fugen-Geratens. Den Moment der Sammlung. Den Zustand der Stille. Die Frau ganz im Vordergrund mit den geschlossenen Augen und eingehüllt in den blauen Schleier! Mit ihr ist das Universum ins Wanken geraten, die Welt um sie. Die Gesetze der Statik sind aufgehoben. Die Säulen, aus den hohen gotischen Bögen fallend, die der Kathedrale Halt und Stabilität geben sollen, schwingen aufeinander zu und vereinigen sich auf der Täfelung des Fußbodens, über dem das blaue Licht liegt, gefiltert durch die Rosen. Gebändigtes Chaos, das Harmonie wird. Und dann entdeckt man die Frau noch einmal, eine kleine schwarze Figur, die aufrecht dem Ausgang zustrebt, dort, wo der Boden wieder eben und real ist.

Santo hatte wiederholt Zweifel angemeldet, daß das Bild wirklich von ihr sei. In der Regel saß sie vor der Kirche.

„Cathédrale" – dieses Bild hast du aus meinem Schaffen herauslösen wollen. Die bestechende Akribie der Ausführung... du hast recht, sie paßte nicht in mein Werk. Dieses Bild hat stets ein Schattendasein geführt. Keine Galerie wollte es ausstellen. Es paßte in keine Ordnung. Es ist aussagestark und emotional. Es ist mein Bild.

Die Stunden im Dom. Wie umgehen mit der Tatsache, daß Helene ein Kind von Alexej erwartet? Einmal mußte es passieren. Ob nun dieses Modell oder jenes oder Helene. Trotzdem – es zerfetzte ihre monogame Vorstellung ihrer Beziehung zu Jawlensky.

Zwei Dinge standen außer Frage.

Mariannas Liebe zu Alexej und ihre Verantwortung für das Mädchen, das fünfzehn Jahre alt war.

Marianna liebte Alexej auf ihre sehr besondere Art, sie glaubte an ihn und seine Kunst. Das wurde nicht von der Tatsache berührt, daß Helene ein Kind von ihm bekam – sagte ihre Vernunft. Für sich hatte sie bereits in Moskau entschieden – keine bürgerliche Ehe mit Kind. Jetzt, wo sich Alexej auf den Weg zu seiner Kunst gemacht hatte, brauchte er Marianna an seiner Seite. Das Wort, das sie sich gegeben hatten, galt. Wer durfte es brechen? Hatte sie das Duell zu verhindern gewußt, wird auch Helenes Schwangerschaft ein zu lösendes Problem sein. Helene hatte ihr nichts genommen. Was sie mit Alexej verband, war so überirdisch und platonisch... Und trotzdem war es Schmerz. Enttäuschung. Oder war es Kränkung? Oder war es Trauer um die verlorene Illusion, eines fernen Tages von Alexej auch körperlich geliebt zu werden?

„Ich stehe wieder da mit der Kraft, mit der man kämpft, die nicht nachgibt. Aber der Traum eines Echos meines inneren Lebens verflog... Aber ich – ich bin Frau. Ich quäle mich damit. Ich kenne Jawlensky zu gut, um mit ihm in einer Chimäre zu leben... Für ihn bin ich nicht die Frau, ohne die er nicht leben kann.... Ich werde versuchen fortzugehen. Aber ich liebe ihn. Ich hätte so sehr den Wunsch, daß er beginnen würde, mit dem Herzen in meiner Sprache zu reden... Das Herz hat sich nicht getäuscht. Bei mir ist der Verkünder. Gott, hilf mir!"

Ihre liebeshungrige, einsame Seele, sie stammelte zärtliche Worte. Da sie nicht wußte, wem sie ihre Zärtlichkeit, ihre Sehnsucht schenken sollte, schuf sie ihn sich in dieser blauen Stunde des Doms. „Mon Beau, mon Unique... mein Schöner, mein Einziger! Du, den ich immer gesucht habe, ohne dich je zu finden! Du, den ich herbeigesehnt und gerufen habe, ohne dich je zu sehen! Du, der du immer gegenwärtig bist, ohne zu sein, mit dir rede ich jetzt..."

Ihre Briefe an den vertrauten Nicht-Bekannten begannen. Lettres à un Inconnu. Sie wird sie auf französisch schreiben, die geheime Sprache, in der sie mit niemandem sonst redete.

Der Apfel hing am äußersten Zweig. Er hatte Sonne gespeichert. In ihr war die Kraft, das drohende Chaos dieser Stunde in einer Illusion von Harmonie ausschwingen zu lassen.

„Ich schreibe, damit mein Herz nicht bricht vor maßlosem Schmerz, vor solcher Trauer, daß dadurch alles von Gott gegebene Glück vergiftet wird."

Was Marianna beunruhigte, war die Angst vor Gerede und Tratsch, vor dem Unverständnis und den Pauschalurteilen. Wer von ihren russischen und deutschen Freunden begriff ihr seltsames und über alles Herkömmliche erhabene Verhältnis zu Alexej? Eines wußte sie, wurde Helenes Schwangerschaft sichtbar und öffentlich, rutschte sie selbst in ein fragwürdiges Licht von Mitleid und Belächeltwerden, weil man glauben würden, sie wäre die Betrogene.

Marianna suchte in den nächsten Tagen den Sekretär der russischen Gesandtschaft auf. Er war ein Freund und hatte ihre Abende besucht. War von seiner Seite eine Einladung ausgesprochen worden? Oder hatte er nur sein Gut erwähnt, auf dem die Eulen hausten, und das Bedauern ausgedrückt, deshalb niemand einladen zu können...?

Auf alle Fälle wollte Marianna München so schnell wie möglich verlassen. Noch ahnte niemand etwas von Helenes Zustand.

Man reiste Ende Juni 1901 ziemlich überstürzt nach Anspacki, das im Gouvernement Witebsk lag.

27.

Als die Dunkelheit im Zimmer tiefer wird, und die Frau das Licht einschaltet, wird ihr bewußt, daß Sofia an diesem Tag nicht gekommen war. Nicht, daß die Frau das Kind vermißte, das fröhlich jeden Tag bei ihr anklopfte... oder doch?

Dafür rudert es wie wild auf ihrem Balkon. Die Frau erschrickt jedesmal, wenn der Storch von seinem Tagesausflug zurückkehrt. Klappernd macht er auf sich aufmerksam. Dann läßt er sich in den sitzlosen Stuhl fallen und wartet auf Fütterung. Der Fisch von Giuseppe reicht nur noch für diesen Abend.

Marianna hatte vollendete Tatsachen geschaffen. Sie teilte Alexej mit: Anfang nächster Woche fahren wir nach Anspacki.

Alexej verstand nicht. Weder die Eile der Abreise noch das seltsame Reiseziel. Ein Ort, an dem keine Verwandtschaft lebte, weder nah noch fern.

Helene erwartet ein Kind.

Es war ein schwarzer Trumpf. Genugtuung, die bitter war. Damit waren die Prämissen fixiert. Marianna hatte die Verantwortung für Helenes Kind übernommen. Sie wird vor den Behörden auch für Helenes Kind die Vormundschaft übernehmen. Alexej war Erzeuger! So ungefähr drückte sie es aus. Alexej widersprach nicht und suchte nach keiner Rechtfertigung. Die Reise nach Anspacki nahm er als Folge selbstverschuldeten Verhaltens an. Für jede Belastung während der Fahrt, für die Unzumutbarkeit am Bestimmungsort fühlte er sich verantwortlich und litt. Je tapferer die Frauen mit den widrigen Umständen fertig wurden, umso größer wurde Alexejs Selbstqual.

Der russische Gesandtschaftssekretär hatte seinem Verwalter geschrieben, daß man aus seinem Schloß das Notwendigste an Mobiliar auf die Burg bringen sollte, die er den Freunden zur Verfügung stellte. Als die drei aus München angereist kamen, hielt der Verwalter den Brief in den Händen.

Die kleine Burg, mit Türmchen und runden Erkern, lag in einem verwilderten Park. Auf einem sanften Hügel. Überhaupt schwang das Land, soweit das Auge reichte, in lieblichem Auf und Ab. Ein lichter Birkenwald zog sich vom Schloß hinunter bis an das Flüßchen. Ein See lag inmitten der Schafskoppeln und Wiesen. Der Roggen stand noch grün, als sie in Anspacki eintrafen. Die einst polnischen Besitzer waren im Zuge der Russifizierung vertrieben worden. Für die Burg hatte der neue Besitzer bisher keine Verwendung gewußt. Sie lag einige Kilometer von seinem Schloß entfernt. Dafür hatten sich andere Logiergäste gefunden. Wie unheimlich sie waren, wenn sie sich bei hereinbrechender Dunkelheit lautlos auf der Balkonbrüstung niederließen und nach Beute spähten, hatte sich keiner der drei vorzustellen vermocht.

Zwischen Marianna und Alexej schwelte das Nichtausgesprochene. Alexej war sensibel genug zu spüren, daß Mariannas Enttäuschung groß war. Ihr Idol hatte schwarze Flecken bekommen. Es war fragwürdig geworden. Umso mehr blieb ihre Heiterkeit ein Rätsel. Ihre unbeschwerte Stimmung hatte nicht Grund in Alexej oder den äußeren Umständen. Ihre Ausgeglichenheit konnte sich Alexej nicht erklären. Marianna bewegte sich in einer ihm unerreichbaren Sphäre. Für Alexej wurde die Burg zu einem Ort der Bedrückung. Die Dornenhecke war undurchdringlich. Die kommenden Wochen schienen ihm Verbannung. Und Marianna tat, als sei Anspacki ein köstliches Abenteuer und jeder der einsamen Abende ein rauschendes Fest. In ihrer Phantasie ließ sie die Burg in alter Pracht erstehen und bewegte sich darin fast fröhlich. Musik, Lichterglanz und glückselige Begegnungen.

Staub und Spinnweben und der modernde Geruch waren das Geringste. Die Fenster der unteren Etage waren mit Brettern vernagelt, um Einbrüche abzuwehren. Die Gardinen hingen zerschlissen, vom Sonnenlicht mürbe gebrannt. In der Küche fand sich noch etwas Gerätschaft. Kessel und Töpfe und Steingutgeschirr.

Auf dem Boden hauste eine Eulenkolonie. Gespenstisch war die Lautlosigkeit ihrer Flüge. Große dunkle Schatten verdunkelten plötzlich das letzte Licht des Tages. Unheimlich das Geschrei der Jungen am Tage, gellend, fordernd, voller Gier.

Die ersten Tage waren die drei im Dorf untergekommen. Der Verwalter hatte das Entbehrlichste aus dem entfernten Schloß geholt. Es blieb eine notdürftige Einrichtung. Marianna hatte sich für das Erkerzimmer entschieden. Alexej unterstrich seine Weigerung, sich hier überhaupt aufhalten zu müssen, durch betonte Gleichgültigkeit. So bestimmte Marianna, daß er den sonnendurchstrahlten Raum nahm, vor dem der große Balkon lag. Helene war glücklich, das Zimmerchen zu beziehen, das sich unmittelbar an das Erkerzimmer anschloß, denn sie fürchtete sich vor den unheimlichen Bewohnern der Burg.

Notgedrungen verzichtete man auf die Einrichtung eines Salons. Jeder der beiden nahm die Mahlzeiten getrennt in seinem Zimmer ein. Es gab bei Marianna keinen Willen zur Gemeinsamkeit. Sie wollte etwas demonstrieren. Helene aß wie immer in der Küche. Da weder Verwandte noch Freunde auftauchen würden, erzwang keine Etikette, sich gemeinsam mit Alexej an einen Tisch zu setzen.

An einem der ersten Tage hatte Marianna Alexej gebeten, auf den Dachboden der Burg nach der Ursache der Schreie zu forschen. Er kam verstört zurück. Die Eulen hätten sich in Untiere verwandelt. Ihr Federkleid hatten sie aufgeplustert, so daß sich ihre Größe und Breite fast verdoppelte, sie hätten den Kopf gereckt und gefaucht, bedrohlicher als Katzen, und ihre Schnäbel hackbereit vorgeführt.

Das Lächeln von Marianna!

Aus dem Dörfchen kam jeden Tag eine alte Frau zum Essenkochen. Eine Lettin. Im Umkreis lebten viele Juden, auch ein paar Deutsche und Polen. Die Alte brachte Gemüse mit und Fleisch und kochte hervorragend. Helene ging ihr zur Hand. In den ersten Tagen rußte der Herd, so daß Kochen darauf unmöglich schien. Die alte Frau hieß Alexej, den Zugang zum Schornstein zu prüfen. Er fand einen toten Raben und brachte an diesem Tag keinen Bissen herunter.

Eines Tages richtete Marianna die Frage an ihn – du malst nicht?

Da stellte Alexej in seinem leeren Salon die Staffelei auf, wählte ein großes Format und beschloß, sich seine Bedrückung von der Seele zu malen. Den schwarzen Tisch. Diesen einfachen schmucklosen Holztisch, den nicht einmal eine Decke zierte. Ein Krüglein mit Blumen hatte ihm Helene hereingestellt. Den kahlen Fußboden wollte er malen, den kein Teppich wärmte, über dem im Sonnenlicht die Staubpartikelchen tanzten. Das Licht war der einzige Luxus, und Alexej vermochte es nicht zu empfinden.

Es stand kein Stuhl am schwarzen Tisch, weil es nur einen in diesem Raum gab, und der befand sich hinter seiner Staffelei als Pinselablage. Ebenso schwarz, ebenso schmucklos. Hart und zweckdienlich. Die Daseinsberechtigung des Tisches war der Teller, der darauf stand. Ein Steingutteller, groß und flach, mit einem rosafarbenen Rand. Dieser leere Teller, der nach dem Abwasch wieder auf den Tisch gestellt wurde, dünkte Alexej wie die Mahnung an seine seltsame Gefangenschaft.

Nur diesen Tisch wollte Alexej auf das Bild bannen, seine tiefschwarze Frontseite, während sich die Platte in Licht auflöste. Da stand das Möbel dann in dem grüngoldenen Licht des Sommers, das durch die hohen Fenster fiel, in dem seltsamen Zauber von Stille und Unwirklichkeit mit dem einzelnen Teller, dessen Anblick in Alexejs Seele Bedrückung schürte.

Helene schaffte vom frühen Morgen bis späten Abend. Marianna hatte aus dem Dorf Frauen kommen lassen, die zunächst in die bewohnten Räume Sauberkeit bringen sollten. Keine Arbeit war Helene zu gering. Sie half den Frauen, kniete auf den Parkettfußböden, sie putzte die Fenster. Schließlich begann sie, die zerschlissenen Vorhänge mit der Hand zu stopfen. Ihr gefiel es in Anspacki. Sie fühlte sich hier wohler als in München. Alexej mied ihre Gegenwart. Es war offensichtlich, daß er ihr aus dem Weg ging. Als hätte sie ihm ein Leid zugefügt! Helene war eingesponnen in ihren Zustand. Sie hatte die erste Bewegung ihres Kindes gespürt. Sie wollte der Baronin ihre Dankbarkeit zeigen und sich nützlich und unentbehrlich machen, so gut sie es vermochte.

Die ersten Wochen in Anspacki waren eine seltsame Zeit. Marianna lebte auf der von ihr geschaffenen Insel, unerreichbar für die anderen. Das Spiel mit der Illusion hatte begonnen. Jeden Tag machte sie weite Spaziergänge und redete mit dem fernen Geliebten, oder sie saß an ihrem Erkerfenster und schrieb dem Inconnu.

„Du kannst die Notwendigkeit dieser Briefe verstehen und den großen Selbstbetrug... Jeden Tag schaffe ich mir mit dir die Welt neu. Jeden Tag fällt ein Paradies aus meinen Händen, um im Staub zu versinken. Du bist es, den ich in den Augenblicken meiner Schwäche rufe... Du weinst und lachst stets im richtigen Augenblick, im Fluge erfaßt du die Gedanken und begreifst das Neue einer Idee. Deine Augen sind schön und voller Schwermut. Du hast die liebkosende Hand einer Mutter... Du betest mich an."

Marianna war sich des Verhängnisses bewußt, mit dem sie sich Mut machen wollte und vom Leben entfernte.

„Ja, es war dein blauer Flügel, nichts als dein blauer Flügel, der mich hinter den anderen hertrieb. Und wenn du deine Flügel zusammenlegtest, erblickte ich auf dem Grunde meines Herzens arme, traurige Gesichter. Dort hatte ich sie aufgenommen und mit Liebe umhüllt. Aber schon der geringste Flügelschlag..."

Wenn sie von ihren Spaziergängen zurückkehrte, sah sie die Burg auf dem Hügelchen liegen. Trutzig und verträumt unter

Ulmen und Platanen. Im Gespräch mit ihrem Unbekannten raunte ihr jener eines Tages zu, daß es die Gralsburg sei, die sich jetzt im Gegenlicht erhöbe. Sie sollte getrost an die goldene Schale treten. Auf ihre brennende Frage würde sie Antwort erhalten.

An manchen Tagen liebte es Marianna, hart in der Wirklichkeit aufzukommen, die voll Banalität war. Da Alexejs Hut nicht am Haken hing, wußte sie ihn außerhalb. Da ging sie in sein Zimmer und stellte sich vor das fast fertige Bild.

Der Einzige und Schöne in ihrem Leben trug einen Namen. Alexej. Und er war Wirklichkeit. Nicht eine Figur, die sie illuminieren mußte. Er war ein Mensch mit Fehlern und Schwächen und mit einer großartigen Begabung. Wirklich lieben heißt erkennen und nicht das Scheinwerferlicht von Illusionen auf ihn halten.

Der unerlaubte Blick auf Alexejs Bild löste Erschütterung in Marianna aus. Bei aller impressionistischen Manier war ihm der Zugang zur emotionalen Kunst geglückt. Sie erspürte, daß Alexej unglücklich war. Wohl hat sie registriert, daß er litt, weil sie sich von ihm abwandte, und er dahinter die Vision von Endgültigkeit sehen sollte. Den Zwang, die Malerei aufzugeben, wieder in den Militärdienst zurückzukehren und ein armes Leben zu fristen, um eine Familie zu ernähren...

Marianna stand vor dem Bild. Die Schwärze des Todes – sie kämpfte mit dem Licht. In diesem unentschiedenen Kampf behauptete sich der Teller in seiner konkreten Dinglichkeit, in seiner schlichten Schönheit. Er sprach von der Einfachheit der Dinge. Die atmosphärische Dichte nahm Marianna gefangen und eine fast zwingende Poesie. Worte versagten. Alexej war begnadet.

Alles war verziehen.

Doch es schien, als wären Mariannas Einsicht und ihr Verzeihen zu spät gekommen.

Alexej war in Krankheit geflohen. Unbewußt erzwang er, im Mittelpunkt von Mariannas Aufmerksamkeit und Fürsorge zu stehen.

Typhus.

Nur ihn traf es. War es die mangelnde Hygiene der ersten Tage? Alexej hatte alles auf diesem Schlößchen mit Unbehagen betrachtet. Beim Anblick des toten Raben im Schornstein war er vor Ekel vergangen, die Eulenvertreibung hatte ihn über die Maßen mitgenommen. In seinen Augen war die Küche ein verwahrloster Ort. Er hatte Schaben entdeckt.

Es begann mit Schüttelfrost und Gliederschmerzen. Alexej fiel in gesteigerte Teilnahmslosigkeit. Dann stellte sich hohes Fieber ein. Marianna ließ einen Arzt kommen. Der glaubte an eine Erkältungskrankheit. Erst als die roten Flecken auftauchten, wußte Marianna, es war Typhus. Und sie wußte, daß er tödlich ausgehen konnte. Sie wollte alles für Alexej tun. Kein Krankenhaus. Sie selbst wollte die Pflege übernehmen. Alexejs Zimmer war groß und luftig genug.

Typhusfälle waren im Nachbardorf bekannt geworden.

Wenn das Fieber anstieg, machten Marianna und Helene kalte Waden- und Körperwickel. Sie wechselten sich an seinem Bett ab. Marianna betrieb einen Sauberkeitskult. Vor Alexejs Zimmer standen Schüsseln mit Wasser. Nach jedem Verlassen seines Zimmers wurde mit Seife und Bürste geschrubbt. Jeden Tag wurde das Bettzeug gewechselt. Helene duldete keine Fliege im Haus. Der Arzt verordnete leichtverdauliche Diät. Abgekochte Milch, Bouillon mit Ei, Rotwein mit Ei.

Wenn Alexej aus seinen nebligen Phantasien auftauchte, versprach Marianna, mit ihm auf die Krim zu reisen, sowie es ihm besser gehen sollte. In ein Sanatorium.

Der Arzt mußte ein Geschwür punktieren, damit der Eiter abfließen konnte. Allmählich zeichnete sich Besserung ab.

Marianna hatte bereits in der ersten Woche ihrem Bruder nach St. Petersburg telegraphiert, er möchte Helenes ältere Schwester ausfindig machen. So hatte es in ihrem Plan gelegen. Wsewolod sollte sie mit Geld versehen und nach Anspacki schicken. So schnell wie möglich. Helene sollte unter der Obhut ihrer Schwester das Kind zur Welt bringen.

Als die Schwester eintraf, reisten Marianna und Alexej auf die Krim.

Alles war in Ordnung. Der unbekannte Geliebte wurde eine blasse Erscheinung der Phantasie. Und es überkam Marianna die Lust, ihn nun in ihrem Brieftagebuch zu schmähen. „An deinem Anfang steht die Lüge. Und deine Form ist künstlich. Beinahe bist du ein Kunstwerk! ... Nichts an dir ist wahr. Du verschwindest immer wieder, weil du niemals warst. In der Wirklichkeit bist du mir feind... Du bist die große Lüge meines Lebens, während er, der Schöne und Einzige, die große Wahrheit ist. Er hat mich gequält, aber er ist die Größe meines Lebens."

Auf der Krim erholte sich Alexej schnell. Sie trafen dort Kardowsky mit seiner Verlobten.

Unvergleichliche Wochen und Monate. In dem glücklichen Überschwang ihrer Gefühle sagte Marianna Dinge, die sie später wie Gefängnismauern umgaben. Marianna wollte dem großen harmonischen Augenblick Dauer verleihen. Sie entschuldigte sich für ihr ausgrenzendes Verhalten, sie versicherte Alexej, daß er ein begnadeter Maler werden würde, über dessen Bilder die Zeit nicht ihren grauen Schleier legen könnte. Der war verwundert, daß jenes Bild eine solche Sinneswandlung bei Marianna hervorgerufen hatte. Sie versicherte ihm, was auch geschähe, sie würde zu ihm halten, sein Talent weiterhin fördern, Türen öffnen. An sein Talent zu glauben und es zu entfalten, wäre ihre Berufung. Sie stellte sich noch einmal ausdrücklich voller Selbstaufgabe in seinen Dienst.

Was erreichte sie letztlich? Daß Alexej sie wie die Magd behandelte, zu der sie sich selbst gemacht hat!

Das Jahr 1902 begann. Aus Anspacki kam die Nachricht, daß Helene einen Jungen entbunden hatte. Marianna versuchte, den Stolz und die Freude auf Alexejs Zügen zu übersehen. Alle möglichen Erwägungen schossen ihr durch den Kopf... Helenes Schwester das Kind geben und sie nach St. Petersburg zurückschicken... In Anspacki Adoptiveltern zu suchen...

Als Alexej das erstemal von ‚seinem Sohn' sprach, fragte Marianna, du willst mich also kompromittieren? Alexej hatte sie verständnislos angeschaut.

Ihre Befürchtungen wurden übertroffen.

Als sie sich der Burg näherten, wurde Alexejs Eile offensichtlich. Er war bemüht, seine freudige Erwartung zu verbergen. Als er den Jungen im Arm hielt, rannen ihm Tränen der Ergriffenheit über die Wangen. Und Marianna dachte: Jetzt geht die russische Seele mit ihm durch. Zärtlich nannte er das Kind ‚Druscha'. Seine Bewunderung für den gesunden, wohlgenährten Jungen, der offensichtlich die blauen Augen des Vaters hatte, war grenzenlos.

Überschwengliche Worte. Welch ein Fest für mich. Die Errettung. Es gibt keine Sünde mehr. Du hast sie von mir genommen. Auch in der Schwäche des Fleisches ist der Herr der himmlischen Mächte. Gott hat sich mit mir versöhnt.

In Mariannas Empfinden war Alexejs Verhalten übertrieben. Er wiegte den Jungen in seinen Armen und sang ihm Liedchen vor, die er sich selbst ausdachte, in alberner Kindersprache.

Ungekrönter Mittelpunkt der Burg war Helene. Glück, das still war. Augen, die zärtlich ihr Kind umhüllten. Sie hatte die Einsamkeit hinter sich gelassen.

Wenn der Junge auf Alexejs Armen zu schreien begann, nahm ihn Helene, knöpfte mit stiller Selbstverständlichkeit die Bluse auf und legte ihn an die Brust. Bei jedem Stillen saß Alexej mit andächtigem Blick daneben und stammelte ein und dasselbe Wort: Ein Wunder...

Marianna schnürte es die Luft ab. Sie war in die Bedeutungslosigkeit gefallen. Alles drehte sich um das Kind. Helenes Aufmerksamkeit, die ihrer Schwester und Alexejs. Hatte sie nicht zu ihrem Vater gesagt – die Kunst ist unser Kind, das Kind von Alexej und mir!

Helene war eine neue Würde zugewachsen. Marianna mußte an die Puppe denken, die das Mädchen vor wenigen Jahren nicht aus dem Arm gelegt hatte. Sie würde ihr Kind nicht hergeben. Auch Alexej würde sich nicht von seinen Sohn trennen wollen. Marianna verzichtete auf Konfrontation.

Flucht wieder in ihr ausgedachtes Leben. Sie erbaute Traumschlösser, die einstürzten. „Meine Seele dürstet nach dem Unbegrenzten, dem Ewigen... Ich habe Angst vor allen Gefühlen und aller Begeisterung. Ich schließe die Augen, ich will nichts sehen, nichts hören, ich will nicht lieben, ich will nicht handeln. Nur die Kreativität des Künstlers, unendlich, unbegrenzt, das Werk Gottes im Menschen – sie allein scheint mir wünschenswert. Sie allein ist die Wahrheit. Und auch die Lüge."

28.

Die Frau wartet die elfte Stunde ab. Kein Gepolter auf der Treppe, kein zaghaftes Klopfen. So beschließt sie, Sofia einen Besuch zu machen. War sie krank?

Die Sonne ist um diese Stunde so warm, daß die Frau sich nur eine Jacke über die Schultern hängt. Sie geht den linken Uferweg, beobachtet ein Entenpaar, das um die Wette taucht. Als die Kreise sich wieder zu einem Spiegel geglättet haben, erscheinen sie an anderer Stelle.

Heute abend ist sie mit Jacoob Zadman verabredet. Das Wort ‚Verabredung' besitzt einen Nachklang, der ihr nicht gemäß ist. Etwas klirrt in dem Wort wie Hoffnung. Mit Santo hat sich ihre Sehnsucht auf Angenommen- und Verstandenwerden erfüllt. Sie will sich nicht in den Bann dieses Wortes ziehen lassen.

Die Frau verläßt die Ufernähe. Ihr Weg führt an der Campagna entlang. Es ist eines jener steingeschichteten Häuser, in dem Sofia wohnt. Im oberen Geschoß an der Südseite besitzt es eine hölzerne Laube. Dort hängt Wäsche zum Trocknen. Der Wein, der daran rankt, treibt noch kein Grün. Die Haustür steht offen. In der Küche singt jemand. Eine helle, wohlklingende Stimme. Es ist ein italienisches Lied. Die Frau klopft an die Tür. Das Singen verstummt. Sofias Mutter steht am Küchentisch und bereitet eine Pasta. Ihre Hände sind mehlbestäubt, auch ihre blaue Schürze, die ein wenig über dem Bauch spannt. Als sie die Baronessa erblickt, schießt ihr Röte der Verlegenheit in die Wangen. Sie besitzt ein offenes, sympathisches Gesicht. Sofia hat Ähnlichkeit mit ihr. Das braune Haar ist zu einem losen Zopf geflochten, der auf dem Rücken liegt.

Die Frau grüßt, entschuldigt sich für ihr Eindringen. Sie wolle die andere nicht in ihrer Arbeit stören. Und fragt nach Sofia. Ob das Mädchen krank sei? Seit Tagen vermisse sie ihren Besuch.

Wieder treibt Verlegenheit eine rote Welle in das Gesicht der jungen Frau.

Ihr Mann... aber auch sie haben der Tochter die ständigen Besuche bei der Baronessa verboten. Das Kind sei aufdringlich. Manchmal erzähle sie Dinge, die nicht stimmen. Ihr Mann... und auch sie glaubten nicht, daß Sofia jeden Tag die Baronessa besuchen dürfte. Ihr Mann wäre zornig gewesen, daß es zur Baronessa ‚Nonna' sage. Dafür habe Sofia Stubenarrest erhalten. Sie sei in der Kammer. Dorthin verziehe sich das Mädchen, wenn es mit den Eltern ‚zürne'.

Ein nachsichtiges Lächeln, das um Verständnis bei der Besucherin wirbt, fliegt über ihre Züge. Laut ruft sie: Sofia-Angelina, Besuch für dich! Mit dem Kopf weist sie auf die schmale Tür, die neben dem Herd abgeht.

In der Kammer tut sich nichts. Die Tür besitzt keine Klinke. Nur einen Schlüssel. Sofias Mutter steht ratlos mit ihren Händen voll Mehl und Teig.

Darf ich? fragt die Frau. Sie klopft an, dreht den Schlüssel und stößt die Tür auf. Die Kammer ist schmal. Der Schrank neben dem Fenster erdrückt den Raum. Gegenüber der Tür steht ein Bett. Darauf sitzt Sofia. Kerzengerade, angespannt. In der linken Hand hält sie ein Stück Holz, in der rechten ein kleines Küchenmesser. Um sie herum liegen Späne. Sie sagt kein Wort. Ihre Augen triumphieren. Die Frau hat mit ihrem Besuch Ungerechtigkeit und Verleumdung aus der Welt genommen.

Sofia macht eine stumme, einladende Bewegung zur Frau, sich neben sie zu setzen.

Guten Tag, Sofia-Angelina. Die Frau wiederholt die zärtliche Anrede. Sie reicht dem Mädchen ihre Hand. Die Mutter mahnt: Steh auf und mach einen Knicks! Doch die Frau hat sich schon neben Sofia gesetzt.

Ich war besorgt und traurig. Du bist schon zwei Tage nicht zu mir gekommen. Deine Eltern können sich nicht vorstellen, daß ich mich über deinen Besuch freue. Ich werde deinen Eltern ausdrücklich versichern, daß ich es als ein Geschenk empfinde, wenn du mich Großmutter nennst.

Bitte, kommen Sie in die gute Stube! sagt Sofias Mutter. Sie hatte sich die Hände gewaschen und ihre Schürze abgelegt. Das Kind verharrt noch immer reglos und stumm. Da legt die Frau ihren Arm um seine Schulter und zieht es ein wenig an sich.

Ich schnitze dir eine Katze!

Das Mädchen reicht ihr das Stück Holz, das ganz warm ist.

Die Katze ist noch nicht fertig. Sie schläft. Kannst du den Schwanz erkennen?

Das Mädchen hat aus einer fünf Zentimeter dicken Baumscheibe mit einigem Geschick eine zusammengerollte Katze geschnitzt. Der Schwanz wird um das Mäulchen reichen.

Wie lange sitzt du schon daran?

Seit ich nicht zu dir durfte... Ich wußte, daß du kommst.

Woher?

Die Kleine lacht ein wenig verschmitzt.

Weil du meine Nonna bist!

Die Frau schaut sich um. Die Zimmerdecke besteht aus Holzbrettern, die geweißt sind. Die Farbe ist an vielen Stellen abgeblättert. Auch die notdürftig verputzten Wände waren vor vielen Jahren weiß gekalkt worden. An manchen Stellen zeichnen sich Wasserflecke ab. Wo der Schimmel am schwärzesten war, hingen Heiligenbilder im Öldruck. Zweimal die Mutter Maria. Der heilige Christophorus. Jesus auf dem Ölberg.

Hier ist meine andere Großmutter gestorben, sagt Sofia.

Ein kleines gerahmtes Hochzeitsphoto, auf das man schauen konnte, wenn man zu Bett ging. An einem rostigen Nagel hing der Rosenkranz. Über das Bett war eine geblümte Stoffdecke gelegt. Aus gleichem Stoff war der Vorhang am Fenster genäht und das Deckchen auf dem Nachttisch. Sofias Füße hatten einen Flickenteppich fast unter das Bett geschoben. Überall lag abgeschnitztes Holz.

Ich soll dich von unserem Storch grüßen. Es geht ihm jeden Tag besser. Ich glaube, er will sich von uns verabschieden. Er landet zwar jeden Abend auf dem Balkon und läßt sich füttern... Eigentlich könnte er sich wieder selbst versorgen. Was meinst du?

Sofias Augen strahlen. Sie legt ihre Arme um den Hals der Frau, zieht deren Kopf ein wenig zu sich heran und flüstert ihr ins Ohr: Ich bekomm' ein Geschwisterkind. Es wächst in Mamas Bauch. Wie hat der Storch das gemacht?

Sofias Mutter lehnt am Türrahmen und sagt: ...daß Sie sich soviel Mühe mit dem Storch gegeben haben!

Die Frau lacht. In Sofias Welt besteht ein himmlischer Zusammenhang zwischen dem Storch und dem Geschwisterchen.

Im Oktober soll es kommen, sagt Sofias Mutter. Dann sind wir eine richtige Familie. Dann wird alles gut.

Ihre Stimme klingt sehnsüchtig.

Mein Bett ist gar nicht mehr oft naß, stimmt's Mama?

Ja... Alles wird gut.

Die Frau kramt in ihrer Rocktasche und sagt zu Sofia: Dreh dich um!

Dann hält sie beide Hände auf dem Rücken: Rechts oder links? Das Mädchen weist auf die linke Hand. Eine kleine Tüte mit bunt bestreuselten Schokoladenplätzchen kommt zum Vorschein.

Mille, mille grazie, liebe Nonna!

Das Wort Verabredung spukt in ihrem Kopf. Schon die Frage – was soll sie anziehen? Früher war dies eine wichtige Entscheidung. Mut zur Extravaganz hatte sie stets besessen. Ihre großen Hüte! Wer nicht alles hat sie mit ihren Hüten gemalt! Gabriele Münter, Erma Bossi, Jawlensky, Kandinsky. Der Hut als Statussymbol. Je größer der Hut, umso sicherer die Aufmerksamkeit, die man ihr zollte. Warum einst ihr Hang zu breiten Lackgürteln, die ihre Taille unterstrichen? Andere Frauen ihres Alters, selbst die um zehn oder fünfzehn Jahre jüngeren, konnten sich wegen ihrer Üppigkeit keine solchen Gürtel leisten. Wenn kein Hut – warum die große Schleife im Haar?

Es gehörte zu ihren Inszenierungen.

Marianna hatte Stücke erfunden, Begebenheiten, in denen sie zugleich Schauspielerin und Zuschauer war. Sie war so jung, wie sie sich kleidete. Sie war mondän oder rätselhaft. Sie lockte mit stummen Verheißungen, die sie nie erfüllte. Von morgens bis abends war ihr Gehirn tätig, ausgedachte Episoden zu leben. Manchmal glückte es, daß die anderen, die wie Marionetten an ihren Fäden hingen, tatsächlich Dinge sagten oder taten, die außerhalb ihrer eigenen Einbildung lagen. Dann war Marianna entzückt und fühlte sich im Himmel. So hatte sie geschrieben: „Ein Wirbel von erfundenen Wesen umgibt mich und hindert mich, das wirkliche Leben zu sehen. Tief im Innern weiß ich, daß es die Wunder, die ich sehe, gar nicht gibt. Aber sie amüsieren und bezaubern mich, und es ist mir zur Gewohnheit geworden, sie zu sehen. Es ist gut, zu zweit zu wollen und zu handeln. Im Leben ist man nie zu zweit. Wenn man sich ganz gegeben hat, wenn es nichts mehr gibt, was das eigene Herz sich bewahrt hat, dann ist man allein. Noch mehr allein als zuvor, weil man sein Selbst verloren hat."

Diese Zeit ist vorbei. Die Frau muß die Wirklichkeit nicht mehr mit dem blauen Tuch ihrer Illusionen zudecken. Ihre Selbstaufgabe war von Alexej so zweifellos und mit grausamer Selbstverständlichkeit akzeptiert worden. Helenes Schwester war mit nach München gereist. Das Baby wurde als Jawlenskys Neffe ausgegeben. Eine dramatische Geschichte war dazu erfunden worden. Um sie in München glaubwürdig werden zu lassen, war Helenes Schwester für die Erziehung des Neffen verpflichtet worden, denn Helene stand im Dienst der Baronin. Sie sollte nicht mit anderen Aufgaben belastet werden. Das war die äußere Fassade, hinter der das konstruierte Gespinst natürlich nicht funktionierte. Alexejs Liebe zu seinem ‚Neffen' wirkte übertrieben. Helene wollte keinen Deut ihrer Verantwortung für den Sohn an die Schwester abtreten. Diese verspürte andererseits keine Lust, als Kindermädchen ihrer jüngeren Schwester zu fungieren. Marianna selbst stand beziehungslos in den eigenen Räumen. Ja sicher, Lulu war ihr dankbar, er honorierte ihre Haltung, er billigte ihr Größe zu und Charakter. Da Marianna ihn so hoch erhoben hatte, glaubte er in aller

Schlichtheit, daß ihm dieses Leben zustünde und alles seine Ordnung habe. Marianna war die selbstlose Schutzpatronin seiner Kunst. Hatte sie es ihm auf der Krim nicht für alle Ewigkeit gelobt? Als solche verehrte er sie, weil er sie brauchte. Aber er liebte sie nicht so, wie sie geliebt werden wollte. Ihre Beziehung war so arm an Aufmerksamkeit geworden und an Zärtlichkeit. Es war, als verausgabte sich Alexej bei Druscha, was er an Zuwendung zu verschenken hatte. Wie hätte Marianna seiner Zärtlichkeit bedurft! So blieb ihr die Scheinwelt, in der sie ihre Stücke inszenierte. Sie hielt an dem gegebenen Versprechen fest, dem Einzigen den Weg zu bahnen und die eigene Kunst zu opfern. Und niemand, niemand wußte von ihren unglückseligen Nächten, „wo ich mit eigener Hand den Gott in mir erwürgt habe... diese wahnsinnigen Stunden, wo ich meinen Kopf bei jedem schöpferischen Gedanken, der ein Bild werden wollte, in den Kissen vergrub, als versuchte mich der Teufel selbst." Immer die Flucht in die Spiele mit großem Hut und den extravaganten Kleidern... Oder ihre verzweifelten Briefe an den unbekannten Geliebten. „Ich möchte arbeiten, malen. Das ist mein glühender Wunsch. Ein wildes Verlangen zerreißt mein Herz, mit Farben umzugehen. Mit unglaublicher Heftigkeit sehe ich Gestalten vor meinem inneren Auge."

Marianna glaubte an die emotionale Kunst. Sie wußte, daß sie sie nicht auf ihre Bilder zu holen vermochte. In ihr war anderes. War es weniger wert?

Ihr Spiel mit Alexander Salzmann,... mit dem sie hinausfahren wollte auf den Ozean der Träume. Er sagte so wunderbare Dinge... daß sie sein Stern sei und daß sein Leben ohne ihr Leuchten keinen Sinn mache. Daß sie das geheimnisvollste Wesen sei, daß er kenne. Daß er sie brauche, sie und die Kraft ihrer Ideale. Daß ihre Rätselhaftigkeit ihn um den Verstand bringe. Daß er vor Leidenschaft brenne. Wenn nicht dieser Durst nach Zärtlichkeit gewesen wäre... Natürlich reichte sie ihm die Hand. Natürlich wollte sie ihn retten. Und dann der Sturz in die Banalität. Das konnte nicht der höhere Sinn gewesen sein, daß er nach ihrer Brust griff, daß sich seine Zunge wie eine Riesenmolluske in ihren Mund schob. Vor Schreck und Entsetzen und Enttäuschung hatte sie diese kleine weiße Blume aus ihrem Herzen gerissen, auch wenn es wehtat. Die Blume sollte in dem strahlenden Licht des Ideals weiß bleiben. In ihr Tagebuch hat sie geschrieben: „Ein blauer Vogel hat sich auf unsere Hand gesetzt. Woher kam er geflogen? Wie strahlend war sein Federkleid, wie süß klang sein Lied, wie anmutig waren seine Bewegungen. Und wir, was haben wir getan, anstatt uns an ihm zu erfreuen, seinem Gesang zu lauschen, seine Farben zu bewundern? Wir haben es gemacht wie alle Welt. Wir haben seinen Bauch aufgeschnitten, um zu sehen, was darin war. Nichts!"

Sie hatte ihre Ode an die Dinge, die nicht sind, in ihren „Lettres à un Inconnu" in Worte gefaßt.

„Ich liebe die Gedanken,
die nicht ihren Weg in Worte finden,
die eine Ahnung geben des Unendlichen,
das sich verborgen hält.

Ich liebe die Natur,
wo sie der Mensch nie bezwingen wird,
nie einzukreisen vermag mit seinem Tun.
Natur, gewaltig, bewegungslos,
im Atem des Unendlichen.

Ich liebe, was in allen Wesen
in der Tiefe ruht.
Nicht das Wirkliche, sondern Gott,
der in jedem lebt.

Ich liebe die Menschen nicht wie sie sind,
sondern wie sie sein könnten.
Ich diene dem Ideal.
Ich liebe die Seele der Dinge."

Die Frau entscheidet sich jetzt für Rock und Bluse. Vielleicht wird sie ein letztes Mal ihre Kette aus Türkisen umlegen. Die Kette ist das nächste, was sie verkaufen wird, wenn das Geld wieder einmal absoluten Schwund anzeigt. Auf der dunkelblauen Seidenbluse machen sich die Türkise gut. Wer lädt sie schon ein? Früher war sie es, die Einladungen aussprach. Wenn eine Beziehung zerbricht, zerfallen auch die Freundschaften. Und diese sind Alexej zugefallen. Weil er nach Deutschland zurückgekehrt war. Einige bedauerten, daß Marianna in dem Fischerdorf hängengeblieben war, und besuchten sie gelegentlich. Und sie berichteten von Alexej. Immer übermittelten sie dringliche Grüße von ihm. Und immer die Bitte, daß Marianna die absolute Stille zwischen ihnen beiden aufheben möge.

Das kann sie nicht. Dieser Schmerz absoluter Trennung ist das einzig Lebendige, das einzig Funktionierende zwischen ihnen.

Wenn Santo da ist – ist es anders. Da muß sie sich nicht feinmachen. Aus der Welt des Scheins mit ihren Ersatzlösungen war sie längst gegangen. Sie war stolz gewesen auf ihre Schimären und hatte ihre Armut nicht bemerkt! Alles hatte sie sich kaufen können, und doch hat ihre Seele nicht Dinge von materiellem Wert begehrt. So unglücklich sie in jenen Jahren war, selbstverschuldet oder nicht, der Apfel hatte Sonne getankt. In sich hatte sie Möglichkeiten gefunden, nicht in Banalität zu ertrinken und unter Alexejs Lieblosigkeit zu verdorren. Wohl hatte sie sich das Malen verwehrt, aber der Schöpfergeist in ihr hat sie zur Feder greifen lassen. In ihrer Einsamkeit waren Erkenntnisse und Einsichten gereift, die sie von Alexej unabhängig machten. Ihre „lettres à un inconnu" waren Gespräche mit ihrem Überich, dem kongenialen Du.

Die Einladung heute abend ist etwas Besonderes in ihrem Leben. Sie gilt ihr. Nicht der Baronessa. Nicht der Malerin. Nicht unbedingt der Frau. Sie gilt dem Menschen Marianna Werefkina. Sie muß keine blauen Geschichten mehr erfinden.

Auf die Kette mit den Türkisen wird sie verzichten. Sie hat die Beziehung zu den Lackgürteln und den Taftschleifen verloren.

Die Frau sieht die dunkle Gestalt Jacoob Zadmans gegen siebzehn Uhr auf der Piazza wie zufällig promenieren, in einem langen schwarzen Mantel und mit breitkrempigem, schwarzem Hut. Gemessenen Schrittes geht er am Ufer des Sees entlang, keine Ungeduld zeigend. Kein Blick hinauf zu ihrem Fenster. Er hat Zeit, auf sie zu warten.

Sie denkt, er besitzt die Weisheit des Alters. Er ist imstande, sein eigenes Ich in Distanz zu halten zu allem, was ihn umgibt. So hat er die Möglichkeit gewonnen, etwas anderes als nur sein Spiegelbild zu sehen. Für ihn ist die Welt nicht zusammengedrängt im eigenen Ich.

Als die Frau auf die Piazza tritt, steht Zadman an der Mauer des Schlößchens. Mit der Hand macht er die impulsive Geste eines Grußes. Er läßt sie an seiner rechten Seite gehen. Sie biegen in die nächste Gasse ein. Es ist nicht die Judenschenke, in die sie gehen. Die Geburtstagsfeier findet im Verbano statt. Es sind nicht nur Juden als Gäste geladen.

Zadman versichert ihr: Es ist mir eine große Ehre, daß Sie an meiner Seite gehen. Vielmals erhielt ich Einladungen. Es ist die erste, der ich nachkomme.

Geburtstag feiert Nathan Gebkind. Er ist kein orthodoxer Jude. Er kam aus Polen, wo er eines Tages seine Glaswarenfabrik verkaufte, um ins Tessin zu ziehen. Er sympathisierte mit Jordi, der vor ungefähr fünf Jahren das verlassene Dorf Fontana Martina gekauft hat.

Seine Gäste sind ein buntes Gemisch von Einheimischen und Zugereisten. Natürlich löst es Überraschung aus, daß Zadman mit der Baronessa erscheint. Bevor sie sich an die Tafel setzen, werden sie gebeten, im Nebenraum Aufstellung zu nehmen. Der ist fast leergeräumt. In der Fensterecke stehen die beiden Musiker, die Geige und Cello einstimmen. Die erst geschabten und gekratzten Töne der Instrumente finden sich langsam zu einer Melodie. Der Schwager von Gebkind erklärt den Begrüßungstanz. Die Paare bilden ein Kreis, wobei die Männer innen und die Frauen außen stehen. Ein immer wiederkehrendes Schalom. Ein Sich-Verneigen. Ein Berühren mit den Händen, ein Sich-Drehen im Kreis und das Weiterziehen des Mannes zu der Frau des nächsten Paares. Friede sei mit dir. Jacoob Zadmans Stimme versagt. Seine Verneigung vor der Frau ist tief. Die Berührung ihrer Hände nur angedeutet. Ein schmerzvoller Blick, als er zu der Nächsten weiterziehen muß.

Assunta stürzt herein. Ihren Mantel wirft sie über einen der Stühle. Mit ihrer Kamera kniet sie dann im Kreis. Viel zu oft hat sie die Baronessa im Visier.

Der Begrüßungstanz ist zu Ende, wenn jeder dem anderen einmal in die Augen geschaut und ihm ein „Schalom" gewünscht hat.

Dann bittet Gebkind zu Tisch.

Die Frau sitzt Nathan Gebkind gegenüber. Zadman flüstert: Er hat den glücklicheren Platz. Er kann in Ihre Augen schauen.

Und später der Eklat.

Er gehörte nicht zu den geladenen Gästen. Er hatte ins Verbano gewollt und eine geschlossene Gesellschaft gefunden. Gebkind bat den Fremden, sein Gast zu sein. Ein Mann Ende Dreißig. Ein Deutscher, blond, mit gleichmäßigen Zügen. Er wies sich als Freund von Max Emden aus. Dem gehörte in Hamburg ein großes Kaufhaus. Emden hatte die Absicht, die beiden Brissago-Inseln zu kaufen, die noch im Besitz der Baronessa Antonietta von Saint-Léger waren. Vorgespräche dazu waren im Gange. Diese waren der Grund des Deutschen, hier zu sein. Die Wichtigkeit dieser Aufgabe füllte ihn sichtlich aus. Der Glanz des Hauses Emden stäubte ein wenig auf ihn.

Als der Gast hört, daß die Frau mit Baronessa angeredet wird, drängt er, ihr vorgestellt zu werden. Den Namen Werefkin kennt er. Ein wenig zu laut tut er dies kund. Er nutzt diese Vorstellung, sich in den Mittelpunkt der allgemeinen Beachtung zu bringen. Seine Stimme wird um einige Phon stärker. Herr Emden hätte ihn beauftragt, ein Bild von ihr zu kaufen. Seine Stimme quillt auf vor Generosität. Sein Chef habe ihn ermächtigt, einen anständigen Preis zu zahlen! Er könne sich die Suche nach ihrem Haus ersparen, wenn sie eines ihrer Bilder in sein Hotel vorbeischicke.

Sicherlich freuten sich einige der Anwesenden, daß die Baronessa an diesem Abend einen unverhofft guten Verkauf machen kann. Assunta schaut mit bangen Augen zu ihr hinüber.

Die Frau bekommt das verräterische kalte Gefühl im Rükken.

Schmerzhaft vermißt sie in diesem Augenblick Santo. Er ist der einzige, der dem jungen Geschäftemacher jetzt hätte Paroli bieten können. So muß sie es selbst tun! Sie kann nicht auf Gebkind und seine Geburtstagsfeier Rücksicht nehmen. Ihre Stimme klingt ein wenig rauh. Man hört ihre Erregung.

Junger Mann, glauben Sie, Sie haben einen Hund vor sich, der für einen hingeworfenen Knochen Männchen macht?

Nach diesen Worten wird es plötzlich sehr still. Es bedarf Mut, in diese Stille hinein weiterzusprechen. Es ist auch Befreiung. Es war ein angestauter Druck in ihrem Inneren, der plötzlich entweichen kann. Ihre Hände umspannen die Stuhllehne. Wer dicht neben ihr steht, sieht, daß die Gelenke vor Spannung fast blutleer werden. So unterbindet sie ihr Zittern.

Ich gehöre nicht zu denen, die sich mit ihrer Kunst verkaufen. Und ich nehme keine Almosen! Nichts anderes bieten Sie mir! Meine Bilder werden Ihren Herrn Emden nicht erfreuen! Sie werden ihm unbequem sein. Ich fürchte sogar – unverständlich. Meine Kunst ist Weltanschauung! Ich male das Pendant zu dem, was Ihr Herr Emden praktiziert. Die Alternative. Meine Bilder brauchen Öffentlichkeit! Meine Thematik berührt die Urwahrheit des Seins. Und damit wollen Sie mit mir ins Geschäft kommen? Über meine Bilder muß man nachdenken. Wissen Sie, ich habe Monate ohne einen Centime gelebt! Vielleicht ist das Herrn Emden zu Ohren gekommen! Auf einen Handel mit meiner Kunst werde ich mich nie einlassen! Nie! Eher krepiere ich!

Die Frau nimmt wahr, daß Jacoob Zadman hinter sie getreten ist. Eine Geste sichtbaren Beistands. Sie holt tief Luft, sammelt ihre Gedanken neu. Jetzt kann sie nicht aufhören zu reden. Der Deutsche starrt sie betreten an.

Ihr Angebot ist Mißachtung meiner Kunst. Da fehlt es an Glauben und Verständnis. Für Sie und Ihre Leute sind meine

Bilder nicht gemalt! Ich verschenke sie denen, die mich lieben, achten und verstehen. Ich brauche nicht viel zum Leben. Noch bin ich gesund! Meint Ihr Auftraggeber, daß mit Geld jeder und alles zu kaufen sei? Hinter solchem Tun steht Menschenverachtung. Denken Sie einmal darüber nach! Noch bin ich mir meiner Würde bewußt und des Wertes meiner Bilder! Eher bettle ich bei solch armen Kerlen, wie ich selbst einer bin. Hier in diesem Kreis sind viele meiner Freunde, das einfache Volk von Ascona. Sie haben mich bisher nicht verhungern lassen. Bei ihnen und nur hier will ich gerne in Schuld stehen. Diesen hier bin ich tief und innig dankbar und möchte, daß meine Bilder den Weg in ihre Herzen finden.

Jetzt ist Assunta neben sie getreten und legt den Arm um sie.

Bei der Berührung mit Assunta versagt der Frau die Stimme. Sie wendet sich zu Zadman um und bedeutet ihm, gehen zu wollen. Da beginnt jemand zu applaudieren. Die anderen schließen sich an. Der junge Deutsche entschuldigt sich mit einer förmlichen Verbeugung und hastet dem Ausgang zu. Seine offensichtliche Flucht erheitert die Anwesenden.

Gebkind macht den Musikern ein Zeichen. Ein italienisches Volkslied klingt auf und lädt zum Mitsingen ein.

Auf dem Nachhauseweg sagt die Frau zu ihrem Begleiter: Ascona hat mich gelehrt, nichts Menschliches zu verachten. Ich bin mir des großen Glücks bewußt, malen zu können. Aber zugleich liebe ich die Einfachheit der Verhältnisse, in denen ich lebe. Diese Einfachheit trage ich wie einen Schatz in meiner Seele. Ich bin einen langen Weg der Erkenntnis gegangen.

29.

Die unwirklichen Jahre ihrer Selbstentfremdung. Ihre Phantasieträume, aus denen das Erwachen immer schmerzhafter wurde. Diese Endlos-Gespräche mit ihrem eigenen höheren Du. Es war eine Möglichkeit, die Zeit zu überstehen – anstatt zu leben.

Die Zerrissenheit trotz der künstlich herbeigeführten Glücksmomente. Ihre Zweiheit, die in die Verzweiflung führte. Die unüberschreitbare Kluft zwischen Traum und Wirklichkeit. Ihre geistige Welt und ihr Leben in der „Kinderstube". Das Licht des Ideals und die Unfähigkeit, Freude zu empfinden in der Welt der realen Dinge.

Ihre Schreie bannte sie in ihr Heft, wenn sie litt, weil sie sich das Malen versagte. Sie rief ihre Mutter an. Der einzige Mensch, der ihre Begabung erkannt und an sie geglaubt hat. „Du warst der Pilot des stolzen Schiffes, und das Schiff ist gesunken. Mutter, mit deinem Namen sind alle Dinge im Leben verbunden, die mir teuer sind. Wärst du an meiner Seite geblieben, was hätte ich werden können!... Das schöne Schiff ist gescheitert. Niemand hört meine Klage, aber sie weint in mir Tag und Nacht. Ich bin wie ein verwundetes Tier, das sich in seiner Höhle verbirgt, um seine Wunden zu pflegen oder daran zu sterben. Aus dieser Zeit der Prüfung wird meine Seele sich erheben oder zugrunde gehen. Wie wieder ins Leben kommen? Die Zeit geht dahin. Der Glaube ist geschwunden. Es grollt leidenschaftlich in mir. Ein wahnsinniges Verlangen. Ich will arbeiten bis zur Tollheit ... All mein Sinnen und Trachten gehört der Arbeit. Wie die trauernde Penelope beginne ich stets von neuem mein Werk."

Santo, wenn ich diese Zeilen lese, die ich damals schrieb, bin ich berührt. Welch Widerstreit der Gefühle! Trotzdem griff ich nicht nach Pinsel und Farbe! Man muß ihn austragen, diesen Prozeß, und die Schmerzen der Geburt aushalten und die Zeit durchstehen. Eines Tages ist man frei. Eines Tages war die Malerin in mir neu geboren. Ohne diesen Schmerz wird nichts Neues entstehen.

Es macht keinen Spaß, aus dieser Zeit erzählen zu wollen. Aber sie ist der notwendige Stein, der mein späteres Leben hält und stützt.

Wie wieder ins Leben kommen? Das Glücksgefühl blieb eines Tages aus, wenn Marianna die Marionetten tanzen ließ. Das ausgedachte Ersatzleben spielte sich in einem Schattenschloß ab. Mochte sie es noch so wunderbar illuminieren, das Bewußtsein der Gefangenschaft blieb.

Ins Leben wurde sie unprosaisch gezogen. Nicht, daß der kleine Druscha ein nörgelndes Kind gewesen wäre. Im Gegenteil. Doch am liebsten war er dort, wo sich seine Mutter aufhielt – in Mariannas Räumen. Das versuchte er, lautstark durchzusetzen. Also krabbelte er zwischen Anrichte und Vertiko umher, bemächtigte sich aller Schlüssel, versteckte sie dort, wo es niemand vermutete, und er selbst sie nicht wiederfand. Bei seinen ersten Stehversuchen hielt er sich an Tischdecken fest, so daß Vasen, Schalen und Teller zu Bruch gingen. Für den Schrecken, den er bekam, mußte er getröstet werden. Die Erwachsenen hatten sich seinem Lebensrhythmus angepaßt. War er krank, litten alle unter seinem Wimmern. Im Grunde blieb nur Alexej in seinem Atelier davon verschont. Doch wollte er am Wohl und Wehe seines Kindes teilhaben, standen die Türen offen. Es gab Situationen, in denen er die Palette zornig aus der Hand warf und die Wohnung verließ.

Der Junge hatte sich einen Darmkatarrh zugezogen. Helene steckte sich an. Wegen des Fiebers wurde ihr Bettruhe verordnet. Dann erkrankte Alexej. Marianna teilte sich mit Helenes Schwester die Kranken- und Kinderpflege. Sie litt. Bei der Wortlosigkeit ihres Tuns wuchs ihr Selbstmitleid. Sie verplemperte ihr Leben an Dinge, die nicht in ihrem Lebensentwurf lagen. Einzigartige Träume im Kopf, mußte sie den Popo eines fremden Kindes säubern und Windeln spülen.

„Ich habe die Hölle in meiner Seele. Ich habe mir selbst nicht vertraut, und deshalb ist mein Leben zum Teufel gegangen. Ich habe eine schöpferische Seele und bin dem Nichtstun verfallen... Ich bin zur Hure geworden und zur Küchenmagd, zur Krankenpflegerin und Gouvernante, nur um der großen Kunst zu dienen, einem Talent, das ich für auserwählt hielt, das neue Werk zu verwirklichen. Was habe ich aus mir gemacht?"

Das war Verbitterung. Ein wenig verflog davon, wenn sie es zu Papier brachte. Dennoch mußte sie sich eingestehen, daß sie von Alexejs Besessenheit, mit der er sich seiner Malerei widmete, fasziniert war und zum Opfer bereit.

„Was ist es, das ich an ihm liebe? Bestimmt nicht das Individuum, sondern seine Fähigkeit, die auch meine ist, sich über die Realität zu erheben, ihr in einer blauen Erzählung zu entfliehen. Ich liebe und verehre in ihm den Künstler. Er ist so ganz und gar verliebt in seine Kunst. Er hat sich so ausschließlich seiner Malerei ausgeliefert. Er folgt so ganz seiner inneren Stimme. Nicht Lob und Erfolg oder abfällige Kritik können ihn von seinem Weg abbringen. Der Künstler in ihm ist ‚sensitif par excellence'. Wenn er schafft, muß er allein sein. Allein in der Welt seiner Farben und Formen. Es wäre absurd, wenn ich in diese Welt dringen wollte."

Aufmerksam verfolgte Marianna sein Tun vor der Staffelei, Alexejs Stimmungen, seine Selbstqual, seine Begeisterung. Er hatte Bilder von Anders Zorn gesehen, die ihn beeindruckten. Er versuchte, ebenso zu malen. Porträts. Eines von Maria, Helenes Schwester. Ein beseeltes Gesicht. Die dunklen Augen voll Traurigkeit auf ihn gerichtet. Die große schmerzliche Frage. Marianna wollte nicht wissen, was zwischen beiden vorgefallen war. Maria wollte nach Rußland zurück. Alexej unterbrach seine Arbeit an den Porträts, um sich wieder den Stilleben zuzuwenden, in impressionistischer Manier. Er malte Helene – im spanischen Kostüm. Verwundert unternahm er den Versuch, ihrem gewachsenen Selbstwertgefühl nachzuspüren. Da stand sie, jung, gesund, üppig, die Arme in die Hüften gestemmt. Eine Herausforderung an das Leben und an ihn. Ihr Rock – ein erwachsenes, frauliches Rot. Ihre Augenbrauen skeptisch hochgezogen, ihr Blick verschlossen. Es schien, als führte kein Weg von ihr zu dem Vater ihres Kindes, der stets so tat, als wäre Andruscha mehr sein Kind als ihres. Keine Photographie zeigte sie je wieder so trotzig, so verschlossen, so in sich selbst verwurzelt. Freunde lobten Jawlenskys Hyazinthen und seine Äpfel. Das Lob konnte Alexejs Unzufriedenheit nicht besänftigen. Er blieb ein Getriebener auf der Suche nach Form und Farbe, um dem inneren Anspruch zu genügen.

Blicke, die Mariannas Aufmerksamkeit erflehten. Dann redeten sie miteinander, wie damals in St. Petersburg. Wieder saßen sie an einer Fensterbank. Der Blick von Alexejs Atelierfenster ging in einen Garten, der von einem weitläufigen Häuserkarree umgeben war. Am schönsten war die Stimmung am Abend, wenn das Licht der Sonne auf dem Kastanienbaum lag und die Amsel darin sang und das verwitterte Holz des Schuppens im tiefen Braun erglühte. Alexej sagte, daß seine Bilder ein größeres Geheimnis offenbaren müßten, als der Verstand es begreifen könne. Marianna webte mit Alexej jenen wunderbaren Teppich der neuen Kunst, die ein anderes Verständnis brauchte und einen anderen Zugang als die Kunst der Vergangenheit. Wenn sie in diesen Stunden von der Malerei der Zukunft träumten, und Mariannas Überzeugung auf Alexej übersprang, daß er das einzigartige, neue Werk schaffen würde, waren sie sich nah.

Marianna sagte, daß Kunst wohl immer ein Kommentar seines Lebens sein werde. Versuche, das Leben um ihn auf seine ganz individuelle Weise zu betrachten. Alexej war dankbar, wenn Marianna die Äpfel seine Freunde nannte, die ihn in ihren roten oder gelben oder grünen Kleidern bezauberten. Und wenn er die Früchte vor diesem oder jenen Hintergrund malte, daß sie dann nicht mehr Äpfel wären, sondern durch die Harmonie der Farben, unterbrochen von Dissonanzen, in seiner Seele wie Musik zu schwingen begännen. Sie sagte, daß ihm manchmal der Zugang zu dem großen Irgendetwas gelänge, das in allen Dingen zittert. Dann war Gewißheit in Alexej, daß niemand sonst auf der Welt ihn so tief verstand wie Marianna. In Demut und Dankbarkeit preßte er die Lippen auf ihre Hände. In ihr züngelte wieder jene wahnsinnige Hoffnung auf – dies alles mache einen guten Sinn. Alexej war in ihr verwurzelt und sie in ihm. Und das für alle Zeiten. Eines nicht mehr fernen Tages würde eine ganz neue Qualität in ihrer Beziehung erblüht sein...

Marianna fühlte, wie sie von Alexej gebraucht wurde. Sie vermochte, sein Wollen und Drängen in Worte zu fassen, damit er sich begreifen konnte.

Alexej ließ ihre Worte in seine Seele fallen. Spürte Marianna seine Dankbarkeit, die in rasenden Arbeitseifer umschlug, ließ sich Druschas Weinen ertragen. Auch seine hingebungsvolle Bekritzelung des Barockschrankes.

Das waren Tage, an denen Marianna ihr anderes Ich schmähte – „Ich lache dir ins Gesicht. Du bist so abstrakt und willst für wirklich gelten. Pfui doch! Ich lach über dich... über mich." In der Realität zeigten sich Brücken. Marianna hoffte, Alexej wieder zu begegnen. Alexej war der begnadete Maler. Ihr war die neue Kunst verwehrt. Verwehrt durch ihren Intellekt. Alexej besaß die andere Wahrnehmungsebene. Sie konnte ihre unsägliche Liebe zu dem, was hinter den Dingen stand, in Worte fassen – Alexej trug die Gnade in sich, sie zu malen. Sie mußte nur an ihn glauben, ihm die Steine aus dem Weg räumen und die Geduld nicht verlieren.

Ihr Problem war, um den Widerspruch zu wissen, der in ihrem brennenden Wunsch lag zu malen und den unverstellten Zugang zu den Dingen in die Malerei nicht herüberbringen zu können wie Alexej.

Santo, wirst du je ahnen, wie gut es tut, meine Gedanken an dich zu richten. Wie könnte ich jene Zeit, angestrahlt noch von meiner Hoffnung auf die untrennbare Verbundenheit mit Jawlensky, heraufholen, wenn ich nicht den gegenseitigen Austausch mit dir erfahren hätte? Ich würde ein zweitesmal zerbrechen. In der Geborgenheit deines Angenommenwerdens lernte ich, die sichtbaren, einfachen Dinge des Seins zu lieben. Die Philosophin in mir wird immer dem Unsichtbaren, Unsagbaren den Vorzug geben. Heute schließt das eine nicht mehr das andere aus.

Die Zeit der Reisen. 1903. 1905. Der Münchener Kinderstube entfliehen. Brauchte Alexej nicht andere Landschaften, einen anderen Himmel, andere Gesichter, damit das Neue in ihm wachsen und reifen und er mit neuen Impulsen vor seine Staffelei treten konnte. Reisen. Mit Alexej allein. Die Normandie, die Küste des Atlantik, Paris endlich. Und 1905 die Bretagne, wieder Paris, die Provence. Van Gogh, Gauguin, les Fauves.

Mit welchem Übermut, mit welcher Vorfreude packte Marianna die Koffer. Sie fuhren einer wunderbaren Zeit entgegen. Dieses zerbrechliche Glück zwischen ihnen, es schien in jenen Monaten stabil und zukunftsträchtig. „Eine Reise ist wie ein gelebter Traum. Menschen, Dinge, Ereignisse ziehen vorüber wie Visionen. Nichts hält einen fest. Für Überlegungen bleibt keine Zeit. Man denkt nicht nach. Man nimmt nur in sich auf und freut sich. Vielleicht ist es die einzig gute Art, das Leben von der Wiege bis zum Grab wie eine Reise zu nehmen." Ihr unermüdlicher Geist, der dem wirklichen Leben den Ruch von Profanität anhängte, kam endlich zur Ruhe.

Marianna empfand die Wohltat, den Wind auf den Poren ihrer Haut zu spüren, die Wärme des Sandes unter ihren nackten Füßen, den Atem der Ewigkeit zu hören, wenn die Wellen ans Land schlugen. Nur Auge sein. Das Entstehen und Vergehen der Wolken. Das unsägliche flirrende Licht. Das Geheimnis der großen Steine. Die Kargheit der Vegetation und die Üppigkeit des Stechginsters. Sein leuchtendes Gelb, sein tiefes Grün. Die Teppiche des blühenden Heidekrauts. Alles atmete Stille. Nachts die Monotonie des Wellenschlages. Nichts schien mehr wichtig zu sein, am allerwenigsten die Stadt und die Probleme der komplizierten Familienbeziehung. Lächerlich ihre Flucht in die Gespinste ausgedachten Lebens. Grau und leer – je tiefer Marianna in der rauhen Poesie der Normandie versank.

Die gemeinsamen Erlebnisse mit Alexej... Marianna fand die Worte zu seiner Erregung. Er stöhnte unter der Wucht der Farben, der Stille, der Einsamkeit, in der er sich besser begriff als in der Kulturmetropole Deutschlands. Wie einfach und schön war es, jeden Tag gemeinsam in der Abgeschiedenheit zu erleben. Sie liebten die abendlichen Spaziergänge, wenn die Dünen im roten Licht der Sonne lagen, unmerklich die Sterne aufgingen und über die bewaldeten Hügel schwarz die Nacht zog. Ab und zu das Zirpen einer sommermüden Grille und in dem silbrig trockenen Gras das schlaftrunkene Rascheln eines Vogels. Die goldenen Buchten am Tag, die jagenden Schatten der Wolken, die Spuren der Wellen im Sand als Zeichen unendlicher Bewegung. Entstehen, Vergehen. Jetzt war Alexej dem ganz nah, was in seiner Seele bebte und was er auf seine Bilder holen wollte. Er sagte, daß ihm nur in seiner Kunst Flügel wüchsen, um sich höher und höher zu schwingen, wo er dem Licht und der Harmonie nahe wäre. Und daß Kunst wohl die Sehnsucht nach Gott sei.

„Wie war er schön, dieser Abend, in der erhabenen Pracht der Dünen, unter dem gestirnten Himmel, dessen Blau nicht reiner sein konnte als Alexejs Herz. Welche innigen Worte gab die wahre und große Leidenschaft diesem so starken und kindlichen Manne ein."

Wie sehr liebte Marianna Alexej in diesen Augenblicken. Und doch setzte sie immer wieder das Seziermesser des Verstandes ein und quälte sich mit der Frage – verstehe ich überhaupt zu lieben? Kenne ich die Liebe überhaupt?

„Als der heutige Tag sich seinem Ende zuneigte, peitschte ein Sturm die Wellenkämme weiß auf. Tobend stürzte sich das Meer gegen die steile Küste. Der Sand des Strandes fegte zu den Dünen. Wütend preßte der Wind meinen Mantel gegen die Schenkel, und meine nackten Füße bluteten von den rosafarbenen Muscheln. Das Auge vermochte kaum durch die Sandwolken zu schauen. Das Meer brüllte gegen den Wind, und der Wind heulte gegen das Meer. Und oben blinkte der Leuchtturm. Nebel hing zwischen steinernen Mauern. In diesem einfachen und großen Rahmen sagten sich zwei etwas über ihre Liebe. Die Frau log, indem sie die Wahrheit sprach, und der Mann log, indem er schwieg. Und das einzig Wahre dieser ungeheuerlichen Lüge war, daß sie beide mit tiefster Inbrunst schön sein wollten in der Schönheit der unendlichen Natur."

Santo, jetzt denke ich – Gott gab mir die Gnade des Alters und das Geschenk der Weisheit. Erst durch den Sturz in jene schier bodenlose Tiefe, den ich fast nicht überlebt hätte, erst die Willkür des Schicksals, mir ‚beinahe' alles genommen zu haben, durch den Wegfall der Rente meine Existenzsicherheit und durch Jawlenskys Heirat die Illusion einer untrennbaren Beziehung, konnte ich zu der Erfahrung von Glück stoßen.

Dabei hielt sie damals einen Zipfel in der Hand.
Die einfachen Dinge des Seins.

Die bauchige Steingutkanne, in der ihnen der Kaffee serviert wurde, hatte Alexej fast zu Tränen gerührt. Unter der Lasur ahnte man noch den Fingerdruck des Töpfers. Die Unsymmetrie der blauen Blumen, die darauf gemalt waren. Von der Wirtin geliebt und hochgeschätzt als Andenken an den Großvater, befand sie ihre verehrten Gäste als würdig, die Kanne zu benutzen. Sich dieser Dinge freuen.

Wenn beide unerwartet ein Dorf vor sich sahen, Häuschen aus grauem Granit und den hellroten Ziegeln, weiß verfugt mit Lehm und Stroh, und sie sich am Rande der Zeit wähnten, fernab aller Widrigkeiten, aller Kunst, aller Theorien, allen Komforts, aller Eitelkeiten – dachte Marianna, daß sie hier mit Alexej leben könnte in Frieden und Glück. Diese Erkenntnis war wie ein Strahl der Sonne. Nicht jener blaue Vogel. Es wäre die Wirklichkeit gewesen mit ihrem lebensspendenden Atem. Dieser Gedanke währte, solange ihre Augen auf dem Dorf ruhten, aus dessen Schornsteinen Rauch kräuselte.

Die Besessenheit, mit der Alexej die einfachen Gesichtszüge der Wirtin auf die Leinwand bannen wollte, ihr In-sich-Ruhen, die Gelöstheit. Marianna begriff, daß sein Bild nicht die Erinnerung an diese Frau festhalten sollte, sondern daß sich für ihn in diesem Gesicht der Kosmos offenbarte. Dabei spürte Alexej, daß die impressionistische Malweise nicht mehr seinem Anspruch genügte.

Diese Vision glücklicher Gemeinsamkeit mit Alexej währte auch noch in Paris. Seit die Großmutter Marianna Französisch gelehrt hatte, war diese Stadt ihr Traum. Als junges Mädchen ist sie mit den Fingern auf dem Stadtplan der französischen Metropole umhergewandert, war den Balzac'schen Figuren gefolgt, den Helden von Stendhal und Hugo. Das Paris ihrer Träume, das sie nie fand. Und trotzdem war ihr die Stadt mit den „stinkenden Straßen des Quartier Latin" so unvergeßlich, so verklärt, weil sie mit Alexej Hand in Hand ging. Sie waren frei von Vergangenheit und offen füreinander. Sie lebten in einer Orgie von Farben. Entzückt liefen beide von einem Schaufensterchen zum anderen, machten sich auf dies und jenes aufmerksam, auf den Damenhut mit den echten Kirschen. Auf den Kinderwagen in Kobaltblau. Und die orangefarbenen Räder der Droschken. Die Blumenkübel an den Straßenecken. Und erst die Buntheit des Marktes. Und der Fluß mit seinen bleifarbenen Wellen. Das blitzende Feuer in den Fenstern der Kathedrale. Die Farben... Sie beide hatten die Farben entdeckt, hatten entdeckt, daß Stimmungen, Leben, die versteckte Wahrheit durch Farben sprachen. Die Farbe besaß einen einfachen, inneren Wert. Mit ihr könnte man aus der Form ausbrechen. Die Farben hatten nichts mit Licht oder Beleuchtung zu tun – philosophierte Marianna. Man mußte vielleicht gar nicht dem Licht hinterherlaufen. Man sollte und konnte in der Malerei den Schatten aufheben. Keinen Dualismus mehr von Licht und Finsternis!

In der Notre-Dame versenkte sich Marianna in ein Gebet, daß das Wunder der Dinge und die Liebe immer bleiben mögen. Ihr Gebet war innig und tief, denn Angst war in ihr, daß alles anders werden würde, wenn sie nach Deutschland zurückkehrten. Weil in ihrem Kopf das Räderwerk des Verstandes die schönen und schlichten Erfahrungen zerhacken und nicht Ruhe geben würde, bis sie völlig versiebt wären. Und der Zipfel war wieder verloren.

Die Frau erschrickt. Mit Füßen wird gegen ihre Tür gestoßen. Nonna, bist du da? Prego, mach auf!

Die Frau geht zur Tür. Sofia. Sie trägt den Storch im Arm und schnauft vor Anstrengung.

Der Storch ging vor deinem Haus spazieren. Er hat ins Wasser geschaut und auf deinen Balkon.

Die Frau öffnet die Tür zum Balkon. Dort steht nun nicht mehr der Stuhl. Der Vogel läßt sich von Sofia auf die Plattform des Balkons stellen. Dann schlägt er mit den Flügeln, fliegt auf die Brüstung und schaut wieder zum See.

Ich glaube, er will nun sein eigenes Leben leben, sagt die Frau.
Aber er hat sich von mir auf den Arm nehmen lassen.
Er wird seine kleine Lebensretterin kennen.
Sofia nickt.

Sie kehren in das Zimmer zurück. Die Frau hatte sich auf Sofias Besuch vorbereitet und eine aus der Münchener Wohnung gerettete Kostbarkeit herausgesucht. Ein von Bilibin illustriertes russisches Märchenbuch. Sie hatte es einst von Kandinsky geschenkt bekommen. Beide setzen sich auf das Sofa. Das Mädchen schmiegt sich für einen Augenblick an sie. Als sie den überraschten Blick wahrnimmt, setzt sich das Mädchen mit verschränkten Armen neben sie.

Ich werde in die Großmutterrolle hineinwachsen, denkt die Frau.

Sie schlägt das Buch auf. Lange hatte sie es nicht in den Händen. Was Bilibins Illustrationen auszeichnete, war seine enge Verbundenheit und seine Liebe zur russischen Volkskunst. Er war ein Schüler Repins gewesen. Lange Zeit nach ihr.

Schau mal, sagt die Frau, fällt dir etwas auf? Sie weist auf das kunstvolle Schränkchen mit dem Säulchen, das an der Wand gegenüber dem Fenster hängt, und die fast gleiche Wiedergabe in dem Märchen „Maria Morewna".

Hast du das Schränkchen aus dem Märchen?

So unwirklich fern wie ihre Jahre in Blagodat in der Erinnerung liegen, gleichen sie einer Feengeschichte. Ihr Bruder Peter wohnt und lebt und arbeitet heute auf Blagodat. Und nie mehr wird ihr Geld für eine Reise nach Litauen reichen. Nach der Oktoberrevolution und der Unabhängigkeit Litauens bestellt der Bruder nun das Land. Er bringt sein Obst und Gemüse selbst auf den Markt von Utena.

Es ist das Märchen von der schönen Wassilissa, das die Frau jetzt Sofia aus dem Russischen übersetzt. Wassilissa, die jeden Morgen, wenn sich die Sonne am Horizont zeigte, in eine Kröte zurückverwandelt wurde. Wie Marianna in jenen zehn Jahren, in denen sie sich das Malen verwehrte, ein Krötendasein führt...

Als sich Sofia mit dem Glockenschlag der zwölften Stunde verabschiedet, zeigt sich der Storch wieder auf dem Balkon. In seinem Schnabel zappelt ein silberner Fisch. Er läßt ihn auf den Balkon fallen.

Das wird er jeden Tag tun, den ganzen Sommer über, bis er sich auf die große Reise begibt.

30.

An den letzten Abenden steht die Frau selten vor der Staffelei. Wieder vertieft sie sich in alten Aufzeichnungen.

Als beide aus Paris nach München zurückgekehrt waren, wußte Marianna, daß ihr Verhältnis zu Alexej nicht so bleiben würde. In glücklicher Stimmung hatte Alexej zwei Porträts von ihr gemalt. Das eine im Profil, als sie im Urlaub an einem Vormittag ein Tuch auf unnachahmliche Art um ihren Kopf geknotet hatte, um sich beim Spaziergang vor dem Sturm zu schützen. Äußerlichkeiten hatten Alexej stets beeindruckt. Er malte Marianna. Malte er sie jung? Malte er sie schön – mit langem schlankem Hals? Das andere Bild war en face. Auch mit einem ihrer großen Hüte! Der Hut stand ihr. Eigentlich war er unwesentlich. Denn Alexej hatte etwas von ihrer Empfindsamkeit mit auf das Bild gebracht. In ihren Augen, groß und warm, lag ein beredter Ausdruck. Hoffnung und Angst. Wie würde es nach ihrer Rückkehr in München sein.

In der Stadt wehte ein anderer Geist.

„Die Stadt hat etwas Neues. Es ist, als sei ein Sturmwind durch die leeren Straßen gefegt. An allen Ecken Menschenansammlungen vor Maueranschlägen. Man hört diskutieren, und die Worte Japan und Rußland jagen über die Gehwege."

Krieg. 1904.

Rußland hatte mit dem Baubeginn der Transsibirischen Eisenbahn 1891 ehrgeizige Pläne in Ostasien verfolgt. Es hatte seine ganze Politik auf diesen Erdteil konzentriert und sich von Europa abgewandt. In Asien waren Rußland, England und Frankreich darangegangen, das chinesische Großreich unter sich aufzuteilen. Rußland brachte sich in den Besitz der Mandschurei und steckte seine Ziele bis nach Korea. Es hatte sich das Recht erworben, seine Eisenbahn durch die Mandschurei zu legen und sich das alleinige Selbstverwaltungsrecht der Bahn gesichert. China war nahezu entmachtet. Deutschland unterstützte die russischen Ambitionen in der Hoffnung, daß Rußland und England aneinandergeraten würden. Japan erschien ebenfalls auf dem Plan und meldete seine Ansprüche auf China an. Bald hatte es die chinesische Inselküste unter seine Kontrolle gebracht. Es beabsichtigte, sich auf dem Festland einen Stützpunkt zu schaffen – in Korea. Der russisch-japanische Krieg begann, den Rußland verlieren sollte.

Marianna erfuhr auf der Straße, daß die ersten russischen Kriegsschiffe außer Gefecht gesetzt worden waren. Man spottete, was das morbide Rußland im fernsten Osten zu suchen hätte. Man machte sich lustig. Da erfaßt sie Wut und Trauer und das Verlangen, ihr armes, verspottetes und durchaus größenwahnsinniges Vaterland an ihr Herz zu pressen. Doch als die leidenschaftliche russische Seele Jawlenskys erwog, nach Rußland zurückzukehren, um sich reaktivieren zu lassen und in diesen Krieg zu ziehen und vielleicht den Heldentod zu sterben, redete Marianna es ihm aus. Sollte sich Alexej an der ‚Rauferei' um Territorien beteiligen?

Da Alexej blieb, spottete Salzmann, daß, wenn es schon keine begeisternden Krieger mehr gäbe, man hoffentlich über gute Gewehre verfüge. Da hatte Marianna ironisch hinzugefügt: „Stimmt, es gibt keine Charaktere mehr, keine Menschen mehr mit Herz – aber dafür gibt es Wasserklosetts!"

Sie fragte sich in jenen Jahren, ob die, die an den Sonntagsabenden in der Giselastraße um einen neuen Anspruch der Kunst rangen, nicht auf verlorenem Posten ständen. War die Welt nicht einem allgewaltigen Materialismus verfallen, verkaufte der Mensch nicht seine Seele für Reichtum und Besitz?

Da hatte sie mit Alexej an der Atlantikküste gesessen, und sie hatten versucht, das Wesen jener Kunst in Worte zu fassen:
„Kunst sollte das Tor der Sehnsucht sein,
die Suche nach dem, was uns erfüllt.
Kunst würde Trauer um Liebe sein,
die nicht wahr wurde,
alle ungestillten Zärtlichkeiten,
alles Brennen, alles Weh,
das unser Herz aufschreien läßt.
Will man die Sehnsucht benennen,
ist es wie mit dem Sonnenstrahl,

den die Hand vergeblich zu fassen sucht.
Das gemalte Bild wird zur leeren Hülle.
Eine Furche vielleicht bleibt."

Eines Nachts war Marianna erwacht, weil sie eine Stimme zu vernehmen glaubte, die sagte: Nur das hat Wert, was Sehnsucht weckt.

In jenen Jahren drängte sich vor ihr inneres Auge immer stärker die weiße Leinwand und das ungeschaffene Werk. „Sagen, was niemals gesagt wurde..." Bilder, die gemalt werden wollten, bedrängten sie. Was war in ihr so unglücklich und verzweifelt? Ihr schöpferisches Ich, dem sie verwehrte, kreativ zu werden? Wie riß an ihrem Herzen „wütendes Verlangen, mit Farben umzugehen". Doch wieder und wieder hatte sie sich in jenen Jahren versichert – „Ich bleibe auf meinem Posten... Wenn ich selbst nicht arbeite und mich nur ganz dem widme, an den ich glaube, wird das wahre und einzige Werk entstehen. Das wird für die Kunst eine bedeutsame Errungenschaft sein. Dafür ist es wert, gelebt zu haben. Wozu hatte es geführt, wenn ich selbst malte? Zu einigen Werken, die vielleicht nicht schlecht waren. Nein, dazu liebe ich die Kunst zu sehr!"

Lange war sie süchtig nach dem Größeren über ihm. Es sollte der Beginn einer neuen Kunstepoche werden.

Mit Santo hatte sie darüber nachgedacht, was ihr zehn Jahre lang die Kraft gab, ihre Malerei aufzugeben. Sie hatte sich als Trägerin einer neuen Idee gefühlt. Die emotionale Kunst. Doch an manchen Tagen haßte sie sich für ihre Ergebenheit und schalt sich kraftlos. Wurde ihr Tun von Alexej honoriert? Mußte sie sich soweit aufgeben, daß sie sich nur noch über ihn begreifen konnte?

Im Alltag war Marianna das Maß für Alexej geworden. Praktisch und resolut fällte sie die Entscheidungen. Sie ordnete sein Leben, lenkte es in sicheren Bahnen, daß es überschaubar blieb. Sie gab ihm notwendigen Halt, wenn es in seiner russischen Seele brodelte. In seiner Verehrung war sie der einsamste Mensch geworden. Denn in seiner Sinnenwelt nahm er sie nicht wahr. Aber sie wußte um seine lebenslange Treue und Abhängigkeit.

Das ist heute sein Schmerz.

Eines Tages begann die Überzeugung zu schrumpfen, daß sie Alexejs Kunst ihre eigene Kreativität opfern müsse.

Alexej malte damals im Stile van Goghs. Auf einer Ausstellung hatten sie dessen Bild „la maison du père Pilon" erworben. Alexej verehrte dieses Bild wie eine Reliquie. Er hing daran, wie er an van Gogh hing, der seine große Leitfigur geworden war. In seiner Überschwenglichkeit behauptete Alexej, er liebe den Niederländer mehr als seinen eigenen Vater. In Frankreich hatten sie Drucke erworben. Täglich studierte und kopierte Alexej die Malweise des anderen. Marianna wußte, daß es ein vergebliches Unterfangen war, sich in die Schule großer Meister zu begeben in dem Wunsch, ihre Techniken oder Tricks zu übernehmen. Es ging darum, hinter das Geheimnis zu kommen, w i e sie die eigene Persönlichkeit in ihre Kunst einbrachten. Dazu mußte man nicht deren Malweisen übernehmen. Lulu malte sein Selbstporträt mit Zylinder. Das Licht leuchtete aus der Farbe selbst. Die Ähnlichkeit mit van Goghs Selbstporträt war auffällig. Daß dies gelungen war, erfüllte Alexej mit Befriedigung. Er hatte sich dem Verehrten nah gefühlt.

Santo, zum Anfang unserer Freundschaft fing ich deinen ratlosen Blick auf, als wir über emotionale Kunst sprachen, die ich so wunderbar definieren konnte. „Je mehr Formeln des Wirklichen in Formeln des Unwirklichen verwandelt werden, umso bedeutsamer das Werk... Wer einen sichtbaren Eindruck in einen Gesang von Farben verwandeln kann, ist Meister der Vision. Und wem es gelingt, mit diesem Farbgesang seine Gedanken zu verwirklichen, ist der Meister seiner selbst ... Je starkfarbiger ein Eindruck ist, umso weniger bedarf es realer Form..."

Santos Blick war über ihre Bilder geflogen, um die Übereinstimmung zu finden. Was Marianna in jenen zehn Jahren geschrieben hatte, galt ausschließlich Alexej und der neuen Kunst.

Sie war Marianna von Werefkin. Über ihr eigenes Werk brauchte sie nicht zu schreiben. Das malte sie. Für sie galt: „Die Kunst ist eine Form der Denkfähigkeit." Ihr war anderes in die Wiege gelegt. Ihre Kunst wird immer eine andere sein als die von Alexej. Jeder wird seinen eigenen unverwechselbaren Standpunkt beziehen. Ihre Bilder werden stets über den Verstand zu begreifen sein. Hinter ihren Bilder steht die Herausforderung zum Nachdenken, auch wenn sie mit ihren Farben die Stimmung liefert.

Marianna wollte in keine Manie fallen und sich in keine Kunstrichtung pressen lassen. Sie waren aus Rußland weggegangen, um den Realismus hinter sich zu lassen. Sie wollte nicht in impressionistischer Manier malen, weil sie Repins Standpunkt teilte, daß es in der Kunst nicht um die Wiedergabe flirrender Eindrücke gehen kann. In jeder großen Kunst wird sich der Atem der Zeit widerspiegeln. Marianna begann, sich von ihrem Lieblingsgedanken zu trennen, daß die „Kunst der Zukunft eine emotionale" sein würde. Skeptisch war sie, ob eine solche Kunst je verstanden würde. In der Allgemeingültigkeit stimmte ihre Prophezeiung nicht. Die Kunst von Alexej wird in der Malerei ein Tor aufstoßen. Davon ist sie noch immer überzeugt. Die von ihr so geliebte Kunst würde ein schmaler Seitenweg bleiben neben der platten Straße der Zweckmäßigkeit.

Der Frühling dieser Stadt legte sich Marianna in jenem Jahr 1904 aufs Gemüt. Sie geriet in schlechte Stimmung, wenn sie durch die Straßen Münchens streifte. Die Leute erschienen ihr skandalsüchtig. Erwarteten sie so wenig von sich selbst, daß sie sich ergötzten, wenn ein Pferd auf der Straße stürzte? Brauchten sie solche Eindrücke? Harrten sie, daß ein Hund überfahren würde, und konnten sich nicht sattsehen, wenn ein Betrunkener um eine Laterne taumelte und sich stets von neuem die Stirn blutig schlug?

Dieser Frühling nahm Marianna die Kraft. Das Karnevalstreiben deuchte sie häßlich und plump. „Sie teilen Schläge aus und Küsse, die auch nicht besser als Schläge sind. Sie werfen

Konfetti, als ob sie eine Pflicht erfüllen müßten. Kein witziges Wort, kein geistvolles Lachen... Männer, die einem frech ins Gesicht grinsen, und die Frauen mit Augen wie trächtige Katzen." Selbst das Mädchenpensionat, das scheinbar so sittsam durch die Straßen zog, dünkte Marianna wie ein schwarzes Reptil mit gelbem Rücken, das auf weißen Pfoten an den grauen Häuserwänden entlangkroch. Weiße Strümpfe, schwarze Kleider, gelbe Strohhüte. Die Blicke der größeren Mädchen waren gierig auf die Männer gerichtet.

Wie sich retten aus dieser Welt?

Wissenschaftler analysierten die Entwicklung der Menschheit. Sie vermeinten, alles exakt erklären zu können, die Funktion der Organe, selbst den Ursprung. Doch auf dem Weg von der ersten Zelle, die sich teilt, bis zu dem Bürger, der sich verheiratet, hatte sich eine andere Entwicklung mitvollzogen, die außerhalb der biologischen Betrachtungsweise stand und nicht erforschbar war.

In Nachtstunden brachte Marianna ihre Gedanken zu Papier.

Sie nannte dieses, das sich nach eigenen Gesetzen entwickelte und das sich immer mehr von dem rein Physischen seines Ursprungs entfernte – die menschliche Seele. Und sie dachte, daß in diesen Zeiten die Diskrepanz zwischen dem Menschen und seiner Seele immer größer werde. In der Verlorenheit seiner physischen Existenz hatte sich die menschliche Seele in ihrer Sehnsucht Gott geschaffen. „Die göttlichen und die menschlichen Gesetze entsprechen sich nicht mehr. Es besteht eine Polarität zwischen dem Sehnsuchtsideal und dem menschlichen Tun." Für Marianna waren die Menschen, die ihre Mitte noch nicht verloren haben – die Künstler. Sie waren die Mittler. So wollte sie die Aufgabe der Kunst verstehen und die hohe Mission.

Doch waren die Menschen überhaupt noch an Botschaften interessiert? Sollte man ihnen nicht einen Spiegel vorhalten?

Rußland war überall. Mußten die alten Sichtweisen nicht erschüttert werden, damit das Neue sich verwurzeln konnte?

Und Alexej? Wie wurde er mit diesem scheußlichen Frühling fertig? Er tat das Natürlichste und das mit Selbstverständlichkeit. Er verliebte sich. Er verliebte sich so hemmungslos, daß es Marianna peinlich war.

In letzter Zeit verkehrte in der Giselastraße auch der junge Felix vom Rath, eine Künstlerseele, empfindsam und scheu. Er hatte um Gegenbesuch gebeten. In vornehmster Gegend Münchens besaß er eine großzügige Wohnung. Er war vermögend. Kürzlich hatte er einen Gauguin erworben, „Reiter am Strand von Tahiti". Alexej war von dem Bild beeindruckt, weil er eine neue Wahrheit bestätigt fand. Vom Rath hatte zu einer Soirée eingeladen, auf der die bekannte Pianistin Langenhahn-Hirzel spielen sollte. Vom Rath hatte Alexej zu deren Tischherrn bestimmt, weil er sich Marianna an die eigene Seite wünschte. Marianna hatte längst die scheue Verehrung bemerkt, die ihr der junge Mann entgegenbrachte. Er besaß eine Schatulle aus Sandelholz. Vor seinen Gästen und Freunden behandelte er sie wegen des Inhalts als besondere Kostbarkeit, was Neugier weckte. Eines Abends hatte er das Kästchen geöffnet, um Marianna in sein Geheimnis einzuweihen. Darin befanden sich die Brieflein, Einladungen, Danksagungen für erlebnisreiche Abende, die Marianna ihm zugesandt hatte. Nachgereichte Überlegungen zu einem Gespräch, mit denen sie einen winzigen Einblick in ihr Inneres gewährte. Beim Anblick ihrer eigenen Schriftzüge schnürte es Marianna die Luft ab, als habe sich jemand unerlaubt auf ihr Hoheitsgebiet gewagt. Sie fühlte sich von fremder Gegenwart bedrängt. Marianna verlachte die scheu dargebotene Offenbarung als gelungenen Scherz.

Der angesagte Klavierabend. Die Langenhahn-Hirzel erschien wie immer im weißen Kleid. Alexej an ihrer Seite verliebte sich hoffnungslos. Als die Pianistin nach dem Essen an den Flügel gebeten wurde, überreichte sie ihrem Tischherrn mit einem bezaubernd ratlosen Lächeln ihr Taschentuch zur Aufbewahrung. Alexej preßte sein Gesicht darein, und Marianna befürchtete, er würde in eine Ohnmacht der Seligkeit fallen. Er stammelte das Wort ‚Flieder', und so wußte sie, daß sich Jawlensky nun in poetischer Verzückung befand. Wie magnetisch angezogen, folgte er der Langenhahn-Hirzel an den Flügel, lehnte während ihres Spiels am Rahmen, um ihr so nah wie möglich zu sein. Er wandte kein Auge von ihr. Sie spielte Beethoven, und Alexej empfand es als persönliche Hommage. Seit seinem ersten erschütternden Konzert war er ein glühender Verehrer Beethovens.

Felix vom Rath hatte Marianna an diesem Abend gefragt, ob er sie am Sonntag zu einem Spaziergang abholen dürfe. Marianna war verwirrt, wie immer, wenn er seine dringlichen Augen auf sie heftete. Natürlich konnte sie mit ihm spazierengehen!

Also reihten sie sich ein in den Strom sonntäglicher Spaziergänger, der im Englischen Garten auf den vorgegebenen Wegen dahinfloß, die Augen auf das „bürgerliche Aussehen der Rasenflächen" geheftet, die ganz gelb von Blumen waren. Sie trieben dahin in der nicht abreißenden Menschenschlange naiver Gutmütigkeit, in diesem kleinen Leben mit den mittelmäßigen Bedürfnissen. Und Mariannas Herz schrie auf. Sie wollte nicht in diesem braven Einerlei ertrinken. Es war wie ein Sumpf, der sie nach unten zog. Spätestens da hätte sie sich ihrem Begleiter offenbaren müssen. Denn auch seine Seele revoltierte gegen biedere Genügsamkeit. Aber sie war verbarrikadiert in ihrem Stolz, sich ganz allein zu gehören. Vom Rath glich nicht dem Traumbild. Er war kein Starker. Er war ihr nicht ebenbürtig. Ja, sie war grausam in ihren zartesten Zuneigungen. Sie hatte Angst vor den Dingen, nach denen sie sich sehnte. Sie träumte groß, und ihre Sicht auf das wirkliche Leben war die durch ein Schlüsselloch. Sie haßte sich, wenn sie sich nach wärmender Liebe sehnte. Sie war mit der Einsamkeit verlobt. Nur das Bedürfnis zu gefallen und das Mitleid machten sie zur Frau. Sie war nicht Mann, sie war nicht Frau, sie war Marianna.

Santo, wie bin ich froh, daß du mich ins Leben geholt hast, daß ich mir nichts mehr ausdenken muß, um glücklich zu sein. An manchen Tagen geht mir eine Erinnerung nicht aus dem Kopf. Wir sind auf die Corona dei pinci gestiegen. Wir machten Rast. Ich saß auf dem Stein, und du knietest auf der

Erde und versuchtest, Wasser aus dem Moos zu pressen, weil unsere Flasche aus Versehen umgefallen und ich am Verdursten war. Und dann reichtest du mir in deiner hohlen Hand einen Schluck des köstlichen Naß'. Eine Momentaufnahme – und wenn sie in mein Gedächtnis fällt, macht sie mich glücklich. Vielleicht verbirgt sich in dieser Erinnerung meine Vorfreude und meine Sehnsucht auf dein Kommen. Ich bin froh, daß ich zu dir anders sein kann, als ich es damals zu dem jungen Felix vom Rath war.

Später hat sich Marianna diese sonntäglichen Spaziergänge von der Seele gemalt. Dieser ermüdende, sich schleppende Zug, diese tödliche Reihe, dieser sich selbst verordnete Ausgang aus dem Gefängnis Alltag mit seinen Fabriken und Gebäuden, als ob irgendwo im Hinterkopf des Menschen noch ein vager Gedanke existierte, daß es einmal eine glückliche Verbindung von Mensch und Natur gab. Diese Genügsamkeit in Potenz. Das Bild menschlicher Entwurzelung.

Marianna mußte während des Promenierens an Alexej denken. Wenn es ihm gelungen wäre, die Pianistin ebenfalls für einen Spaziergang zu gewinnen, er wäre mit ihr in ein Wäldchen geflüchtet, er hätte sie im Schatten hoher Bäume zu küssen versucht, im Himmel hätten Geigen gejauchzt, und er wäre glücklich gewesen.

Als vom Rath sie fragte, ob sie das Bild „Der Schrei" von Edward Munch kenne, fühlte sie die beklemmende Nähe, und sie wehrte ab, indem sie nüchtern angab, wann und wo sie es gesehen hatte.

In ihrem Begleiter erlosch die Hoffnung.

Eines Tages war er gegangen. Auf seine stille, verzweifelte Art.

Felix vom Rath war gestorben. Im Jahr darauf.

Mariannas Erschütterung über seinen frühen Tod war groß.

Sie hatte seltsame Erlebnisse gehabt. Es war, als ob der Verstorbene zu ihr gekommen wäre, um endlich zu reden und von Liebe zu sprechen und von Dingen, für die er zu Lebzeiten nie den Mut gefunden hatte.

„Ich sagte dem Gestorbenen, daß ich mir Vorwürfe mache, ihn in Distanz gehalten, ihm meine Seele nicht viel mehr geöffnet zu haben. Man muß, man muß sich unbedingt der Suchenden annehmen. Es gehört zur Liebe, daß sie diese Mission erfüllt. Geben wir Liebe! Wie bedaure ich, mich seiner nicht angenommen zu haben, als er zu mir kam. Seine Seele hätte die gute Erinnerung mitnehmen können, gewürdigt und verstanden worden zu sein... Den ganzen Tag schon sehe ich den Mann in meiner Nähe, der nicht mehr ist, seine blauen Augen so blaß, das schüchterne Lächeln über seinen weißen Zähnen, das Blond seiner Haare und die Röte im Gesicht. Und seine Stimme, die ich höre, wie wenn sie nahe wäre, ganz nah. Und ich war ihm so wenig im Leben! Warum kommt er zu mir im Tod? Und dann dieses verwirrende Gefühl, das mich immer in seiner Gegenwart ergriff – es ergreift mich auch jetzt und stärker noch, seit er tot ist. Ich weiß, daß er mir etwas sagen wollte und es seine Seele erleichtert hätte. Ich weiß, daß ich ihn verstanden hätte. Seine Schüchternheit hielt ihn ab. Gleichgültigkeit tat den Rest. Er hat es nie aus sich herausgelassen. So sage ich jetzt dem, der unsichtbar neben mir steht, der sich mir erst jetzt öffnet: ich werde dir gut sein. Ich will deiner Liebe nicht gleichgültig gegenüberstehen. Wenn Gott uns barmherzig ist, werde ich dich groß und stark machen."

Santo, es war ein Segen, daß du mir die Hand gereicht und mich in die Wirklichkeit gezogen hast, daß ich sie mit dir erlebe und daß sie uns beide froh macht.

Zu einem Nichts hatte sie sich gemacht und ihr Stolz rebellierte. Pinsel brannten in ihren Händen. Es quälte sie die Frage, ob tatsächlich eine Künstlerseele in ihr lebte, die unter den Selbstquälereien nicht zu töten war. Sie stellte sich vor, wie sie sich mit „toller Arbeit" die Kunst zurückholte. Alexej umschwirrte die jungen Damen der Gesellschaft wie ein Schmetterling die Blumen. In seiner Gefühlswelt war kein Raum für Marianna. Als sie von einem weitläufigen Bekannten als seine Kusine vorgestellt wurde, hatte er es unwidersprochen gelassen, wohl glücklich über diese Interpretation. Da erschien ihr die Opfergabe ihres Lebens zu gering geachtet. Gekreuzigt fühlte sie sich! Dieses Bild stand vor ihrem geistigen Augen und wollte gemalt werden. Und sie wußte, danach würde es ihr besser gehen. Die Frau am Kreuz. Doch wieder kamen die Zweifel. War es nicht eine Illusion, zehn Jahre überspringen zu wollen. Kalt und nüchtern arbeitete der Kopf und sagte, diese Zeit sei nicht aufzuholen. Doch wenn sie wieder der Kraftlosigkeit verfiel, brach in ihrer Seele Protest auf. Sie habe nicht das Recht, an der Künstlerin vorbeizuschauen. In der Monotonie eines Wiegenliedes wiederholten sich tage- und wochenlang die Sätze: Ich möchte lieben, ich möchte malen – und kann es nicht! Vielleicht gelang es doch mit der Anspannung aller Kräfte, den Kopf aus der Schlinge ziehen. Gott sollte ihr Demut schenken, wenn sie den Kopf nicht aus der Schlinge zu ziehen vermochte.

Eines Tages ist alles ausgestanden.

Eines Tages weiß man, was zu tun ist.

Im Jahr 1905 schloß Marianna ihr Buch, das dem Unbekannten geweiht war. Ihre letzten Sätze lauteten: „Diese Briefe, die voller naiven Glaubens sind und blauer Träume, haben keine Berechtigung mehr. Es gibt zuviel Skeptizismus. Ich habe in mein Herz geschaut. Ich habe dort Ruhe gesehen. Ich kann dieses Heft schließen."

Marianna verbarg es im tiefsten Schrankfach. Sie kaufte sich ein neues Heft. Ein Skizzenbuch. Sie begann ihr neues künstlerisches Werk.

Es machte keinen Sinn, sich selbst auf dem Altar von Alexejs Kunst zu opfern.

Die Kluft zwischen der neuen Kunst und dem Publikum war zu tief. Im tosenden Lärm der Zeit mußte in den Köpfen der Menge etwas in Bewegung geraten, damit sie die neuen Signale überhaupt wahrnahmen.

Der blauen Kunst, der Marianna ihre Tagebücher und Briefe geweiht hatte, die sie liebte, wollte sie jetzt ihr aufrüttelndes Werk gegenüberstellen. Einsichten kommen über den Verstand.

31.

Schon immer wollte die Frau ins Valle Verzasca. Assunta nahm sie in der Frühe mit der Droschke bis Tenero mit. Ein solches Angebot war nicht auszuschlagen! Es ist ein schöner Tag.

Wie immer geht Santo in Gedanken neben ihr. Ist er tatsächlich in ihrer Nähe, paßt er sich unmerklich ihrem Schritt an. Nie hat er den Verdacht aufkommen lassen, daß sie zu langsam für ihn sei. Sie mochte seine Fürsorglichkeit.

An der Brücke will sie Pause machen. Schwindelerregend der Blick über den tosenden weißen Strudel. Bis hierher war die Frau noch nie gekommen. Sie hat von der Brücke reden gehört, die die Ausgangsschlucht der Verzasca überspannt. Vor dem verblassenden Madonnenbild liegt ein welkes Sträußchen Anemonen. Rasch gleitet das Licht. Am Himmel wechselt das Spiel der Farben. Vom zarten Schmelz zu naher bleigrauer Drohung. Eine Kirchenglocke beginnt zu läuten, mit barockem, etwas scherbig nachhallenden Klang. Es ist zehn Uhr.

Sie überquert die Brücke, diesen hochgeschwungenen Bogen, eine Erinnerung an römische Baukunst. Selbst in den entferntesten und tiefsten Tälern, wo Schluchten zu überwinden waren, stehen sie noch, diese Brücken, wie für die Ewigkeit gebaut.

Alles, was ihr durch den Kopf geht, breitet sie vor Santo aus. Erinnerungen an Assisi. Ihr fällt das verlassene Dorf am Steilhang hinter Ronco ein. Fontana Martina. Es war von seinen Bewohnern aufgegeben worden. Anfang der zwanziger Jahre hatte ein Berner Buchdrucker das Ruinendörfchen für 18 000 Franken gekauft. Jetzt will Jordi sich dort niedergelassen, um seine Utopie zu verwirklichen: eine landwirtschaftliche Kommune, die dem Individuum Raum lassen soll zur Selbstverwirklichung. Die alten Häuser sind zu erneuern, die verwitterten Erdterrassen aufzurichten und wieder zu bepflanzen. Die Frau ist skeptisch. Das wird eines Tages in einem privaten Geldunternehmen enden wie der ganze Monte Verità! Die Prämissen stimmen nicht! Darüber muß sie mit Santo reden – auf der nächsten gemeinsamen Wanderung. Die Frau hat nichts gegen den Arbeiter und Sozialisten Jordi. Der will mit seiner Druckmaschine und den Künstlern, die sich dort ansiedeln sollen, eine Zeitung herausgeben. Selbstverwirklichung des einzelnen heißt Ausprägung der Individualität. Einer wird sich immer klüger als die anderen dünken. Sie kennt das. Mit der Druckmaschine wird auch der Irrglaube an die Notwendigkeit des technischen Fortschritts seinen Einzug halten.

Die Welt besser einzurichten – sollte jeder bei sich selbst beginnen. Bei diesem Projekt fehlt der Frau, was sie in Assisi entdeckt hat. Weisheit. Die Schlichtheit des Lebens. Wille zum Verständnis für den anderen, Toleranz. Selbstverwirklichung macht ihr Angst.

Man hat ihr des öfteren unterstellt, eine verkappte Revolutionärin zu sein oder gar eine Anarchistin, weil sie alles Laue und Ängstliche angriff. Auf ihre überhaupt nicht gewollte Art war sie Kämpferin und ein Vorbild gelebter Gleichberechtigung. Santo nannte sie einmal eine Hohepriesterin. Eine Künstlerseele war sie. Nie hat in ihrer Pflicht gelegen, der menschlichen Gesellschaft einen Ausweg aus ihrem Dilemma zu zeigen. Vielleicht war sie eine Seherin. Das würde ihr am ehesten gefallen. Mit ihren besten Bildern hielt sie einen Spiegel, daß der Mensch erkenne, in welchen Sackgassen er enden wird, welchen Irrlichtern er nachjagt, wie er seine Seele verliert.

Die Steigung des Weges ist stetig. Noch ist der Kastanienwald licht. Wie in einem Dom hallen die Vogelstimmen. Die Frau bleibt stehen. Das Wunder in den Vogelkehlen. Die Lobpreisung. Sie hat in den letzten Jahren zu Frieden und Harmonie gefunden. Harmonie mit der größeren Weisheit über ihr. Als sie wieder zu malen begann, hätte sie gerne das Überirdische hinter den Dingen zeigen wollen. Ihre Skizzen waren vordergründig. Sie hatte Baumwesen gemalt, weil sie an einem Abend unter einem großen Ahornbaum seltsam getröstet fortgegangen war. Sie hatte Luftwesen gemalt, die sie vielleicht auch jetzt unendlich leicht, unendlich sanft umschweben und uns erfahren lassen, daß die Gesetze der natürlichen Welt in unsere Seelen eingeschrieben sind.

In den ersten beiden Jahren nach ihrem Neubeginn hatte Marianna nur gezeichnet. Übungen. Was sie in sich fühlte, wollte sie nicht in Bilder umsetzen. Das wäre Entweihung ihrer schönen Vorstellung von emotionaler Kunst geworden.

Der Tag, den sie dann malte, war kalt und windig. Der kahle Hügel beherrscht das Bild. Hinter ihm eine Dorfzeile mit weißen Giebeln und schwarzen Dächern. Wie aneinandergefädelt. Unten am Weg stehen Bäume. Nackt, schwarz, sturmgebeugt. Mageres Geäst greift in das tote Grau des Himmels. Zwei menschliche Gestalten kämpfen sich gebeugt den Weg hinauf. Als Überschrift des Bildes hatte Marianna ‚der Triller' geschrieben. Man sieht ihn nicht, den Vogel. Aber plötzlich glaubt man ihn zu hören. Er knüpft an eine Erfahrung in uns. Mit dem Wissen, daß es diesen Triller gibt, ist die Trostlosigkeit des Bildes aufgehoben. Die Erstarrung aufgebrochen. Der Glaube ist da, daß Winter und Kälte vorbeigehen. Mit den gebeugten Alten geht nun die Hoffnung.

In München hatte Marianna in der Frühe einen der blitzartigen hellen Augenblicke. Sie dachte – die Welt ist im Grunde nichts anderes als ein Staubkorn, das in einem Sonnenstrahl dahinstirbt. Und der Mensch mit seinem beschränkten Horizont will den Kosmos ausmessen! Er hält sich auf dem Erdball für den Mittelpunkt. Seine großartigen Errungenschaften sind nur auf diesem Staubkorn zu gebrauchen. Alles nivelliert sich... ob einer dem Hungernden ein Stück Brot reicht oder die Sterne zählt. Ob man steigt oder stürzt, ob man fliegt oder am Boden klebt – alles bleibt sich gleich – man hat auf Erden gelebt, man ist gestorben, und niemals hat einer hinter die verzauberte Linie geschaut. Jeder macht das, was die anderen machen, und alle komplizieren sie ihre Aufgabe durch ein bohrendes Verlangen, das niemals seine Lösung finden wird. Die Erde dreht sich, dreht sich – ein unsichtbarer Punkt in der strahlenden Welt der Sterne. Auf ihrer Schale die wimmelnden Menschen, ohne daß etwas von deren wütenden Anstrengungen oder erhabenen Gedanken bemerkt wird.

Marianna war in jenen Jahren des Neuanfangs mit der Graphik Edvard Munchs in Berührung gekommen. Der Norweger hatte sie stark beeindruckt. Etwas von seiner Lebensangst war auch in ihr. Angst, nie mehr Boden unter die Füße zu bekommen. Sie nahm seine Zeichnungen als Offenbarungen seiner Seele. Auf manchen Seiten ihres Skizzenheftes korrespondierte sie gleichsam mit ihm. Sie malte die Frau am Kreuz. Sie malte die sich wehrende Frau, der sechs gierig ausgestreckte Männerarme zutoasten. Sie zeichnete einen Wald, den Munch oder Kubin als Ort der Liebeslust darstellten. Bei ihr ragen nur kahle Stämme um einen freien Fleck Waldboden. Doch dann gab Marianna die persönliche Thematik und ihre Zeichnungen auf. Die Phase ihres Selbstmitleids war zu Ende. Die Ausschließlichkeit symbolhafter Seelenzustände beengte sie. Der Norweger hatte auch andere Themen auf der Palette – Zorn und Trauer und einen gnadenlosen Blick auf die Kälte und die Banalität des bürgerlichen Lebens.

Seltsames passierte, als Marianna wieder zu Pinsel und Farben griff. Wenn sie jetzt zurückschaut auf ihren Neubeginn, muß sie an Ilja Repin denken. Alles hatte sich an ihrer Malweise verändert. Alles war auf den ersten Blick unvergleichlich anders geworden als zu seiner Zeit. Es lagen zehn Jahre der Chimären, des Grübelns, des Philosophierens, des Hineindenkens und -fühlens in Alexejs Kunst dazwischen. Doch sie trug den Prägestempel ihres Lehrers. Ungebrochen, unversehrt war der in ihr verwurzelte Missionsglaube an die Kunst. Die Kassandra-Funktion. Die Verantwortung, die man für seine Zeit trägt. Das zieht sich durch die Geschichte der Kunst, wo sie am stärksten ist. War ihr bewußt, wie sehr sie in dieser Verantwortung stand?

Eines der ersten Bilder, das sie mit Farben malte und auf das sie heute noch stolz ist, nannte sie „Steingrube". Alexej fand es abscheulich. Und Santo hatte beim ersten Betrachten gesagt: Hier hast du das Licht zum Hauptthema gemacht. Santo sprach von einem Wechselgesang der Farben und Linien. In ihrem arabeskenhaften Verlauf atmeten sie Poesie und seelische Stimmungen, wie sie nur Musik noch kenne. Die Frau hatte damals geantwortet – daß er nur die Hälfte des Bildes verstünde. Warum der Titel „Steingrube"? Gab sie nicht immer mit der Überschrift eine assoziative Verständnishilfe! Schließlich füllte dieses Loch fast mehr als ein Drittel der Bildfläche aus. Sie weigerte sich, ihre Bilder zu interpretieren. Vielleicht werden die Menschen eines Tages sensibilisiert genug sein, diesen blutenden Schrei in der Steingrube zu hören, wo die leuchtend rote Maschine im Schmelzwasser des Winters zu versinken droht. Wie Blut quillt es aus der Erde. Da hat Marianna in jenem ‚arabeskenhaften Verlauf' die fernen Berge in blaulila getöntem Licht gemalt, Wiesen in Harmonie davorgesetzt und als Kontrapunkte jener schönen Melodie das Dunkelgrün der Tannen. Und dann klaffte im Vordergrund das Loch der Grube, weil Schotter gebraucht wurde für Straßen und Tunnel und Schienen. Und der Mensch geht keuchend und erschöpft daran, die Maschine zu retten, nicht etwa die Wunde zu schließen, die sie gerissen hat. Er braucht das rote Ungeheuer, um die Poesie tiefer und endgültiger zu verletzen.

Marianna hatte sich damals auch jenes Bild von der Seele gemalt, das nach jenem nihilistischen Morgen umgesetzt werden wollte. Sie hat es „Die Landstraße" genannt. Landstraße, Synonym für Leben. Sie läuft in aller Breite aus dem Bild heraus und läßt sich bis an den fernen Horizont zurückverfolgen. Das Land, das sie durchzieht, ist flach und eintönig. Ein bißchen Wald, Felder, ein Gewässer. In der Ferne grünt es. Die Gegenwart liegt brach. Das Erschreckende sind die Frauengestalten, die unmittelbar am unteren Bildrand stehen. Die drei haben die Monotonie der Straße hinter sich gebracht. Ebenso wird sich ihr Weg fortsetzen. Die drei Frauen lassen den Betrachter nicht vorbei. Sie scheinen ihm den Weg zu versperren. Er muß sie anschauen, wie sie auf ihrem eintönigen Lebensweg erstarrt sind, unfähig geworden, miteinander zu kommunizieren, zu leben. Wie sie sich gleich und ähnlich geworden sind, mit ihren weißen Kopftüchern und ihren schwarzen Blusen. Eines nicht mehr fernen Tages wird sich auch die Farbe ihrer Röcke dem Grau der einen angeglichen haben. Gesichtslos sind sie geworden und blicklos. Es kommt die Frage auf – hat sich die Weite des Weges gelohnt? Nachdenken wollte Marianna mit ihrem Bild erzwingen. Nach dem Sinn solchen Lebens fragen.

Mergoscia hat die Frau schnell durchwandert. Sie knöpft ihre Jacke auf und lockert das Tuch um den Hals. Der kleine Ort liegt am Hang. So kann man auf der rechten Seite auf die granitenen Dächer schauen. Sie sind bemoost. Eidechsen sonnen sich. Auf den Weinterrassen steht das Gras fast meterhoch. Vor einem kleinen Fenster ist ein Nachttopf aus Steingut abgestellt. Wäsche hängt auf einer verwitterten Balustrade. Das uralte Häuschen ist in eine Felsnische gebaut.

Die Frau entdeckt, daß auch in Mergoscia bereits die ersten Häuser leerstehen. Die Jüngeren haben ihren Anteil am väterlichen Gut verkauft oder verkommen lassen, um in die Welt zu ziehen. Sie wollen ihr Glück suchen und werden es nicht finden, weil sie es hier verachtet haben. Die Heiligenbilder haben sie in den Bach geworfen und den Kirschbaum abgesägt, um wenigstens im Sommer ihres Abschieds bequem zu ernten! Vor längerer Zeit schon hatte sie dieses Bild gemalt. „Terrain à vendre". Land zu verkaufen. Da stehen sie frierend, aber geduldig auf ihrem Acker, den sie loswerden wollen, um in die Stadt zu ziehen, um sich dort selbst zu verkaufen. Sie sind des Blickes auf die Berge und den See so überdrüssig! Und der Ruhe, in der so gar nichts passiert!

Hinter Mergoscia führt ein schmaler Saumpfad direkt am Abhang entlang. Auf halber Berghöhe folgt er dem Lauf der Verzasca. Er ist uneben. Etwas für Bergziegen, denkt die Frau. Sie sucht nach günstigen Umgehungen. Einmal steht sie ratlos vor der sprudelnden Breite eines Rinnsals. Beinahe will sie kapitulieren. Schließlich legt sie zwei zusätzliche Steine ins Wasser und passiert es.

Der Wald öffnet sich jetzt einer Alm. Die aufgelesenen Steine haben die Mauer ergeben, die sie umschließt. Ein verlassener Stall mit einem Misthaufen vor der Tür und ein Schuppen. Hier will die Frau Rast machen. Aus ihrer Jackentasche zieht sie einen Riegel Schokolade. Sie kehrt ihr Gesicht zur Sonne. Lange sitzt sie. Bis eine Wolke die Alm verdunkelt.

Der Wald ist mit wilden Rhododendronbüschen durchsetzt. In den Sommermonaten glühen die Berge im roten Feuer.

Repin steht wieder in ihrem Gedächtnis – da hat er die Treidler gemalt, die Ärmsten der Armen, da haben Wandermaler die Armut angeprangert und diejenigen ins Bewußtsein gerückt, die die Verhältnisse ändern wollten.... Marianna war nach München gekommen und wie sie glaubte, in die Zivilisation und in jene geänderten Verhältnisse. Sicher, auf den Straßen hatte sie nicht jene Bettelarmut gefunden. Doch daß die Menschen in der deutschen Großstadt glücklicher lebten!?

Alexej hat mit sanftem Spott ihre Bilder belächelt und gefragt: Sieht so die „Geheimschrift deiner Seele" aus? Marianna malte den Stumpfsinn der Bierlokale. Dieses Sitzen und Warten, daß die Zeit vergehe. Die stieren Blicke. Die Trostlosigkeit der Trinker, die Hoffnungslosigkeit der Frauen, die am Billardtisch mit Zuschauen ihre Lebenszeit verloren. Sie malte die Vergeblichkeit und die Leere. Und Alexej begriff nicht ihr inneres Muß. Der zweite Schritt konnte nicht vor dem ersten getan werden! Wie sollten die mit dem stieren Blick, mit den erloschenen Augen die „Geheimschrift der Seele" auf den Bildern entdecken, entziffern, begreifen können, wenn sie in der Banalität, in Freudlosigkeit, in Stumpfsinn versackten? Mußten sie nicht aufgerüttelt werden? Marianna mußte den Spiegel halten!

Es war nicht leicht, den Widerspruch auszutragen zwischen der Philosophie der von ihr so geliebten emotionalen Kunst und ihrem eigenen kreativen Tun. Den Widerspruch zwischen ihrem Geschriebenen und dem Gemalten. Sie mußte das auf ihre Pappe bringen, was ihrem Verantwortungsgefühl entsprach. In ihrer Liebe zu Alexej hatte sie geglaubt, sein inneres Drängen formulieren zu müssen.

So oft es sich einrichten ließ, flohen Marianna und Alexej die Stadt. Sie nahmen den kleinen Druscha mit auf Reisen, der Alexej immer ähnlicher wurde, verglich man ihn mit den Kinderphotos seines Vaters. Marianna glaubte Alexej besser zu verstehen, wenn sie in das offene, wundergläubige Gesicht des Jungen schaute. Er war besessen, russische Märchen zu hören. Und er wollte malen. Bunt.

In nicht allzu weiter Ferne liegt ihr nächstes Ziel. Das tote Dorf der Leineweber. Corippo. Ein Schwalbennest am Steilhang, wo die Stockwerke der hohen schmalen Häuser über den verschiedenen Ebenen der Gassen zu erreichen waren. Dort will die Frau Skizzen machen. Spuren gelebten Lebens. Überlebenskampf, der mit einer Niederlage endete.

In Lavertezzo wird sie auf das Postauto warten.

32.

Gegen 19 Uhr steht die Frau wieder auf der Piazza. Es kostet sie Mühe, die Stufen zu ihrer Wohnung hinaufzusteigen. Der Sessel steht so, daß sie über den See schauen kann, hinüber zu den Bergen, die langsam verglühen. Sie liebt diese Stunde des alpa rossa. Es ist die Zeit ihrer Andacht und Erbauung. Sitzen und schauen.

Marianna und Alexej waren in den Sommern oftmals der Stadt entflohen. Im Grunde nahmen sie ihr Leben und die Annehmlichkeiten und Gewohnheiten mit. Eines Tages war ihnen mit einem Brief von Wassily Kandinsky das Wort „Murnau" ins Haus geflattert. Lockruf. Es war August 1908. Eine Stunde Bahnfahrt bis zum Staffelsee. Ein kleiner Marktflecken im Oberbayrischen. Er hatte etwas Besonderes! Als ob ein Zauberer den nivellierenden grauen Schleier von dem kleinen Dorf gezogen hätte und seine Häuschen in einer Symphonie der Farben um Leuchtkraft und Lebensfreude wetteifern durften. Jedes Haus des Marktfleckens stand im eigenen Farbton, im satten Rot, im Gelb oder im Blau und Violett. Jedes Fenster besaß, ausgewogen dazu, eine gemalte Umrahmung. Fast jede Hausfront der Marktstraße trug ein originelles Fassadenbild. Das Kirchlein war mit figürlichem Schmuck reich versehen.

Trockene Fallwinde waren die Zauberer, die die Luft so klar machten und die Farben leuchten ließen. Bei Föhn standen die fernen Berge im Schwarzblau. Dieses kleine Murnau hob sich lebensfroh und bewußt von der Tristheit und dem Dunst anderer Städte ab. Frauen gingen in Trachten. Bauern brachten in Rucksäcken Obst und Blumen und Kohl auf den Markt. Zusätzliche Farbtupfer. Hinzu kam die reizvolle Umgebung – der Staffelsee mit seinen sieben Inseln, das Murnauer Moos, die Hügel in der Nähe und die Berge in der Ferne. Und die Faszination der Eisenbahn, die bis in das Passionsdorf Oberammergau fuhr und München mit Garmisch verband.

Marianna und Alexej mieteten sich zunächst für ein paar Tage im „Griesbräu" ein. Unbedingt wollten sie hier den Herbst malend verbringen. Sie telegraphierten Kandinsky, ob sie zu viert in Murnau arbeiten wollten?

Wenn die Frau zurückdenkt – es war eine glückliche Zeit. So hatte sie nicht auf die Warnzeichen geachtet. Sie ruhte ausgeglichen in sich, weil sie zu ihrer Malerei zurückgefunden hatte. Das Verhältnis zu Alexej war stabil und gut, was sie damals darunter verstand. Nicht einmal in ihren Briefen an den Unbekannten hatte sie gewagt, aus Furcht vor der Magie der Zeichen, von ihren Sehnsüchten zu schreiben, die ihr Herz zerrissen. Immer noch sandte sie ihre nach Liebe süchtigen Gedanken in abstrakte Regionen und ihr Herz in die Realität des ernüchternden Tages, damit sie sich nicht im wahnsinnigen Verlangen im Wahnsinn vereinten.

Und doch ist sie heute glücklicher. Damals bewegte sie sich unter einer Glocke aus Glas, von Furcht beseelt, daß sie zerschlagen werden könnte. Jetzt war sie in Scherben gefallen. Sie war frei.

Was machte die Zeit in Murnau schön? Die Gespräche mit Wassily Kandinsky.

Neulich hatte sie Post bekommen. Ihr wurden Grüße von Kandinsky ausgerichtet. Er habe gesagt: Bitte grüßen Sie Marianne von Werefkin von mir. Ich bewundere sehr ihre Tapferkeit und die immer junge Energie... Sie trägt eine wunderbare Kraft in sich.

Jetzt nicht sentimental werden.

Wassily lebte in jenen Jahren mit einer unscheinbaren jungen Deutschen zusammen, die auch Malerin war. Er nannte sie Ella, und sie war siebzehn Jahre jünger als Marianna. Doch die beiden, Kandinsky und die Münter, waren ein Paar. Sie brauchten und ergänzten einander, wobei Wassily im Leben, in der Bewältigung des Alltags, der Nehmende von beiden war. Seine russische Seele bedurfte der Zuversicht der Münter, ihrer Spannkraft, ihres Sinns für Realität. Doch immer zweifelte Marianna, ob die Deutsche Kandinskys russische Seele vollauf begriff.

Da sich beide liebten, brauchte Marianna nicht um Alexej zu fürchten, denn der verstand sich gut mit Ella, die auch ihm herzlich zugetan war. Von den vier war Alexej der mit den meisten Erfahrungen. Er war darangegangen, große Farbflächen mit einfachen Konturen zu umspannen. Die Farbe hatte nie etwas Dekoratives für ihn. Die glühenden Farben entsprachen seinen Gefühlen, und ‚sein Inneres war zufrieden'. Die kleine Deutsche empfand ihn als ihren Lehrer, und Alexej lobte sie oft. Sie, die in früheren Jahren keine Galerien, keine Museen oder Ausstellungen besuchte, weil sie sich vor möglicher Einflußnahme anderer auf ihr Fühlen und Schaffen fürchtete, fand in Murnau unter Jawlenskys Ausstrahlung zu einer neuen Bildsprache. Die kleine Münter vereinfachte die Form und malte kompakt die Flächen mit Farben aus. Sie verzichtete auf Schattierungen. Kandinsky sprach von Ellas ernsten Farben und den tiefen Tönen ihrer Palette. Mit Jawlensky kam sie zum Erfühlen des Inhalts und vermochte diesen als Abstraktion wiederzugeben. Als sie einmal seufzte: Ich habe Sehnsucht – aber wonach? Ich möchte etwas, aber was?, dachte Marianna, jetzt hat die russische Mentalität von Lulu und Wassily auf sie übergegriffen.

Während sich Marianna und Alexej im Hotel am Platz eingemietet hatten, wohnten die beiden anderen im Knechtzimmer des Schreinermeisters in der Pfarrgasse. An ihrer bescheidenen Unterkunft schienen sie großen Spaß zu haben. Wassily, der Murnau unter anderem wegen des heiligen Georg liebte, weil er im Ramsakirchlein verehrt wurde..., und der durch seine Moskauer Mutter eine besonders enge Beziehung zu dem Drachentöter hegte, erwies sich in der Knechtskammer als Mäuseretter. Eine vorwitzige Maus war um zwei Uhr in der Nacht in den Wassereimer gefallen und hatte anhaltend laut um Hilfe gepiepst. Kandinsky hatte das Mäuschen mit einem Schöpfkelle gerettet. Auf Lulus Gesicht spiegelte sich schlecht verborgenes Entsetzen und sein Unverständnis über das Gaudi der beiden. Einmal zuviel brachte Alexej das abendliche Gespräch auf die Maus und Kandinskys Verhalten. Alexej wollte zu dem anderen auf Distanz gehen. Ihm tat wohl, eine leichte Verachtung zu zeigen. Da war etwas um Kandinsky und die Münter, das für Marianna lebendig und anziehend war, etwas, das in der Beziehung zwischen ihr und Alexej fehlte. Ach, dieser Beziehung fehlte so viel... Die beiden anderen waren dem Leben verbundener. Marianna und Alexej – sie lebten nicht, sie hielten sich in der Welt der schönen und komfortablen Dinge auf und brauchten sie als Hintergrund für ihr Schaffen.

Im Sommer darauf entdeckten Ella und Wassily auf einem Hügel, abseits von Murnau, ein leerstehendes Haus, in das Kandinsky sich sogleich verliebte. Spontan beschloß er, hier seinen Lebensabend zu verbringen. Das Haus stand im Schatten zweier Eichen auf einer blühenden Wiese. Es hatte ausgeklügelter Kalkulation bedurft, daß Ella es tatsächlich erwerben konnte. Die schön und einsam gelegene ‚Russenvilla', wie die Kinder der Umgebung das Haus nannten, besaß kein elektrisches Licht, keine Öfen und als einzigen Wasseranschluß – eine Pumpe, die mit Kraft und Geschick zu betätigen war. Es fehlte den beiden an Geld, das Haus einzurichten. Man begnügte sich mit roh gezimmerten Möbeln und Flickenteppichen. Der einzige Luxus war, daß Wassily alles bemalte – Waschtisch, Kommode, Schrank. Für das Treppenrelief hatte er sich eine Schablone gefertigt. In einem Fries stürmten nun Reiter voran, hinein in Sonnen und Blüten. Die beiden lebten in spartanischer Genügsamkeit und fanden darin zusätzliche Lebensqualität.

Und Marianna saß mit Alexej in dem Kokon der väterlichen Zarenrente. Etwas von Neid verband sich bei ihr mit Lebenssehnsucht. In ihrem Tagebuch hatte sie verächtlich von der Münchener Welt geschrieben: „Da wälzen sie sich in Materialismus und glauben, wahr sei nur, wonach sie greifen können und das Wünschenswerte sei das, was das Auge sehen, die Hand erfassen, der Magen verdauen und der logische Verstand analysieren kann..." Sie glaubte damals, nur ein machtvolles Genie begriffe etwas von der wahren Schönheit des Lebens, die durch seinen starken Glauben aus sich selbst heraus geweckt werde.

Wassily und die Deutsche schöpften aus einer dritten Quelle. Marianna vermochte dies nicht zu erkennen, weil sie im negativen Bann ihres Vermögens stand. Sie wagte nie nachzudenken, wie sich ihre Beziehung zu Alexej gestaltet hätte, verfügte sie nicht über eine solche Rente. Ihr Geld war die Garantie, von Alexej die Profanität des Lebens fernzuhalten und ihm Ruhe und Sicherheit für seine Arbeit zu gewährleisten. Denn der Glaube an ihn – war ihr Lebensnerv. Damals.

Wenn die Frau heute an Kandinsky denkt, wie er sich in den folgenden Sommern im Garten der ‚Russenvilla' auslebte, wenn Ella auf Reisen ging, um Ausstellungen zu organisieren, taucht Repin auf. Die gemeinsame Verehrung für Tolstoi und der Gedanke enger Verbundenheit von Arbeit und Natur. Die Frau erinnert sich, daß sie Kandinsky gern bei der Gartenarbeit zusah. Lulu spürte hinter ihrer Sympathie für den anderen den Vorwurf ihm selbst gegenüber. Alexej haßte alles, was ihn vom Malen hätte abhalten können. Er sah nicht ein, warum er sich schwitzend mit Spaten und Harke abplagen sollte, wenn allein ein Blick auf den mächtigen blauen Berg genügte, um das vor ihm liegende kleine Murnau, fast zart und schutzbedürftig, als Bild-Idee und Gleichnis zu erfassen. Ihm war ein gewisses Phlegma in die Wiege gelegt. Außerdem wollte Lulu sich in nichts beschränken und auf nichts Verzicht leisten, schon gar nicht Wasser eimerweise ins Haus schleppen oder ein Trockenklosett benutzen. Marianna liebte Wassily in der großen Gärtnerschürze. Er hielt sich viel im Freien auf, nicht nur, weil der Garten vor Ellas Augen bestehen sollte. Er lief barfuß und benahm sich wie ein ‚Naturapostel', denn in den Jahren zuvor hatte er europäische Großstädte bereist und nichts Beglückendes entdeckt. In Murnau lag für ihn das „Paradies".

Stundenlang pikierte er Goldlackpflänzchen und band Erbsen an Draht hoch. Später aß er jeden Tag Erbsen, weil sie unter seiner Pflege so gut gediehen waren. Er klagte, daß die Kartoffeln zu sehr ins Kraut geschossen seien und der Flieder die Rose erdrosselt habe. Kandinsky bewirtete seine Gäste stolz mit frischem Schnittsalat und teilte erleichtert mit, daß die Schnecken in diesem Sommer nicht so arg wären und sogar die Saubohnen läusefrei. Und wie preiswert er Samtnelken erstanden hätte! Er übertrieb und erzählte es mit Augenzwinkern, weil er um das Unverständnis seines Landsmannes wußte. Kandinsky konnte sich in die scheinbare Belanglosigkeit der Gartenwelt fallen lassen.

Eines Nachmittags war sie mit Druscha nach Murnau gekommen. Der Junge fühlte sich in Wassilys Nähe den russischen Märchengestalten näher als sonst irgendwo. Hier gab es bunte Bücher aus jenem unbekannten Land, nach dem das Kind sich sehnte. Er hockte mit seinem Zeichenheft vor der Kommode oder auf den Treppenstufen oder vor den Glasbildern, um die Reiter und Drachentöter und die geraubten Prinzessinnen abzumalen.

Kandinsky kniete im Garten vor einem beachtlichen Flecken umgegrabener Erde, sichtlich nervös geworden von dem unerwarteten Besuch. In Zeitungspapier eingeschlagen lagen mindestens hundert mickrige Pflänzlein, die kurz vor dem Vertrocknen waren. Immortellen. Sicher hatte er sie geschenkt bekommen. Marianna begriff, er wollte sie unbedingt in den Boden bringen, während seine Besucherin mit ihm reden wollte. Ihr spontaner Entschluß herzukommen, reute Marianna. Notgedrungen legte sie ihre Sachen ab, entschloß sich zu einer schmutzigen, blaugepunkteten Schürze, deren Träger sie mit einer Sicherheitsnadel feststecken mußte. Sie stellte sich eine Gießkanne bereit, um die Pflänzchen sogleich anzugießen, half Wassily, die miteinander verwurzelten Immortellen zu vereinzeln, was am zeitaufwendigsten war. Als beide später in der Laube saßen und Tee tranken, sagte Kandinsky: Ich ahnte, daß du ein richtiger Kamerad bist. Nie mehr werde ich über deine großen Hüte lästern, da du sie auch absetzen kannst.

Dabei liebte er ihre Erscheinung, die ihn stets die einer Königin dünkte, und ihre Gesten, die voll Temperament waren. Und so malte er sie. Er verteidigte ihre Hüte und ihre Kleider vor Ella, die sich gegen Marianna wie eine stille graue Maus ausnahm.

Für Marianna war es unverhofftes Glück, auf einen wie Kandinsky zu treffen. Mit jenem Anspruch an die Kunst, der bei ihr längst von Skeptizismus zerfressen war. „Die blauen Träume und ihr naiver Glaube", daß die Zeit reif sei für die neue Kunst... mit Kandinsky blies sie in das verglimmende Feuer. Und es loderte noch einmal.

Freunde und Galeristen haben später von dem Murnauer Wunder gesprochen, das mit Kandinsky geschehen sei. Da mußte Marianna an jenen Nachmittag denken, als Wassily vor dem Beet kniete und sich um die Kümmerlinge sorgte. Er sagte damals: Was ich am meisten liebe, ist das Wunder und die Zeit und das Geheimnis, das ich jetzt in die Erde versenke. Aber ich will nicht die erblühte Unsterblichkeit malen. Es ist soviel mehr in mir – an Andacht und Staunen. Und Marianna sagte: Ja, du mußt über die Gegenständlichkeit hinwegkommen. Du mußt deinen Weg finden, den dir gemäßen, einmaligen, wie d u das ‚Geheimnis' auf Karton oder Leinwand bannst.

Marianna hatte in den Jahren, in denen sie sich der Kunst versagte, vieles gedacht. Endlich hatte sie einen Ebenbürtigen gefunden, mit dem ein Gedankenaustausch möglich war, einer, der auf ihre Ideen einzugehen vermochte und sie mitzuentwickeln wußte. Beide waren sich einig, daß die neue Kunst die der Seele sein müßte. Denn nach Jahrhunderten materialistischer Betrachtungsweise, zweckorientierter Dinglichkeit, alles beweisenwollender Philosophie war es an der Zeit, „Licht in die Tiefe des menschlichen Herzens zu senden". Wassily hatte diesen Satz bei Robert Schumann gefunden. Er wollte ihn in die Malerei übertragen.

Marianna fügte hinzu, daß Kunst Potenzen für die Zukunft in sich tragen müsse, Spiegel der Zeit sein und von prophetischer Kraft. Jeder verstand etwas anderes unter diesen Worten und brachte dies später auf seine Weise bildschöpferisch zum Ausdruck. Beide sahen sie eine hohe Mission in der Kunst. Und Wassily sagte: Ich werde das alles aufschreiben und veröffentlichen.

Als Marianna ihn ein andermal besuchte, wurde Kandinsky mit fortschreitender Stunde aufgeregter. Er lauschte auf jeden Uhrschlag der Kirche.

Wenn es zur Abendandacht läutet, muß ich dir etwas zeigen!

Er war aufgeregt und tat geheimnisvoll.

Vor zwei Abenden war er, als die Sonne tiefstand, zufällig in sein Atelier gegangen und hatte etwas Außerordentliches erlebt. Auf seiner Staffelei stand ein fremdes Bild. Von unbekannter Hand gemalt.

Unbeschreiblich schön, von einem Glühen durchtränkt. Es waren nur Farben, keine Gegenständlichkeit, kein Inhalt, keine erkennbaren Formen aus der Wirklichkeit.

Die Erschütterung sei am nächsten Morgen über ihn gekommen, als der Zauber verschwunden war und Kandinsky sein eigenhändig gemaltes Bild wiedersah, brav konturiert, ein Spiegelbild der Wirklichkeit, ein gefühlvoller Augenblick, erstarrt für die Ewigkeit.

Er hatte sich leidenschaftlich an Marianna gewandt:

Ich frage dich, ob Gegenstände den Bildern nicht schaden?! Wenn der Künstler aus seiner inneren Notwendigkeit heraus malen will, was er als schön empfindet, kann er sein Gefühl dann nicht in Farben und unbestimmte Formen umsetzen?

Kandinsky war an jenem Abend ungeheuer aufgelebt. Etwas Visionäres ging von ihm aus. Es war eine Lust in ihm, alles Herkömmliche zu sprengen und etwas ungemein Kühnes und Neues der Menschheit zu schenken. Marianna bestärkte ihn, ließ sich mitreißen und feuerte ihn an. Sie wußte für sich, daß sie diesen Schritt nicht mittun könnte. Sie brächte es nie über sich, die Idee ihres Bildes aufzugeben, die sie über das Gefühl und die Farben und den Verstand erlebbar machen wollte. Sie bedurften dazu der sichtbaren Zeichen.

Einmal hatte Franz Marc aus seinem Skizzenbuch vorgelesen. Später. Franz Marc – begabt, sympathisch. Ein blauer Reiter. Es hatte sie beeindruckt.

‚Das Gewitter schrie

Ich trat in das Haus und sah alles

Eine rote Frau; schwarze Kätzchen auf grünem Tisch – Gellaa, der Blitz verzehrte das Gefährt – die Kätzchen spielten mit der Frau, die lächelte – ach, ach, Mann und Pferd sind tot... der Engel der Furcht schlägt an die Fenster; ich sah das rote Herz der Frau zittern und schwarze Kätzchen auf grünem Tisch – was ist rot und schwarz und grün? geben drei Farben einen Gedanken? Wenn man dem Rot die Form des Herzens gibt, dem Schwarz die Form kleiner Kätzchen, dem Grün die Form des Vierecks. Ich will diese Gedanken denken.

Das rote Herz der Frau zerbricht

aus ihm strömt ein roter Blutstrom in den Bach, der fließt nun rot durch grüne Wiesen, auf denen weiden schwarze Schafe.

Das Gewitter hat seine Hand von der Erde gezogen.

Der blaue Himmel glotzt wie ein riesiges Glasauge auf die Szenerie Rot, Grün, Schwarz, ist dieser Gedanke nicht schrecklich? Versteht Ihr, was die Maler malen?'

Marianna hatte für sich voll Bitterkeit nur das Wort ‚Nein' gedacht.

Letztlich hatte auch Marc nicht auf die sichtbaren Zeichen verzichtet und war ein ebenso großer Bewunderer und Verteidiger von Kandinskys abstrakter Kunst gewesen wie sie.

Immer wieder bekannte sich Wassily zu seinem Kinderwunsch, sich selbst in Farben aufzulösen, um darin schwimmend zu existieren. Manchmal bemühte er sich unter Jawlenskys Einfluß um die Einheitlichkeit der Form, um ‚synthetische

Bildverfestigung', aber dann brachen die Farben wieder aus ihm heraus und lösten alle Konturen auf. Ließ sich ein Gegenstand nicht zu einem Zeichen verflüchtigen, war die Farbe nicht so mächtig in ihrer Wirkung, daß sogar dieses Zeichen überflüssig wurde? Je undeutlicher seine Malweise wurde, empfand er, umso mehr regte sie die Phantasie an.

Ella und Alexej konnten die Endlosdebatten, die Wassily und Marianna miteinander führten, nicht ausstehen. Sie wußten, daß jeder der beiden über außergewöhnliche Verstandesschärfe verfügte, daß beide die Begabung des Theoretisierens besaßen. Bei beiden lag der Verstand im Kampf gegen das übermächtige Gefühl, wobei Marianna gelernt hatte, es stärker zu bändigen. Was Ella und Alexej der Welt zu sagen hatten, brachten sie auf ihren Bildern zur Sprache. Wenn Ella merkte, daß Lulus Selbstwertgefühl unter den Streitgesprächen der beiden anderen zu leiden begann, versicherte sie ihm, daß er ein großer Künstler sei mit einem wunderbar handwerklichen Können. Alexej hatte sich für den absoluten Cloisonnismus entschieden. Er brauchte die dunkle Umrandung. Sie gab seiner Seele inneren Halt und Festigkeit. Ella malte weicher, linienbetonter. Sie mußte nichts Neues erfinden, sich nicht auf neuen Wegen ausprobieren, keine theoretischen Probleme erörtern. Ihr genügte, das zu bewahren, was sie in sich trug.

Und sie malte ein Bild von Lulu. Er stand ein wenig betreten davor, entschloß sich zu einem liebenswürdigen Lächeln und sagte ein bedeutungsvolles: Aha. Dahinter mochte stehen – Sie also auch. Da hatte die kleine Deutsche für alle Ewigkeit mit Öl auf Karton gebannt, daß er in den Gesprächsrunden dieser Jahre der ewige Zuhörer war. Sein ganzer Oberkörper trug die Spannung des Lauschens mit, und seine blauen Augen waren vor Verwunderung kugelrund. Ein schmeichelhaftes Bild war es mit Sicherheit nicht. Genausowenig war es eine Karikatur. Wer konnte schon anderen zuhören und vermochte noch zu staunen? Marianna schaute mit einem schnellen Blick zu Ella hinüber, die gespannt auf Reaktion wartete. Marianna vermutete, daß Ella eigentlich sie meinte, die hochgeistige Frau mit dem stummen Zuhörer als Partner, die bravouröse Rednerin, die die zaghaften Wortmeldungen Lulus im Anflug erfaßte, ihn nie ausreden ließ und stets seine Gedanken für ihn klar und treffend formulierte. Doch die kleine Deutsche war ohne Arg. Hatte sie sich nicht stets vehement für die Bilder der Baronin eingesetzt und sich bedingungslos mit ihr solidarisiert, wenn die Männer Kritik erhoben?

Eines Abends wurde in Mariannas Salon spielerisch der Gedanke erwogen, gegen den Konservatismus der ‚Münchener Secession' eine eigene Vereinigung zu gründen mit selbständigen Ausstellungen, denn die Secession hatte ihre und Lulus Bilder als ‚zu revolutionär' zurückgewiesen.

Natürlich schwebte Marianna vor, daß Alexej den Vorsitz einer solchen Künstlervereinigung übernahm. Eines Nachts hatte Marianna sogar das Statut für eine solche Vereinigung entworfen. Das Streben nach Synthese – sollte das Losungswort sein. Die Eindrücke der äußeren Welt seien das eine, die Erlebnisse der inneren Welt das andere – die Durchdringung beider die neue Kunst, von allem Nebensächlichen befreit. Doch Lulu weigerte sich. In ihm war ein solcher Ehrgeiz nicht. Er gab vor, daß sein Deutsch mangelhaft sei. Vielleicht war da noch anderes. Ella hatte ein weiteres Bild gemalt. Ein Gespräch der beiden Männer in Kandinskys Zimmer. Und Marianna stand so dicht hinter Alexej, daß sichtlich wurde – sie war seine Souffleuse.

1909 wurde es zwingend, eine eigene Ausstellung für die Murnauer Bilder der vier zu organisieren. Wenn nicht Alexej den Vorsitz übernehmen wollte, kam nur Wassily Kandinsky in Frage. Im Grunde war er durch sein juristisches Wissen prädestiniert.

Kandinsky kam angereist, im Gepäck bereits den Entwurf einer Mitgliedskarte. Auf einem kühn galoppierenden Pferd saß engumschlungen ein Paar aus russischer Mythologie. Man warb unter Freunden und Bekannten um Mitglieder, und im Dezember des gleichen Jahres fand die erste Ausstellung der Neuen Künstlervereinigung München statt. Doch bevor es zu dieser Präsentation kam, auf der insgesamt 128 Werke gezeigt wurden, passierte das andere.

Marianna war bei der Eröffnung der Ausstellung nicht zugegen. Sie, die sonst jede Gefühlsregung von Alexej erspürte, hatte im Eifer der Vorbereitungen nicht registriert, daß sein innerer Frieden, seine Heiterkeit ihre Ursache nicht ausschließlich in der bevorstehenden Ausstellung hatten. Kandinsky hatte „Das Geistige in der Kunst" zu Papier gebracht. Marianna war höchst befriedigt. Viele ihrer Gedanken, die sie ein paar Jahre zuvor in den „Briefen an einen Unbekannten" fixiert hatte, haben bei Wassily ihren Niederschlag gefunden. Und so den Weg an die Öffentlichkeit. Wie Kandinsky war Marianna der Meinung, daß man das Verständnis des Betrachters auf die neue Kunst vorbereiten müsse, sein Betrachtungsweise schulen. Denn erste Kommentare zu den Bildern der geplanten Ausstellung stießen auf absolute Ablehnung. Lag sie in dem Unvermögen, sich Kunst vom Gefühl her zu erschließen, weil man an tradierte Sichtweisen gewohnt war?

Alexej schienen die theoretischen Festlegungen wenig zu tangieren. Er hatte sich seine Selbstbestätigung in anderen Lebensbereichen gesucht.

Es traf Marianna unvorbereitet. So war sie wehrlos.

Helene war damals im fünfundzwanzigsten Jahr. Sie war eine blühende junge Frau, bescheiden, zurückhaltend, der dienstbare Geist des Hauses. Ihre Verpflichtungen erfüllte sie zu Mariannas Zufriedenheit. Sie war umsichtig und geschickt. Das Deutsch, das sie sprach, war fehlerhaft. Oft ließ sie sich von Druscha die Dinge übersetzen. Standen größere Feste im Haus des Künstlerpaares an, war sie integriert. Dann begleitete sie Marianna zu gemeinsamen Kleider- und Hutkäufen. Sie kaufte sich, was ihr gefiel. Marianna war großzügig und legte hinzu. Zum Fasching verkleidete Helene sich ebenfalls. Sie tat es mit großem Spaß. Nicht immer stand ihr das selbst gewählte Kostüm. Photos bezeugen, daß die hohe Kappe unvorteilhaft war. Doch in Helenes erwartungsfrohen Augen spiegelte sich gesundes Selbstbewußtsein.

Marianna vermochte in Helenes Gesicht wie in einem aufgeschlagenen Buch zu lesen. Eines Tages wich Helene den

Blicken der Baronin aus. Marianna glaubte, der jungen Frau wäre ein Mißgeschick passiert, etwas Wertvolles sei verloren, Kristall zu Bruch gegangen, ein Kleid ruiniert. Wußte Helene nicht um Mariannas Nachsicht?

Es war beim Frühstück. Helene servierte den Kaffee. Da traf Marianna ein demütiger Blick von Helene, mit dem sie um Vergebung flehte. Blitzschnell rekonstruierte Marianna, was in den Sekunden zuvor passiert sein konnte... Helene hatte Alexej Kaffee eingeschenkt. Marianna kannte Lulus versteckte Art der heimlichen kleinen Berührungen. Welche Dimension dahinterstand, begriff Marianna durch Helenes Blick. Ihr schuldbewußtes Verhalten der letzten Tage hatte seine Erklärung gefunden. Alexej hatte mit ihr geschlafen.

Marianna legte ihr Brötchen aus den Hand, stand so jäh auf, daß Kaffee aus der Tasse schwappte.

Das ohnmächtige Gefühl, in ein Loch zu fallen. Fallen, fallen und nicht ankommen. Wie sollte sie sich wehren? Die Sinnlosigkeit jeglicher Reaktion ihrerseits war ausufernd. Sie wußte nur eines für sich zu entscheiden – aus dieser Situation zu gehen. Weit weg.

Nach Litauen. Ihr Bruder Peter war Gouverneur in Kowno. Es war November. Keine schöne Jahreszeit. Nicht in München, erst recht nicht in Rußland. In den Schoß der Familie zurückkehren. Ihren eigenen Weg gehen. Sie hat die neue Kunst auf den Weg gebracht. Sie hat mitgeholfen, an ihrer Wiege zu bauen. Das bleibt. Ihr Stolz ist verletzt. Das hätte Alexej ihr nicht antun dürfen.

Er klopft an ihre Tür, ist besorgt um ihr Wohlergehen. Er bittet sie, an den Frühstückstisch zurückzukehren.

Helene soll ihr beim Packen helfen. Sie wird abreisen.

Alexej versteht nicht.

Sie fährt zu ihrem Bruder Peter. Und ihrem Neffen, ihrer Familie. Alexej kann ihr mitteilen, was er künftig will, wofür er sich entscheidet. Marianna will ihm Zeit geben zum Nachdenken. Wollte er sein Leben der Kunst weihen? Oder Helene? Auch sie braucht Zeit und muß Abstand gewinnen. Muß sie sich so verletzen lassen? Hatte es nicht Vereinbarungen gegeben? Waren sie nicht mehr gültig? Hat Lulu sie aufgekündigt? Sie selbst hat sich an alles gehalten. Gab es nicht das Eheversprechen von Alexej, dem ihr lieber, gütiger Vater im Vertrauen auf Alexejs Redlichkeit seinen Segen gab? Hatte Alexej ihm nicht geschworen, sie zu ehelichen, wenn ... Das Geld, das er von seinen Schülern erhielt, war zum Verhungern zuviel und für eine Ehegemeinschaft zuwenig. Warum in ihrem Haus? Warum unter ihren Augen? Es überschreitet die Grenze des Zumutbaren. Rot. Alles flammt in Rot. Sie verbrennt im Zorn, in der Schmach, im Verrat. Wie kann Lulu ihr das antun, nach all den Jahren, in denen sie mit ihm so eng am Entstehen der neuen Kunst gearbeitet hat. Sie ideell, er praktisch. Sie sein Gedanke, er die Tat...

Später malte sie das Bild. Im Jahr darauf. „Tragische Stimmung." Das Bild ertrinkt in dunklem Rot. Über seiner Mitte steht eine schwarze Wolke. Im Hintergrund ein tiefblauer Berg. Aus dem Bild heraus geht die Frau. Die Arme verschränkt, den Schmerz in sich eingeschlossen. Wenn sie ihn herausschreien könnte... Doch sie ist stumm, nicht erreichbar für den Mann, der am Haus steht und ihr nachschaut. Er steht ratlos und mit hängenden Armen. Er wird warten. Einmal wird das rote Feld um sie verglüht sein. Und es wird Nacht werden auf ihrem Weg. Wie geht es sich – allein in der Nacht?

33.

Mohnblüte klopft an die Tür, zweimal kurz, einmal lang. Selten wartet sie die Aufforderung hereinzukommen ab. Lautlos öffnet sich die Tür. Ihre Augen sind voller Neugier. Stets hofft sie, Unerwartetes zu entdecken. Als sich ihr Blick mit dem der Frau kreuzt, lacht sie auf, kommt ungestüm herein. In der Hand hält sie ein Kuvert.

Das ist heute abgegeben worden! Wo warst du den ganzen Tag?

Mohnblüte reicht der Frau ihre rechte Hand. Sie macht die Andeutung eines Knickses. Ihre Lippen streifen die Wange der Älteren. Das Kuvert behält sie in der Linken und preßt es an sich.

Raten!

In ihren braunen Augen sprüht Übermut. Sie macht eine komische Geste, um sich den unsichtbaren Schal über die Schulter zu werfen.

Die Frau errät es: Theaterkarten!

Richtig!... Es sind zwei... Darf ich mitkommen?

Mohnblütes Augen betteln.

Wann?

Samstag in acht Tagen.

Einverstanden!

Das Mädchen wirft seine Arme um den Hals der anderen.

Danke, du bist die beste Nonna der Welt! Hast du etwas zu Abend gegessen?

Das Mädchen schaut sich eifrig besorgt um: Ich bring dir etwas herauf!

Nein, laß!

Brauchst du deine Ruhe? Ich bin schon fort! Ich war noch nie im Theater! Ich freu mich so! Ich freu mich, ich freu mich! Vielleicht werde ich auch mal Schauspielerin! Ich verschwinde auf der Stelle! Und wünsche dir eine gute Nacht! Und schöne Träume! Arbeite nicht so lange!

Mohnblüte bleibt einen Moment vor der Staffelei stehen und wirft einen prüfenden Blick zur Frau hinüber. Seit Tagen hat sich auf dem Bild nichts verändert.

Und gute Ideen!

Wie ein Wirbelwind dreht sie sich aus dem Zimmer.

Die Frau öffnet den Umschlag. Charlotte Bara. Ein Totentanzspiel. Aus dem beigelegten Programm geht hervor, daß es ein Gruppentanz sein wird. Im neuen Haus der Kammerspiele in Ascona!

Die Frau hat die Bara schon einmal gesehen. In Zürich. 1917. Die Bara tanzte damals den „Sterbenden Schmetterling" nach der Musik von Chopin. Marianna war von der Ausdruckskraft ihrer Hände fasziniert gewesen. Sacharow hatte ihnen die Karten zukommen lassen. Die Bara war damals seine Schülerin.

Wen sonst als Mohnblüte sollte die Frau ins Theater mitnehmen? Santo, wenn er hier wäre!

Charlotte Bara war inzwischen durch ihre Sakraltänze berühmt geworden. Begeisterte Kritiker hielten sie für berufen, Europa die Heiligkeit des Tanzes zu verkünden. Der Vater der Tänzerin hatte vor Jahren in Ascona das alte Castello San Materno gekauft und in dem großen Park ein Kammerspielhaus errichten lassen. Es war kürzlich eingeweiht worden.

Die Frau möchte nicht an jenen Tanzabend mit der Bara denken. War es der letzte gemeinsame Theaterbesuch mit Alexej? Sie will die Erinnerungen nicht aufkommen lassen. Doch hartnäckig zeigt sich ein Bild. Die Hände der Bara – ihr behutsames Locken – den Freund bei der Hand nehmen, um mit ihm in das Haus zu gehen und die Tür hinter sich zu schließen, ganz fest, und mit ihm niedersitzen und verharren so – lange, lange. Jahr um Jahr. Und schweigen. Und Frieden fühlen. Und Ruhe. Und Nähe fühlen, wenn Gedanken und Empfindungen aus einer gemeinsamen Wurzel kommen. Dieses wunderbare Gefühl, das die Bara hatte entstehen lassen, berührte jene Erfahrung, die Marianna in Litauen gemacht hat... wohin sie im November 1909 geflüchtet war. Sie hatte fest geglaubt – diese Erfahrung müsse Endgültiges in sich tragen. Denn sie war nach einem halben Jahr in jenes Haus, das sie im roten Zorn verlassen hatte, zurückgekehrt. Alexej hatte sie gebeten, den Widersinn der Trennung aufzugeben und wieder zu ihm nach München zu kommen. Sie kam und hatte die Tür fest hinter sich geschlossen, um mit dem liebsten Freund, dem Einzigen, in Ruhe und Frieden zu leben. Über angetanes Leid das Tuch des Verzeihens legend.

Die Frau steht auf. Sie geht in die Küche und macht sich nun doch die Bohnensuppe warm. Sie holt einen Teller aus dem Schrank und bricht Brot hinein. Ihr einfaches Essen in der Küche gerät zu einem kleinen Zeremoniell mit Kerze und den beiden Steinen, die sie aus dem Wasser der Verzasca aufgelesen hat. Beide rundgeschliffen, handtellergroß. Mit der Hand berührt sie die Steine hin und wieder, um zu fühlen, wie Wasser und Zeit an ihnen gearbeitet haben.

Nach der Mahlzeit kehrt die Frau in die Stube zurück. Es ist Nacht geworden.

Litauen hat sich bei ihrem ersten Fluchtversuch zu einem Alptraum ausgewachsen. Da hoffte sie, in die Heimat zurückzukehren, in den Schoß der Familie, in Wärme und Geborgenheit. Ihr Bruder Peter war seit mehreren Jahren Gouverneur in Kowno. Er lebte mit seiner Familie im Gouverneurspalast und hielt das politische Geschick der kleinen Stadt in seinen Händen. Einst war Kowno der wichtigste Stützpunkt Litauens im Kampf gegen die Kreuzritter gewesen. Eine immer umkämpfte Region, unterworfen von den Polen und den Russen. Der Bruder hatte es nicht einfach. Die Wunden der gewaltsamen Russifizierung und der Polenvertreibung vor achtzig Jahren vernarbten nicht. Zudem war die Hälfte der Einwohner in Kowno Juden. Die Litauer waren seit dem Mittelalter katholisiert, die Russen, die in Litauen nur neun Prozent ausmachten, orthodox.

Seiner Schwester zu Ehren gab Peter ein Fest. Jede Familie, die auf sich hielt und Wert auf die Gunst des Gouverneurs legte, lud Marianna künftig zu eigenen Festen ein. Die Malerin, die in Deutschland in freier Ehe mit einem adligen Russen lebte, wurde mit Neugier und Distanz beobachtet. Man schmeichelte ihr, man buhlte um ihre Freundschaft, man heuchelte Interesse, das leer war wie gedroschenes Stroh. Das Amt kostete den Bruder Zeit und Kraft. Seltene Stunden, in denen sie geschwisterlich plauderten, von der strengen Großmutter erzählten oder vom Leben auf der Festung in St. Petersburg. Die Schwägerin hatte ebenfalls gesellschaftliche Verpflichtungen, meist karitativer Art. Am engsten war Mariannas Beziehung zu ihrem Neffen Alexander. Er war so alt wie Druscha. Alexander war der einzige, der sie auf ihren Spaziergängen begleitete. Von ihrer burschikosen, herzlichen Art war er fasziniert. Sie fragte ihn, ob er sich in der Kadettenanstalt wohlfühle. Sie erriet seine geheimen Wünschen und ließ sich in seine Pläne einweihen. Sie spielte nicht die Erwachsenenrolle, von Etikette und Wohlverhalten geprägt. So wurde sie für den Jungen etwas Außerordentliches. Als Marianna eines Tages ausrutschte, bot Alexander sich als ihre Stütze an. Ab da legte sie oft ihren Arm um seine Schulter, und er faßt sie um die Taille. Es entstand eine innige Vertrautheit. Stets wollte der Junge mit ihr an den Fluß. Den Flößern zuschauen. Er sagte, daß er gerne einmal abends bei ihnen sitzen wollte, wenn ihre Feuer brannten und sie Lieder sangen oder Geschichten erzählten. Aber er fürchtete, man litt ihn nicht, weil er der Sohn der Gouverneurs war. Alexander fragte, ob es in München auch so viel regne wie unter dem litauischen Himmel, und ob Marianna Regen mag. Er beneidete die Jungen, die am Ufer hockten und angelten. Tante und Neffe tauschten ihre Erinnerungen an Blagodat aus. Dort war es anders. Im letzten Sommer hatte Alexander auf dem See einen Karpfen gefangen. Einmal, als niemand am Fluß zu sehen war, pflückte Alexander für Marianna Brombeeren. Sie schmeckten sauer und waren klein und hart. Beiden dünkte es eine Köstlichkeit.

Mit Druscha hatte Marianna selten Spaziergänge unternommen. Alexej faßte seinen Sohn stets bei der Hand und hatte daraus eine Gewohnheit gemacht. Das Zutrauen ihres Neffen tat Marianna wohl. Das war das einzige, worin sich ihre Sehnsucht nach der Heimat verwirklichte. Er schmiegte sich an sie. Er war einfach noch Kind, das Wärme suchte. Das waren die schönen, viel zu seltenen Stunden für beide. Bei ihr brauchte er nicht der Sohn des Statthalters zu sein, nicht der zukünftige Soldat, der einmal für Ordnung und Gesetz und Gerechtigkeit sorgen sollte. Er wuchs in diesem Landstrich auf, den er als seine Heimat empfand, unter einem fremden Volk mit fremder Sprache, mit Polen, Juden und Deutschen.

Gleich nach ihrer Ankunft kam Lulus erster Brief und die Bitte, ihrem Bruder diese Reise nach Kowno ausschließlich als Verwandtenbesuch zu erklären. Die Affäre mit Helene stünde in keinem Verhältnis zu seiner tiefen Verbundenheit mit Marianna.

Marianna schrieb Alexej – wie man dem engsten Freund seine Erlebnisse anvertraut. Sie ging auf jenes Thema nicht mehr ein. Diese Briefe brauchte sie als Ventil, um nicht an dem Alptraum Litauen zu ersticken. Sie klagte über die jeden

Geist tötende Konversation. Krankheiten und Wetter. Endlos-Monologe über Alliancen und Mesalliancen in der kleinen Stadt. Diese aufgeblähte Wichtigkeit und Arroganz.

„Gestern war eine große Damenversammlung im Speisezimmer. Ein blaugrünes Tischtuch, Beleuchtung von oben, das weiße elektrische Licht eines Kronleuchters und siebzehn beleibte Damen. Alle in schwarzen Kleidern. Wie sie dastanden im weißen Saal!"

Marianna malte sie. Eine der schwarzen Figuren ist schlank. Sie gibt sich distinguiert, während eine andere mit beredter Heftigkeit versucht, deren Abwehr zu durchbrechen. Sie gestikulieren und recken die Köpfe. Auf ihre Art will jede von ihnen Aufmerksamkeit erheischen. Da stehen sie mit ihren Fettpolstern, ihrem Buckel oder mit eingezogenem Kopf, geben sich unnahbar oder anbiedernd, lachen höhnisch oder mißgünstig.

„Madame" mit ihrem Dekolleté und der Hochfrisur ist an Häßlichkeit nicht zu übertreffen. In vornehmer Pose und dem Anflug der Bescheidenheit, mit leicht gesenktem Kopf, ist der Blick ihrer Augen kalt und der Mund verkniffen. An Madame ist nichts Reizvolles, nichts Frauliches. Die Karikatur einer Dame, die perfekt französisch spricht und die Sprache des Herzens nicht kennt.

„Soirée der Petersburger Damen" – kamen sie zu Besuch in das kleine Kowno? Herausgeputzt sind sie, weiße Handschuhe, tiefe Dekolletés, Häubchen und Bänder im Haar. Eine der jungen Damen hält eine Zigarre in der Hand, um Lebensart zu beweisen. Ihre Zeit vergeuden sie im sinnlosen Warten auf Kaffee und Kuchen. Junge Frauen, die bereits zur Fülle neigen. Essen als Lebenszweck!

Und die „Sitzung" der Damen um den langen Tisch mit der blauen Decke. Wieder sind sie einander gleich und alle sehr ähnlich: runde, breite Rücken, gleicher Kopfschmuck, gleicher Farbton der Kleider. Die in der Mitte Thronende liest vor und bannt die Aufmerksamkeit aller auf diesen Text. Sie waren sich so einig, wie schlecht und undankbar die Welt war! Fast anrührend wirkt diese plötzliche Gemeinsamkeit, dieser

Hauch von Solidarität auf diesem Vorposten Rußlands, der nicht russisch werden wollte.

Das eine oder andere Bild gelang Marianna. Die Thematik war nicht neu. Ihr „Gartenfest", vor drei Jahren gemalt, zeigt eine illuminierte Terrasse, gleich einer Insel, wo sich die obere Gesellschaft, herausgeputzt, ihren leeren Vergnügungen hingibt. Sie stehen dicht zusammengedrängt. Die Nacht hat sich herangeschoben. Die Wirklichkeit umkreist die Terrasse. Wenn der Morgen naht, wird das Erschrecken groß sein. Die Revolution von 1905 war zwar niedergeschlagen worden, doch der Totentanz hatte begonnen.

In ihren Briefen an Alexej klagte Marianna über die provinzielle, geistige Umgebung, den platten Materialismus und das Philistertum dieser Gesellschaft. „In Rußland ist alles krank, alles entstellt, und für einen Künstler, d. h. für einen Menschen aus einer anderen geistigen Welt ist es hier nicht zum Aushalten... An diesem Ort ist jeder Mensch eine wandelnde Kraftlosigkeit. Es ist unmöglich, zwischen Klagenden und Kranken ruhig seiner Arbeit nachzugehen."

Alexej schrieb – komm zurück. Begreife in Kowno, daß du nach München gehörst!

„Es ist später Abend. Die Laternen erhellen die Straße nicht, sondern verdunkeln sie. Fackeln zittern schaurig im Dunkeln. Eine langgezogene Linie niedriger Häuser. Darüber erstreckt sich eine Klaviatur grüner und gelber Lichter – die erleuchtete Schrift der Geschäfte. Klare Streifen von roter und grüner Farbe legen sich auf violette Bürgersteige. In diesem Schatten wimmelt es von schwarzen Gestalten, die nur ein Thema kennen: Liebe. Sie reden ein Kauderwelsch. Polnisch und gebrochenes Russisch. Geflüster und Schreie durchfurchen das Schweigen, wie die Linien des Lichts das Dunkel der Nacht durchpflügen. Irgend etwas Schreckliches liegt über uns."

Marianna dachte in jenen Tagen und Wochen viel über Heimat nach. In ihrem Verständnis lag Heimat dort, wo ein geistiger Raum war, wo Menschen lebten, die einander verstanden, die gleiches Wollen und Fühlen verband. Im Gouverneurspalast ihres Bruders war sie heimatlos und fremd. Wie geistreich, wie heiter war München! Verklärt von Erinnerungen.

Die Ausstellung der Künstlervereinigung München im Dezember war auf heftige Ablehnung gestoßen. Kandinsky schrieb es ihr. Da hatten die Aussteller zu ihrem ‚künstlerischen Ziel die innere Natur' erklärt und ihre Absicht kundgetan, ‚Seelenerlebnisse in künstlerische Form zu fassen' – und das heitere, geistreiche München hatte mit Empörung, Beschimpfung, Spott und Gelächter geantwortet. So drang es bis in das ferne Kowno zu Marianna. Der an klassischer Schönheit geschulte Blick des Münchener Durchschnittsbürgers fühlte sich zutiefst verletzt. Nichts hatte er von dem kühnen Aufbruch zu anderen Ufern verstanden! In den Zeitungen wiederholten sich die Einschätzungen von ‚wüstem Sich-gehen-lassen' und ‚Originell-sein um jeden Preis'. In der neuen Malweise vermochten die Kritiker noch nicht einmal handwerkliches Können zu entdecken. Entsetzt sah man in der Loslösung von der gegenständlichen Natur einen Angriff auf die heiligsten Prinzipien ihres Kunstverständnisses.

Es drängte Marianna zu ihren Mitstreitern.

Dann passierte das mit dem Fuß, und sie mußte die Abreise verschieben. Sie hatte zu Weihnachten in Deutschland sein wollen. Jetzt war sie an Kowno gefesselt. Die Unfreiwilligkeit ihres Bleibens quälte sie. Ihr Fuß lag zunächst in Gips. Sie mußte das Bett hüten. Das war das erste Weihnachten seit vielen Jahren ohne Alexej. Was wog Alexejs Bitte, zu ihm zurückzukommen? Konnte er die großzügige Wohnung allein nicht halten? Stand hinter seiner Bitte die ehrliche Bereitschaft, keine Affäre mehr mit Helene zu haben?

Eines hatte Marianna begriffen – hier konnte sie auf Dauer nicht leben.

Natürlich ging Verführung von Helene aus. Ihre großen, schräg geschnittenen Augen, die in Momenten der Verehrung oder Dankbarkeit aufleuchten konnten und ihr Gesicht auf anziehende Art belebten, daß selbst Marianna davon berührt war... Und ein Sinnenmensch wie Alexej war dem wehrlos ausgeliefert! Marianna tuschte in Kowno, noch ans Bett gefesselt, eine fünfzehnjährige Helene aufs Papier. Sie bannte eine kleine Kokotte auf Pappe, nackt, den Widerspruch eingefangen von Kindlichkeit und ihrem Aufzug. Auch wenn Helene zu jener Zeit bereits fünfundzwanzig war, angefangen hatte es vor zehn Jahren! Galt Mariannas Vorwurf Alexej, der das Kind als Modell in schwarzen Strümpfen sah, mit flachem breitem Hut dekoriert und auf dem Bett in Positur gesetzt? Auf alle Fälle war es das Bild, das die Phantasie Marianna vorgaukelte, als sie zur Weihnachtszeit beim Bruder das Bett hüten mußte. War es Denunziation der jungen Frau oder Anklage gegen den Mann? Ging es Marianna besser, wenn sie ihre Gouache-Zeichnung von Helene betrachtete?

34.

Marianna malte viel in Kowno.

So das Weihnachtsfest im Gouverneurspalast. Die große Tanne im Portal. Die Bescherung der Kinder der Dienerschaft. Fröhliches Drängen und scheinbare Ausgelassenheit. Doch dünkt die Freude der Kinder im Haus des Regenten zu heftig und überspannt, um friedvoll und innig zu sein. Übertriebene Fröhlichkeit sollte Angst betäuben und die Bedrohung für ein paar Stunden aufheben. Über der Stadt schwelte das Unheimliche. Es drang durch die Ritzen und Fugen des Palastes.

In jenen Wochen, in denen Marianna bewegungsunfähig war, las sie viel. Sie hatte Leonid Andrejew für sich entdeckt. Ein jüngerer Zeitgenosse, der nach einem gescheiterten Selbstmordversuch in Moskau lebte und in den literarischen Kreisen Gorkis verkehrte. Nach der Niederschlagung der Revolution 1905/07 war er in tiefen Pessimismus gefallen. Seine Dramen zeugten davon. Marianna las seine „Anathema" und „Anafisa" und geriet einmal mehr in jenen verhängnisvollen Sog, in dem das menschliche Dasein sinnlos erschien. Andrejew zweifelte an der Vernunft des Menschen und an der Fähigkeit des Verstandes, sich im Leben einzurichten oder es zu meistern. Die irdischen Tage blieben in seinem Verständnis ein nicht durchschaubares Geheimnis, ein Gefängnis des Leidens. So schrieb Marianna denn an Alexej, daß die russische Wirklichkeit „eine schreckliche Welt" sei, voller Qual und Angst. Mit ihren Briefen verband sie Lulu und sich wieder zu einer Einheit. Die tiefen Einblicke, die sie ihm gewährte, sprachen von der inneren Vertrautheit mit ihm. Sie setzten sein Verständnis voraus und seine Anteilnahme.

„Dieser panische Schrecken, der immer in mir lebt, ich finde ihn überall, und er quält mich schon nicht mehr, sondern gibt mir eine Zufriedenheit, die sich mit Schmerz vermischt. Als ob meine Seele aus mir herausgefahren wäre, sich in der Umgebung verkörpert hätte, mich anblickte und dabei sagte: Das bin ich, das ist meine Form, bilde sie ab, fange sie ein."

Marianna, die zeit ihres Lebens stolz auf ihren Verstand war, weil er sie zu tiefen Erkenntnissen geführt hat, schaltete ihn im düsteren Kowno ab. Sie ließ sich in Stimmungen fallen. Das blutrote Licht der untergehenden Wintersonne hatte etwas Dramatisches und zog sie jeden Abend wieder an.

„Ein blutiger Hügel und darauf Häuser, schwarz wie Särge. Unten die Stadt mit den abfallenden Linien der Häuser, und jedes Mauerwerk ist ein Schrecken. Stell dir einen violett-rosa Himmel vor und in seinem Winkel einen schwarzen Flecken: ein violettes, hellblaues Dach, darunter ein kleines Häuschen, die Fensterrahmen mit olivgrüner Farbe gestrichen, davor Weiden, schwarz wie Pech. Und das erste, was ins Auge sticht – azurblauer Schnee, eine violette Erde und zwei schwarze Figuren."

Marianna entdeckte für sich einen neuen Farbton, „ein Schwarz von roter Farbe". In ihrem Innern wußte sie, daß sie nach München zurückkehren wird, weil sie diesen Fatalismus nicht aushielt. Sie war nicht geschaffen, sich der Sinnlosigkeit des Lebens auszuliefern. Doch es verschaffte lüsterne Befriedigung, sich vor dieser seltsam dunklen Welt nicht zu verschließen, sich vorübergehend in sie fallen zu lassen und Alexej zu schreiben: „Ich verstehe besser als zuvor, daß meine Kunst von meiner zutiefst russischen Seele inspiriert ist. Und ich habe verstanden, daß russisch zu leben ein Synonym des Schreckens ist. Hier ist alles schrecklich, jede alte Frau, die Wasser holt, jeder Alte, der einen Schlitten zieht. Man braucht sie nur abzubilden. Aus jedem Eindruck geht ein Drama hervor, ein schreckliches Drama."

Ihre ersten Gehversuche. Immer längere Spaziergänge durch die Stadt. Marianna fühlte sich von der altertümlichen Schönheit Kownos angezogen. Sie ließ sich hineinfallen in den Schweldunst der Konflikte von Nationalität, Religion und Arm und Reich. Es interessierten sie nicht die politischen Hintergründe der Verbitterung, der Resignation, des dumpfen Widerstandes, der Verweigerung, der Verschwörungen. Kein Wunder, daß alles in ihren Augen zu einem Drama geriet.

Sie stand vor den Resten des alten Schlosses, das einst aus rotem Backstein erbaut war. Sie bewunderte die gotischen Hallen des Bischofsdoms, die Vytautas-Kirche, das reichdekorierte Perkunas-Haus, die Jurgis-Kirche, die Klöster. Doch das bildet alles nur die stimmungsvolle, geschichtsträchtige Kulisse für die Lebensdramen auf den Straßen. Die Jahreszeit mit Schneefall oder Regennässe legte den Armen ein zusätzliches Joch auf. Es qualmte elend aus den Schornsteinen. Wer nicht genügend Holz oder Torf im Schuppen hatte, war gestraft. Der Himmel war meist wolkenscheckig. Manchmal schien die Sonne. Dann sprangen sie die dunklen Farben geradezu an. Hatte Marianna den Stadtrand erreicht, potenzierte sich die Trostlosigkeit. Die Pferde waren entsetzlich mager. Der Totenkarren wurde zu einem gewohnten Bild. Marianna skizzierte viel. Sie schrieb die Farben dazu. Zuhause beim Bruder versuchte sie, mit Tempera die Töne zu treffen.

Sie beschrieb Alexej ihren Eindruck von Kowno: „Das ist die bedrohliche Stadt Alfred Kubins mit all ihren Schrecken, bis aufs Knochenmark erschütternd, unglaublich aussageschwer und unendlich schön für einen Künstler." Sie schrieb ‚schön' und meinte nicht den ästhetisch äußeren, sondern den inneren, enthüllenden Wert.

Alfred Kubin schätzte Marianna seit langem. Er war einer der ersten, die sich als Gründungsmitglieder der Neuen Künstlervereinigung München werben ließen. Seit sechs Jahren verkehrte er in ihren Kreisen. Zunächst stand Marianna befremdet vor seinen Blättern, die chaotischen, grausigen Bereichen entstammten. Der Hölle. Ein neuer Bosch? Pieter Brueghel? Einmal hatte Kubin im Gespräch gesagt: Der Mensch ist ein Wesen, das aus einer rätselhaften Verbindung zweier anonymer Wesenheiten hervorgeht – dem Chaos und dem Selbst. Manche seiner Bilder trugen die Züge des aufgekommenen Geschlechterkampfes und waren von dämonischer Erotik. Er malte seine Visionen von Vereinsamung, Verlorenheit und Trostlosigkeit. Sein zeichnerischer Stil hielt sich streng an die akademische Schulung. Marianna brachte Kubin Achtung und Respekt entgegen, denn seine Kunst besaß etwas Furchterregendes. Was sie auf seinen visionären Bildern gesehen hatte, glaubte sie in Kowno wiederzuentdecken. Es kroch über die Straßen, es machte Angst, es zeigte scheußliche Grimassen.

Es war ein früher Abend. Marianna hatte die ungepflasterten Straßen am Stadtrand verlassen. Der Hügel lag bereits hinter ihr. Ihre Schuhe waren von Lehm und Modder verschmutzt. Ein Mann kam ihr entgegen. Sie befand sich auf der breiten Straße, die an der Festungsanlage vorbeiführte, wo das Gefängnis lag. Der Mann schaute unverwandt auf sie, verlangsamte den Schritt, so daß Marianna aufmerksam wurde. In seiner Stimme lag Verunsicherung, als er ihren Namen aussprach: Marianna Wladimirowna?

Es war Wassily Lesin.

Er zog den Hut. Sein Haar war schütter geworden. Der Bart fast völlig weiß. Seine Augen ertranken im Leid und Grauen dieser Stadt. Die Wangen waren hager und tief gefurcht. Die Lider vor Übermüdung rotgerändert. Es war offensichtlich, daß seine physische Kraft nicht ausreichte, der Schwermut, den Krankheiten, dem Tod mit seinem Können zu trotzen. Es war mehr Verwunderung in ihm als Freude. Für einen kurzen Moment flammte in seinem Gesicht der Traum von einst auf.

Sind Sie glücklich geworden?

Seine Augen forschten in ihrem Gesicht. Ein kalter Wind blies. Sein Schal war verrutscht, der Mantelkragen zur Hälfte nach innen gekrempelt.

Marianna wich seinem Blick nicht aus. Was sollte sie antworten?

Daß ihr Hiersein in Kowno die spontane Entscheidung eines verzweifelten Augenblicks gewesen war? Sie suchte in seinem Gesicht ihren anderen Lebensweg. Was wäre ihr an seiner Seite beschert gewesen?

Es war einer jener Abende, wo die Sonne blutrot am Horizont stand. Die Mauer der gegenüberliegenden Befestigungsanlage warf tiefe Schatten. Es war die Stunde, wo die monatliche Besuchszeit im Gefängnis ablief und die Frauen nach Hause zurückkehrten. Mit den Bündeln schmutziger Wäsche. Mit Kindern auf dem Arm. Schwarze, krummgezogene Silhouetten voller Leid und Entbehrung. Ohne Hoffnung. Stumm und ergeben. In der Stille lag das Beklemmende. Marianna spürte den unheimlichen Sog des sich stets Wiederholenden, des täglich Wiederkehrenden, des Ausweglosen. Und Lesins Lider, die einst so unvergeßlich im Sonnenlicht gezittert hatten, hingen grau und schwer. Es war eine unheimliche Stunde und ein untauglicher Ort, an dem sie sich wiedertrafen.

Marianna sagte mit Festigkeit in der Stimme: Ich stehe zu meiner Entscheidung von damals.

Mit diesen Worten erlosch gleichsam die winzige Flamme von Lesins Interesse an ihrer Person. Die ihrerseits gezeigte Anteilnahme erreichte ihn nicht mehr.

Ja, er habe Familie und zwei Söhne.

Er verabschiedete sich abrupt. Die Pflicht rufe ihn ins Krankenhaus. Die Floskel, es habe ihn gefreut. Marianna reichte ihm die Hand. Er spürte ihre beiden steifen Finger. Der Jagdunfall. Ihre intimste unwirkliche Zeit. Er beugte sich zu einem Handkuß hinunter und vermied ihren Blick. Schnellen Schrittes ging er davon. Marianna war seltsam betroffen. Sie schaute ihm nach. Lesin hatte sie an die Vergangenheit zurückgegeben. Die nächste Operation, die nächste Blutvergiftung, der nächste

Unfall... Nicht einmal gute Wünsche hatte er ihr mit auf den Weg gegeben. Die Begegnung mit Lesin, so unverhofft, so kurz, so ohne Nachhall... Mariannas Gedanken kehrten in den nächsten Tagen immer wieder zu ihm zurück. Hätte sie hier leben können? Das Fazit dieser Begegnung war – sie entschied sich erneut für Alexej und für München. Ihre russische Seele wäre im Schattenreich versunken.

Als ob ihr durch Lesin neue Kräfte zugewachsen wären... Als ob die Vision, in fünfzehnjähriger bürgerlicher Ehe mit Lesin selbst zu einem schwarzen Schatten geworden zu sein, sie sehend gemacht hätte. Die Gewißheit kam auf, den Dramen dieser Stadt hätte sie ihr eigenes hinzugesetzt. Es hätte einen Schattenriß mehr gegeben.

In ihrem Kopf entstand die Idee zu einem Selbstbildnis.

Dieses Porträt sollte Mariannas Antwort auf die düstere Zeit in Litauen sein. Es sollte Antwort geben, wie sie zum Leben stand – bereit, dem Sog von Resignation und Gleichgültigkeit zu trotzen. Es sollte ein stolzes Bild werden mit starken Farben. Sie wollte es gegen die Gestalten auf ihren Bildern malen, den gesichts- und blicklosen, schwarzen Figuren, die ihre Erdentage in dem „schrecklichen" Kreislauf verbringen, in nivellierender Konformität, in einer tötenden Angepaßtheit.

Marianna hatte oft über das Schicksal der Frauen nachgedacht und über den Umstand, das ihr ein anderes Leben beschert war. Sie hatte ihren Geist entwickeln können. Ihr war eine Begabung in die Wiege gelegt worden. Sie mußte das Frauenthema wieder und wieder auf ihre Pappe bannen, ins Bewußtsein rücken, um Schrecken auszulösen, Widerstand zu schüren oder Nachdenken anzuregen. Der Leerlauf in der oberen Gesellschaft, wo die Damen im Nichtstun, in Eitelkeiten, in kulinarischen Genüssen dahinvegetierten... oder Armut die anderen in die Fabriken trieb, in die Wäschereien, in die Kirchen... Die menschliche Selbstentfremdung schrie gen Himmel.

Marianna machte die Bekanntschaft mit dem 35jährigen Mikalojus Čiurlionis. Ursprünglich Musiker und Musiktheoretiker, dann Maler. Sie sah seine Bildkompositionen, die er

Musikstücken nachempfunden hatte. Seine Bildtitel lauteten „Sonnensonate" oder „Andante aus der Sternensonate". Mitunter muteten seine Bilder wie kosmische Visionen an. Er wollte das, was über die Musik in die Seele des Menschen gelangte, auch über die Malerei, die Farben, die Assoziationen in die menschliche Seele holen. Die Gegenständlichkeit gab er nie ganz auf!

Eines Nachmittags trafen sie sich am Flußufer. Nebel lag über dem Wasser. Die Konturen waren verwischt, die Wirklichkeit verschleiert. Das Geheimnis blieb. Es hatte zu regnen begonnen. Ein feines Sprühen. Der Fluß führte Eisschollen. Milchig-grün. Auf einer Scholle ließen sich zwei Raben treiben. Čiurlionis war von der Stimmung eingefangen. Er sagte, warum sollte nicht auch die Malerei unmittelbaren Eingang in die Seele finden. Marianna sprach von Alexej und von Synthese. Ihr beider Lieblingswort. Auch Alexej wollte nicht auf Gegenständlichkeit verzichten. Kandinsky hatte einmal gesagt – Lulu stelle sich vor die Natur, und seinem seelischen Bedürfnis folgend, verändere er sie malend auf seinem Bild. Sein starkes, leicht erregbares Gemüt war das Primäre, und er suchte in der ihn umgebenden Natur das Gleichnis. Das vereinfachte er auf die Urform und tönte es mit den Farben, die in seinem Innern loderten.

Čiurlionis nickte heftig. Er glaubte daran, mit seinen Bildern einen Vorhang aufzuziehen, damit der Mensch endlich sein reiches göttliches Selbst entdecke, das in Liebe und Harmonie zu allem schwang.

Čiurlionis. Ein Wegsuchender. Einer, der in Litauen Feuerzeichen setzte. In Kowno, in einem der rückständigsten Winkel Europas, ging einer unbeirrt den Weg: Die Entfaltung des inneren geistigen Menschen. Ein innovativer Geist, der in dieser dumpf bedrohlichen Atmosphäre nach neuen Möglichkeiten in der Malerei suchte. Ganz aus sich heraus. Also war die Zeit reif, die Sinne des Menschen zu schulen.

Im Jahr darauf erfuhr Marianna von Čiurlionis Tod. Ihre Erschütterung war groß. Sie ahnte, daß er sich zu leidenschaftlich, zu engagiert dieser neuen Kunst verschrieben hatte, die in Rußland keine Sympathie und Unterstützung fand. Sie selbst hatte in Rußland ihre Bilder auf Ausstellungen geschickt... Es war nicht ermutigend! Die Frage, wann die Zeit für die neue Kunst wirklich reif sei – tangierte nicht ihr Selbstbewußtsein. Mit ihren kritischen Bildern wollte sie an die Mauern schlagen, hinter denen die Menschheit sich noch immer verschanzte.

Im April 1910 war Marianna wieder in München.

Ihr war ein neues Selbstbewußtsein zugewachsen. Eine neue Stufe der Erkenntnis war erreicht. Die geistige Verwandtschaft und Nähe zwischen Alexej und ihr war das Bestimmende, das Währende, das Unzerstörbare in ihrer Beziehung. Das Zusammenleben mit Lulu hatte einen neuen bewußten Wert erhalten. Es war über ihren Missionsglauben hinausgewachsen.

Helenes glanzlose Augen sprachen für sich.

Marianna malte ihr Selbstporträt – klar und konsequent. Es ist das Angesicht einer Frau, die gelebt, gelitten und nachgedacht hat, bereit, die nächste Herausforderung anzunehmen. Marianna verzichtete auf alles Nebensächliche. Keine Attribute wie Pinsel und Palette, keinen Luxus, keinen exotischen Hintergrund. Ihre Augen sind das Wesentliche des Bildes. Sie sind das Tor. Sie lassen die Welt in ihre Seele und ihren Geist. Ein zwingender Blick. Augen, die die Fähigkeit spiegeln, Ungeahntes zu entdecken und das Leben neu zu deuten.

Alexej stand lange vor diesem Bild. Er versagte ihm nicht seine Bewunderung und der Malerin nicht seine Hochachtung. Er zitierte den Gedanken Gauguins: Das heiße Blut pulsiert. Und die glühenden Farbtöne der Augen sind Feuer und Lava, die in unserer Malerseele lodern.

Und ihre Lippen voll, ihr Mund rot und sinnlich.

35.

Sofia sitzt am Tisch vor einem Blatt Papier. Sie will nicht malen, sie will schreiben lernen. Die Frau hat ihr ein Haus aufgezeichnet, einen See, einen Baum, einen Fisch, einen Storch. Darunter schrieb sie die Begriffe. Nun schreibt Sofia ab. Casa, lago, albero, pesce, cicogna. Sie murmelt dabei halblaut vor sich hin. Gewissenhaft vergleicht sie die Buchstaben, die ihr die Frau in Alphabetfolge auf einen Zeitungsrand geschrieben hat, damit sie weiß, wie der einzelne Buchstabe aussieht. Sofia gibt sich Mühe. Anrührend steif fallen ihre Worte nach vorn.

Die Frau tuscht Postkarten.

Nach München zurückgekehrt, hatte für Marianna eine äußerst kreative Phase begonnen. Zunächst machten sie Urlaub im Ostseebad Prerow. Sie nahmen Helene und Druscha mit. Auch für Alexej war diese Zeit arbeitsintensiv. Marianna schuf ihre wohl bis dahin besten Bilder. Das Selbstporträt. Es war gerade so, als hätte sie sich mit diesem Bild neu geschaffen. „Der rote Baum" – er war ihre Hommage an Hokusai. Sie verehrte den Japaner seit langem und die Weisheit, die sie hinter seinem Werk entdeckte. Der große Atem seiner Holzschnitte. Die Botschaften wühlten sie auf. In einem fühlte sich Marianna besonders mit Hokusai verbunden. Der Mensch war aus seinen Bildern nicht wegzudenken. Der arbeitende Mensch, der mit den Naturgewalten Ringende, der Kämpfer, der schöpferisch Schaffende, der Mensch, der sich in den Dienst der anderen stellte. Das fand sich im Werk des Japaners in heiterer Selbstverständlichkeit. Warum fand Hokusai in Europa solchen Anklang? Weil das, was er in seinem Werk schuf, in Europa längst zur Utopie geworden war. Etwas Verlorengegangenes. Im Westen hatte sich der Mensch mit wachsender Industrialisierung bereits selbst entfremdet, und das wollte Marianna ins Bewußtsein rücken. Auf ihren besten Bildern ging es selten um eigene und private Probleme. Sie dokumentierte ihre Weltanschauung. Fragen der Menschheit. Der Prägestempel aus Repinscher Zeit. Hokusai hatte den Heiligen Berg gemalt, den Fujiyama, in seiner Erhabenheit und Größe, in seiner Ewigkeit und Ruhe. Im Vordergrund stand eine Kiefer. Gleichsam im Schutz und Schatten dieses Berges war sie vollkommen und schön gewachsen. Vor ihr, gebeugt in Arbeit, der Mensch in dem Vertrauen, daß sein tägliches Leben in Wechselwirkung zum Universum steht. Das Einfache ist das Wahre. Marianna und Alexej waren beeindruckt und voller Bewunderung für Hokusai. Jeder von ihnen versuchte auf seine Weise, dessen Holzschnitt in sich aufzunehmen und mit eigenem Bild darauf zu antworten. Marianna hatte mehrere Entwürfe angefertigt, im gewohnten Format. Die Beschaulichkeit, die davon ausging, störte sie. So entschloß sie sich zu einer strengen Hochform des Bildes. Es war, als hätte ihr „roter Baum" eine Weihe erhalten. Der hohe blaue Berg, der Baum des Lebens. Starke expressionistische Farben. Und an den Baum gelehnt – die weibliche Gestalt. Das war aus den gleichen Elementen komponiert wie Hokusai und doch kaum vergleichbar. In der Nähe der Frau stand das Kirchlein. Marianna bekannte sich zu dem tempellosen Gott. War Jesus nicht ein Wanderprediger, brauchte er mehr als den Himmel über und die Erde unter sich?

Alexej nannte sein Bild ‚Kiefer in Orange'. Er verzichtete auf die Darstellung des Menschen. In seinem Verzicht auf alles Erzählende war er streng. Neigte sich bei Hokusai die Kiefer nach rechts, bog sie sich bei Alexej nach links.

Nie hat sich Marianna zu Alexejs Arbeiten geäußert. Und sie mochte nicht, wenn man ihre und seine Arbeiten zu dem gleichen Thema miteinander verglich. Zum Beispiel die Schindelfabrik in Murnau. Alexej und sie waren Menschen unterschiedlichen Geschlechts, unterschiedlichster Veranlagung, unterschiedlichster Sichtweisen. Jeder arbeitete nach seiner inneren Diktion. Die Idee „Ich dein Gedanke, du die Tat" hatte Marianna zurückgegeben, als sie ihr Selbstportrait schuf. Zwischen den beiden Selbstbildnissen die sie gemalt hatte, lagen siebzehn Jahre. Sie hatte ihr Ich aufgeben wollen, um Alexejs Kunst zu dienen. Für siebzehn Jahre hatte sie ihr Spiegelbild verloren. War von Fremden gespiegelt worden. Jetzt hatte sie zu sich zurückgefunden. Sie war Künstlerin mit hohem Anspruch. Sie trug etwas brennend Eigenes in sich, das dem Anspruch von emotionaler Kunst nicht gerecht wurde. Lulus Bildern zollte sie Hochachtung. Unter ihrer Anleitung, mit ihrer klärenden Hilfe hatte er das Ureigene in sich ans Licht gehoben. Und war noch immer auf dem Weg. Er war und blieb ein nie Angekommener. Ein auf dem Wege Geborener. Das war der tiefe, geheime Grund ihrer Liebe,... die sie sich endlich aus dem Herzen reißen sollte.

Alexej hatte sich mehrmals an der Schindelfabrik versucht. Das letzte gültige Bild hatte er 1912 beendet. Sinnlichkeit und Abstraktion gingen hier eine ‚Synthese' ein. Die Fabrik, von der Abendsonne rot angestrahlt, liegt vor dem schattigen Dunkel der Berge. Mit ihnen verwob sie sich zu einem stimmungsgeladenen Landschaftsbild, das man sich im persönlichen Besitz durchaus an die Wand wünschte. Auf seinen Entwürfen spürte man, daß Alexej sich bei der kompositorischen Gestaltung vom Schornstein herausgefordert fühlte. Fasziniert war er von den weißen Knöpfen der Lichtleitungen. Marianna sah etwas gänzlich anderes in der Fabrik. Das war eines jener Bilder, die man sich nicht „über das Sofa hängt". Ihre Bilder brauchten Öffentlichkeit. Wieder hatte sie es aussageschwer ins Hochformat gepaßt. Die hohen Berge im Hintergrund, an die Heiligkeit des Fuji erinnernd, beherrschen nicht mehr allein den Himmel. Der Schornstein der Fabrik hat sich hineingebohrt. Der Mensch hatte den Wettkampf aufgenommen. Bei Hokusai befand sich der Mensch noch in harmonischer Übereinkunft mit der Natur. Er vermochte, sich und seine Arbeit noch sinnvoll einzugliedern. Marianna rückte das Zerstörerische der Fabrik ins Bewußtsein. Im Vordergrund der Mensch. Nicht mehr tätig im Freien, sondern gleichsam ausgespuckt aus der Fabrik. Und das Gelände vor ihr bietet ein erdrückendes, auswegloses Chaos. Mariannas Kassandrarufe.

Die Frau ertappt sich, daß sie im Rhythmus von Sofias kleinem Singsang die Farben tupft. Ding dang dong! Ding dang dong!

Nonna, jetzt möchte ich ein Märchen schreiben! Und das geht so: Es war einmal ein Mädchen. Das war sehr traurig. Eines Tages traf sie im Wald eine Fee, die hatte an ihrer Hand einen... zeig mal, Nonna,... einen sehr schönen grünen Ring. Die Fee sagte: Komm, reden wir miteinander, dann geht es dir besser. Und so war es. Und dann sagte die Fee: Hier ist ein besonderer Ort. Und sie schenkte dem Mädchen einen Stock. Das kratzte damit die Erde fort. Und es kam eine Quelle hervor. Und das Mädchen konnte allen Tieren zu trinken geben. Und alle Menschen kamen dorthin. Und alle waren froh und glücklich. Schreibst du es mir bitte auf!

Du könntest deine Geschichte malen! Dann hättest du ein richtiges Märchenbuch.

Ich kann nicht richtig malen!

Die Frau lächelt.

Du mußt nicht ‚richtig' malen! Ich erzähle dir eine Geschichte. Es war einmal ein Bildhauer, der erhielt den Auftrag, ein Denkmal zu schaffen. Das Denkmal für den Bürgermeister einer Hafenstadt. Es war eine sehr tapfere Stadt gewesen. Seit Jahren war sie von Feinden umlagert und hatte sich nicht ergeben. Alle, sogar der Feind, bewunderten die Stadt. Doch einmal waren alle Vorräte aufgebraucht. Die ersten starben an Hunger. Da sagte der Feind, wenn euer Bürgermeister sich uns ausliefert und den Schlüssel für das Stadttor bringt, werden wir Gnade walten lassen. So machte sich der Bürgermeister mit dem Schlüssel auf den Weg in das feindliche Lager. Diese Situation gestaltete der Bildhauer. Und er hatte die Arme des Überbringers sehr, sehr lang gemacht. So lang wie sie in Wirklichkeit niemals waren. Aber jeder, der dieses Denkmal sah, begriff, wie unendlich schwer dem Mann dieser Gang mit dem Schlüssel geworden war. Verstehst du das? Nur du wirst dein Mädchen so traurig malen, wie es war. Nur wie du malst, wäre deine Geschichte wahr und richtig.

Das Mädchen schaut die Frau ernst an.

Gut. Dann male ich jetzt das traurige Kind.

Sofia stützt ihren Kopf in beide Hände und denkt nach. Nach einigen Augenblicken beginnt eine wilde Kritzelei auf dem Blatt Papier, und die Frau begreift, das war der dunkle Wald. Der Raum für eine Höhle blieb ausgespart. Es war ein unwegsamer Ort, wo das traurige Kind sich versteckt hielt.

Die Frau stellt sich eine neue Postkartenserie auf die Staffelei. Fast automatisch tupft sie die Farben.

Auch die Ausstellung im September 1910, die größer war und in gewissem Sinn europäisch, gestaltete sich zu einem Eklat.

In seinem Einleitungstext hatte Wassily Kandinsky um Verständnis geworben. Seine Worte hatten Marianna damals gefallen. Er deutete den Riß an, der durch die Seelen der Künstler ging, den Zusammenstoß des Geistigen mit dem Materiellen. In ihrer Malerei sprächen die Künstler zu den Menschen vom Geheimen und vom Trost.

Von den dreißig Ausstellern kam ein Drittel aus München. Mehr als die Hälfte davon waren Russen. Das Münchener Publikum fühlte sich in französisch-russischer Umklammerung und reagierte dementsprechend – es bespuckte Tag für Tag die Bilder. Die Kritik überschlug sich mit Verbalinjurien: Konzentrierter Unsinn, Manierismen, schamlose Bluffer, unheilbar Irrsinnige, Horde von Stümpern, ein Opportunismus übelster Sorte.

Natürlich stand Kandinsky im Mittelpunkt der Angriffe. Schon in der Neuen Künstlervereinigung war es zu Unstimmigkeiten gekommen. In diesem kleinen Kreis ‚Gleichgesinnter' zeigte sich, daß das gegenseitige Verständnis und die Toleranz füreinander nicht ausreichten. Und die geworbenen Mitglieder der Vereinigung stellten sich gegen die Initiatoren.

Ella hatte im Sommer zu den Zerwürfnissen in der Vereinigung ein Märchen geschrieben. Der Held Waske war Wassily. Er wollte vom hohen Berg einen Wunderschatz holen, um ihn den Menschen zu schenken. Auf dem Wege traf er Gefährten, die sich ihm anschlossen. Auch Lulu. In einem Wäglein ließen sich die Kleinen vom Riesen den Berg hinaufziehen. Sie ärgerten den Riesen, machten den Wagen unnötig schwer und wußten stets besser, welchen Weg er gehen sollte. Schließlich wurde der Pfad so steil, daß die Kleinen Angst bekamen und ausstiegen. Zumal sie einen breiten flachen Weg sahen, den sie lieber einschlagen wollten. Da machte sich der Riese allein und ungehindert auf den Weg zu Höhe. Nur der ‚arme, treue Lulu' saß an der Wegkreuzung und weinte. Es zog ihn mächtig auf den Berg. Ellas letzter Satz lautete: Er konnte den steilen Weg nicht gehen, weil er zu dick war.

Gefreut hatte Marianna, daß einer von der Ausstellung im September sagte – am stärksten hätten ihn die Bilder von Kandinsky und der Werefkin beeindruckt. Es war der damals allen unbekannte Franz Marc.

Wie schnell war er einer der ihren geworden! Er hatte sich mutig und engagiert auf die Seite derer geschlagen, die, zur spöttischen Verwunderung der Umwelt, jenen Seitenweg einschlugen, der kaum ein Weg zu sein schien. Marc gehörte zu jenen, die sagten: Dies ist die Hauptstraße der Menschheitsentwicklung, auch wenn sie der großen Menge zu steil und unbegangen scheint.

Franz Marc, der die Welt suchte, in der ‚reine Gedanken gedacht und gesagt werden können, ohne daß die neuen Ideen gleich wieder kommerzialisiert würden.'

Er wollte hinter die Dinge kommen und ihr geistiges Wesen entdecken. Das Tier war ihm zum Gleichnis geworden in einer Zeit, wo der Mensch sich selbst entfremdet hat.

36.

Mohnblütes Klopfzeichen. Die Tür öffnet sich einen Spalt. Neugierig schiebt sich ihr Kopf herein. Sie trägt ihr braunes Haar offen. Es wird von einem Band gehalten.

Mohnblüte hat nur Augen für die Frau. Sie schüttelt ihr Haar und dreht sich langsam um sich selbst.

Wie findest du meine Frisur? Wenn wir beide am Sonnabend ins Theater gehen... Schau mich genau an! Mama macht mir noch zwei andere Frisuren, und du sagst dann, welche dir gefällt. Am liebsten würde ich mir vom Friseur das Haar abschneiden lassen. Ob mir Assuntas Frisur stehen würde?

Die Frau schüttelt den Kopf.

Du bist genauso altmodisch wie Mama! Kann man nichts machen! Gleich erscheine ich zum zweiten Mal!

Ich komme auch mit ins Theater, sagt Sofia.

Ich habe nur zwei Karten, erwidert die Frau.

Dann gehe i c h mit dir!

Wenn du so groß bist wie Mohnblüte, werde ich d i c h mitnehmen.

Immer muß ich warten! Immer ich!

Sofia verschränkt die Arme und grollt.

Wieder klopft es an der Tür. Mohnblüte trägt ihr Haar nun zu einem Zopf geflochten. Wo er beginnt, ist eine schwarze Taftschleife gebunden.

Das gefällt mir schon besser, meint die Frau.

Nein. Sie sieht doof aus, sagt Sofia.

Du Naseweis, was verstehst du davon! Mohnblüte lacht. Zu dieser Frisur würde ich das schwarze Samtkleid anziehen. Zu dem offenen Haar das weiße. Jetzt kommt die Überraschung! Mama meint, dazu bräuchte ich etwas Hochgeschlossenes. Erinnerst du dich an die rote Bluse, die du Mama geschenkt hast. Ihr ist sie viel zu eng!

Mohnblüte poltert die Treppen hinunter.

Du gehst mit ihr, weil ich keine schönen Kleider habe!

Sofias Stimme klingt ungewohnt dunkel. Dann stößt sie hervor:

Nämlich – mich hast du gar nicht lieb!

Um ihren Mund zuckt es. Sie wirft den Stift aus der Hand. Er fällt auf die Erde. Sie zerrt ihre Strickjacke von der Stuhllehne und stürzt aus dem Zimmer. Ihre Augen schwimmen in Tränen.

Die Frau ist verärgert. Sofia, ruft sie dem Mädchen nach, was soll der Unsinn?!

Unten schlägt die Haustür zu.

Die Frau tuscht weiter.

Mohnblüte erscheint wieder.

Ist der kleine Aufdringling endlich weg? Mama wundert sich sowieso, wie du das aushältst. Die kommt fast jeden Tag! Ich muß dich ja auch immer in Ruhe lassen. Du weißt, daß Sofia ein uneheliches Kind ist, auch wenn ihre Mutter jetzt verheiratet ist... Aber nun schau mich an! Spieglein, Spieglein an der Wand, wer ist die Schönste im ganzen Land?

Mohnblütes Haar ist jetzt aufgesteckt. Sie ist viel zu jung für eine solche Frisur. Die Frau bemerkt zum erstenmal Mohnblütes schlanken Hals. Auf die Schnelle sind die Haare zu locker zusammengehalten, so daß etwas unwissend Lasziöses von ihr ausgeht.

Wenn du mich also fragst – der Zopf!

Das wußte ich, empört sich Mohnblüte. Damit ich aussehe wie ein Schulmädchen!

Sie zieht eine Grimasse. Nach einer Weile meint sie versöhnlich: Na gut, wenn dir der Zopf gefällt! Warum ist die Kleine so plötzlich abgehauen?

Ich glaube, sie konnte deine Vorfreude nicht ertragen.

Was hat sie denn mit mir zu tun?

Mohnblüte trollt sich zur Tür, macht einen tiefen Hofknicks und verabschiedet sich mit ‚doswidanja!' Sie beherrscht vier russische Worte: danke, bitte, Guten Tag und Auf Wiedersehen.

Ein Schatten hat sich über den Tag gelegt. Sofias plötzliches Verschwinden. Die Frau hält an ihrem Ärger fest. Die Eifersucht der Kleinen ist grundlos. Ihre Forderungen anmaßend. Das Zusammentreffen der beiden Mädchen war eines Tages unausweichlich. Sofia muß begreifen, daß sie keinen Generalanspruch erheben kann. So etwas hat die Frau bisher niemandem zugestanden. Das Kind wird wiederkommen. Sie kann warten. Bisher sind alle wiedergekommen! Und die nicht kamen, um die hat es der Frau nie leid getan.

Die Farbe des Sees auf ihren Karten ist zu dunkel geraten. Also Gewitterstimmung über dem Wasser! Die Frau malt die Wolken drohender. Und wenn sie Sofia nachgeht? Sie sucht? In ihrem bisherigen Leben war sie noch keinem Menschen nachgelaufen! Ihre Zeit war nie so kostbar wie jetzt. Genug davon muß sie an unnütze Dinge vergeuden! Wie dieses Postkartentuschen! Um sich ein Stück Brot kaufen zu können. Wer kauft in diesen Zeiten unbequeme Bilder, die in Ausstellungen gehörten! Farben und Papier sind teuer. Soll sie ihre Zeit vertun mit der Suche nach dem Kind? Der Zufall hat es ihr über den Weg geführt! Hatte sie nicht schon einmal anders gedacht? Die Art, wie Mohnblüte über Sofia sprach, gefiel der Frau nicht. Klang nicht auch in Mohnblütes Worte etwas von Eifersucht oder Mißgunst hindurch?

Sie will diese Vormittagsgeschichte aus ihrem Bewußtsein drängen.

Als die Frau die Pinsel ausgewaschen hat und die gemalten Karten zu den übrigen legt, fällt ihr Blick auf Sofias Zeichnung. Die Höhle in dem garstigen Gestrüpp. Darin hockt das Kind. Eine unendliche Kette von Tränen versickert im Boden. Vielleicht bestand hierin der Zusammenhang zur Quelle, den die Frau plötzlich begreift. Vielleicht sprach das Unbewußte aus dem Kind.

Mit Klee hatte sie einmal über dieses Thema gesprochen. Ausgangspunkt waren Kandinskys Bilder. Sie war sich mit Paul Klee einig, daß es Uranfänge in der Kunst gibt – ob in ethnographischen Sammlungen oder in der Kinderstube. Hinter Kinderzeichnungen stehe Weisheit. Und man sollte Kinder früh vor Korruption bewahren. Klee hatte ein hartes Urteil gefällt – ‚parallele Zeichnungen seien Arbeiten von Geisteskranken'. Das andere sei tief ernst zu nehmen, denn es gälte etwas zu reformieren.

Die Frau wird Sofia suchen!

Da malt sie den heiligen Franziskus und grämt sich um vergeudete Zeit, wenn sie dem Mädchen nachginge, das sich von ihr verraten fühlt. Und unglücklich ist. Da denkt sie etwas von lästig und weiß, daß immer, wenn etwas lästig dünkt, ein anderer um Hilfe ruft. Da malt sie ihren Zyklus vom heiligen Franziskus in den warmen Farben von Rot und Gold, weil sie möchte, daß ihr Gedanke der tätigen Liebe vom Betrachter als friedensspendend und als Glück empfunden wird. Von Santo hatte sie lebenswichtige Zuwendung empfangen. Ist es nicht endlich an ihr zu geben? Zwischen Nehmen und Geben liegt der eigene Schatten.

Nicht, daß sie sich großartig fühlt, als sie sich auf den Weg macht. Sie tut es gegen spitze Widerstände in ihrem Innern. Gegen den Stachel nicht abgelegten Stolzes. Gegen den Dünkel, eigene Unfehlbarkeit gebe ihr das Recht, nie den ersten Schritt zur Versöhnung zu tun. Gegen die eitle Frage, ob ihrer nicht wichtigere Aufgaben harren. Nein, sie will nicht so tun, als ob das Kind sie nichts anginge.

Das Mädchen ist nicht zu Hause. Wo soll sie es suchen? Dort, wo sie den Storch gefunden hatten, im Erlenbruch? Oder wo sie sich das erstemal trafen? Das war oben im Wald, am anderen Ende von Ascona.

Die Frau geht Richtung Erlenbruch. Wahllos folgt sie mal diesem, mal jenem Pfad. Ab und zu ruft sie: Sofia. Sie weiß, ein einmaliger Ruf wird das Kind nicht aus seinem Schmerz lösen. Solange der Bruch übersichtlich ist, vertraut sie ihren Augen. Wo die Steine beginnen, hatte der Storch gelegen. Sofia wird im Unterholz stecken. Es wird eine Höhle sein, die so leicht niemand entdeckt. Die Frau geht in diese Richtung. Hier war die Vegetation in den letzten Tagen explodiert.

Sie spricht. Nicht sehr laut. So, als wenn sich das Kind in unmittelbarer Nähe aufhielte.

In deinem Märchen sagte die Fee – komm, reden wir miteinander, dann geht es dir besser! Sofia, wenn du in der Nähe bist, gib einen Ton vor dir. Als du fortgerannt bist, ist es in meinem Zimmer kalt geworden. Und ich wurde traurig. Sofia, hörst du mich? Gib einen Ton von dir!

Bildete die Frau es sich ein? War es ein Tier? Ein helles Fiepen ist zu hören. Einmal. Die Frau kann nicht einmal die Richtung bestimmen. So redet sie weiter.

Ich könnte dir auch eine Geschichte erzählen.

Die Frau spricht in das Dickicht hinein...

Es war einmal eine Nonna. Sie war alt und sehr allein und verbiestert. Eines Tages schickte ihr der liebe Gott einen Engel. Heute ist es mit den Engeln so, daß niemand sie auf den ersten Blick erkennt. So fand die Nonna an einem Wintertag im Wald, wo er tief und finster war, ein Mädchen. Es saß auf einem Baumstamm und ihm war kalt... Es schenkte der Alten seinen Zahn... Ich glaube, die Nonna und das Mädchen brauchten einander sehr.

Die Frau schweigt.

Nichts rührt sich.

Einmal muß sie die Worte sagen, die sie noch nie in ihrem Leben ausgesprochen hat. Immer hat sie sich hinter ihrer Freiheit verschanzt, und die bedeutete, niemand und nichts hat ein Recht, sie zu besitzen. Hatte sie nicht einmal geschrieben: „Die Hand, die mich fassen will, beiße ich". Die Liebe war oft in ihren Gedanken und in ihrer Sehnsucht. Das Kind hatte nach ihrer Hand gefaßt. Liebe bedeutet, sich selbst geben.

Die Versicherung endlich: Sofia... ich habe dich lieb.

Die Worte klingen hölzern, und die Stimme der Frau ist rauh.

Es kracht im Unterholz. Steine kullern. Zweige werden auseinandergeschoben. Sofias kleines, ernstes Gesicht taucht zwischen den Blättern auf.

37.

Nach Mariannas Rußlandaufenthalt hatte Alexej sein Werk geschaffen, das aus dem, was Herwarth Walden 1913 in der ‚Sturm'-Ausstellung Expressionismus nannte, nicht herauszulösen war. Alexej ruhte in sich. Unbeirrbar war er seinen künstlerischen Weg gegangen. Wie ein Fels stand er, wenn um ihn die Diskussionen wogten und Farben flossen und sich bei Kandinsky die dingliche Welt auflöste. Alexej hielt an der Form fest. Er brauchte die Umrandung, die dunklen starken Konturen, damit nichts auseinanderbrach, und er sich nicht selbst verlor. Damit sich nicht auflöste, was er sagen wollte. Seine Farben waren noch immer glühend, die Schrift seines Pinsels vibrierte, und immer malte er in innerer Ekstase. Im menschlichen Gesicht enthüllte er die Welt. Er hatte entschieden: Ein Porträt muß nicht ähnlich sein. Es muß das Wesentliche zeigen, nicht des Individuums, sondern was sich vom allgemein Menschlichen in ihm spiegelt. Da typisierte er Charaktere, indem er die Mimik übersteigerte. Er malte die gnadenlose Härte der Turandot. Er malte die Kokotte und abstrahierte immer mehr das Individuelle. Er malte das Mädchen mit Puppe. Der Tänzer Nijinski stand lange davor und sagte bewegt: Das ist Madonna! Mehrmals malte Alexej den Buckel, das mißtrauisch Verzerrte, das dämonisch Gesteigerte, das leidvoll Angenommene. Er malte. Er malte. Er malte. Er hatte Mariannas Neffen Nikita gemalt, Wsewolods Sohn, der mit seiner Mutter 1910 in München zu Besuch weilte. Er traf das schwierige Alter des Jungen an der Schwelle des Erwachsenwerdens mit wenigen Linien. Die Sensibilität des vollen Mundes, der an seine Tante erinnerte. Das wache Interesse und die Skepsis am Tun des Malers. In den hochgezogenen Schultern des Jungen zeigte sich seine Verschlossenheit. Sogar Ähnlichkeit war gegeben. Das Oval seiner Wangen verriet die typische Mitgift des Urgroßvaters.

Alexej malte in jenen Jahren auch Helene. Helene mit Turban. Oder er nannte sie Frau mit Stirnlocke oder Russin. Oder er malte sie mit Roten Blumen. Er nahm sie als Modell, und sie stand für Enttäuschtsein bis hin zu Verbitterung und Stumpfheit. Er malte sie nachdenklich oder in kritischer Abwehr. Keine heiteren Bilder. Keine Lebensfreude. In ihrer Unselbständigkeit hatte sie nichts mit jenen selbstbewußten Künstlerinnen gemeinsam, die Alexej anbetete. Der Makel, ungebildet zu sein, steigerte ihre Furcht. Ihr fehlte der Antrieb zum Verständnis der Welt. Alexej sah Helene nicht mit den Augen eines Verliebten. An anderen Frauen entzündete sich seine Phantasie. Andere betete er an. Wie war er enttäuscht, als der Tänzer Sacharow später seine Partnerin, die wunderschöne Clothilde van Derp heiratete. Die Tatsache, daß diese frei war und Alexejs leidenschaftliche Verehrung eines Tages Erfüllung finden könnte, hatte ihm genügt. Marianna hatte auf dem stark beachteten Porträt von Sacharow dessen hermaphroditisches Wesen erfaßt. 1910 war der russische Tänzer in München von ihnen mit Begeisterung aufgenommen worden. Er hatte zunächst ohne Musik getanzt – Daphnis, Orpheus, Dionysischer Gottesdienst. Später tanzte er zu Orgelmusik der Frührenaissance. Auch Alexej hatte dessen androgynes Wesen auf Bildern zu erfassen gesucht.

Die Frau merkt, daß sich ihre Gedanken in Assoziationen verlieren und weit fortgleiten. Sie hatte sich die Frage stellen wollen, ob Alexej in jenen Jahren von der Welt nur das wahrnahm, wo sie seine Gefühle ansprach und sein Herz mit ihr korrespondierte.

Ausstellungen. Auch wenn sie Schmach waren. Die wenigen, die sich für das Neue begeisterten, wogen die Beschimpfungen auf.

Der Krach in der Vereinigung.

Die Austritte aus der Neuen Künstlervereinigung München. Die Befreiung, wieder ohne Reglement und Statuten malen zu können.

Der Blaue Reiter.

Die Sturm-Ausstellung in Berlin.

Die gemeinsame Reise mit Lulu nach Frankreich. Sie lernten Matisse kennen.

Dann wieder in München. Lulu blieb sich treu. Jede schöne Frau verzauberte ihn. Marianna und er waren in ihrem Wesen so grundverschieden. Manchmal dachte sie, zweifellos besitzt Alexej das glücklichere Temperament. „Mich hat jede Enttäuschung veranlaßt, zur Illusion zurückzukehren." Marianna hatte die Unwürdigkeiten des Lebens gesehen und darüber ihre Sehnsüchte gebreitet. Alexej fühlte sich von den Wirklichkeiten beschenkt. „Er bewahrte den Traum im Herzen und blieb so im Leben."

Die Magie des Angezogen-werdens besaß auch eine lächerliche Seite. Sowie Alexejs Eifer, jede Verehrte malen zu müssen. Vielleicht war dies seine Art, sie zu besitzen. Und seine Verzweiflungen bei Verspätung oder Nichtkommen. Seine Beflissenheit, wenn eine ihr Kämmchen bei ihm vergaß! Manchmal empfand Marianna, daß mit seiner maßlosen Egozentrik nicht zu leben sei. Bei aller Feinfühligkeit, die man ihm nachsagte, und seiner Fähigkeit, die kleinsten Regungen des andern zu erfassen, gab es auch die selbstverständliche, verletzende Gleichgültigkeit in ihrem Zusammenleben.

Als Marianna wieder an sich und ihm zu leiden begann, wußte sie nur einen Ausweg – sich aus Alexejs Nähe nehmen. Sie spielte mit dem Entschluß, doch nach Litauen zurückzukehren.

Es war das Jahr 1914.

Eines Nachmittags kam Helene in Mariannas Atelier und meldete Besuch. Es war nicht ihr Empfangstag, und Marianna war unwirsch ob der Störung. Sie malte an ihren „Schlittschuhläufern".

Ein gewisser Ilja Jefimowitsch Repin.

Der Name stand im Raum. Er begann zu schwingen. Klänge aus einer fernen Welt.

Wenn der Prophet nicht zum Berge kommt..., sagte jemand im Flur.

Die vertraute Stimme. Ein wenig von Aufregung verzerrt.

Marianna wandte sich zur Tür. Dort stand er. Groß und hager. Das Haar noch voll und gelockt – grau geworden. Grau auch sein Bart, nicht mehr so kühn geschwungen. Gestutzter. Einen Kneifer auf der Nase. Die Augen des Mannes umfingen Marianna voll innerer Bewegtheit.

Als ob sie Wurzeln schlüge vor ihrer Staffelei... Lerchen trugen den Himmel auf ihren Flügeln. Blagodat. Das fremde, ach, so vertraute Gesicht. Die größte Herausforderung ihres Lebens. Die lebendigste Zeit – voll Wärme und Zuneigung. Er hatte die Nacht auf seinen Schultern getragen. Irdische Bäume. Das Boot glitt über den gläsernen Mond. Die Tage voll gleißenden Lichts. Er steht im Hof. Seine Hände umspannen den Schaft. Holzscheite wirbeln. Sein Lachen.

Der Mann sagte ungläubig ihren Namen. Marianna Wladimirowna...

Was schwang in diesen Worten! Das Unaussprechliche. Er breitete die Arme aus.

Das leidgeprüfte Gesicht. Die aufgebrochene Freude. Repin kam näher. Diese für sie geöffneten Arme.

Sein Blick. Prüfend noch immer und gütig... gütig.

Ganz nah stand er. Freimütig zeigte er seine Rührung und seine Wiedersehensfreude. Noch immer die Bereitschaft, sie in seine Arme zu schließen.

Was war mit ihr? Alles brach weg. Alles. Kein Halt mehr. Keine Wurzeln. Anziehung, für die kein Widerstand in Marianna war.

Ihn fühlen... Berührung. Auferstehung.

Sie war nicht mehr sie selbst. Ihr Weinen steigerte sich zu Schluchzen. Sie wußte nicht, warum. Sie fand kein Aufhören. Sie weinte. Nicht vor Freude. Vor Weh. Vor der Vergeblichkeit all ihres Tuns.

Niemals hatte sie so geweint. Nicht früher, nicht später.

Sie, die Gefühle verbergen konnte, lag in Repins Armen und konnte dem Schluchzen, das ihren Körper schüttelte, nicht Einhalt gebieten.

Die Zeit blieb stehen.

Schließlich stammelte sie gefaßt: Sie hätten sich anmelden müssen... Ilja Jefimowitsch. Dich so unvorbereitet wiederzusehen... Dich überhaupt noch einmal wiederzusehen!

Helene hatte auch Alexej benachrichtigt. Er erschien. Erfreut, überrascht. Marianna brauchte Zeit, sich zu fassen. Alexej übernahm die Pflichten des Hausherren. Helene hatte im Salon Tee serviert.

Ihr Gast befand sich auf der Durchreise in die Schweiz. Er hatte nur wenige Stunden Zeit.

Die letzten 15 Jahre hatte Repin mit der Schriftstellerin Nordmann-Sewerowa zusammengelebt. Sie war in diesem Jahr gestorben. Seit 1900 wohnte er in dem kleinen Kuokkala, nördlich von St. Petersburg. Am Finnischen Meerbusen. Repin sagte, daß es unerträglich sei, in diesem verbrecherischen Land zu leben, in dem Rechtlosigkeit und Unterdrückung das Zepter schwangen.

‚Stürzt nicht bald diese unerträgliche Macht zusammen?' fragte er und fand: Sie taten so recht, aus diesem schrecklichen Land zu gehen.

Er hatte vor 15 Jahren ‚die höfischen Esel und die gekrönten Scharlatane' gemalt!

Mit der linken Hand schon, denn die rechte hatte ihm den Dienst versagt. Er schaute zu Marianna. Sie hielt ihre rechte Hand versteckt. Aus Gewohnheit.

Alexej sagte zu seinem Gast, daß man wenig nur von ihm höre.

Je mehr seine Bilder gefeiert wurden, meinte Repin, umso armseliger wären sie gewesen. Sie waren nach den Vorstellungen ihrer Feierer entstanden. Lange habe er sich mit der Frage gequält, ob er noch Herr seiner Bilder sei.

Repin wollte unbedingt ihre Arbeiten sehen. Alexej führte den Gast in sein Atelier. Repin war höflich. Er war interessiert. Aber eigentlich wollte er vor Mariannas Staffelei. Dort stand er dann vor ihrem fast fertigen Bild. Sie harrte hinter ihm. Fast war es wie einst. Das Bangen – was er sagen würde. Marianna wurde bewußt, daß sie nur von diesem ein Urteil wollte. Alexej verstand ihre Bilder nicht.

Endlich eine Geste von Repin. Ein kaum wahrnehmbares Kopfschütteln. Sein Blick suchte den ihren.

Eigensinnige Sarokotschka – erinnern Sie sich?... Das also hatte in Ihnen gesteckt! Zurbaran wollte nicht malen wie ihr Lehrer!... Dennoch – auf nicht vorhersehbare Art sind Sie sich treu geblieben. Sie haben sich bewahrt, was ich verloren habe. Ihren kritischen, kämpferischen Geist. Ich wußte, daß Sie es schaffen würden. So ganz anders ... Noch immer mutig! Mir sind die Schwingen lahm geworden. Nichts haben wir verändert! Nichts! Nichts! Heute denke ich..., sagte Repin... Doch dann schwieg er.

Er schaute noch immer auf ihre Arbeit.

Es ist ein gutes Bild. Ich sage es ohne Eifersucht. Mit Bewunderung. Könnte man es ein geistvolles Bild nennen? So bar von Realismus? Eine Herausforderung. Jetzt weiß ich, weshalb das Elsterchen so gut streiten konnte – es besaß einen kühnen Verstand!... Vielleicht liegt in diesem Bild eine größere Dimension als in meinen.

Das entscheidet die Zeit, sagte Marianna.

Repin hatte ihre Metapher auf der Staffelei verstanden.

Viele Jahre später, als sich Paul Klee eines von Mariannas Bildern aussuchen durfte, weil er den Krieg hindurch die verlassene Münchener Wohnung betreut hatte, wählte er die „Schlittschuhläufer". Auch Klee hielt es für eines ihrer außerordentlichsten Bilder. Dieser nächtliche Totentanz auf dem Eis. Dieses Rund, das die Läufer gefangenhielt, auf dem jeder dieser Schattenrisse für sich seine lächerlichen Kreise zog unter dem blassen, künstlichen Licht der Scheinwerfer. Dieses aufrüttelnde Bild der Sinnlosigkeit des menschlichen Seins!

Repins Besuch war für Marianna eine Erschütterung, und sie hätte nicht zu sagen gewußt, was in ihrem Innern ins Rutschen gekommen war. Ihre Erfahrung besagte, daß sich das Leben in seiner einfachsten Bestimmung für sie nicht erfüllt hatte. Glücklich war sie, wenn sie malte. Dann schoben sich ihre Bilder zwischen sie und das Leben. Das gab ihr dem Leben gegenüber eine gewisse Souveränität. Nicht immer.

Die früher mit einem Anflug von Neid betrachtete Beziehung zwischen Kandinsky und der Münter verlor allmählich den Glanz. Das Beglückende zwischen den beiden zeigte sich seltener. Wassily war endlich geschieden! Doch nun schwelte die Zeit unter seiner Unentschlossenheit und schürte in Ella dunkle Ahnungen. Häufig fuhr er nach Rußland. Ernsthafter erwog er, für immer in seine Heimat zurückzukehren. Zweifel zerlöcherten Ellas Eifer, Russisch zu lernen.

Nach Repins Besuch wurde auch Mariannas Lust wieder größer, München endgültig aufzugeben. Ihr Bruder Peter war nach Wilna versetzt worden. Mit der Stadt verbanden sie Kindheitserinnerungen.

Alexej nahm ihre Stimmungsschwankungen nicht einmal wahr.

So packte sie eines Tages die Koffer und teilte Alexej die Unwiderruflichkeit ihrer Reise mit. Sie war frei von Vorwürfen. Es hatte keine dramatische Auseinandersetzung gegeben. Pokerte sie?

Mit Sicherheit. Sie wollte Alexej aus seiner egozentrischen Selbstzufriedenheit aufrütteln.

Dieses Mal schrieb sie aus Litauen keine Klagebriefe an Alexej. Sie meldete sich überhaupt nicht.

Alexej war ebenfalls nach Rußland gereist. Wollte auch er prüfen, ob und wie es sich hier leben ließe? Zudem war es an der Zeit gewesen, seine alte Mutter zu sehen und seinen Geschwistern in Moskau einen Besuch abzustatten. Und eines Tages tauchte er in Wilna auf und sagte, daß ihm ein Leben ohne Marianna nicht vorstellbar wäre. Niemand außer ihr wisse, wie absolut er sich in den Dienst der Malerei gestellt habe. Wie untrennbar war dieses mit Marianna verknüpft!

Hatte Marianna diese Erkenntnis erzwingen wollen? Unbewußt? An ihrer Seite möchte Alexej bleiben. In Wilna, in Moskau, in München. War München nicht ihre geistige Heimat? Marianna war bereit, mit Alexej zurückzufahren. In dem, was Alexej sagte, lag Wahrheit. Weil sie kein Liebespaar im üblichen Sinne waren, wog ihre geistige Verwandtschaft und Nähe mehr. Wieder ein Kompromiß. Wieder ein Besinnen auf ihr Versprechen. Denn auch Alexej hielt seines – überall mit ihr zu leben, wenn es in Rußland nicht ginge. Ach, er gab sich Mühe. Er war aufmerksam und zuvorkommend. Seit Repins Besuch sah Alexej sie mit anderen Augen. Mariannas seelische Erschütterung war ihm nicht entgangen. Sie hatte ihn beunruhigt. Er hatte darin durchaus den Zusammenhang zu ihrer plötzlichen Abreise gespürt.

Sie reisten also im Sommer 1914 nach München zurück. Im Zug äußerte Alexej seine Befürchtung, daß alles auf einen Krieg hindeute. Es war in den letzten Jahren zuviel Unruhe auf dem Balkan geschürt worden. In Europa wurde um die Wette gerüstet. Der österreichische Thronfolger war in Sarajevo von einem bosnischen Studenten ermordet worden.

38.

Die Koffer waren kaum ausgepackt, da erreichte sie die Meldung: Österreich-Ungarn hat Serbien den Krieg erklärt. Es erfolgte die Generalmobilmachung Rußlands. Deutschland stellte Rußland das auf zwölf Stunden befristete Ultimatum, seine Mobilmachung einzustellen. Rußland antwortete nicht. So erklärte Deutschland am nächsten Tag, dem 1. August 1914, Rußland den Krieg. Jetzt verkündete Frankreich, das mit Rußland verbündet war, daß es ‚seinem Interesse gemäß' zu handeln gedenke, woraufhin Deutschland auch Frankreich den Krieg erklärte.

Am 2. August erhielten sie als russische Staatsbürger die Aufforderung, Deutschland innerhalb von 24 Stunden zu verlassen. Mitnehmen durften sie, was sie als Handgepäck tragen konnten. Es war ihnen ein Stellplatz angegeben worden. Dort fanden sich ungefähr zwanzig Personen ein, die unter Bewachung an die Schweizer Grenze gebracht wurden. Man verfrachtete sie zunächst in einen Zug, der bis Lindau fuhr. Dort bestand die Möglichkeit, auf ein Schweizer Schiff zu kommen. Der Weg vom Bahnhof zur Schiffsanlegestelle gestaltete sich zu einem Gang durchs Fegefeuer. Sie liefen auf der Straßenmitte, von Soldaten eskortiert, die ihr Gewehr im Anschlag hielten. Es sammelten sich Schaulustige, und es wurden von Minute zu Minute mehr. Wie aus dem Nichts flammte die Lunte des Völkerhasses auf. Es kam zu Beschimpfungen und Drohungen. Die Russen wurden bespuckt. Man bückte sich nach Steinen. Mehr als die Hälfte der Ausgewiesenen waren Frauen und Kinder. Marianna verbarg sich hinter der Maske ihres Stolzes. Sie ging sehr aufrecht, den Kopf im Nacken. Die Augen voller Hochmut verengt. Sie fürchtete um Alexej. Er war russischer Stabsoffizier a. D. Niemand sah es ihm an. Doch er sah sich bereits als Kriegsgefangener. Außer sich vor Angst, war er nicht mehr er selbst. Hinzu kam die Hitze des Tages. Und das Tragen ihres Gepäcks. Die Pöbeleien und Handgreiflichkeiten auf der Straße raubten ihm fast den Verstand. Warum von einem Tag auf dem anderen so tödlicher Haß? Hatte er sich in Deutschland nicht von Freunden umgeben geglaubt? Sein Künstlertum hatte sich in Deutschland entwickeln können – und jetzt wurde er mit Gewehren außer

Landes getrieben. Würdelos wie eine Herde Vieh abgeführt. An den Pranger gestellt. Alexejs leicht erregbares Gemüt drohte allen Halt zu verlieren. Als sich die johlende Menschenmenge näher an die Flüchtlinge drängte, sagte der junge Soldat neben Alexej: Beruhigen Sie sich. Wir sind da, um Sie zu schützen.

An diesem Tag war es passiert.

Eine Saite war gerissen. Sein Lebensnerv getroffen. Alexej war unerwartet und jäh in die Wirklichkeit gezerrt. Der Traum in seinem Herzen war zerstört. Der Krieg war in seinen Kreis eingedrungen, in dem er glücklich war und malen konnte, was ihm Lust und Auftrag war. Seine Wahlheimat erklärte ihn zum Staatsfeind. Der Brodem von tödlichem Haß hatte ihn gestreift. Schatten waren in seine Seele gefallen. Sein gutes Lebensgefühl zersplitterte, um sich nie mehr zusammenzufügen. Ausgrenzung, heimatlos, nicht wissen wohin. Deutschland, das sein Atelier geworden war, hatte ihn vertrieben. Die Zukunft lag im Ungewissen. Die Welt war aus den Fugen.

Endlich setzte sich das Schweizer Schiff in Bewegung. Die ersten Meter auf dem Wasser waren gewonnen. Als Alexej den Wind auf der Haut spürte und das Schreien der Möwen hörte, vermochte er wieder durchzuatmen.

Die Ereignisse waren hart an Marianna herangetreten. Sie sorgte sich um ihre Brüder. Das russische Reich war es nicht wert, dafür sein Leben zu lassen. Die Regierung hatte Marianna nach Ausbruch des Krieges mitgeteilt, daß sich ihre Rente bis zu seiner Beendigung um die Hälfte verkürzen würde. Man appellierte an ihr patriotisches Verständnis.

Sie mußten mit der veränderten Situation zurechtkommen.

So will sie sich in dieser Stunde bemühen, sachlich jene Zeit heraufzuholen. Emotionslos ihre Erinnerung betrachten. Alexej Gerechtigkeit widerfahren lassen.

Wohin sich wenden in der Schweiz?

Sie besaßen die Adresse eines Bekannten. Chruschtschow. Er wohnte in St. Prex am Genfer See. Er war vermögend. In Südrußland besaß er mehrere Güter.

Natürlich war Chruschtschow auch für andere Russen aus Deutschland der Anlaufpunkt gewesen. Dennoch konnte er Marianna und Alexej eine Wohnung vermitteln. Das obere Stockwerk eines bescheidenen Häuschens. Marianna mußte auf den Preis sehen. Als Alexej das Wohnzimmer betreten hatte, setzte er sich auf den Stuhl, der vor dem Fenster stand und blickte hinaus. Es war eine hübsche Aussicht auf Garten und See. Er stand nicht wieder auf. Im übertriebenen Sinne blieb Alexej dort für drei Jahre sitzen. Als sie bereits in Zürich wohnten und dann in Ascona, malte er noch immer die Landschaft, in die er sich in St. Prex versenkt hatte. Marianna befand, daß dieses Zimmer, da es das größte war und mit dem schönsten Blick, Alexej gehören sollte. Groß war für diese Wohnung ein relativer Begriff. Für sich nahm sie, was als Schlafzimmer der Eheleute gedacht war. Das zweite Bett wurde in Helenes Kammer getragen. Damit Druscha dort schlafen konnte. Anderes fand in der Kammer nicht Platz. Die Küche blieb als Raum für Helene. Zu den Mahlzeiten kamen die vier natürlicherweise im Wohnzimmer zusammen. Die Not hatte sie an einen Tisch geführt. Bei einer Mahlzeit dachte Marianna: Dies also ist meine Familie in guten wie in schlechten Zeiten.

Von einem Tag auf den nächsten war alles anders geworden. Die Zeit der gewohnten Großzügigkeit war vorbei. Sie mußten sich mit der simplen Einrichtung dieser Wohnung begnügen. Der Komfort staubte in der Giselastraße ein. Den Klees hatten sie die Schlüssel gegeben, damit sie hin und wieder nach dem Rechten sehen konnten. In der Aufregung hatten sie vergessen, jemandem die Katze anzuvertrauen. In dem kleinen Häuschen in St. Prex bestand für Marianna und Alexej keine Möglichkeit eines Ateliers. Das Schlimmste war – keiner von beiden besaß eine Staffelei. Ein paar Farben hatten sie mitgenommen und ihre Pinsel.

Die ersten Tage und Wochen in dem kleinen Schweizer Ort ohne ein Blatt Papier, ohne Heft, ohne ein Stück Karton – waren die Hölle. Was anfangen mit sich? Die kleine Wohnung erdrückte nicht nur Alexej. Sicher, Marianna konnte die Tür zu ihrem Zimmer hinter sich schließen. Alexejs Raum war ein Durchgangszimmer. Sollte sie auf dem Bett sitzen und das Schuppendach anstarren? Sollte sie die unendliche Wanderung zwischen Fenster und Tür aufnehmen? Von früh bis abends den leidigen Umstand beklagen, an keine Wertgegenstände aus ihrer Münchener Wohnung heranzukommen, um sie zu Geld zu machen? Wichtiger als Brot und Fleisch waren Zeichenkartons. Endlich waren ihre Notrufe bei Schweizer Freunden angekommen.

Marianna war erfinderisch. Sie klemmte ihre Pappe zwischen Fensterbrett und Schrankaufsatz. Vorübergehend.

Es entstand eine Reihe ihrer persönlichsten Bilder. Sie glichen Seiten eines Tagebuches. Bekenntnisse ihres Seelenzustandes, verschlüsselt oder offen. Sie zwang ihre Auswegslosigkeit auf ihre Bilder. Objektivierte ihre Verzweiflung. Sie machte ihr persönliches Schicksal zu einem allgemeingültigen. So ließ es sich aushalten.

„Die Verlassenen". Da treiben vier Personen auf einem kleinen Boot. Stehend. Ohne Ruder- und ohne Steuermann. Ohne Chance, in dieser aufziehenden Nacht an Land zu kommen. Wo am Hafen die anderen Boote in Sicherheit gebracht wurden, macht sich der letzte auf den Heimweg, ohne die in Not Geratenen wahrzunehmen.

Marianna malte den „Schneewirbel".

Das Toben eines Schneesturms bei Nacht. Entfesselte Naturgewalt. Niemand würde wagen, ihr zu trotzen. Im oberen Drittel des Bildes spannt sich ein Brückenbogen – viel zu hoch, viel zu ungeschützt, um sich ihm in dieser schneeblinden Nacht anzuvertrauen. Das Ende der Brücke bricht irgendwo im Ungewissen ab. Doch zwei menschliche Gestalten haben sich auf den Weg gemacht. Unter der Brücke – die Geborgenheit der anderen. Häuser, dicht aneinanderliegend. Menschen im Schlaf. Für die zwei, die bei diesem Treiben den Weg in das Nichts gehen, gibt es nur für wenige Meter die Sicherheit des Geländers. Dann beginnt grünweißes Band. Es sind die Farben des Kantons Waadt, in dem St. Prex liegt. Bedeutet das Band ihnen Halt? Liegt darin Hoffnung? Die Frau geht als erste. Gebeugt folgt der Mann.

Marianna borgte sich für ihre Bilder die Straße von St. Prex aus, den See, die fernen Berge oder die Mole oder das Pulverhäuschen. Erkennbare Bezüge zu ihrer Gegenwart. Da ist sie wieder, diese lange Straße, der Lebensweg jener drei Frauen, die sich so gleich geworden waren, die über den Betrachter hinwegschreiten wollten auf ihrem Weg, wo Vergangenheit und Zukunft austauschbar geworden waren. Doch dieses Mal führt die Straße am Pulverhäuschen vorbei und fort vom Betrachter, gen Westen, wo an einem dramatischen Himmel die Sonne untergeht. Es ist nicht die Beschaulichkeit einer Abendstimmung. Die Sonnensichel versinkt so absolut hinter dem Horizont, daß sie die kleine Menschenkarawane mit sich in die Nacht ziehen wird. Ein unheimlicher Sog. Kein Ziel, das noch zu erreichen wäre. Nur der Absturz hinter den Horizont. Das Pulverhäuschen im Vordergrund war längst passiert.

Mehrmals reichte das Geld nicht, um die Miete zu bezahlen. Die Farben waren zu teuer. Dann bat Marianna die Wirtin herauf – ob sie nicht ein Bild in Zahlung nehmen möchte. Ratlos und uninteressiert schweifte deren Blick über Alexejs Bilder. Sie nahm lieber das eine oder andere Bild von der Baronin, weil sich die Mole erkennen ließ oder ihr Garten. So recht weiß Madame Rubattel nicht, wohin mit den Bildern. Marianna sagte, wenn der Krieg vorbei sei, löse sie die Bilder wieder ein. So wanderten sie in den Speicher. Und eines Tages werden sie vergessen sein.

Nie mehr wird die Frau das Geld haben, ihr Leid aus dem Speicherdunkel auszulösen.

Am sichtbarsten litt Alexej. Der Fensterplatz war ihm der liebste Ort. Hier saß er Tag für Tag. Und dachte nach. Forschte nach innen. Was lag vor seinem Fenster? Der Gartenweg, umsäumt von Sträuchern und Blumen. Er endete an einer gußeisernen Pforte. Davor vereinten sich zwei Straßen zu einer. Die führte hinunter zum See. Manchmal, an schönen Tagen, konnte man die fernen Berge am anderen Ufer erkennen. Rechts der Straße stand verdeckt ein Haus, davor eine Akazie, rund verschnitten. Weiter hinten zwei Zedern. Und man sah den Turm einer Kapelle. Auf der linken Seite konnte man nur eine Kastanie ausmachen und drei hochgewachsene Tannen. Aus diesen schlichten Gegebenheiten begann Alexej eines Tages die Vielzahl seiner ‚Lieder in Farbe' zu komponieren.

Er saß Tag für Tag am Fenster und sammelte seine Gedanken und Gefühle. Eines Vormittags raffte er sich auf und fuhr mit der Eisenbahn in das zwanzig Minuten entfernt liegende Lausanne. Bei einem Photographen kaufte er das Gestell, auf dem dieser seine Arbeiten auslegt hatte. Das wurde Alexejs Staffelei, von der er sich nicht mehr trennte.

Etwas in seinem Innern erlaubte Alexej nicht, dort fortzufahren, wo er in München aufgehört hatte – bei seinen sinnlichen und starkfarbigen Porträts. Er fühlte, daß für ihn ein neuer Lebensabschnitt begonnen hatte. Die seelischen Erschütterungen, die veränderten Lebensumstände verlangten nach neuem Ausdruck.

Die Suche begann. Und ‚schwere Arbeit'. Alexej wollte nicht das malen, was er sah, nicht einmal das, was er fühlte, sondern das, was in seiner Seele lebte. Er mußte ‚die Orgel in sich zum Tönen' bringen. Der Schlüssel war, was er sah, wenn er aus dem Fenster blickte.

Er beschränkte sein Format auf dreißig mal vierzig. Er malte mit verdünntem Öl auf Karton, was er sich mit Bleistift vorgezeichnet hatte. Der Blick aus seinem Fenster variierte im Wechsel der Tages- und Jahreszeiten. Die Titel seiner ‚Landschaftlichen Variationen' schienen einer Dichterseele entstiegen. Geheimnis. Ostern. Zärtlichkeit. Pfingstmorgen. Blauer Weg. Versonnen. Frühlingsföhn. Rußlandmotiv. Herbstglut. Träumerei. Gelbe Kirche. Sonnenklang. Von Frühling, Glück und Sonne.

St. Prex lag fernab von Geschäftigkeit, von Kriegsmeldungen, von Geselligkeit. Keine Freunde. Kein Theater. Keine Ausstellungen. Keine Frauen. Wenn man ihn denn erfahren konnte

– ein Ort der Selbstfindung. Der Meditation. Wenn man offen dafür war, brachte jeder Tag eine neue Offenbarung.

Sitzen und schauen. Sich versenken in Himmel und Stimmung und Land. Plötzlich machte Alexej die Erfahrung, daß er vermochte, ganz Instinkt zu werden, alle Dinglichkeit hinter sich zu lassen. Eins zu werden mit dem Geschauten. Frei von allen Bindungen.

Alexej begann, seine Lieder zu komponieren. Was Marianna auf seiner Staffelei entstehen sah, rührte an dem, wovon sie einst träumte. Jetzt begann sich auf Alexejs Staffelei das zu zeigen, was vor zwanzig Jahren ihren Glauben an sein Talent ausgemacht hatte. Jetzt, wo Alexej durch das tiefste Tal seines Lebens ging, vermochte er den Zugang zu sich selbst zu finden. Keine Frauen mehr, die er malte. Die Natur, wie er sie als Ausdruck des Göttlichen empfand. Keine kräftigen Farben mehr in gewollter Dissonanz, keine schwarzen Umrandungen. Jeden Tag ein neues ‚Lied'. Farbflecke, die Synonyme wurden für Bäume, Büsche, Wege. Doch bei aller Abstraktion blieben sie mit der vertrauten Welt verbunden. Alexej verzichtete nicht auf die Dinge der Wirklichkeit – mal ist es der Weg oder die Pforte oder die Kapelle oder ein Baum. Es gibt keinen Horizont auf seinen Bildern, aber dennoch ein Oben und Unten. Die Schwerkraft mußte bleiben. Seine Lieder gleichen Aufforderungen, sich im Gebet, in Dankbarkeit, in Meditation zu versenken. In dieser Zeit, in der Europa daranging, sich in kriegerischer Gier auszurotten, hielt Alexej an der Kraft fest, die aus Himmel und Licht und Baum und aus sich selbst sprach.

Marianna spürte, wie ihre innige Verbundenheit mit Alexej wuchs, wie jenes verlorengegangene Gefühl wieder in ihr entstand, einem Begnadeten gegenüberzustehen. Und sie dachte, jetzt endlich findet der Segen meines lieben guten Vaters seine Erfüllung. Durch Leid und Einsamkeit brach sich Lulus Genie Bahn. Sie hatten es geschafft, sich bis hierher die Treue zu halten. Nichts war umsonst gewesen.

Marianna sagte, was Alexej male, sei das Geheimnis, das der Verstand allein nicht entschlüsseln könne. Es machte Alexej froh, die Resonanz zwischen ihnen zu spüren. Und er sagte, daß es fortan für ihn nichts Höheres gäbe, als Ausdruck und Form für das zu finden, was er in sich trüge. In der Unwirklichkeit einer Dämmerstunde dankte er für ihr Vertrauen. Und als Alexej nach ihrer Hand griff, entzog sie sie ihm – verwirrt.

Natürlich war es Flucht vor der Wirklichkeit, wenn Alexej seinen Platz am Fenster nicht verließ. Marianna selbst kam auf ihren langen Spaziergängen nicht aus dem Grübeln heraus, wie es im Leben weitergehen sollte. Auf ihr lastete die Sorge um das tägliche Brot. Die Abgeschiedenheit und die Stille von St. Prex waren das eine. Ihre Bilder mußten an die Öffentlichkeit. Sie brauchten Ausstellungen, Käufer, Mäzene.

Dennoch empfand Marianna an manchen Tagen eine unbestimmte Süße. Eine helle Ahnung, daß sie Alexej nicht hatte die Welt zu Füßen legen müssen, sondern mit ihm gemeinsam durch Leid gehen mußte, um dort anzukommen, wonach sie sich ihr ganzes Leben sehnte. Trotz der äußeren Mißstände, der Einschränkungen und Unbequemlichkeiten war etwas wie Ruhe über Marianna gekommen.

Als sie Madame Rubattel eines Tages mit der Tochter an der Hand die Straße heraufkommen sah, die im ruhigen Herbstlicht lag, hatte Marianna gedacht – das ist ein Bild. Die Resolutheit dieser Frau, die mit dem Kind an der Hand der täglichen Pflicht nachgeht, eingebettet in einen stillen, leuchtenden Herbst. Das gibt Mut. Darin liegt Zuversicht. Und sie hatte an Alexej gedacht.

Törin, die sie war!

Beinahe wäre in jener Zeit ihr verharschter Panzer aus Stolz aufgebrochen.

39.

Seit Tagen hatte die Frau nach Serafine schauen wollen. Sie macht sich Sorgen um die alte Freundin. Gestern erfuhr sie, daß der Enkel Serafine ins Dorf heruntergebracht habe. Es stünde schlecht um sie.

Das Siechenheim war vor ein paar Jahren abgebrannt. Das jetzige liegt abseits vom Ort. Der Weg dorthin wird steiniger und uneben. Es ist früher Abend geworden. Die Luft hängt schwül. Es wird ein Gewitter geben. Die Dolden der Palmen sind kurz vor dem Aufbrechen. Jasmin duftet.

Dann erblickt die Frau das Gemäuer. Die vergitterten Fenster erinnern an Gefängnis. Oder eine ehemalige Kaserne. Mehr als ein halbes Jahrhundert stand es leer. Die Gitter erschrecken sie. Ein Symbol von Unfreiheit und Unfreiwilligkeit des Hierseins.

Nie hat die Frau ein Siechenheim betreten. Die Fassade steht im bröckelnden Putz. Mit grimmer Genugtuung betrachtet die Frau diese Endstation des Lebens. Die Tür ist verschlossen. Auf ihr Klopfen öffnet niemand.

Oben steht ein Alter am Fenster und rüttelt am Gitter. Trotz des Rostmantels erweist es sich als unzerstörbar. Ein heulender Laut steigt auf und wiederholt sich. Die Frau erkennt den Namen Luuu-iiii-sa. Monotonie liegt in diesem Ruf, in der bereits die Hoffnung begraben ist, von Luisa gehört zu werden. Die menschliche Stimme klingt abgenutzt. Wieviel Wochen oder Monate oder Jahre setzt der Mann dieses Fanal in die Welt? Seine letzte Erinnerung an draußen. Die Frau begreift, warum das Siechenheim abseits liegt.

Siechenheim – Ort der Einsamsten, der Hilfslosesten, die ohne Hoffnung sind. Was sucht sie hier? Wird es einmal ihr Ort werden? Die Frau spürt Gallegeschmack im Mund. Ihre Angst und ihr Vorwurf fallen in das alte Raster.

Nein! Himmelsakrament! Sie steht hier, weil Serafine ihre Freundin ist, weil man Freunde nicht im Stich läßt, wenn sie in Not sind. Weil sie es nicht genauso machen kann und will – wie er. Anfangen, die Welt zu verändern, muß man bei sich selbst.

Die Frau sucht nach einem mittelgroßen Stein und schlägt damit an die Tür. Offensichtlich verirrt sich selten ein Besucher hierher. Es schließt an der Tür. Eine verschwitzte Person in grauer Kittelschürze schaut verwundert auf die Fremde. Penetranter Geruch von Schweinekartoffeln nimmt der Frau den Atem.

Sie fragt nach Serafine.

Sie wollen zu Besuch?

Die Frau wird mit Neugier und Geringschätzung gemustert. Laut ruft die andere über den Flur: Ist die Rienzi noch? Besuch!

Der Frau kriecht eine Gänsehaut über den Rücken.

Gehen Sie geradeaus. Die letzte Tür links.

Grün-gräuliche Farbe blättert von den Türen. Die Wände sind mit Unrat beschmiert. Putz ist abgekratzt. Kakerlaken huschen ungestört über Wände und Fußboden. Als die Frau es unter ihrer Schuhsohle knacken hört, möchte sie sich den Fuß abhacken, um sich vom Ekel zu befreien.

Die letzte Tür links. Aus dem Raum dringt Gesang. Da auf ihr Klopfen niemand antwortet, öffnet die Frau die Tür.

Ein lichtloser Raum. Vielleicht wirkt er so groß, weil sich sechs Bettgestelle darin verlieren. Es stinkt aus einem offenen Kübel. Vier Betten stehen leer. Auf dem fünften sitzt eine Alte und singt. Sie flicht sich ihren grauen Zopf. Sie nimmt keine Notiz von der Eintretenden.

Großer Gott, wir loben dich,
vor dir neigt die Erde sich...

Wenn sie mit dem Flechten ihres dünnen Haars unten angekommen ist, nimmt sie den großen Kamm, in dem einige Zinken fehlen, kämmt es von neuem durch und beginnt, wieder zu flechten.

Im sechsten Bett in der Ecke liegt Serafine. Sie hat die Augen geschlossen. Mager war sie schon immer. Wie dünnes Leder spannt sich ihre Haut um die Jochbögen. Ihr Mund ist eingefallen und erinnert die Frau an den Vater, als er gestorben war.

Die Abende kommen früh. Das vergitterte Fenster geht zur Nordseite. An der Decke hängt eine lose Glühbirne. Die Frau sucht vergeblich den Lichtschalter.

Wie du warst vor aller Zeit,
so bleibst du in Ewigkeit.

Die Stimme der Alten ist klar und vermag die Melodie zu halten. Nur schallt es viel zu laut von den Wänden.

Die Frau legt ihre Hand auf Serafines und spricht sie an. Gleich einer lästigen Fliege, schüttelt Serafine die fremde Hand fort. Sie knurrt: Laßt mich in Ruhe!

Ich bin es – Marie-Anna!

Serafines Hand tastet über die graue Pferdedecke, sucht die Hand, die sie berührt hat und öffnet die Augen.

Das wenigstens ist Serafines Blick. Prüfend.

Marie-Annchen! Der Herrgott hat mein Gebet gehört.

Rührung überwältigt sie. Lautlos bewegen sich ihre Lippen. Sie versucht sich aufzurichten. Ihr fehlt die Kraft.

Er schickt dich zu mir! Du holst mich in mein Haus! Ich will in meinem Bett sterben, in der Früh, wenn die Sonne aufgeht! Der liebe Gott wird es dir danken. Laß mich nicht hier!

Die Frau hat sich auf Serafines Bett gesetzt. Es gibt keine Sitzgelegenheit in diesem Saal.

Was machst du hier? Ich denke, du hattest die Hexe zum Teufel gejagt!

Das hinterlistige Biest, sie hat mich noch mal erwischt, kaum, daß du weg warst... Oder es war das Herz. Ich habe es nicht verdient, hier zu sterben, nach den vielen Jahren, die ich auf dem Buckel habe... Hol mich hier weg!... Bist du wirklich eine Baronin gewesen? Es ist so finster hier! Marie-Annchen, du bist gekommen! Auf dich ist Verlaß!

Die Frau denkt – es geht nicht. Wie stellt sich Serafine vor, sie in ihr Haus auf den Berg zu bringen? Für eine Droschke besitzen sie beide kein Geld! Bis hinauf kann kein Auto fahren. Der Satz fällt ihr wieder ein, daß immer, wenn man sich gestört fühlt, eine Seele in Not ist. Und wenn sie hier eines Tages liegen sollte... und jemanden inständig bäte, sie hier nicht sterben zu lassen... Alle Bedenken und Ausflüchte, hinter denen sich Egoismus verschanzt, lösen sich auf. Hindernisse existieren nur in unserem Kopf!

Ich hole dich. Deswegen bin ich gekommen. Du mußt hier nicht bleiben... Meine alte Serafine...

Die Frau drückt Serafine die Hand, die hart und knotig ist.

Ich hole dich. Morgen. Das verspreche ich. Ich werde dich pflegen, bis du wieder krauchen kannst.

Ach, Marie-Annchen – die Uhr ist abgelaufen. Ich will nun gehen. Und du machst das Fenster auf, damit meine Seele aufsteigen kann – über dem Lago. So habe ich es mir immer vorgestellt...

In die eigene Wohnung kann die Frau Serafine nicht holen. Signora Perucchi rümpfte stets die Nase, wenn sie ihre Besuche bei Serafine erwähnte. Serafines Schlafkammer liegt an der Südostseite des Häuschens. Es war der gleiche Blick, den auch die Steinbank bot.

Haben wir Vollmond? fragt Serafine.

Nein.

Wenn der Vollmond über dem Lago steht. Das will ich noch einmal erleben... Denke nicht schlecht von Lorenzo. Die Woche über ist er im Italienischen. Und die Frau erwartet das dritte Kind. Nur Söhne zu haben, die ihr Glück in der Welt suchten... Es waren liebe Jungens... Vergiß nicht, das Fenster zu öffnen.

Serafines Stimme ist schwächer geworden. Ihre Augen hält sie wieder geschlossen. Die Frau will sich ihren Schal lockern und den Mantel aufknöpfen. Sie läßt Serafines Hand los. Die tastet suchend über die Decke, Wärme und Nähe der anderen suchend. Die Frau schiebt ihre Hand wieder in die von Serafine.

So sitzt sie lange.

Wie kann sie es anstellen, Serafine in ihr Haus zu bringen. Sie wird Giuseppe bitten, ihr zu helfen. Ein starker Mann muß sie den letzten Anstieg hinauftragen. Sie wird sich in Serafines Haus zurechtfinden. Für eine Woche wird sie Verpflegung mit dem Pferdewagen hochfahren lassen.

Serafine schläft nicht. Immer wenn die Frau versucht, ihre Hand aus Serafines zu lösen, spürt sie den sanften Druck, mit dem sie festgehalten wird.

In dem Raum ist es dunkel geworden. Der Frau ist das rechte Bein eingeschlafen. Es sitzt sich unbequem auf dem Bett. Sie sollte einen Stuhl verlangen. Dann müßte sie Serafines Hand loslassen.

Die andere singt noch immer ihre Kirchenlieder. Jetzt hängt ihr das dünne Haar offen herab, und sie hat die unendliche Wanderung um die Betten aufgenommen. Plötzlich verstummt sie, bleibt lauschend stehen. Dann geht sie zum Fenster und öffnet es.

Die Frau spürt nicht mehr den Druck von Serafines Hand.

Der Gesang beginnt von neuem.

Santo, ich bin traurig. Serafine ist gestorben. Sie wird uns nicht mehr ihre Speckkartoffeln mit Apfelsuppe vorsetzen können. Sie war meine Freundin.

Seltsam – sie war meine erste und einzige Freundin.

Serafine hatte ein erfülltes, langes Leben hinter sich. Den Tod in die Selbstverständlichkeit von Leben stellen. Hatte sie nicht schon über ihn nachgedacht und geschrieben: „Der Tod ist die höchste Schönheit im Leben. Damit das Leben nicht das elendeste aller elenden Dinge werde, braucht es den Tod. Die Liebe bedarf der Trennung. Der Frühling braucht den Winter. Das Vergnügen die Arbeit, Freude die Gefahr. Um etwas schätzen zu können, bedarf es der Furcht."

Nun wird sie niemand mehr Marie-Annchen nennen.

Trauer. Eine Tür ist endgültig geschlossen. Alles hat seinen Sinn. Serafine war in ihr Leben getreten. Rang und Namen, Herkunft und Profession waren für sie bedeutungslos. Mit ihrer Menschenkenntnis hatte Serafine das Leid und die Einsamkeit der Frau erspürt. In rauher Herzlichkeit hatte sie sich der anderen zugewandt. In einfachen Dingen lag ihre fürsorgliche Freundschaft. Die Frau will jetzt nicht blind dafür sein. Serafines Freundschaft, auch ihr Tod, war die Pforte zu einer neuen Erkenntnis. Serafines Freundschaft war ein Geschenk. Sie will sich bemühen, es weiterzugeben.

Die Liebe bedarf der Trennung.

Noch hat die Frau ihr Versprechen nicht eingelöst, Alexej Gerechtigkeit widerfahren zu lassen. Serafines Tod hat sie in eine nachgiebige Stimmung versetzt... Jene schlimmen Jahre nach der Ausweisung, die einer Entwurzelung glichen. Jeder versuchte auf seine Weise, Halt im Leben zu finden... Alexej floh in die Arbeit. Er schuf seine ‚landschaftlichen Variationen'. Die Jahre am Fenster. Seine Suche nach den inneren Klängen.

Wenn er diesen Platz verließ und in die Stadt fuhr, war er ungeschützt. Die Berührungen mit der Wirklichkeit erwiesen sich als schmerzlich. Eines Tages führte sie der Zufall in Genf mit Ferdinand Hodler zusammen. Beide kannten ihn aus München und schätzten ihn. Er hatte Deutschland aus Protest verlassen, weil es die Kriegsfackel geworfen hatte. Seine Lebensgefährtin war gerade verstorben. Hodler hatte ihre Krankheit und ihren Tod in allen Stadien zeichnerisch festgehalten. Gegenseitige Einladungen waren ausgesprochen worden. Marianna tat wohl, daß sich Hodler von ihren Bildern beeindruckt zeigte. Der Besuch des alten Mannes hinterließ auch bei Alexej einen tiefen Eindruck. War er doch ein Brückenschlag in das Leben.

Natürlich litt Alexej, wenn sich die Türen zu seinem Zimmer öffneten, und die anderen lautlos versuchten, es zu passieren. Jedesmal stöhnte er auf. Alexej litt auch nicht, daß sich Druscha in seinem Zimmer aufhielt. Oft fragte die Tochter der Wirtsleute, ob der Junge in den Garten spielen komme. Druscha war vierzehn. Offensichtlich mochte das Mädchen ihn, weil er so ungewohnt blond war und so anders angezogen ging als die Kinder der Nachbarschaft. Den Sommer über war er nur barfuß gelaufen. In der Schule nannte man ihn „le fou", den Verrückten. Druscha fand, daß er aus dem Spielalter heraus wäre: Er wollte malen. Natürlich mit Farben. Das ging nicht mehr. Sie waren zu teuer. So drückte ihm Alexej eines Tages den Bleistift in die Hand. Abends betrachtete der Vater mit Rührung, was der Sohn zustandegebracht hatte. Er holte Mariannas Bestätigung ein, daß der Junge begabt sei, daß er ‚erstaunlich gut zeichnen' könne. Druscha hatte in der Tat graphisch alles richtig zuwege gebracht. Auf Anhieb. Als hätte er bisher nichts anderes getan, als schwarz-weiß gearbeitet. Für Alexej ging von Druschas unbekümmerten Blättern eine wundersame Hoffnung aus. Der Junge malte noch immer Bilder seiner russischen Heimat, die er nie gesehen hatte. Schlittengespanne, von Hirschen gezogen. Märchen, die seine Phantasie nacherzählte. An den Wänden von Alexejs Zimmer wuchs die Zahl von Druschas Bildern. ‚Leben, Leben und doch Geheimnis. Eine tolle Kühnheit und sprudelnde Jugendkraft.' Druscha durfte künftig in Alexejs Zimmer unter der Lampe am Tisch sitzen. Die leisen Geräusche, wenn der Sohn radierte oder der Bleistift über den Tisch rollte, schienen Alexej nicht mehr zu stören. In Alexejs Innern keimte der Gedanke, einstmals die Staffel an den Sohn weiterzugeben. Und er sah Druscha weltberühmt. Später. Denn der Vater fand in dem kriegswütigen Europa keinen Raum und keinen Nerv für das Verständnis seiner eigenen Kunst.

Für den Jungen war das Lob des Vaters und seine Erwartung – Bestätigung und Ansporn. In den ersten Wochen in St. Prex hatte ihm die Stille der Natur Angst gemacht. Er malte sich, wie er auf einem Pfad zwischen Land und Wasser dahinflüchtete und nannte es ‚Ich renne weg von der Natur'. Druscha war ein sanfter Junge mit offenem Gesicht. Oft lockte er die Katze in die Wohnung. Sie lag dann zusammengerollt auf seinem Schoß, wenn er am Tisch saß und malte.

Marianna registrierte mit Erleichterung, daß Alexejs Hinwendung zu dem Sohn Hinwendung zur Welt war. Eine unangenehme Ahnung streifte sie, als Alexej mit Druscha eines Abends aus Genf zurückkehrte, wo sie bei Hodler zu Besuch waren.

Lag das Unangenehme in dem Zuspruch, den der alte gütige Hodler, der im Jahr darauf starb, Alexej spenden wollte? Lag ein falscher Akzent in den trostreichen Worten, die den jüngeren Freund Mut geben sollten? In Rußland und Europa überschlugen sich in jener Zeit die Ereignisse.

Der Junge durfte an Hodlers Schreibtisch sitzen, als die Männer miteinander sprachen. Hodler hatte ihm seine Farben zur Verfügung gestellt. Später holte Alexej die Meinung des anderen zu Druschas Blatt ein. Da beglückwünschte der freundliche alte Mann Alexej zu dem Jungen. Als er den Stolz und die Freude auf Alexejs Gesicht wahrnahm, bat er Druscha, ihm sein Blatt zu schenken und bot ihm im Tausch und als Beweis seiner Hochschätzung eine eigene Zeichnung an. Hodler sagte zu Alexej, und er tat es auf französisch, daß er selten einen so für Harmonie begabten Menschen getroffen hätte wie Alexejs Sohn.

Hodlers Worte wurden der Rettungsanker für Alexej. In der Zukunftslosigkeit und Ungewißheit des eigenen Lebens gab es einen festen Punkt – das Talent seines Sohnes.

Dahinter stand – Druscha mußte Alexejs Namen tragen. Eine Adoption war ins Auge gefaßt.

Mariannas Bild – „Morgendämmerung". Madame Rubattel hatte mit der Hand darauf gezeigt, als die Russen nach drei Jahren Zürich als Wohnort wählten. Sie bestimmte es für den Speicher. Wenn die Baronin es nicht einlösen sollte, ließe es sich vielleicht als Heimatbild verkaufen. Die Mole des kleinen Hafens war so gut zu erkennen.

Die beiden Frauen am See, als sich das Wasser zu röten beginnt, und der Morgen noch sehr jung ist. Da stehen Marianna und Helene an der Mole. Man ahnt, daß die Nacht im Disput vergangen war. Marianna lehnt an der Mauer, gleichsam Halt suchend. Die andere, jüngere steht mit hängenden Armen und gesenktem Kopf. Sie neigt zur Fülle, trägt noch ihre Schürze, und die Schultern sind nach unten gezogen.

Marianna hatte für Alexej sprechen wollen. Was es ihm bedeute, wenn der Junge seinen Namen trüge, denn Helene hatte nur stumm den Kopf geschüttelt, wenn von Adoption die Rede war. Marianna hatte die wortlose Weigerung aufgeregt, die nicht zu Helene paßte. Sie dachte etwas von Sturheit. Marianna wollte mit Helene reden. Die beiden Frauen waren nach dem Abendessen zur Mole gegangen. Helene stieß endlich hervor, sie müsse nicht an Alexej denken, sondern an sich selbst. Seit sechzehn Jahren trage der Junge ihren Namen, sagte sie. Sie habe nichts und niemanden außer den Sohn. Nie gäbe sie ihre Einwilligung. Es bestünden ja noch andere Möglichkeiten.

Marianna begriff.

Plötzlich glitt das Gespräch in eine andere Richtung. Marianna hatte es sich von der Seele malen müssen.

Eines war Helene nicht – dumm. Sie machte sich Gedanken um die eigene Existenz. In lebensbedrohlicher Situation weiß auch ein Tier, wo seine Chance liegt. Was hatte Helene von der Baronin zu erwarten, seit die Zarenrente mit der Revolution gänzlich gestrichen war? Nichts.

Marianna wirft der anderen vor, daß sie in unlauterer Weise Alexej umgarne.

Die Jüngere steht ungeschützt vor der Weite des Sees. Man ahnt hinter ihrer Statur, hinter ihrem Jungsein ihre Durchsetzungskraft. Ihr Bedrücktsein ist momentan. Erschöpft sind beide Frauen und erregt. Marianna hat die Arme um ihre Brust gezogen, wie um ihr Herz zu schützen. In Helenes Verhalten hat sich etwas verändert. Die Demut war vorgetäuscht. Nicht, daß Helenes Selbstbewußtsein gewachsen wäre.

Die Vorwürfe der Frau prallen ab. Helene hat ein Ziel. An dem hält sie mit Eigensinn fest.

Zunächst stammelte Helene, Alexej habe ihr leid getan. Schließlich wiederholte sie ein und denselben Satz: Er braucht mich. Natürlich war Marianna nicht entgangen, daß Alexej von seinem Fensterplatz aus Helene wieder wahrnahm. Das skeptische Schweigen von Marianna verleitete Helene zum Geständnis. Es bedeutete Mut, sich gegen die Baronin zu behaupten. Helene spürte, nur wenn sie jetzt redete, konnte sie sich gegen den spöttischen Zweifel wehren. Die Stille wurde zu einem Graben. Hatte Marianna die Rede der anderen herausgefordert, versteinerte sie nun unter Helenes stoßweisem Bekenntnis. Helene beschrieb, wie Alexej auf ihre kleinen Zärtlichkeiten reagiert hätte. Helene wollte mit ihren Worten Wirklichkeiten schaffen. Alexej hätte sich ihr nach den vielen Jahren wieder genähert. Ach, ganz anders, als Marianna denke. Sie hätten sich nur gefühlt, hätten nur nebeneinander gelegen und die Nähe gespürt. Nichts weiter wäre geschehen... und, daß Alexej geweint habe.

Als wenn Recht daraus würde, wenn sie es minutiös beschrieb.

Alexej hätte so schöne Worte gesagt. Leider habe sie nicht alle verstanden, weil er so leise sprach und er ja sonst kaum redete. Vielleicht war mit seinen Beteuerungen wirklich sie gemeint...

Auf Mariannas „Morgendämmerung" sind die Berge im Hintergrund mit verharschtem Schnee überzogen. Die blaue Kraft des Himmels strömt nicht mehr über die Gipfel. Sie war zu Eis erstarrt. Was einst Mariannas roter Baum war, im lodernd vollen Laub, ist zur durchscheinend blassen Erinnerung geworden.

In Zürich hatte Marianna das andere Bild gemalt und es „Liebeswirbel" genannt. Es ist eine funkensprühende Nacht. Selbst der Himmel scheint zu singen und die Sterne. Wiesen wogen. Die Bäume neigen sich einander liebestrunken zu. Zedern klagen Einsamkeit und Sehnsucht. Vier Paare haben sich in dieser aus den Fugen geratenen Nacht gefunden. Männer halten Frauen eng umschlungen. Besitzergreifend. Die Körper sind aneinandergepreßt. In der Bildmitte steht Marianna selbst. Allein. In einem weißen Kleid. Irgendwie dazugehörend. Und eigentlich nicht einsam in dieser entflammten Nacht. Sie sehnt sich noch immer nach jenem großen Gefühl, daß nicht nur den Körper erbeben ließe, sondern die Seele in Aufruhr versetzte. Sie bekennt sich zu ihrem Anspruch und ihrer Sehnsucht und den Preis.

„Ich habe keinen Ebenbürtigen gefunden. Der mich verstehen würde, wie ich mich verstehe, müßte ein Starker sein. Einer, der mich nicht braucht!... Ich bin der Einsamkeit verlobt. Ja, ich sehne mich nach Liebe! Unter ihrem Hauch wüchsen mir Flügel. Ich könnte mich vom Alltäglichen lösen und meine Fähigkeiten dem Ideal zuführen. Ich bin nicht Mann, ich bin nicht Frau. Ich bin Ich!"

Ihre stolzen armen Worte von einst. Sie sollten noch immer gelten.

40.

Die Ausweisung aus Deutschland, die Kürzung ihrer Rente, Alexejs seelisches Tief – das bedeutete nur den Beginn des Strudels, der in eine nicht vorhersehbare Richtung trieb.

Anfang des Kriegsjahres 1917 hatte die bürgerliche Revolution den Zaren gestürzt. Kerenski hatte Rußland zur Republik erklärt. Daß Marianna ersatzlos die Zarenrente gestrichen wurde – darüber verlor sie kein Wort. In ihrem demokratischen Geist hatte sie die Rente mitunter als Anachronismus empfunden, der nicht in ihr Leben gehörte. Solange sie die Pension als den Erbteil ihres Vaters verstand, hatte sie mit dem

Relikt leben können. Wenn Marianna auch nicht über den Verlust ihrer Rente klagte, weil sie in keiner Weise dem monarchistischen Zarenreich nachtrauerte, aus dem sie vor zwanzig Jahren geflohen war, erlitt Marianna ihre plötzliche Mittellosigkeit als Schock.

Sie malte „le chiffonnier", der Lumpensammler. Besucher standen vor dem Bild und stammelten Worte wie faszinierend, stark, mystisch.

Marianna hatte es aus ihrem unmittelbarsten Lebensgefühl geschaffen. Sie wollte mit Hilfe ihrer Kunst die tiefe Niedergeschlagenheit bannen und sich Mut geben.

In die Mitte des Bildes hatte sie den Lumpensammler gestellt – ein schwarzer menschlicher Umriß, einsam und verloren vor der gewaltigen Bergwelt am Ufer des Sees. In dieser heraufziehenden Nacht rückten die Kuppen der Berge näher, wie um sich Schutz zu geben. Da steht der Alte mit seinem Netz voller Lumpen. Allein. Weil man eines Tages immer allein dasteht mit seinem Plunder. Aber er macht die groteske Geste des Gehens. Seine dürren alten Beine versuchen den erschütternden Schritt des Aufbruchs. Er trägt noch den Zylinderhut. Um die Gipfel liegt der warme Abglanz eines schönen Tages. Ansonsten ertrinkt das Bild im Dunkel der Nacht und in der Kälte des Sees. Unbegreiflichen Trost spenden die Bergkuppen.

Es hatten sich durchaus private Interessenten für dieses Bild mit seinen dunklen, leuchtenden Farben gefunden. Da hatte Marianna den Preis in die Höhe getrieben, daß sie vom Kauf abließen. Sie wird das Bild Ascona schenken, dem Museo Communale, das sie vor sechs Jahren mitbegründet hatte. Drei ihrer Bilder hat sie ihm bereits vermacht. Genügend Bilder von ihr waren bereits in Schuppen und Speichern verschwunden. Ihre besten Werke muß sie nicht verkaufen!

Sofia hatte eines Tages das Bild entdeckt. Die Frau wollte es verhängen und das Kind fortschieben. Laß, es ist ein trauriges Bild, sagte sie. Da hatte Sofia mit der Hand auf das Abendgold und die sich zuneigenden Berge gezeigt und gemeint: Hier ist es freundlich. Als die Frau beharrte, daß dem Mann elend sei, entgegnete das Mädchen: Aber er geht! Er geht doch los!

Da hatte sich die Frau auf eine höchst ungewöhnliche Art beschenkt gefühlt. Ein Kind begriff ihr Bild!

Das Urteil der kleinen Sofia entsprang ihrer sicheren Empfindung. Sie war offen für Wahrheit und fand den unverstellten Zugang. Spontan. Sie wußte nichts von Farbenlehre, nichts von Reihung und Abstraktion. Da war die Frau überzeugt, daß es ein gutes Bild war.

Losgehen. Dem Leben entgegen. Heraus aus dem kleinen St. Prex.

Wichtig war, wieder unter Menschen zu sein. Ins Gespräch zu kommen. Zürich bot sich an. So beengt wie am Genfer See ließ es sich überall wohnen! Zürich war das Mekka der Emigranten jeglicher Couleur geworden. Natürlich auch von Russen, obwohl die ersten bereits nach Rußland zurückreisten. In Zügen, die verplombt waren, wenn sie durch Deutschland fuhren.

Die neue russische Regierung fragte nach, ob Alexej ein Amt im Kultur-Ressort übernehmen wolle. Auch Kandinsky war gefragt worden. Der nahm an. Es entsprach nicht Alexejs Auffassung von Malerei, daß das, was er malte, an Universitäten oder Hochschulen lehrbar sei.

Das deutschsprachige Zürich also. Sie kehrten in die intellektuelle Lebendigkeit zurück. Hans Arp, Dadaist, sprach von einer internationalen Armee der Revolutionäre und Reformer, der Dichter, Maler und Musiker neuer Töne, der Philosophen, Politiker und Friedensapostel, die sich im Café Odéon trafen. Dort sei jeder Tisch der exterritoriale Besitz einer Gruppe gewesen. Die Dadaisten beanspruchten zwei Fensternischen. Ein Tisch war von Wedekind, Werfel, Leonhard Frank und Freunden besetzt. Stefan Zweig, Tristan Tzara, Else Lasker-Schüler vereinte ihr Abscheu vor dem Krieg und vor der Verlogenheit des Wortes. An den Tisch von Sacharow und seiner schönen Frau Clothilde wurden zwei Stühle mitherangestellt – für Marianna und Alexej. In diesem Café waren sie die Ältesten. Man begegnete ihnen mit Respekt.

Marianna fand in dem Dada-Förderer Corray einen Verehrer ihrer Bilder. In seiner Galerie arrangierte er für sie eine Ausstellung.

Was bedeutete Zürich für Alexej? Kontaktaufnahme mit der Welt. Der Besuch von Ausstellungen. Eine von Cézanne. Theater. Arps Dada-Programm im ‚Cabaret Voltaire'. Alte Freunde. Ein Wiedersehen mit dem Komponisten Feruccio Busoni, dessen ‚Turandot' Alexej in München so beeindruckt hatte. Neue Bekannte. Und Frauen. Schön, jung, intelligent, verwegen.

Helenes Traum zerschellte.

Alexej begann wieder zu porträtieren.

Empfindlichkeiten hatte Marianna abgelegt. Die Zeit war nicht danach, sie sich leisten zu können. Sie hatte sich auf Alexejs Wesensart eingestellt, endlich, und konnte damit leben. St. Prex hatte es ihr einmal mehr bewußt gemacht. An erster Stelle ist Alexej Künstler, introvertiert. Im Leben war er nicht imstande, über sein eigenes Ich hinauszudenken und zu fühlen. Im Grunde konnte er mit keinem Menschen kommunizieren. Im Wesen der anderen vermochte er nur das zu erspüren, was ihn selbst betraf. Jede Frau wäre an seiner Seite unglücklich geworden. Unglücklicher als Marianna. Durch ihre Kunst ruhte sie in sich. Wenn auch nicht den Menschen, so liebte sie dennoch den Künstler in Alexej. Und den liebte sie – vielleicht mehr als vor fünfundzwanzig Jahren. Das wußte und spürte Alexej. So war es auch nur Marianna, die er an seiner Seite und auf Dauer ertragen konnte.

Die Geldsorgen waren bedrückend. Der Apfel, der Sonne gespeichert hatte... an ihn mußte Marianna denken. Mit diesem Bild hatte ihr die Mutter das Vertrauen in ihre Seelenkraft mitgegeben. Daran wollte sie festhalten. Alles würde im Guten weitergehen. Nur anders eben. Prüfungen waren da, an ihnen zu wachsen. Marianna gestattete sich nicht, zu klagen oder ihre Zukunftsangst in Worte zu fassen. Die hatte sie auf ihr Bild gebannt. Das unbekümmerte, angenehme Leben war vorbei. Alexej beklagte das mehr als sie. Was wogen ihre Sorgen gegen das Leid der anderen? August Macke war zu Beginn des

Krieges gefallen und 1916 auch Franz Marc, der blaue Reiter, der Wahrheitssucher.

Ein Freund hatte aus der Münchener Wohnung zwei Bilder für Alexej in die Schweiz geschmuggelt. Den van Gogh, den Alexej doch eines Tages verkaufen mußte. Und den ‚Buckel'. Letzteren stellte er 1917 mit seinen ‚Variationen' in Basel, in der Galerie Corray, aus.

Eines Tages stand eine junge Frau vor der Wohnungstür und fragte nach Alexej von Jawlensky. Sein in Basel gezeigtes Werk hatte sie so beeindruckt, daß sie unbedingt den Maler kennenlernen wollte. Bereits am ersten Tag blieb sie bis tief in die Nacht. Vor seinen neuesten Arbeiten, ebenfalls Fensterblicke, stand sie mit Andacht und Ergriffenheit. Ihre Interpretationen waren leidenschaftlich und bewegt.

Galka. Diesen Namen hatte Alexej der jungen Deutschen später gegeben, die Emmy Scheyer hieß. Sie war in Braunschweig geboren und Tochter eines Konservenfabrikanten. Sie hatte in Frankreich, England und Belgien studiert – Malerei, Bildhauerei und Musik. Ihr Haar war von glänzendem Schwarz, wie Alexej es nur im Federkleid der Dohlen entdeckt hatte. Galka hieß im Russischen Dohle. Sie war achtundzwanzig Jahre alt und verheiratet. Alexej besaß das Doppelte an Lebensjahren. Als die wohlhabende junge Frau das bescheidene Leben des Künstlers wahrnahm und begriff, wie schwierig es war, sein Werk unter die Menschen zu bringen, um halbwegs anständig sein Leben fristen zu können, gelobte sie, sich künftig für die Verbreitung und das Verständnis und den Verkauf von Alexejs Werk einzusetzen. Dies wollte sie sich zur Lebensaufgabe machen. Nachdem sie Jawlenskys Variationen gesehen hatte, war sie bereit, die eigene Malerei aufzugeben.

Marianna war der sympathischen jungen Frau unvoreingenommen begegnet. Jene war ohne Arg und Anspruch auf Alexejs Privatsphäre. Es konnte nur förderlich sein, wenn sie sich, aus wohlhabendem Elternhaus und mit guten Beziehungen zur Kunstwelt, für Alexejs Werk stark machen wollte.

Verblüfft war Marianna schon, zu erleben, was in gewisser Weise dem eigenen Spiegelbild glich. Nur jünger eben. Beseelt von ungetrübtem Idealismus. Und ohne das schwere Gepäck, mit dem die Wirklichkeit die Illusionen zurückgab. Galka war die zweite Frau in Alexejs Leben, die das Außergewöhnliche in ihm erkannte. Auch sie wollte dem Künstler Jawlensky und seinem Werk dienen. Sie verehrte ihn – und Marianna hatte ihn geliebt.

Alexejs Variationen hatten die junge Deutsche gedrängt, ihre Empfindungen in Gedichte zu fassen. Sie schrieb nieder, was in ihrer Seele vibrierte, wenn sie sich in Alexejs Bilder versenkte.

Marianna wußte, was mit Alexej geschehen würde.

Es raste wie ein Orkan durch sein Gemüt. Er stand in Flammen.

Aus der Einsamkeit von St. Prex gekommen, aus der dreijährigen Selbstverbannung am Fenster, war ihm ein Wunder widerfahren. Ach, verliebt war Alexej oft, geblendet von Jugend und Schönheit. Jetzt hielt ihm eine Frau einen Spiegel, und er war fasziniert von dem, den er darin erblickte. In seinem besten Streben fühlte Alexej sich erkannt. Auf einen Thron gehoben. Er lieferte sich der jungen Deutschen aus. Er war süchtig auf ihre Bilddeutungen. Sie schenkte ihm den Widerhall seiner Bilder in ihrer Seele. In diesem Spiegel begriff Alexej sich neu.

Die Frau blättert noch einmal in ihrem Tagebuch. Vor vielen Jahren hatte sie geschrieben: „Ich fühle bisher den durch nichts zu erschütternden Glauben, daß der Maler in Alexej den Menschen retten könnte und dadurch die mir geliebte Kunst fördern würde.

Wäre es nicht besser für uns, sich zu trennen?"

Sie hatten sich nicht getrennt. Marianna hatte dem Maler in Alexej vertraut und ihm die Treue gehalten. Mit dem Menschen hatte sie recht und schlecht zusammengelebt.

In St. Prex hatte Alexej für sich erfahren, daß ihm die Meditation Zugang zum ‚Göttlichen' ermögliche. Der Schmerz war das Tor zur Glück. Er fühlte die unbestimmte Gewißheit, daß in seiner Malerei das über allen Dingen Ruhende zu ihm spräche. Welchem Menschen widerfährt das schon? Seine Begabung war zugleich sein Los. Plötzlich war eine gekommen, die ihn im Glanz der eigenen Illusion sah. Sie faßte in Worte, was Marianna im Schrein des Unsagbaren verschlossen hielt. Alexej wollte Galkas Verehrung gerecht werden. Er wußte, daß er es ausschließlich Marianna verdankte, in seiner Malerei so weit gekommen zu sein. Doch sie war so illusionslos geworden, was den Alltag anging. Natürlich war auch Marianna einst so tief in Alexejs Gedankenwelt gekommen, daß sie sein künstlerisches Glaubensbekenntnis schreiben konnte, unter das er nur noch seine Unterschrift setzen mußte.

Alexej verlor sich hoffnungslos in dieses neue Glück des Verstandenwerdens und des besseren Begreifens seiner selbst. Er wünschte sehr dem Bild zu gleichen, das die junge Frau auf dem Spiegel ihrer Seele von ihm entwarf. Gleichwohl mag er sie mit der Intensität seines Gefühls erschreckt haben. Behutsam zog sie Grenzen um sich. Sie war einem anderen Mann im Leben verbunden. Alexej nahm demütig die Lust zu leiden und zu lieben an und wurde krank.

In Zürich grassierte die Influenza. Alexejs Gesundheitszustand verschlechterte sich so drastisch, daß der Arzt seiner Lungen wegen auf einen Ortswechsel drängte. Südlicher. Marianna war auf illegalen Wegen an ihre Ersparnisse aus München gekommen. So konnte sie in Ascona in dem verwahrlosten Schlößchen am Lago die kleine Familie einmieten. Sie war in Sorge um Alexej.

So eingefangen wie Alexej in seine Krankheit und seine persönlichsten Probleme war, so offen war Marianna für das, was in der Welt geschah. Es erregte sie in ihrem tiefsten Innern. Sie litt am Geschehen dieser Zeit, und sie preßte es auf ihre Bilder. Die Nachrichten, die sie aus Rußland erreichten, dieser ausgebrochene „Wahnsinn", wo sich die Roten und die Weißen und die Grünen, wie sich die räuberischen Banden nannten, gegenseitig umbrachten und mordeten und Grausamkeiten verübten

– sie mußte es auf Karton bannen. Die Welt war aus den Fugen geraten. Häuser stürzten ein. Pferdekadaver zuckten, Reiter überschlugen sich. Auf Wehrlose wurde geschossen. Feuer schwelte und hatte die Welt in Asche gelegt. Die einen hißten ihre weiße Fahne mit dem Christuskopf und mordeten in seinem Namen. Die anderen glaubten an das heilige Feuer der Gerechtigkeit und verteidigten es mit Mord und Totschlag.

Der Mensch war nicht Gott genug, um Sinn zu stiften auf der Welt. Er brachte es nur zum Wahnsinn!

Gleich unerträglich fand Marianna die Lust jener, die sich in Kneipen und Lokalen lustvoll über die fernen Ereignisse in ihrem Land ausließen. Sie malte diese Leute beim „Hahnenkampf" mit blutrünstigem Blick und wonnigem Gruseln, wenn sich die Wesen anderer Art die Leiber aufhackten, bis eines verreckte.

Einmal nur hatte Santo zu ihr gesagt: Hilf mir! Die Frau sollte ihm ein Bild erklären. Fragend hatte er sie angeschaut. Dann hob er mit dem Anflug eines Lächelns die Arme. Die Geste des sich Ergebens. Er fragte nie wieder.

Wenn Marianna überzeugt war, auf einem ihrer Bilder etwas von gültiger Wahrheit eingefangen zu haben, wird dies zu jedem sprechen, der dafür sensibilisiert ist. Jeder wird ihr Bild auf seine Art verstehen. So werden hunderte Deutungen möglich sein. Natürlich bestand die Gefahr, daß man ihre Bilder als mystisch und unverständlich abtat, denn das Kunstverständnis krankte in Europa wie seine Zivilisation. Alles wurde von Kleinbürgern verwertet, banalisiert, wohlfeil geprüft. Vielleicht stirbt die Kunst eines Tages an der Technik oder entartet zu einem belanglosen Spielzeug für Mußestunden. Ihre Bilder werden der ‚mystische' Stachel in geistiger Verarmung bleiben.

Vor dem Bild „Heilige Feuer" hatte Santo oft gestanden. Eines Tages sagte er: Dir bleibt belassen, nichts zu erklären. Mich drängt es, über dein Bild zu sprechen. Du willst doch, daß man sich mit deinen Bildern auseinandersetzt?!

Es kostete ihn Überwindung zu beginnen.

Es ist 1919 gemalt. In meinem Kopf, in meinem deutschen Verständnis, mit meiner Berliner Herkunft, verbindet sich mit dieser Jahreszahl ein dunkles Verbrechen. Ich muß das Tessin nicht nach dem Brauchtum heiliger Feuer durchforschen. Du bist nicht im Tessin verwurzelt, und Brauchtum würde dir nicht gerecht. Der Berg, der dein Bild beherrscht, so schwarzrot verdüstert, – es ist Europa, das der Krieg verbrannt und ausgeblutet hat. An seinem Saum die schwarzverkohlten Bäume, die der Kriegssturm niederdrückte. In der Mitte des Berges steht dein eigener Baum des Lebens, verbrannt in diesem Europa, das dich heimatlos machte. Doch nicht darauf willst du dein Augenmerk lenken. Die heiligen Feuer. Am Gipfel des Berges brennen sie. Drei. Groß. Leuchtend. Und an den Hängen ziehen sie sich rechts und links wie schmale Ketten hinauf.

Heiliges Feuer bedeutet Sonne. Sonne bedeutet Wärme und Licht und Hoffnung. Wärme, Licht und Hoffnung werden Freude und Glück.

Im Vordergrund links die grüne Kapelle, wo Tote aufgebahrt werden. Schwarz gähnt ihre Öffnung. Die beiden, die dort lagen, der Mann und die Frau, die Opfer jenes Verbrechens im Januar 1919, sie haben die Kapelle verlassen. Zwei weiße Gestalten. Sie halten sich an der Hand. Und wo sie stehen, ist die Erde golden. Wie die Sonne. Es sind ihre heiligen Flammen, die auf dem Berg lodern. Sie werden darüber wachen. Sie sind ihre Hüter. Über dem rotschwarzen Berg kreist himmelblau das Universum.

Tote wachen über die heiligen Feuer.

Santo sagte: Deine Bilder werden in der Kunst des 20. Jahrhunderts ein wesentlicher Bestandteil sein.

Worte, die Hoffnung waren.

41.

Dieser Morgen, diese Stille – sie sind ein Geschenk. So wagt die Frau es zum erstenmal in diesem Frühling. Obwohl die Luft frisch ist, wird sie ihr Frühstück auf dem Balkon einnehmen. Die Weste wird sie sich bis oben zuknöpfen und den Tee unter den Wärmer stellen.

Einfallslos treibt der Wind sein übliches Spiel mit den Wolken, die über dem See entstehen. Stets geraten sie ihm zu lang und zu dünn. Beschämt entläßt er sie über dem Tenero, daß sie aufsteigen und sich tuffen und ballen können.

Stille kommt von den Bergen.

Bei der Bläue des Himmels denkt die Frau – ich gewöhne mich an das Glück.

Auf das Tischchen legt sie Santos letzten Brief. Der graue Umschlag. Die kleine steile Schrift. Wie ist sie ihr vertraut geworden. Sie liest den Brief zum dritten Mal. Die Tage lassen sich an den Fingern ihrer Hände abzählen. Dann kommt er. Eine Woche wird Santo in Ascona bleiben, und sie werden reden und schweigen. Sie werden Spaziergänge machen. Und wenn sie über die Piazza gehen, wird er den Arm um sie legen. Nach dieser Woche werden sie gemeinsam nach Interlaken fahren und sich mit Santos Freund treffen. Das erste Ziel ihrer Rundreise wird Grindelwald sein. Santo schreibt – es wird ein Abenteuerurlaub! Sie wird ihre Eindrücke aufschreiben und in kleine Artikel fassen, um ihren Lebensunterhalt aufzubessern. Wie damals nach Assisi. Sie freut sich auf die Reise zu dritt und ist Santo dankbar, daß er sie so selbstverständlich in sein Leben hineinläßt. Wenn er in Ascona ist, werden sie beraten, welche Bilder nach Berlin in die Ausstellung der Nierendorf-Galerie sollen.

Sie wird verfügen, daß einst ihr gesamtes Werk in Santos Hände kommt. Wem sonst sollte sie es anvertrauen?

Der Blick vom Balkon ist der gleiche, den sie auch vom Schlößchen hatten. Es liegt ja nebenan. Und Alexej war in den ersten Wochen in Ascona so überwältigt vom Lago und dem Geheimnis, das der See hinter der Lautlosigkeit von Dunst und

Regen verbarg. Es war eine stille schöne Zeit. Kreativ. Daß Marianna die Familie im Schlößchen einmieten konnte, gab ihr ein gutes Gefühl. Es war nicht mehr die räumliche Enge wie in St. Prex. Alexej gesundete. Er fühlte sich in Ascona wohl. Er malte. Noch immer seine Variationen und Galka. Er kehrte zu den starken Porträts seiner Münchener Zeit zurück. Er malte die ‚Dichterin‘, versonnen, mit abgewandtem Blick. Er malte ‚Galka‘, ihren Ernst, ihre Nachdenklichkeit. Immer blieb Unzufriedenheit in ihm, die Deutsche in ihrem Wesen nicht erfaßt zu haben. ‚Erwartung‘. ‚Göttliches Leuchten‘. Die Porträts verloren ihre individuellen Bezüge, wurden durchgeistigt und schließlich zu ‚Heiligengesichten‘.

Eine neue große Serie begann.

‚Wer die gottnahe Stille dieser Köpfe in sich ruhen läßt, den wird die Einfalt ihrer Form beglücken, die so viel inneren Reichtum in sich schließt... Die kleine Skala der Farben, die in ihrem durchsichtigen Auftrag nicht mehr als Farbe wirken, sondern, ihrer Materialität entkleidet, wie leuchtende Klänge in der Farbe schweben...‘

Alexej fühlte, daß Kunst, sollte sie wahr sein, mit ‚heiligem‘ Gefühl geschaffen werden mußte. Die landschaftlichen Variationen verschwanden allmählich von seinen Bildern. Würdig, die Welt widerzuspiegeln, dünkte ihn nur das menschliche Antlitz.

Alexej fieberte Galkas Besuch entgegen. Er duldete, daß Marianna seine Bilder betrachtete. Doch er harrte auf Galkas Urteil. Von ihr wollte er sich verstanden wissen. Marianna kannte ihn zu gut. Das verklärende Bild vom Menschen Alexej lag unter Enttäuschungen begraben. Galka schrieb verpflichtende Dinge über ihn und sein Werk. Seine wunderbaren Bilder zeugten davon, daß hier ein Mensch die Menschen liebte und er ihnen gläubig sein inneres Erleben in seinen Bildern widmete, die sein Gottesdienst wären.

Galka kam für einige Tage. Sie machte Alexej eine neue Palette zum Geschenk und einen Farbkasten. Kostbarkeiten. Galka hatte begonnen, über ihren Schützling zu schreiben, sein Werk zu interpretieren, Verständnis aufzubereiten und

Interesse zu wecken. Denn die Begegnung von Mensch und Kunst war vom Betrachter allein nicht zu leisten.

Bei Galkas Besuch stellte Marianna mit leichter Genugtuung fest, wie Enttäuschung über die junge Frau glitt, wenn Alexej jeden ihrer Vorstöße überging, ihm von den selbst gesammelten Eindrücken der Welt erzählen zu wollen. Wie ein von sich selbst übernasser Schwamm vermochte Alexej nichts Fremdes in sich aufnehmen.

Eines Tages hatten sich auch Galkas Illusionen verflüchtigt und waren der Enttäuschung gewichen. Später lebte sie mit ihrem Mann in Amerika. Die Briefe an Alexej waren spärlich geworden. Sie hielt ihr Versprechen, Jawlenskys Werk zu propagieren. Eines Tages raffte sie sich auf und antwortete auf den Vorwurf, ihm so selten zu schreiben. Sie tat es behutsam. Alexej sei so in sein eigenes Leben versponnen, daß es zu keinem Gedankenaustausch käme. Kein Vibrieren mehr in ihr. Luftleere. Galka brachte den Vergleich eines Brückenbaus, der von zwei Seiten erfolgen müßte, wenn man wirklich zueinander wollte. Alexej habe sich außerstande gezeigt, einen einzigen Pfeiler zu setzen. Aber so wird er immer veranlagt gewesen sein...

Galka war nach Ascona gekommen, weil sie von Alexej biographische Daten für ihre Artikel brauchte. Was Marianna später las, hatte ihr die Luft zum Atmen genommen. Die Ahnung von schwerem Unrecht, das ihr angetan wurde, rollte wie eine Lawine auf sie zu. Sie fühlte ihre Ohnmacht und hätten schreien können. Was sich über Jawlensky harmlos und freundlich im Kleingedruckten las, in den biographischen Daten, machte ihr eigenes Leben zu einem Nichts, wertete es zu einer Lüge ab, raubte ihr den Lebenssinn der wertvollsten Jahre.

Da wurde sie von Galka, die Jawlensky so überaus verehrte, zu einem Anhängsel seines Lebens. Aus erklärlicher Neigung immer in seiner Nähe. Von ihm geduldet. Da führte Marianna in Alexejs erhabenen, erleuchteten Welt ein Schattendasein. So war es von der Autorin unter die Leute gebracht worden – weil

Galka es nicht besser wußte und Alexej es ihr in seiner Wortkargheit nicht anders vermittelt hat. So wurde es vervielfältigt, abgeschrieben und erschien in Zeitschriften und Katalogen. Weil es einmal schwarz auf weiß stand, erhielt es eine Weihe, die gen Himmel stank. Eines fernen Tages werden diese ungewollten Lügenmärchen Marianna aus der Biographie Jawlenskys auslöschen. Sie paßte nicht in das gängige Bild vom Werdegang eines Mannes, der Deutschland zu seiner Wahlheimat erkoren hatte. Helene wird mit Druschas Geburt seine Frau gewesen sein, damit es in das schönpolierte Bild eines großen Künstlers paßte.

Heute wird der Zorn die Frau nicht mehr übermannen. Obwohl die Ungerechtigkeit ihren Dorn nicht verloren hat. Was wäre aus Jawlensky ohne sie geworden? Ein kleiner russischer Offizier, der in seinen Mußestunden Malerei als Hobby betrieb, der schlecht und recht eine Familie hätte ernähren können. Was ist aus Druscha geworden? Was aus Alexejs hehren Träumen von ihm? Man hatte der Frau erzählt, daß er in Wiesbaden Tee und Kaffee verkaufte, um sein Leben zu fristen. Er hatte geheiratet und sich für das Leben entschieden. Die Hälfte ihres Lebens hat Marianna Jawlenskys Kunst gewidmet. Er war begnadet. Sie hat sich dessen nicht zu schämen, nur weil es schmerzt. Die Frau bereut die Briefe, die sie im ersten unerträglichen Schmerz geschrieben hat, wo sie ihr Verhältnis zu Jawlensky herabwürdigte, weil sich niemand an ihrem Leid ergötzen sollte.

Helene. Plötzlich sprach sie in Ascona von einem Sklavendasein, das sie führte, weil Marianna sie nicht mehr für ihre Hausarbeit bezahlen konnte. Helene sprach davon, anderswo in Stellung zu gehen, wo sie Lohn für ihre Dienste bekäme. Und sie würde Druscha mitnehmen! Nach wie vor wehrte sie sich gegen die Adoption. Alexej hatte begonnen, die Formalitäten zu erfüllen. Er mußte den Nachweis erbringen, daß er sich in der Tat um das Kind gesorgt und daß es in seiner unmittelbaren Nähe aufgewachsen wäre. Das ‚Kind' – das bald in sein zwanzigstes Jahr ging.

Die schnellste und einfachste Lösung wäre eine Heirat mit Helene, damit Druscha den Namen Jawlensky erhielt. Vor dessen Volljährigkeit. Nur darum ging es. Ein formaler bürokratischer Akt. Was sollte sich an Alexejs Zusammenleben mit Marianna ändern, und warum sollte sich überhaupt etwas ändern? Alexej wollte sich nicht von Marianna trennen. Die Erfahrung ihres gemeinsamen Lebens besagte, daß sie einander brauchten. Oder war die Erfahrung nicht mehr so transparent? War sie verschüttet in ihm? Überdeckt von Galka?

Wenn du das tust, hatte Marianna gesagt, wenn du Helene heiratest, aus welchem Grund auch immer, ist es absolut aus zwischen uns. Dann will ich dich n i e mehr sehen. N i e mehr ein Wort mit dir reden. Und das meine ich ernst.

Erinnerte sie ihn an das Versprechen, das er ihrem Vater gegeben hatte und mit dessem Segen sie beide lebten? Davon entband sie ihn nicht.

Nach ihrer dringlichen Warnung hatte Alexej den Gedanken an Heirat wieder aufgegeben und erneut die Adoption angekurbelt.

Helene sagte, daß sie sich in dieser schlimmen Zeit nicht auch den Sohn nehmen lassen wollte. Das wäre unmenschlich. Und Druscha stellte seinem Vater die Frage, ob er sich zu ihm bekenne oder nicht!?

Galka hatte in Wiesbaden einen Mäzen für Jawlensky gefunden. Den steinreichen Kunstsammler Kirchhoff. Sie fragte, ob sich Alexej nicht Wiesbaden als künftigen Wohnort vorstellen könne? Sie hatte dort eine Ausstellung organisiert.

Das ist vorbei. Die Frau will an die schreckliche Zeit nicht mehr denken. Sie schämt sich für ihr damaliges Grundvertrauen. In unbedeutenden Gesten hatte sie Zeichen ihrer unzerstörbaren Verbundenheit mit Alexej sehen wollen. Wieder und wieder. Blind und bereitwillig... bis das Lastauto für Alexej vor der Tür stand. Er hatte sich entschieden! Wiesbaden. Die Frau will an diese Zeit nicht denken, wo alles wund war in ihr, und Alexej ihr Unverständnis und Härte und Egoismus vorwarf. Ihr, die sie ihm ihr Leben geopfert hat... Als er seine

Staffelei einwickelte, war Marianna aus der Wohnung geflüchtet. Die Wirklichkeit war in ihrem Kopf angekommen. Wortlos hatte sie das Weite gesucht. Losgerannt war sie ohne Jacke, ohne Mantel, ohne Tuch. Irgendwann, als die Wohnung im Castello im ungewohnten Dunkel lag, war sie zurückgekehrt. Verloren standen ihre Habseligkeiten im Raum. Marianna vermochte sich nie zu erinnern, wo und wie sie diesen Tag verbracht hatte. Alexejs Brief hatte sie ungelesen ins Feuer geworfen. So hatte sein Umzug nach Wiesbaden – nach dreißig Jahren gelebter Gemeinsamkeit – etwas Unwürdiges erhalten. Daß Alexej abschiedslos aufbrechen mußte, legte über diesen Tag den Ruch der Unversöhnlichkeit.

Später hatte die Frau gedacht, daß sie vielleicht nur zu Alexejs Gefühl des Wohlbefindens dazugehörte. Marianna hatte nie denken wollen, daß sie ihm lediglich die Ruhe verschaffte, ohne Sorgen und Zukunftsangst zu arbeiten und zu leben. 1914 hatte Lulu sich auf den Weg gemacht, sie aus Rußland zu holen. Doch sieben Jahre später, als für Marianna jeglicher Fluchtweg verstellt war, als alle Rückzugsmöglichkeiten zerstört, sie keinen Pfennig mehr bekam – trennte sich Alexej von ihr, zog nach Wiesbaden. Und heiratete.

Später kam Emmy Scheyer für einige Urlaubstage nach Ascona. Alexej hatte sie gebeten, Marianna aufzusuchen und Grüße von ihm auszurichten und sich nach ihrem Wohlergehen zu erkundigen. Er hatte geklagt, daß Marianna keinen seiner Briefe beantworte. Galka sollte ihr erzählen, daß er jetzt eine Mappe Lithographien herausgeben wollte. Man hatte ihn gefragt, ob er sie seiner Frau widmen möchte. Helene hätte erschrocken abgewehrt. Und er habe gesagt, wenn man widmen müßte, dann nur Werefkin. Als Künstler sei er ihr sehr, sehr verpflichtet. Auch menschlich sei er mit ihr nicht auseinander – was immer das heißen mochte!

Doch Marianna hatte Frau Scheyer unterbrochen und kein Wort über Jawlensky hören wollen. Als Galka von seinen Selbstzweifeln reden wollte und seinem Unglücklichsein, hatte Marianna die andere gebeten zu gehen.

Alexej war mit Helene und Druscha nach Wiesbaden gegangen, als Mariannas letztes Geld aufgebraucht war. Sie besaß noch fünf Franken.

Alexej sprach von Lebensnot, als er Helene in Wiesbaden heiratete.

Auseinandergehen aus Lebensnot, weil Marianna es – in seinem Verständnis – so wollte.

Sie hatte damals an die Klees geschrieben: „Meine lieben Freunde, wie ich, so auch unsere Leute hier, sehen in dem, was in Ascona zusammengebraut wurde – ein Verbrechen. Kein Pfarrer gibt seinen Segen dazu... Nun liegt unser 27jähriges Leben auf der Piazza in Ascona in Staub und Dreck. Was kommt, weiß ich nicht. Es ist mir gleich. Ich habe tiefe Einsichten erhalten, daß mich das alles nicht berührt. Da ich nur ein Weniges von fünf Franken besaß, habe ich mich als Geschäftsreisende für Medikamente engagieren lassen. Somit kann ich weiterleben. Daß ich, Künstlerin, statt zu malen, bei Ärzten Medikamente einführen soll, schulde ich dem Mann, der mir seine Kunst verdankt, von A bis Z. Vom ersten Begriff bis zum letzten und dieses trotz Biographien und Scheyer-Schreiereien. Darin liegt mein ganzer Groll. Die übrigen Werte kannte ich schon früher."

> Einsamkeit. Verbitterung. Depression.
> Schmerz der Trennung.
> Alles wurde zerstört.
> Am nachtschwarzen Berg steht die Madonna.
> Sie neigt ihren Kopf und lächelt.
> Und lächelt und ist aus Stein.
> Die Orte sind verloren. Die Spuren verweht.
> Oder trägt die Lerche noch den Himmel auf ihren Flügeln?
> Schmerz.
> Unerträglich.
> Was tut so weh? Die letzte zurückgegebene Illusion?
> An der letzten soll sie zerbrechen.
> Es gibt viele Tode.

Dies ist einer.
Das steinerne Lächeln fällt in ihr Herz. Kein Trost.
Diese arglosen Jahre.
Nie mehr.
Verzweifelter Vogelschrei.
Die Lerche stirbt.
Es ist der Frost.
Schnee liegt auf dem Lächeln.
Salz auf ihrer Wange.
Es will der Apfel sterben
an s e i n e r Vergeßlichkeit.

Wenn ich beten könnte.

Alles ist bereit.

Der Weg in blauschwarzer Nacht.
Steinig und vereist.
Weg, ach Weg, führ' hinauf.
Licht in der Nacht.
Nicht mehr umschauen.
Alles ist bereitet.
Die Schatten sinken in den Schnee.
Licht in der Nacht,
auch wenn sie die Augen schließt.
Einer ist auf der Reise zu ihr.

Marianna begann, wieder Briefe an den „Unbekannten" zu schreiben. Sie gab ihm einen Namen. Santo.

Die Frau stellt das Geschirr zusammen. Auf dem See macht Giuseppe sein Boot startklar. Er winkt ihr. Er bedeutet mit Gesten, daß er heute zu ihr komme. Mit einem Fisch.
    Die Frau winkt zurück.

42.

Mit dem zurückgewiesenen Geld hat Marianna ein Zeichen gesetzt. Jawlensky begreift – nie wird sie auf seine Briefe antworten. So wird er ihr Freunde und Bekannte ins Haus schicken, denn seine Dringlichkeit nach Versöhnung wird größer werden. Und seine Krankheit teuflisch. Alexej wird ihr ausrichten lassen, daß er seine Krankheit als Strafe auffasse. Arthritis deformans. Sie bereite ihm unsägliche Schmerzen und erlaube ihm jeden Tag weniger das Malen.

Der eine oder andere wird Marianna bitten, freundlich oder beschwörend, Alexejs Hand anzunehmen, die er nach ihr ausstrecke. Das einzige, was sie erwidern wird: „Ich werde für ihn beten."

Ihre Gegenwart hatte er als selbstverständlich genommen.
Selbstverständlichkeit nivelliert.
Nun empfindet Alexej ihre Abwesenheit als Schmerz.
Schmerz, der in seinem Körper wohnt.
Schmerz ist ein Lehrer.
Jeden Tag ist sie im Schmerz bei ihm.
So verbunden wie jetzt waren sie nie.

Marianne von Werefkin lebt noch zehn Jahre in Ascona, als ‚Nonna hochverehrt'.
Sie stirbt am 6. Februar 1938.

Wiesbaden. Alexej von Jawlensky:
‚Ich sitze und arbeite. Das sind meine schönsten Stunden. Ich arbeite für mich, nur für mich und meinen Gott. Die Ellbogen schmerzen sehr. Oft bin ich ohnmächtig vor Schmerz.

Meine Arbeit ist mein Gebet, ein leidenschaftliches, durch Farben gesprochenes.

Ich leide. Ich muß viel arbeiten. Ich tue es. Gott weiß, wie lange ich den Pinsel noch halten kann.

Oh Gott! Ich arbeite in Ekstase und mit Tränen in den Augen, und ich arbeite so lange, bis die Dunkelheit kommt. Dann bin ich erschöpft. Ich sitze unbewegt, halb bewußtlos und mit Schmerzen in den Händen.

Oh Gott! Oh Gott!
Ich sitze, und die Dunkelheit umhüllt mich. Die schwarzen Gedanken kriechen auf mich zu. Licht! Licht! Von den Wänden fließen die Farben. Ich bin allein. Die Stille summt, und ich höre, wie mein Herz bebt.
Allein! Allein!
…
Bleiben muß ich in der Einsamkeit. Mit Schmerzen und Gebet. Das ist alles, was ich habe.
…
Meine Zeit in Ascona… wenn ich mich jetzt, wo ich krank bin und über 70 Jahre alt, an diese Zeit erinnere, weint meine Seele von Trauer und Sehnsucht.'

Seine Bilder nennt er Meditationen. Einigen gibt er besondere Namen. Sie sprechen von seinen Stimmungen. Sind Zeugnisse.
Erinnerung an meine kranken Hände
Die Dornenkrone
Und führe mich nicht in Versuchung
Der Mensch ist dunkler als die Nacht
Blick zurück ins Leben
Schwarzes Schauen
Die Nacht, in der die Wölfe heulen
Flammen in mir lodern zu Gott
Es leuchtet doch ein Stern
Herr, ich bin bereit
Mein Geist wird weiterleben

Als Alexej von Jawlensky von Mariannas Tod erfährt, erlischt seine Kraft zu malen.

Er stirbt am 15. März 1941 in Wiesbaden.

Frauenschicksale

Barbara Krause
Das Glück ist eine Insel
Irische Reise
Band 4524

Eine Frau erfüllt sich eine Lebenssehnsucht. Per Fahrrad erkundet sie die rauhe und verzauberte irische „Anderswelt".

Barbara Krause
Camille Claudel – Ein Leben in Stein
Roman
Band 4111

Sie war ein Genie und zerbrach an der Ignoranz ihrer Zeit.
Die mitreißende Geschichte eines Lebens gegen jede Konvention.

Ruth Eder
Endlich leben wie ich will
Frauen in der Lebensmitte
Band 5511

Ein Buch, das Mut macht für die dritte Lebensphase, das in Veränderungen Chancen entdeckt, das die Möglichkeiten der 50er in ihrer Fülle eröffnet.

Ruth Pfau
Verrückter kann man gar nicht leben
Ärztin, Nonne, Powerfrau
Band 4913

Illegal im Afghanistan-Krieg. Allein auf Himalaya-Pfaden. Zupackend im Elend der Städte. Eine atemberaubend starke Frau, die vor den Mauern der Not nicht haltmacht.

Teresa von Avila
„Ich bin ein Weib – und obendrein kein gutes"
Eine große Frau, eine faszinierende Mystikerin
Band 4904

Teresa von Avila: eine vitale, starke Frau mit allen Ecken und Kanten, voller Selbstbewußtsein und Kampfgeist. Ein faszinierendes Porträt der großen Mystikerin.

HERDER spektrum

Ingrid Riedel
Die gewandelte Frau
Vom Geheimnis der zweiten Lebenshälfte
Band 4892

Mit dem 40. Lebensjahr beginnt der Weg in die zweite Hälfte des Lebens.
Ingrid Riedel zeigt, wie Frauen neue Perspektiven, Freiheiten und
Vertrauen entdecken und erleben können, auch in Zeiten der Krise.

Karin Lichtenauer (Hrsg.)
Weil Mütter ganz besonders sind
Geschichten aus dem wahren Leben
Band 4795

Alltag und Außergewöhnliches zwischen Müttern und Kindern,
Liebesbeweise, Abgrenzungen und lebenslange Zuneigung: Ein fröhliches
und liebenswertes Buch über eine ganz besondere Beziehung.

Christine Swientek
Zu Besuch bei alten Damen
Mit Eigensinn, Witz und Charme – außerordentliche Porträts
Band 4774

Ob sie nach Afrika fahren, um dort eine Schule zu unterstützen oder im
Lande bleiben – sie sind voller Power und Engagement, voller Charme
und Energie. Frauen, die ihr Leben aktiv in die Hand nehmen.

Frederik Hetmann
Eine Kerze, die an beiden Enden brennt
Das Leben der Rosa Luxemburg
Band 4641

„Ein Buch, das Herzklopfen macht. Die Handlung ist Dynamit...,,
(Verena Schuster, Der Tagesspiegel).

Roswitha Mair
Von ihren Träumen sprach sie nie
Das Leben der Künstlerin Sophie Taeuber-Arp
Band 4626

Die erste Biographie der bedeutenden Künstlerin unseres Jahrhunderts.
Ein typisches Frauenschicksal – einfühlsam und gut recherchiert.

HERDER spektrum

Régine Pernoud
Hildegard von Bingen
Ihre Welt – Ihr Wirken – Ihre Vision
Band 4592

Hildegard von Bingen wurde in den letzten Jahren als Mystikerin und Heilkundige, als Komponistin und Schriftstellerin wiederentdeckt. Ein lebendiges Portrait.

Stefanie Schröder
Im Bann des blauen Reiters
Das Leben der Gabriele Münter
Band 4567

Eine faszinierende Frauenbiographie und ein spannender Roman über die Expressionistin und Lebensgefährtin Kandinskys.

Stefanie Schröder
Paula Modersohn-Becker
Auf einem ganz eigenen Weg
Roman
Band 4431

Eine Künstlerin zwischen Unabhängigkeit und Konvention, die darum ringt, sich und ihre Kunst zu verwirklichen.

Felizitas von Schönborn
Astrid Lindgren – Das Paradies der Kinder
Band 4528

Eine faszinierende Autorin. Das Buch über ihr Leben, ihre Arbeit, ihre Hoffnungen.

Hanna Johansen
Zurück nach Oraibi
Geschichte einer Hopi-Indianerin
Band 4504

Von der Weisheit und den Mythen eines Volkes, vom Leben, eingebettet in den Rhythmus der Jahreszeiten und in eine feste Gemeinschaft.

HERDER spektrum